珍藏本
纪念版

汉译世界学术名著丛书

权力论

新社会分析

〔英〕伯特兰·罗素 著

吴友三 译

2017年·北京

Bertrand Russell

POWER

A New Social Analysis

This translation is published by arrangement with Routledge Limited.

本书中文简体字版由英国卢德里奇出版社授权出版。

汉译世界学术名著丛书
（120 年纪念版·珍藏本）
出 版 说 明

2017 年 2 月 11 日，商务印书馆迎来 120 岁的生日。120 年前，商务印书馆前贤怀揣文化救国的理想，抱持“昌明教育，开启民智”的使命，立足本土，放眼寰宇，以出版为津梁，沟通中西，为中国、为世界提供最富智慧的思想文化成果。无论世事白云苍狗，潮流左右激荡，甚至战火硝烟弥漫，始终践行学术报国之志，无改初心。

逐译世界各国学术名著，即其一端。早在 20 世纪初年便出版《原富》《天演论》等影响至今的代表性著作，1950 年代后更致力于外国哲学和社会科学经典的译介，及至 1980 年代，辑为“汉译世界学术名著丛书”，汇涓为流，蔚为大观。丛书自 1981 年开始出版，历时三十余年，迄今已推出七百种，是我国现代出版史上规模最大、最为重要的学术翻译工程。

丛书所选之书，立场观点不囿于一派，学科领域不限于一门，皆为文明开启以来，各时代、各国家、各民族的思想与文化精粹，代表着人类已经到达过的精神境界。丛书系统译介世界学术经典，

第一章　权力欲的冲动

人与其他动物之间有各种各样的区别，有智力方面的区别，有感情方面的区别。属于感情方面的主要区别之一，是人类的某些欲望跟动物的欲望不同，是根本无止境的，是不能得到完全满足的。蟒蛇吃了就睡，直到食欲再起。如果别的动物不是这样的话，那是因为它们的食料不够充足，或是因为它们惧怕仇敌。动物的各种活动，是由生存与生殖两个基本需要所引起的，而且也不出乎这两个需要所迫切要求的范围。这一点很少例外。

至于人，情形就不同了。固然，大部分人为了取得生活必需品而被迫辛勤工作，很少有余力追求其他目的；但生活有保证的人，却并不因此而停止活动。薛西斯[①]远征希腊的时候，并非缺吃少穿没有妻妾。牛顿自从当上了三一学院的校务委员时起，物质享受就有了保证，然而正是在这个时候，他才撰写《自然哲学的数学原理》。圣芳济[②]和罗耀拉[③]也不是为了摆脱贫困才需要创建教派的。这些都是著名的人物，但同样的特性也以各种不同的程度出

① 薛西斯(公元前约 519—前 465)，波斯皇帝，曾于公元前 480 年率大军远征希腊，失败而归。——译者

② 圣芳济(1182—1226)，意大利教士，基督教圣方济会创始人。——译者

③ 罗耀拉(1491—1556)，西班牙教士，天主教耶稣会创始人。——译者

现在一切人的身上，只有少数异常懒散的人是例外。某甲的妻子深信丈夫在事业上会取得成功，不愁流落到贫民习艺所里去，可是她喜欢穿得比某乙的妻子漂亮，虽然用不着花那么多钱就能预防肺炎了。如果某甲能受封为爵士或当选为议员，她和丈夫就会格外高兴。想象中的胜利是无穷无尽的。假如这些胜利被认为可能实现的话，人们就会作出努力去实现它们。

想象是驱使人们在基本需要得到满足之后再继续奋斗的一种力量。我们大多数人很难有机会能这样说：

> "要是我现在死去，那才是最幸福的：因为我怕我的灵魂已经尝到了无上的欢乐，此生此世，再也不会有同样令人欣喜的事了。"[①]

当我们处于难得的十足幸福的境界时，很自然地会像奥瑟罗[②]一样，希望死去，因为我们知道这种满足是不能持久的。能使我们的幸福持久的东西，在人类是不可能有的；只有上帝才能有全福，因为"国度、权柄、荣耀"[③]全是他的。世间的王国要受其他王国的限制；世间的权力要被死亡打断；世间的荣誉，纵使我们建筑了金字塔或"与不朽的诗歌匹配良缘"[④]，也将随时代的变迁而衰

---

① 《奥瑟罗》第2幕，第一场。——译者

② 奥瑟罗为莎士比亚四大悲剧之一《奥瑟罗》中的主人公，曾堕奸人之计，疑妻不贞，将她杀死，后发现妻子无辜，因亦自杀而死。——译者

③ 基督教圣经中的《新约·马太福音》第6章，第13节。——译者

④ 英国大诗人弥尔顿（1608—1674）所著《快乐的人》I.127。——译者

失。在权力与荣誉都很微小的人看来，似乎只要再多一点权力和荣誉就会使他们满足，但在这一点上他们是错了，因为这些欲望是无厌的、无限的，只有在上帝的无限之中，才能休止。

动物只要能够生存和生殖就感到满足，而人类还希望扩展。在这方面，人们的欲望仅限于想象力所认为可能实现的范围。假如可能的话，人人都想成为上帝；少数人还不容易承认这是不可能的事情。他们犹如弥尔顿作品中撒旦那种人物①，兼有正邪双重性格。所谓"邪"，我的意思是指不依托于宗教信仰的性格，也就是拒不承认个人权力具有一定的限度。这种正与邪的伟大结合，在伟大征服者的身上最为明显，但其中有些因素也可以在一切人的身上发现。正是由于这种情形，社会合作不易实现，因为我们每个人都喜欢把社会合作看成是上帝和信徒之间的那样的合作，而以上帝自居。因此就产生了竞争，需要妥协与统治，产生了反抗的冲动以及随之而生的动荡不安和某一时期的暴力行为。因此就需要道德来对目无政府、坚持自己权利的人加以抑制。

在人的各种无限欲望中，主要的是权力欲与荣誉欲。两者虽有密切关系，但并不等同：英国首相的权力多于荣誉，而英王的荣誉则多于权力。但是，获得权力往往是获得荣誉的最便捷的途径。就公共事业的活动家而言，情形更是如此。大体说来，荣誉欲所导致的行动与权力欲所导致的相同，因此在最实际的意义上这两个动机可以看成是一个。

① 弥尔顿在其《失乐园》一诗中，叙述撒旦如何背叛上帝，以及如何诱惑夏娃取食上帝的禁果，致使亚当与夏娃被上帝逐出乐园。——译者

正统的经济学家认为经济上的利己在社会科学中可以视为基本的动机。马克思也同此见解。在这一点上他们是错了。当追求商品的欲望离开了权力与荣誉两种欲望的时候，这种欲望也就有限得很了，只需适当数量的财富就能完全使它满足。真正所费不赀的欲望并非来自对物质享受的爱好。有这样一些商品，例如用贿赂收买来的立法机关，或陈列着专家精选的画坛大师作品的私人画廊——这类“商品”之所以为人所追求，是为了权力和荣誉，而不是为了里面有设置舒适供人憩息的场所。当适度的享受有了保证的时候，个人与社会所追求的是权力而不是财富：他们可以把追求财富作为追求权力的手段，他们也可以放弃财富的增加来确保权力的发展；但不论是前一种情形还是后一种情形，他们的基本动机都不是经济上的动机。

正统的经济学和马克思主义经济学所犯的这种错误，不仅是理论上的，而且有极大的实际意义，并且使近代的一些重大事件遭到误解。只有认识到爱好权力是社会事务中重要活动的起因，才能正确地解释历史——无论是古代的还是近代的历史。

在本书中，我打算证明：在社会科学上权力是基本的概念，犹如在物理学上能是基本概念一样。权力也和能一样，具有许多形态，例如财富、武装力量、民政当局以及影响舆论的势力。在这些形态当中，没有一种能被认为是从属于其他任何一种的，也没有一种形态是派生所有其他形态的根源。孤立地研究某一种形态的权力（例如财富），只能获得局部的成功，正如单研究一种形态的能，在某些方面是会有缺陷的，除非也兼顾到其他的形态。财富可以从军权中产生出来，也可以从影响舆论的势力中产生出来，正如这两者中的任何一个也可以从财富中产生出来一样。社会动力学的规律，是我们只能用权力而不能用这一种或那一种形态的权力来说明的规律。从前，军事权力被看成是孤立的，因此战争的胜败好像只是决定于将领们的意想不到的本领。如今，经济权力通常被看成是派生其他一切权力的根源；这个错误，我认为与那些单纯的军事历史家所犯的错误同样巨大；单纯的军事历史家所犯的错误，已使他们似乎落在时代的后面了。还有一些人认为宣传是权力的根本形态。这个意见毫不新颖，例如在“真理伟大、必胜”①以及“殉道者的血是教会的种子”②等传统的名言中，就已体现了这种见解。这种见解和前面所说的纯军事观点或纯经济观点，具有等量的真理，也具有等量的谬误。假如宣传能形成一个近乎一致的意见，那么，宣传诚然可以产生一种不可抗拒的权力；但是握有军事或经济权力的人如果愿意的话，也可以把他们的权力使用在宣传方面。再用物理学来做一个比喻：权力和能一样，必须被看作是不断地从一个形态向另一个形态转变，而求出这种转变的规律，应该是社会科学的任务。想把任何一种形态的权力——如今特别是经济权力这一形态——孤立起来的企图，一向是而且仍然是许多具有重大实际意义的错误的根源。

就权力而言，不同的社会在许多方面是有区别的。首先，在个人或组织所享有的权力的程度上，各社会是不同的。例如由于组

① 托马斯·布鲁克斯(1608—1680)语，见所著《基督教的冠冕与荣光》(1662)。——译者

② 德尔图良(约 160—约 225)语，见所著《护教篇》。余见本书第 180 页译者注②。——译者

织的增强，今天国家的权力显然比以前要大。其次，就何种组织最占势力这一点来说，各社会也是不同的：军事专制国家、神权国家、财阀统治的国家都是很不相同的类型。第三，在获取权力所用的方法上，各社会也是不同的：世袭的王权产生一种显要的人物，高级教士所须具备的各种条件又产生另一种显要人物，民主政治产生第三种，战争又产生第四种。

假使有可能获得权力的人，在人数上不受社会制度（例如贵族制或世袭的君主制）的限制，那么，一般说来，凡是最希望获得权力的人，就最有可能获得权力。由此可以推论，在权力向大家开放的那种社会里，凡是能予人以权力的职位，照例是被爱好权力异乎常人的人所占有。对权力的爱好虽然是人类最强烈的动机之一，但表现在各人身上的程度却很不一致，而且也为其他动机所限制，例如爱安逸、爱享乐以及有时爱表扬等。在比较怯懦的人当中，对权力的爱好伪装为对领袖服从的动力，这就扩大了大胆之徒发展权力欲的余地。对权力的爱好不甚强烈的人，是不可能对世事的演进产生多大影响的；引起社会变革的，通常就是极希望引起社会变革的那些人。因此，爱好权力是在世事的造因方面起了重大作用的那些人的一种特性。当然，假如我们把爱好权力当作人类唯一的动机，那也是错误的，但这个错误还不致像我们在探求社会科学的因果律方面所容易造成的错误那样使我们完全迷失方向，因为爱好权力是产生社会科学所必须研究的那些社会变革的主要动机。

社会动力学的规律——我主张——只能用权力来加以说明。为了发现这些规律，首先要把各种形态的权力进行分类，然后回顾

历史上个人和组织如何获取权力以支配人们生活的重要事例。

我将始终抱着这样的双重目的：一是对一般的社会变革提出我认为比经济学家所讲授的更为恰当的分析意见；另一是使现在和可能的不久的将来更容易理解，使其可理解的程度高于想象力受十八、十九两世纪支配的人所能理解的程度。那两个世纪在许多方面有它们的独特之处，而我们现在似乎在好多地方正在恢复更早时期所流行的思想和生活方式。为了理解我们的时代和它的需要，就必须理解古代的和中世纪的历史。因为只有这样，我们才能获得一种并不过分受十九世纪原则支配的可能的进步。

第二章　领袖和追随者

权力欲的冲动有两种形态：在领袖的身上是明显的；在追随领袖的人身上是隐含的。当人们心甘情愿地追随一个领袖时，他们这样做的目的是依仗这个领袖所控制的集团来获得权力；他们感到领袖的胜利也就是他们自身的胜利。大多数人觉得自身没有能力把他们的集团导向胜利，于是就想获得一个智勇兼备足以成就丰功伟业的首脑。即使在宗教方面，这种权力欲的冲动也是存在的。尼采谴责基督教宣扬奴性的道德，但目的总是获取最后的胜利。“温顺的人有福了，因为他们将承受世界。”[①]有一首著名的赞美诗更加清楚地说明：

为了获取王冠，
基督出发征战。
他的鲜红的旗帜卷向远方。
谁追随在他的后面？
谁最能克服苦痛，
体验他的忧患，

① 《新约·马太福音》第5章，第5节。——译者

谁耐心地背着他的十字架，

谁就追随在他的后面。①

如果这是奴性的道德，那么，每一个在战争中饱受严酷锻炼的雇佣军人，或每一个在选举中竭力活动的一般政客，都可以算作是奴隶了。但事实上，在每一种真正的合作事业中，追随者在心理上并不比领袖有更多的奴性。

正因如此，权力分配不均的现象才能为人们所忍受。这些现象之不可避免，是组织工作所造成的，而且，社会越是成为有组织的社会，这些现象就只会越来越多，不会减少。

权力分配不均的现象在人类社会中一向是存在的，这可以追溯到我们了解所及的远古时代。这部分是由于客观的需要，部分是由于人类本性中的某些因素。大多数的集体事业，只有在某种管理机构的指导下才有实现的可能。要盖一所房屋，就要有人在设计方面作出决定；要在铁路上行驶火车，行车的时刻表就不能由司机去随意制订；要建筑一条新的公路，就要有人决定它的路线。即使是一个用民主方式选出的政府，也毕竟是一个政府，因此，根据与心理无关的理由，集体事业如果要取得成功，就必须有一些人发号施令，另一些人服从命令。可是，为什么这是可能的呢？特别是为什么实际的权力不均现象超过了根据法律而成立的原因所必然造成的不均现象呢？这些事实只能从个人的心理和生理方面求得

① 英国主教、著名赞美诗作家雷金纳德·希伯（1783—1826）所著赞美诗。——译者

解释。有些人的性格促使他们总是发号施令，而另一些人的性格则促使他们总是服从。介乎这两个极端之间的，是广大的普通人，他们在某种情形下乐于发号施令，在另一种情形下又宁愿服从领袖。

阿德勒[①]在《理解人性》一书中，分辨出温顺的人性和专横的人性两种类型。他说："屈从的人按照别人所订的规则和法律生活，这种人几乎是不由自主地想要获得卑屈的地位。"他又说，与此相反，属于专横一类的人总是要问："我怎样才能比其他任何人都优越?"每逢需要一个领导者的时候，这种人就出现了，而且在革命当中上升到很高的地位。阿德勒认为这两种类型至少在其极端情况下都是要不得的；他认为这两者都是教育的结果。他说："命令式教育的最大弊端在于对儿童起了权力的示范作用，而且向他们显示了各种与享有权力有关的快乐。"我们可以补充一句：这种教育不但产生专横类型的人，而且产生奴隶类型的人，因为它使人感到，在实行合作的两个人之间，唯一可能的关系是一个人发号施令而另一个人服从命令的关系。

有限度地爱好权力，是几乎普遍存在的现象，只是表现形式有所不同，但绝对的爱好却是罕见的。一个享有管理家务权力的主妇可能不愿接受一个首相所享有的那种政治权力；反之，亚伯拉罕·林肯虽然不惮处理美国的国家大事，却不能应付家庭中的争执。假如"贝勒罗芬"号军舰[②]遇了险，拿破仑也许会乖乖地听从英国军官的命令，乘坐小艇逃生。人们只要自信能处理当前的事

① 阿尔弗雷德·阿德勒(1870—1937)——奥地利精神病学家。——译者

② "贝勒罗芬"号为英国皇家舰艇。拿破仑在滑铁卢战败后，登此舰投降。——译者

务，就会喜爱权力，但他们一旦知道自己无能为力，就宁愿服从领袖了。

使人服从的动力与使人发号施令的动力同样真实而普遍存在，它根源于恐惧。在危急的关头，例如在失火的时候，最顽劣的儿童也会完全服从一个有能力的成年人的命令。大战[①]爆发时，潘克赫斯特派[②]和劳合·乔治[③]达成了和解。在任何存有深刻危机的时候，大多数人的迫切愿望就是要找出一个权威人士而向他服从。在这样的时候，很少人会想到革命。当战争爆发的时候，人民对政府也怀有和这类似的感情。

有些组织是为了应付危险而设立的，有些组织则不然。有时候，像煤矿这样的经济组织包含着危险，但危险是偶然的，它们一旦消除，这些组织就能更加繁荣起来。大体说来，应付危险不是经济组织或处理内政的政府机构的主要任务的一部分。但是救生艇和消防队就同海陆军一样是专为应付危险而设立的。就某种比较间接的意义来说，宗教团体亦复如此；它们存在的目的，部分也是为了缓和存在于人性深处的微妙的恐惧心理。假如有人想要怀疑这一点，不妨让他想一想下面一节赞美诗：

为我而裂开的万世的磐石[④]。

---

① 指第一次世界大战(1914—1918)，下同。——译者

② 潘克赫斯特是英国资产阶级妇女运动领袖。所用的方法是在议会中阻碍议事的进行和街头示威。1908年被捕，以绝食抗议。——译者

③ 戴维·劳合·乔治(1863—1945)于1916至1922年任英国首相。——译者

④ 指耶稣。——译者

让我就藏在你的身中吧；
狂涛汹涌奔腾，
暴风依然猛烈，
耶稣——我灵魂的爱人，
让我投进你的怀抱。[①]

在服从神意时，人们怀有一种最久远的安全感。这种感觉曾使许多不能为任何人所屈服的帝王屈服于宗教之下。一切服从的现象，根源都在于恐惧，不论我们所服从的领袖是人还是神。

有一种说法现在已是老生常谈了，即所谓侵略性也往往起源于畏惧的说法。我想这种论调未免言之过甚。固然，就某种侵略性而言，例如D. H. 劳伦斯[②]的侵略性，是可以这样讲的。但我非常怀疑是否海盗的头儿心中对父亲还怀有恐惧的回忆，或者是否拿破仑在奥斯特利茨[③]的时候，真会觉得他是在遵行母亲的教诲。[④] 关于阿提拉[⑤]或成吉思汗的母亲的生平，我虽一无所知，但却有点疑心她们宠坏了各自的爱儿，以致他们长大后觉得世界有

① 作者为奥古斯塔斯·蒙塔古·托普莱迪(1740—1778)。——译者

② D. H. 劳伦斯(1885—1900)——英国小说家。——译者

③ 当时奥地利(现在捷克斯洛伐克)境内地名。1805年拿破仑曾在此处大破奥俄联军。——译者

④ 拿破仑的母亲教子极严。拿破仑十六岁时尚被母亲责打。拿氏显贵后，其母对于拿氏的功业毫不震眩。(见韦尔斯:《世界史纲》中译本，下册，第810、821页。)——译者

⑤ 阿提拉为五世纪时东南欧匈奴各部族的领袖，屡次率军入侵罗马帝国。死于453年。——译者

时妨碍他们任性，因而对世界产生恼恨。① 我以为由胆怯而产生的侵略性不足以鼓舞伟大的领袖；我要说伟大的领袖都有非凡的自信心，这种自信心不仅呈现在外表上，而且深入到潜在的意识中。

一个领袖所必须具备的自信心是可以通过各种途径产生的。在历史上，最普通的途径之一就是据有世袭的发号施令的地位。例如，读一下伊丽莎白女王在国家危急关头所发表的言论，你就可以看出君权盖过了女性，并使她相信她懂得必须做什么，同时也通过她使全体英国人民相信她知道必须做什么。这就不是单纯一个平民所能希望做到的了。就她的情况来说，国家和统治者的利益是协调一致的。这就是她所以能成为“好女王贝思”的原因。她甚至能颂扬她的父亲而不引起人们的愤怒。毫无疑问，发号施令的习惯使她勇于负担起责任并且能当机立断。一个氏族，如果有一个世袭的领袖，也许会比用抽签方法选择其领袖有更好的作为。另一方面，像中世纪教会那样的团体是以功绩显著、通常都担任过重要职务因此积累了丰富经验为理由而选择其领袖的，一般说来，这种团体的成绩要比同时期的世袭君主国好些。

历史上有些最能干的领袖，是在革命的形势下崛起的。我们不妨研究一下那些使克伦威尔、拿破仑和列宁获得成功的因素。这三个人都是在国家困难的时期统治着各自的国家，并获得能干的人的衷心支持，而这些能干的人并不是天生具有屈从别人的性

① 以上写完之后，阅读了拉尔夫·福克斯所著《成吉思汗传》一书，藉悉我对其母的揣测是完全错误的。成吉思汗的母亲是一位凶悍泼辣、令人生畏的妇女。她告诫成吉思汗他的首要责任是进行报复。他五十岁时，由于跟兄弟争吵，被他母亲毫不容情地大骂了一顿。他温顺地回答说：“妈妈，是我不好，我很惭愧。”

格的。这三个人都有无穷尽的勇气和自信心，还有他们的同僚所认为的在困难时刻的健全判断力。然而在这三个人当中，克伦威尔和列宁属于同一类型，拿破仑则属于另一类型。克伦威尔和列宁都是具有深厚宗教信仰的人；他们自信是具有超人决心的被指定的执政者。因此在他们看来，他们的权力欲无疑地是合乎正义的，并且他们很少计及权力的报酬（例如豪华和安逸），因为一计及报酬就和他们的以拯救世界为己任的抱负不相调和了。列宁的情形尤其是如此，因为克伦威尔在晚年的时候已经意识到自己是陷入罪恶之中了。不过就这两个人而言，使他们产生勇气并能吸引其追随者坚决信从其领导的，正是信仰和优异才干的结合。

与克伦威尔和列宁两人相反，拿破仑是军事冒险家的最高典范。法国革命适合他的胃口，因为法国革命替他创造了机会；但除此以外他就对革命漠不关心了。尽管拿破仑满足了法国人的爱国心，并且以这种爱国心为靠山，但是对他来说，法国也正如革命一样，仅是向他提供的一个机会而已；在年轻的时候，他甚至不很认真地考虑过要为科西嘉[①]而对法国作战。他的成功与其说是由于任何性格上的特点，还不如说是由于军事上的专门技能：在别人本来要吃败仗的场合，他却取得了胜利。在胜败关头，例如在雾月十八日[②]和在马伦哥[③]战役，他是靠别人取得成功的；但是他的惊人

① 科西嘉是地中海的一个岛，属法国，为拿破仑诞生之地。——译者

② 雾月是法国共和历（1793 年 11 月 26 日开始采用，1805 年 12 月 21 日以后停止使用的历法）的第二月。1799 年雾月 18—19 日（即公历 11 月 9—10 日），拿破仑发动政变，推翻当时的督政府，建立了他的军事独裁。——译者

③ 意大利北部地名。1800 年拿破仑在这里将奥地利军队击败。——译者

的天才使他能把他的助手的功劳据为己有。法国的军队里有很多青年野心家；使拿破仑能在别人失败的场合获得成功的，是他的聪明，而不是他的心理状态。至于他迷信自己的运气（这一点终于引起他的失败），则是他的许多胜利的结果，而不是它们的原因。

说到我们这个时代，希特勒在心理上应纳入克伦威尔和列宁这一范畴，墨索里尼则应属于拿破仑这类的人物。

军事冒险家或海盗首领这种类型的人，在历史上的地位要比"科学的"历史学家们所认为的来得重要。有时候，他像拿破仑一样，在并非专为个人打算的人群之中，也能成为领袖。法国的革命军曾把自己看成是欧洲的解放者，并被意大利人和德意志西部许多人看成是解放者，但拿破仑只不过做了一些看来有助于自己前程的解放行动而已。这种人往往也不以大公无私的目的为借口。亚历山大也许曾着手对东方进行希腊化的工作，但他手下的马其顿人是否对他远征的这一方向颇感兴趣，却令人怀疑。在古罗马共和时代的最后百年中，罗马将军们主要是想得到金钱，同时也是靠分配土地和财物来取得士兵的效忠的。塞西尔·罗兹[①]自称对不列颠帝国抱有不可思议的信念，可是这种信念却为他的公司产生了巨额股息；他雇来征服马塔贝莱兰[②]的骑兵，也是赤裸裸地用金钱的诱惑招募来的。有组织的贪婪，很少伪装或没有伪装，在世界上的历次战争中都曾发生过很大的作用。

---

① 塞西尔·罗兹(1853—1902)，英国政治家，历任好望角殖民地的议员、国务员和内阁总理等职。他所创办的英国南非公司侵占了现今赞比亚与津巴布韦地区，后以罗兹为名，将此二地区分别命名为北罗得西亚与南罗得西亚。——译者

② 马塔贝莱兰，地名，在南罗得西亚。——译者

我们说，普通的温和的公民之所以服从领袖，大都是由于恐惧的心理。不过就一帮掠夺者来说，情形就不是这样，除非他们不再有机会从事和平的职业。领袖的权威一旦确立之后，他可以在反抗者当中引起恐惧，不过在他成为领袖并被大多数人公认为领袖之前，他是不可能引起恐惧的。为了取得领袖的地位，他必须能在自信、果断以及决定正确方针的本领这些权威所由产生的特性方面超乎别人之上。领袖的地位是相对的。恺撒能使安东尼服从，但别人就做不到。大多数人总觉得政治是难搞的，自己最好是追随一个领袖——他们出于本能并不自觉地有这样的感觉，好像狗对主人一样。假如不是这样的情况，集体的政治行动简直是不可能的了。

因此，热爱权力，作为一种动机来说，是受怯懦性的限制的，而怯懦性也限制着一个人的自我指导的欲望。既然有权力的人所能实现的欲望多于没有权力的人，既然权力能获得别人的尊敬，那么，一个人除非受怯懦性的限制，自然希望有权力了。担负责任的习惯可以减少这种怯懦，因此各种责任感都有助于增强权力欲。残暴和敌意的经历可以产生两种作用：对于容易被吓倒的人，它会产生逃避世人注意的愿望；对于大胆之徒，它会刺激他们去追求能使他们对别人施加暴行而不受他人暴行之苦的地位。

在无政府状态之后，势所必然的第一步是专制主义，因为统治与服从这两种天生的机能很容易使它出现。这一点在家庭、国家以及商业方面，都有例可证。平等合作远比专制难以实行，远不及专制符合人的本能。当人们试图平等合作的时候，自然各人都要力争取得全面的优势，因为这时服从的动力是不发生作用的。有关各方几乎必须一致忠于他们本身以外的某一原则。在中国，儒家的忠于家族的思想，使家族企业常能取得成功；而不属于个人的合股公司就往往无法经营，因为没有一个人非对其他股东效忠不可。在通过协议来进行管理的情况下，为了取得成功，必须对法律、国家或各方面所共同遵守的某项原则有普遍的尊重。教友派的教徒在有疑难问题必须解决时，并不举行表决来取决于多数，而是开展讨论，直到获得那种通常认为是圣灵所启发的“会议的精神”为止。就他们这种情况而论，我们碰到一个异常一致的团体，但没有一定程度的一致性，通过讨论进行管理是行不通的。

要做到通过讨论来进行管理，就需要足够的团结精神；而足够的团结精神在一个家族——例如富格尔家族[①]或罗特希尔德家族[②]——中，在一个小的宗教团体——例如贵格会[③]——中，在一个野蛮的部落中，在一个发生战事或眼看要发生战事的国家中，都不是很难产生的。但外来的压力也几乎是不可缺少的：同一团体的成员因为害怕一个个被绞死而团结起来。共同的危险最易产生团结，但这还不足以解决整个世界的权力问题。我们希望防止种种危险（例如战争）而危险却是今天团结的原因，但我们又不希望破坏社会合作。这个问题不仅在政治上而且在心理上都难以解决。如果我们可用类推法来判断，那么，这个问题如由某一国家实行一种初步的专制制度是很可能得到解决的（如果真可以解决的

① 十六世纪德意志巨商。西班牙国王查理一世（1516—1556年在位）利用此家族的资助贿选而为神圣罗马皇帝（查理五世1519—1556年在位）。——译者

② 犹太人，为德国近代的金融巨头，也是世界上有名的财阀。——译者

③ 即教友派。——译者

话)。既然各国已经习惯于自由否决权,国际间的自由合作就像瓜分前的波兰贵族之间一样很难实现。前者同后者一样说明,人们很可能认为毁灭要比常识更为可取。人类是需要治理的,但在无政府状态存在的地方,人们开始只愿意服从专制主义。我们因此必须首先想法把政治弄稳当,哪怕是专制政治也好,只有在人们已经习惯于接受治理的时候,我们才能希望有效地使它成为民主政治。"绝对的权力对于建立组织是有用的。社会的压力则要求把权力用来维护一切有关方面的利益,这种压力的发展尽管是比较缓慢的,但也是实在的。这种压力在宗教史和政治史上连续不断,如今在经济领域内也出现了。"①

前面我已讲过发号施令的和服从的两种人,但还有第三种类型,那就是遁世派。有些人有拒不服从的勇气,但没有发号施令的迫切要求。这种人不容易适应社会结构;他们好歹设法寻求遁世的场所,以便享受或多或少的孤独的自由。有时候,具有这类气质的人在历史上占有重要的地位;早期基督徒和北美洲的拓荒者代表第三类型的两种人。遁世有时是精神上的,有时是物质上的;它有时需要像隐士居处那样完全与世隔绝,有时则需要像修道院那样集体过孤寂的生活。在精神上的遁世者当中,有人是其名不彰的教派的信徒,有人热衷于无害的癖好,也有人致力于研究深奥而无关重要的学问。在物质上的遁世者当中,有探寻文明世界边缘

① 见伯利与米恩斯:《现代公司与私有财产》第 353 页。以上引文是作者在谈到实业公司时说的一段话。

的人；也有像"亚马孙河的博物学家"贝茨[①]那样的探险家，他完全生活在印第安人当中愉快地过了十五年。隐士气质中的某些部分也是多种美德的重要因素，因为它使人能抵抗时尚的诱惑，不顾世人的冷遇和仇视而坚持某种重要工作，并形成了许多与流行的谬见相反的见解。

在遁世派当中，有些人并非真正不关心权力，而不过是不能用寻常的手段取得权力而已。这种人可以成为圣徒或异端的祖师，也可以成为新的教派或文艺流派的创始人。他们常常吸引许多喜欢服从而又有反抗精神的人做他们的信徒；反抗精神使他们不落前人的窠臼，而喜欢服从又易于引起他们不加批判地接受新的信条。托尔斯泰和他的追随者就是这一类人物的例子。真正的遁世就与此截然不同。忧郁的雅克[②]就是这类人物的最好的例子。他和好公爵一同过着流放的生活，因为那是流放的生活。后来他又和坏公爵一道留在森林里而不回宫廷。许多北美的拓荒者忍受了长期的艰苦和贫困，但当文明达到他们的地区时，他们就立刻卖掉自己的田园，又往西迁移。对于这类气质的人，世界所能给予他们的机会是越来越少了。他们有些人走上犯罪的道路，有些人陷入一种乖僻的、反社会的哲学的泥坑里。和这班人接触太多，会使人产生厌世的心理。当孤独的生活不能获得的时候，厌世的心理就自然求助于暴力了。

在懦怯的人当中，组织性之所以能够增强，不仅由于对领袖有

① 贝茨(1825—1892)，英国自然科学家，曾长期在南美的亚马孙河流域探险，著述甚多。——译者

② 莎士比亚喜剧《皆大欢喜》里的人物。——译者

服从的心理，而且由于身处人人感受一致的人群之中，就会产生安然的感觉。在热烈的公共集会上，如果一个人赞同这个集会的宗旨，他就会产生与热情和安全感相结合的得意之感：这种大家所共有的感情越来越强烈，直至排斥其他一切感情，只剩下由自我的多倍增长而产生的扬扬得意的权力感为止。集体的兴奋是一种美妙的陶醉状态，身处其中，很容易忘却稳健、人情甚至自卫，而残暴的屠杀与英勇的殉道是同样可能发生的。这种陶醉和别种陶醉一样，一旦感受其乐趣，就很难加以抗拒，但最后总会对它冷淡和厌倦，如要恢复先前的那种激情，就需要越来越强烈的刺激。

虽然领袖并不是产生这种激情的必要因素（因为这种激情也可以由音乐或群众目睹的一桩令人兴奋的事件引起），但一个演说家的辞令却是诱发这种激情的最便当和最普通的手段。所以集体兴奋的快感乃是形成领袖权力的一个重要因素。领袖并不一定也要具有他所激起的那种感情；他可以像莎士比亚剧本中的安东尼那样暗自思量：

> “现在让它闹起来吧；一场乱事已经发生，随它怎样发展下去吧！”[1]

但是，领袖除非有能力控制其追随者，否则是难以成功的。因此他势必要择取易于使他成功的形势和群众。最好的形势是有相当严重危险的形势，这种危险足以使迎危向上者觉得自己勇敢，但

① 莎士比亚：《裘力斯·恺撒》第3幕，第2场。——译者

又不十分可怕，不至于使恐惧占上风。例如，与一个被认为是强大而并非不可战胜的敌人发生战争时就是这样的形势。当熟练的演说家希望激起战斗情绪的时候，他要在听众中造成双重的信念：在表面的一层，他要夸大敌人的力量，使听众认为必须有很大的勇气才能与敌人战斗；在较深的一层，他要使听众有坚定的胜利信心。像“公理必定战胜强权”这样的口号就体现这双重的信念。

演说家所希望得到的群众应是这样的群众：他们易被感情所激动而不善于思考，他们起初充满着恐惧而随后又充满着仇恨，他们不耐烦使用缓慢和渐进的办法，他们既被激怒又满怀希望。假如演说家不是十足玩世不恭的人，他会养成一套信念来给自己的行为辩解。他将认为，感情是比理智更好的指导者；我们的见解应当用热血而不是用头脑来形成；人生最好的活动范围是集体的而不是个人的。假如由他来掌管教育，他的教育内容将是交替地实行严格的训练和集体陶醉，而知识和见解则让冷静地研究无情的科学的人去操心。

可是，热爱权力的人并不都是演说家这一类型的人物。有些人属于与此截然不同的类型。他们对权力的热爱是由于控制了机械而培养出来的。例如，布鲁诺·墨索里尼关于空袭阿比西尼亚的战绩有过这样的记述：

“我们必须放火焚烧树木葱茏的小山，田野和小村庄……。最有趣的是……。炸弹刚触及地面，就立刻腾起白烟和巨大的火焰，枯草开始燃烧了。我想到了那些动物：啊呀，它们那个跑啊……。炸弹架上的炸弹投完之后，我就开始用手投……。那是再有趣不过的了：一个周围有大树环绕着的村庄是不容易击中的。我不得不向草屋顶用心瞄准，到第三次投弹时才命中目标。屋子里的倒霉鬼看到屋顶着了火，都跳出来四散奔跑，就像疯子一样。

“被火圈包围的大约五千名阿比西尼亚人死于非命。那简直像是地狱。”

演说家需要懂得很多直觉心理学才能获得成功，而墨索里尼式的空军人员只消知道烧死是不愉快的这一点心理学就可以得到他的快乐。演说家是旧式的；以机械装置为权力基础的人是新式的。不过也并不完全如此。例如，你不妨读一读有关迦太基人在第一次布匿战争末期用大象踏死叛变的雇佣兵的记述，这里，迦太基人的心理——虽然不是心理学——是和墨索里尼的心理相同的。[①] 不过比较说来，机械力在我们这个时代比过去任何时代更能说明时代的特性。

现在，以机械力为靠山的寡头政治的执政者心理学还没有在任何地方得到充分的发展。不过这种发展是有极大的可能的，而且在量的方面（虽然不在质的方面）是前所未有的。一个曾受专门技术训练的寡头政治集团，由于控制了飞机、战舰、电站以及摩托运输工具等等，就有可能建立几乎无须笼络人民的独裁政权。飞岛帝国[②]之所以能维持它的存在，就在于它具有使自身置于太阳和一个叛乱省份之间的能力。一群科学工艺家联合起来，能够做出差不多同样激烈的事情。他们能使叛区挨饿，并在鼓励这一地区依靠光、热和电力之后，使它失去这些舒适生活的来源；他们还

① 狄奥多罗斯（西西里的），第25卷（残篇）。参阅福楼拜：《萨朗宝》。

② 飞岛帝国是英国作家斯威夫特（1667—1745）所著《格利佛游记》中的一个假想国。——译者

能在这一地区散布毒气和细菌。要抵抗这一切是全无希望的。处于支配地位的人学到了运用机械的本领以后，就会像他们学会怎样看待自己的机器那样来看待人类，即把人看成是没有感情的东西，操纵者能够于己有利地运用法律来加以支配。这种政权之冷酷无情绝非以前任何暴政所能比拟。

本书的主题在于研究对人的权力而不是研究对事物的权力，但是在对事物的权力基础上建立一种对人的技术性的权力仍然是可能的。凡是惯常控制强大的机械并通过这种控制而取得支配人的权力的人，多半会对他们的人民抱有一种富于想象力的看法。这种看法和那些靠说服（不管这种说服是多么虚伪）而取得权力的人对人民的看法是完全不同的。我们多半都这么淘气过：挑开一个蚁穴，相当感兴趣地观看由此而产生的群蚁奔走的纷乱状况。假如我们从摩天大楼的屋顶上俯视纽约街头的往来行人，那么，下面的人就似乎不再是人，而依稀带有一种荒谬可笑的性质了。假如一个人能像朱庇特[①]那样用霹雳武装起来，他也许会出于我们扰乱蚁穴的同样动机，把霹雳投到人群当中去。这显然就是墨索里尼从飞机上俯视阿比西尼亚人的时候所具有的心情。不妨设想一下，有一个科学化的政府为了害怕暗杀，经常住在飞机上，只是偶然降落到高塔顶上或海上浮筏的降落场上。这样的政府难道有可能深切关怀人民的幸福吗？恰恰相反，可以肯定地说，在一切处于顺境的时候，这种政府要用它看待机器的那种无动于衷的态度来看待人民，但当某一事件偶然向它提醒人民毕竟不是机器的时

① 朱庇特为罗马神话中的主神，雷神。——译者

候，它就要像那些由于其原则遭到下属怀疑的人们一样，感到无情的愤怒，并决心用任何最干脆的手段来消除抵抗，难道不是这样的吗？

读者可能认为这一切只是不必要的恐怖感而已。要是我也这样认为就好了。我确信，机械力有助于产生新的精神状态，这种新的精神状态使我们今天比以往任何时代更需要寻求一些控制政府的方法。由于技术的发展，民主政治可能更困难了，但它已更加重要。拥有庞大机械力的人如果不受任何控制，就可能自命为神——不是基督教的爱的上帝，而是异教的索尔[①]或武尔坎[②]。

利奥帕第[③]曾把维苏威火山爆发所造成的景象描写如下：

这些地方今天到处是
草木不生的火山岩烬，缀饰着
凝成石头的熔岩，
随着踽踽独行的人的脚步发出回响；
蛇懒洋洋地蜷伏在阳光底下，
归窟的兔子在石隙间奔忙——
这里曾经是快乐的农庄，
有耕地、有泛黄的庄稼，也有
哞哞地叫着的牛羊；
这里也有园林和华厦：

① 北欧神话中的雷神。——译者
② 罗马神话中的火与锻冶之神。——译者
③ 意大利诗人(1798—1837)。——译者

权贵们优游岁月的乐乡；
还有名城重镇，
随着那无情的火山口喷出的熔浆，
连同它们的居民一起摧毁。
如今一切都变成荞粉，
在一片荒墟下永久埋藏。①

现在，人也能造成这种结局——在格尔尼卡②就出现过，说不定不久也会出现在迄今伦敦所在的地方。既然一个寡头政治集团势必要靠这种破坏爬上统治地位，还能指望它干出什么好事来呢？假如遭受这班新神的雷霆破坏的，不是伦敦和巴黎，而是柏林和罗马，那么，经过这一番破坏之后，在破坏者的身上还能留下多少人性呢？那些原来具有人类情感的人，难道不会被受抑制的同情心逼得发疯，从而比那些根本不需要抑制同情心的人还要来得坏吗？

从前，人们把自身卖给魔鬼以求得魔力。今天，他们从科学方面获得这些力量，并且觉得自己也不得不成为魔鬼了。除非能制服权力，使它不是为某一伙狂热的暴君服务，而是为全人类服务，不分白种人、黄种人和黑种人，也不分法西斯主义者、共产主义者和民主主义者，否则世界就没有希望；因为科学已经造成人类不是全体生存就是全体死亡这种不可避免的局面。

① 这一节诗承吾友 R. C. 特里维廉先生译成英文谨此致谢。

② 格尔尼卡是西班牙的一个小镇，1937 年为德国法西斯空军夷为平地。名画家毕加索为抗议这一暴行，为巴黎世界博览会画了以‘格尔尼卡”为题的一幅壁画。——译者

第三章 权力的形态

我们可以把权力解释为若干预期结果的产生。因此，权力是一个量的概念。假设有两个具有类似的欲望的人，其中一人除实现了另一人所实现的全部欲望而外，还实现了其他一些欲望，那么，他就比另一人有更多的权力。但是，如果这两个人一个能实现这一种欲望，而另一个又能实现另一种欲望，那就没有精确的方法来比较他们的权力了。例如有两个画家都希望绘出好画和发财致富；结果，两人中有一个绘出了好画，而另一个发了财，在这种情况下就无法估计谁的权力较大了。不过，大致说来，假如甲所预期的结果实现得多而乙实现得少，那就很容易粗略地说甲的权力是大于乙的权力了。

关于权力的形态，有许多分类的方法，各有其功用。首先，权力可以区别为对人的权力和对无生物或非人类的生物的权力。我所论及的将以对人的权力为主，但也必须记住：近代世界之所以发生变化，主要是因为科学帮助我们加强了对物的权力。

对人的权力可以根据权力对个人发生影响的方式或根据与权力有关的组织的类型来分类。

权力对个人发生影响，可以通过下列各种方式：甲、对一个人的肉体直接行使有形的权力，例如监禁或处死；乙、以赏罚为诱导手段，例如雇用或解雇；丙、对于一个人的意见施加影响，也就是进行最广义的宣传。在这最后一项里还应该包括利用时机，在别人身上形成你所希望的某种习性，例如利用军事训练。唯一的区别是，在这种情况下，行动的产生无须乎可以称为意见的那种精神的媒介。

在我们对待动物的时候，这些权力形态表现得最简单明了，因为人们认为在这种场合是无须伪装或借口的。当一头猪被绳子拦腰缚起，尖声叫着被吊上船去的时候，它就是受制于直接行使在它肉体之上的有形的权力。相反，谚语上所说的毛驴追求胡萝卜的故事，那就是我们要使它相信它的行为于自己有利，从而使它按照我们的意图来行动。介乎上面两种情况之间的，可以拿玩把戏的动物为例：赏与罚使它们养成了若干习性；还有一种不同的情况，即羊被诱上船的情况：先要用力把头羊拖过跳板，然后，其余的羊就服服帖帖地跟着上来了。

以上所有的权力形态在人类中间也有例可证。

那头猪的情形说明军警的权力。

驴子和胡萝卜的故事具有宣传的权力的特征。

玩把戏的动物表明“教育”的权力。

一群羊跟着它们的满心不情愿的首领走，是党派政治的例证。在党派政治下，一个被尊敬的领袖通常总是受派系或党魁的束缚的。

我们来把这些伊索寓言式的比喻应用于希特勒的崛起吧。胡萝卜就是纳粹党的纲领（其中包括如废除利息等）；驴子是中产阶级的下层；羊和它们的首领是社会民主党人和兴登堡，猪（仅就其不幸的遭遇而言)是集中营里的受难者,而玩把戏的动物就是几百万致纳粹党的敬礼的人。

我们可以把最重要的组织机构,按照它们所行使的不同权力,大体上加以区分。军队与警察执行人身强制的权力;经济组织一般用赏罚来作为鼓励或制止的手段;学校、教会和政党的目的在于影响人们的意见。不过这些区别也不是截然分开的,因为每一个组织除行使最能表现其特征的权力而外,还行使其他形态的权力。

法律的权力可以说明此种复杂性。法律的终极的权力是国家的强制权力。文明社会的特征就在于:直接的人身强制(也受到某些限制)是国家的特权,而法律则是国家对公民行使这项特权时所依据的一套规定。但法律使用惩罚,不仅是为了使不希望发生的行动实际上不可能发生,而且是作为一种诱导的手段。以罚金为例,它并不能使某一行动不可能发生,而只能使它失去诱力。而且(这也是更重要得多的一点),当法律不得人心的时候,法律也就几乎没有力量了;例如在美国禁酒期间,或如十九世纪八十年代爱尔兰的多数人民对夜间破坏土地法的人深表同情的时候,就可以看出这种情况。因此,作为一种有效的力量,法律依赖社会舆论和人心的程度,甚至超过它依赖警察权力的程度。法律在多大程度上受人拥护,是一个社会的最重要的特征之一。

这就使我们很有必要来区别一下传统的权力和新树立的权力。传统的权力有习惯势力在它的一边;它无须时时刻刻为自身辩护,也无须不断证明任何反对势力都没有力量把它推翻。而且,它几乎总是和宗教的或准宗教的信念联系起来,目的在于表明抗拒是不道德的。因此,传统的权力远比革命的或僭窃的权力更能获得舆论的支持。这就可以产生两种多少有些对立的后果；一方面，传统的权力既然觉得自身安全，就不会去提防叛徒，因而可能避免很多无可置疑的暴政；另一方面，在古老的制度继续存在的地方，掌权者总是容易做出的不义行径，便有古老的习惯作为护符，因而就比在任何希望博得群众支持的新政体之下更为彰明较著。法国大革命期间的恐怖时代表明革命的暴政，而法国的封建徭役则表明传统的暴政。

我把不以传统或同意为基础的权力称为“暴力”。它的特性跟传统的权力大不相同。在传统的权力继续存在的地方，政权的性质几乎无止境地取决于它的安全感或不安全感。

暴力通常是军事的，它所采取的形式或为对内的暴政，或为对外的征服。它的重要性，特别是对外征服的重要性，确是很大的，我想要比许多近代“科学的”历史家所愿意承认的来得大。亚历山大大帝和尤利乌斯·恺撒以他们的战役改变了历史的全部过程。如果没有亚历山大，也就不会出现用希腊文写的《福音书》，而基督教也就不可能传遍罗马帝国。如果没有恺撒，法国人就不可能讲由拉丁语派生的语言，而罗马天主教就简直不可能存在。白种人对美洲印第安人的军事优越性，是军事权力的更加无可否认的明证。武力征服有利于文明传播，非其他任何一种力量所能及。不过在大多数情况下，军事权力也要以某种其他权力形态（如财富、技术知识或狂热）为基础。我并不是说在一切情况下都是如此。以西班牙王位继承战为例，马尔巴勒的天才乃是战争结局的主要成因。不过这只能视为例外而已。

当一种传统的权力形态结束之后，继之而起的可能不是暴力，而是为人民中的多数或较大的少数所愿意拥护的革命权威。例如在独立战争时期的美国，情况就是如此。华盛顿的权威，丝毫没有暴力的特征。与此类似，在宗教改革运动中，建立了一些新教教会来代替天主教教会，它们之所以能够成功，主要是由于得到人民的拥护而不是由于采用了武力。假如一个革命的权威不想多用暴力而使自身确立起来，它就比传统权威需要远为有力和积极的群众支持。1911 年中华民国宣布成立的时候，受过外国教育的人士颁布了一部议会制的宪法，但公众对它是冷淡的，因此这个政权很快就变成连年交战的督军们的暴力政权了。后来中国国民党所达成的统一，倚靠的是民族主义而不是议会主义。与此类似的事情在拉丁美洲也时有发生。在所有这些情况下，议会的权威所得到的群众拥护，如果足以使它成功，那就是革命的；但在实际上获得胜利的纯军事权力却是暴力。

传统的、革命的和强暴的权力之间的区别是心理上的区别。我并不是仅仅因为权力具有古老的形态才称之为传统的权力；它还必须取得群众的尊敬，而这种尊敬部分是由习惯产生的。当尊敬衰落下去的时候，传统的权力就逐渐向暴力过渡了。这个过程在俄国表现为革命运动的不断高涨，直到 1917 年革命胜利为止。

凡是依靠人数众多的一群人（团结在一种新教义、新政纲或新思想感情如基督教新教、共产主义或民族独立愿望之下的一群人）支持的权力，我称之为革命的权力。凡是仅仅产生于个人或团体热爱权力的冲动、从国民那里赢得的只是出于畏惧的服从而不是积极合作的权力，我称之为暴力。由此可以看出，权力的强暴性是一个程度上的问题。在民主国家里，政府的权力对各个反对党来说，不是强暴的，但对笃信无政府主义的人来说，就是强暴的了。同样，在有宗教迫害的地方，对正统教派的宗教上有罪的人来说，教会的权力不是强暴的，但对异教徒来说，就是强暴的了。

另外，权力还可以分为组织的权力和个人的权力。一个组织怎样取得权力是一回事，而个人又怎样在组织里面取得权力完全是另一回事。当然，两者是互有关系的：假如你希望当首相，你就必须在你所属的政党中取得权力，而你的政党又必须在全国范围内取得权力。但是假如你生在世袭原则尚未衰落的时代，那么，要在政治上控制一个国家，你就必须做国王的继承人。然而这并没有使你也能征服别的国家，因为在这方面你还要具备王子们往往缺乏的另一些条件。现今在经济领域里还有类似的情形，因为财阀大都是世袭的。试看法国社会党人所激烈反对的二百个财阀家族，就不难了解了。但财阀的世袭统治已不能使神权的原则获得广泛的承认，因此不能像从前的王朝那样持久。现今一个财富与势力蒸蒸日上的金融巨头，纵使把父亲的另一个儿子搞穷了，也无人认为这是邪恶的行为，只要是按照惯例来搞，没有采用颠覆性的新办法就行。

各种组织使各种人物上升到很高的地位；各种社会状态也是如此。通过著名人物的作用，一个历史时代出现了，它的明显特征来源于这些人物的特征。正如取得显著地位所须具备的条件变化无常一样，著名人物也变化不定。我们可以想象，十二世纪有像列宁那样的人物，今天也有像“狮心王”理查那样的人物，但历史并不知道有关他们的情况。现在让我们研究一下不同类型的权力所产生的不同类型的人物。

世袭的权力使我们产生“上流人士”这一概念。这是历史悠久而多少有点变了质的概念；它的历史，从古代酋长的魔性起，经过国王的神性，一直到骑士的侠义精神和贵族名门的气派。在权力是世袭的地方，人们所钦佩的品质是当时优游的生活和视为当然的优越地位所产生的品质。在权力属于贵族而非属于君主的情况下，最有礼貌的举止不但包括对地位低的人温和地坚持己见，而且包括对地位相等的人彬彬有礼。但不管流行的对礼貌的看法是什么，只有在权力是（或不久以前是）世袭的地方，才以礼貌为评价他人的标准。如果资产阶级绅士闯进男女成员除考究社交细节外无所事事的社会，那他就只会受人嘲笑罢了。残存的对“上流人士”的钦佩心理是靠继承的财产来维持的，一旦经济的和政治的权力不再父子相传的时候，这种残余的钦佩心理一定很快就会消灭。

如果权力是靠学问或智慧（不管是真的还是被信以为真的学问或智慧）得来的，那就有另一种大不相同的人物居于显著的地位。这种形态的权力有两个最突出的例子，即传统的中国和天主教会。在现代世界，这种权力形态已不像过去大部分时代那样多；在英国，除教会而外简直没有了。说来奇怪，在最野蛮的社会里，靠所谓学问来取得的权力反而最大，并且随着文明的发展而不断减小。我所指的“学问”，当然包括号称为学问的东西在内，诸如术士和巫医的学问。需要用二十年的学习工夫才能取得除达赖喇嘛以外一切高级僧官必须取得的拉萨大学的博士学位。欧洲在公元1000年的时候，情况也是如此。那时教皇西尔威斯特二世被认为是一个术士，因为他读了书，因此能使人产生玄奥的恐怖，从而增强教会的权力。

就我们所知，知识分子是僧侣在精神上的继承者；但由于教育的传播，他们的权力被夺去了。知识分子的权力是靠迷信(对传统的咒语或圣书的崇敬)维持的。在讲英语的国家中，这种迷信仍有一些残迹遗存，例如从英国人对加冕典礼的态度以及美国人对宪法的尊敬，就可以看出；因此，英国的坎特伯雷大主教和美国最高法院的法官至今仍享有属于学者的某些传统的权力。但这同埃及僧侣和中国士大夫的权力比起来，仅是一点暗淡的影子而已。

上流人士的典型长处是节操，靠学问获得权力的人的典型长处是智慧。为了获得智慧的声名，一个人必须看来好像具备丰富的深奥知识、克制情欲的能力和做人的长期经验。据认为，只有年龄才能使人多少具备这些品质，因此，"长老"、"先生"、"长者"和"前辈"都是尊称。中国的乞丐称过往的行人为"大老爷"。在知识人士的权力被组织起来的地方，就有僧侣或文人的团体，而一切智慧就被认为集中在他们当中了。哲人是与武人大不相同的人物，由于哲人的治理而产生的社会也和武人统治下所产生的社会截然不同。中国和日本就是这种对比的实例。

我们已经注意到这样的奇事，即在今天虽然知识对文明所起的作用大于过去任何一个时代，但掌握新知识的人所拥有的权力却未有相应的增长。尽管电气技师和话务员做了许多使我们感到舒适(或烦恼)的奇事，我们并不把他们看作巫医术士，也不会设想，如果我们触犯了他们，他们能够召来雷霆暴雨。其原因就在于：科学知识尽管是艰难的，却不是神秘的，凡是愿意作出必要的努力的人都可以掌握科学。因此，近代的知识分子并不引起人们的畏惧，而始终不过是雇员而已。除了少数例外(例如坎特伯雷大主教),知识分子未能继承当初使其祖先获得权力的那种魔力。

其实,从前人们对有学问的人表示尊敬,绝不是由于后者具有真才实学,而是由于人们认为他们具有魔力。科学使人对自然界的进程能有一些真正的了解,因而打破了人们对巫术的信仰,也就打破了他们对有学问的人的尊敬。这就产生了这样一种情况,即尽管科学家是区别今昔时代的当今时代特征的根本成因,并通过他们的发现和发明,对世事的进程产生不可估量的影响,然而作为个人来说,他们在智慧方面所能享受的荣誉,不像印度的裸体托钵僧或美拉尼西亚[①]的巫医所享受的那么大。现代的知识分子觉得他们活动的结果反而使自己的声望减低,因此对现在的世界不满。不满情绪最少的人就倾向于共产主义,而不满情绪较为浓厚的人就躲在象牙之塔里了。

大型经济组织的发展产生了一种新型的有权力的人物,这就是在美国称为"总经理"的那种人。典型的总经理在别人的印象中是明快果断、洞悉人情、具有坚强意志的人物。他的下巴颏必然坚定有力,嘴唇紧闭,讲起话来简洁了当。他必须能够引起同辈的尊敬和绝非无足轻重的下属的信赖。他必须兼有大将军和大外交家的长处:在战斗中残酷无情,而在协商交涉时又能巧妙地实行让步。由于这些长处,人们才能获得重要经济组织的控制权。

在民主国家里,政治权力往往属于与上述三者大不相同的人物。一个政客如要成功的话,必须能取得他本党核心集团的信任,然后还要能激起多数选民的某种程度的热情。这两个通向权力的

① 澳大利亚东北的群岛。——译者

步骤所要求的条件是不同的；很多人所具备的条件只能完成这一步骤而不能完成那一步骤。美国的总统候选人往往不善于激起一般群众的想象，尽管他们有本领博取政党首领的宠信。这种人照例要失败，不过政党首领是预见不到他们要失败的。有时候一个人虽然没有“吸引人的力量”，他那政党的核心集团却能保证他获得胜利。在这种情况下，此人在当选后就要受政党核心集团的支配而绝不能获得真正的权力。反之，有时候一个人也能创立自己的政党核心集团，拿破仑三世、墨索里尼和希特勒就是这种人的例子。比较通常的情形是：一个真正成功的政客纵然利用了现成的政党核心集团，最后仍能加以支配，使它服从自己的意志。

在民主国家里，一个成功的政客所须具备的条件，是随着时代的特征而改变的。这些条件在太平年代和在战争或革命时期是不同的。在太平年代，一个人只要在别人的印象中是一个坚强的、有正确判断力的人，就可能取得成功。但在动荡的时期，就需要有更多的条件了。在动荡时期，他必须是一位动人的演说家。并不一定是指通常所说的雄辩的演说家，因为罗伯斯比尔和列宁并不长于雄辩，而是坚决、热情和大胆。这种热情可以是抑制而不外露的，但它必须存在，而且为人所感知。在动荡时期，政客不需要有推理的能力，无须了解与个人无关的事件，也不需要有丝毫的智慧。他所必须具备的是说服群众的能力，使群众相信他们所渴望的事情是可以实现的，而且相信依靠他那坚忍的决心，他就是实现这种事情的人物。

最成功的民主政治的政客，就是成功地废除民主，并成为独裁者的那号人物。当然，这只是在一定的情况下才有可能；在十九世纪的英国就没有人能做到这一点。但在有可能的时候，做到的人所须具备的条件同一般民主政治的政客所须具备的条件一样，只不过程度较高而已，至少在动荡的时期是如此。列宁、墨索里尼和希特勒的崛起，实有赖于民主政治。

独立政治一经建立，已经去世的独裁者的继承人所须要具备的条件，是和独裁政治创立人的条件完全不同的。在世袭制被废除之后，幕后操纵、阴谋诡计和哗众取宠就成为最重要的手段了。因此，独裁政治在其创立人逝世以后，必然要大大变质。既然一个独裁政权的继承人的条件一般不如创立人的条件那样普遍给人以深刻的印象，因此就有可能引起政局不稳、宫廷政变，乃至最后转变为某种不同的制度。有人希望近代的各种宣传方法能有效地抵制这种倾向，因为这些宣传方法能为国家的首脑制造民望，而他本人却不须要表现出任何符合民望的条件。不过这些宣传方法究竟有多大的成效，现在还不能断言。

在个人的权力方面，还有一种形态我们尚未论及，那就是幕后的权力——谄媚者、阴谋家、间谍、幕后操纵者的权力。在每一个大组织里，固然秉政的人有相当大的权力，但也有一些次要的人物（男子或女人）通过私人来对领袖发生影响。幕后操纵者和政党的首领属于同一类型，尽管他们采用的手段有所不同。他们不声不响地把自己的朋友安置在重要的职位上，因而迟早可以操纵这个组织。在非世袭的独裁政体下，当独裁者去世时，这种人也许希望继承他的事业，但一般说来，他们是不愿走上前台的。他们爱权力甚于荣誉；他们在社交上往往是胆怯的。有时候，像东方君主国的宦官或别处的王妃一样，他们为了某种理由被禁止充当有头衔的领导者。在名义上的权力是世袭的地方，他们的势力最大；在名义上的权力是作为对个人才能的奖赏的场合，他们的势力最小。然而，即便是在最现代化的政体下，他们在一般人认为高深莫测的部门里，也必然拥有相当大的权力。在我们这个时代，此类部门以金融和外交部门最为重要。在德皇威廉二世时代，霍尔斯泰因男爵——德国外交部的永久性首脑——就有极大的权力，虽然他并不出头露面。现今英国外交部永久性官员的权力究竟有多大，我们还不能知道；我们的后代将来也许会知道这方面的必要文件。幕后操权者所必须具备的条件，和其他一切掌权者的条件迥然不同，而且这些条件通常是（虽然不尽是）要不得的条件。因此，如果一种制度有利于谄佞之徒或幕后操纵者获取大权，那么，一般说来，这种制度就不可能促进公众的幸福。

第四章　教权

在本章和下一章，我打算讨论一下从前最重要的两种传统权力，即教权和王权。这两种权力现在多少有点黯然失色；要说它们将来都不能恢复过去的重要地位，那固然失之轻率，但它们的衰落，不论是永久的还是暂时的，却使我们有可能全面地探讨这两种权力体系；如果我们研究的是正在得势的权力，就不可能如此全面地加以探讨。

僧侣和君主在人类学家所知道的最原始的社会里就已存在了，当然当时他们仅处于原始的状态。有时候，两者的职能集中在一个人的身上。这种情形不仅野蛮人当中有，而且高度文明的国家里也有。奥古斯都在罗马就兼任祭司长，在各行省就是一个神。哈里发既是国家的元首，也是伊斯兰教的领袖。现今，日本天皇在日本的神道教中也有类似的地位。由于国王是不可侵犯的，因此他们有丧失世俗的职能而发展成为僧侣的有力趋势。不过在大多数时代和地方，僧侣和国王的区别还是明显而确定的。

僧侣的最为原始的形态是巫医。人类学家把巫医的权力分为宗教的和巫术的两种。宗教的权力依赖神灵的帮助，而巫术的权力则被假定为天赋的。不过就我们的研究目的而言，这种区别无关重要。重要的是：巫医不管是依靠宗教还是巫术，总被认为既能造福于人，又能为害于人，而且他的才能并不是每一个人都能具有的。俗人虽然也被认为可以施展若干巫术，但巫医的巫术究竟要强一些。一个人生病或遭遇不测，通常被认为是受了敌人的巫术暗算，而巫医就知道破解敌人的恶咒的方法。在约克公爵岛上，巫医先用占卜来查明病人的病源，然后拿着一包石灰，念着下面这套咒语：

"驱邪的石灰！我驱逐章鱼；我驱逐'特奥'蛇；我驱逐'印吉爱特'（一种秘密的社团）的幽灵；我驱逐螃蟹；我驱逐水蛇；我驱逐'巴列沃'蛇；我驱逐蟒蛇；我驱逐'凯亚'狗。驱邪的石灰！我驱逐浓液；我驱逐'吉特'匍匐植物；我驱逐'土辟拉纳'；我驱逐'土乌乌塔乌尔'；我驱逐'腾巴尔'。[①] 有人已经把它们深沉到海底。让烟雾升起来把它们囚在远方；让云彩升起来把它们囚在远方；让黑暗罩起来把它们囚在远方；它们定然要沉沦海底。"[②]

不要认为这套咒语通常总是不灵的。野蛮人远比文明人容易接受术士的暗示，所以他们的疾病既可由巫术引起，也可由巫术治愈。

据里弗斯说，在美拉尼西亚大部分地区，医病的人是巫师或僧侣。在这些地区，巫医同别人显然没有很明显的区别，有些比较简单的治病方法任何人也都能使用，但是：

"把医务同巫术仪式或宗教仪式结合起来的人，通常是用专门

① 本段"特奥"、"印吉爱特"、"巴列沃"、"凯亚"、"吉特"、"土辟拉纳"、"土乌乌塔乌尔"及"腾巴尔"，原书分别为"teo"、"Ingiet"、"balivo"、"kaia"、"kete"、"To Pilana"、"To Wuwu-Tawur"及"Tumbal"。——译者

② 里弗斯：《医学、巫术与宗教》，第16页。

的方法(不是通过秘传就是通过公开的传授)来学得本领的,而在美拉尼西亚,这种知识总是要花钱买的。任何一门带有巫术或宗教性质的医术,即使传授得最全面,对弟子也无用处,除非金钱已从弟子的身上转到师父的手里。"[①]

从这样的起源来看,就不难想象,独占两种更为重要的权力,即巫术与宗教的权力并因此而享有控制社会的巨大权威的一个明确的僧侣等级是怎样发展起来的。在古代埃及和巴比伦,当僧侣同国王发生冲突的时候,结果总是僧侣的权力大于国王的权力。埃及的僧侣曾挫败"无神论者"法老伊赫纳顿[②]。巴比伦的僧侣似乎暗中帮助过居鲁士[③]征服巴比伦,因为他们本国的国王表现了反教权的倾向。

希腊和罗马在古代是特殊的,因为它们几乎完全摆脱了教权的束缚。古希腊的宗教权力,主要集中在神谕宣示所,尤其集中在德尔法[④]。这里祀奉阿波罗[⑤]的女巫应在精神恍惚之时,传授阿波罗所启示的对问题的答复。不过神谕可以行贿得来这一点,人们在希罗多德[⑥]时代就已知道得很清楚了。希罗多德和亚里士多德都曾提到阿尔克迈翁家族——被派西斯特拉图(卒于公元前 527

① 里弗斯:《医学、巫术与宗教》,第 44 页。

② 亦称阿赫纳顿,即埃及法老阿孟霍特普四世(约公元前 1375—前 1358)。曾进行宗教改革,打击僧侣的势力。——译者

③ 波斯国王,公元前 550—前 529 年在位。——译者

④ 古希腊城市,因有阿波罗神殿而出名。——译者

⑤ 希腊神名,掌管音乐、诗歌和预言。——译者

⑥ 希腊历史学家(约公元前 484—约前 425)。——译者

年)[1]逐出国外的雅典显贵家族——曾用贿赂获得德尔法的支持，来反对配西斯特拉图的儿子。希罗多德所讲的真是一件奇闻：他告诉我们："假如我们可以相信雅典人的话，那么，阿尔克迈翁家族曾经贿赂祀奉阿波罗的女巫，每逢斯巴达人不管是为私事或国事来求神谕的时候，都叮嘱他们要把雅典从派西斯特拉图家族的暴政下解放出来。既然每次都得到这样的神谕，斯巴达人虽与派西斯特拉图家族彼此友好因而密切相关，但最后还是派出了以安奇莫利厄斯——著名的公民阿斯特的儿子——为首的一支军队向雅典进攻，要把派西斯特拉图家族逐出雅典。这是因为斯巴达人把神的事情看得比人的事情更重要。"[2]

虽然安奇莫利厄斯远征雅典失败了，但随后一次规模更大的远征却取得了胜利，于是阿尔克迈翁家族和其他流亡者重掌政权，雅典也恢复了所谓的"自由"。

这段叙述有几点是值得注意的。希罗多德虔诚敬神，毫无愤世嫉俗之见，并因斯巴达人信奉神谕而认为他们很好。但是他爱雅典甚于斯巴达，而且在雅典的政事方面，他也是反对派西斯特拉图家族的。然而希罗多德引证为行贿当局的正是雅典人，并且胜利者或女巫也未因亵渎神灵而受到处罚。[3] 在希罗多德时代，阿尔克迈翁家族依然是显赫的；事实上这一家族最著名的人物就是与希罗多德同时代的伯里克利。

亚里士多德在他的《论雅典宪法》一书里，把这件事描绘得更

① 雅典的僭主(约公元前 600—前 527)。——译者

② 第 5 卷，第 63 章。罗林森译本。

③ 希罗多德还提到女巫堕落的另一件事，见上引书第 6 卷，第 66 章。

不光彩。德尔法神殿于公元前548年失火焚毁，于是阿尔克迈翁家族就在希腊全境募集基金来重修神殿。据亚里士多德说，阿尔克迈翁家族花了一部分基金收买祀奉阿波罗的女巫，要她指明动用其余的基金时必须以推翻希皮阿斯——派西斯特拉图的儿子——为条件，他们就用这样的办法把阿波罗争取了过来。

虽有这些丑闻，对德尔法神谕的操纵仍然具有重大的政治意义，以致引起一场激烈的战争。这场战争因与宗教有关，所以称为“神圣”战争。不过人们公然认出神谕易为政治操纵，这种认识势必推动自由思想的传播，而自由思想的传播到最后就使罗马人能夺去希腊神殿大部分财物和全部权势而不致受到破坏神物的谴责。大多数宗教机构的命运是，它们迟早要被大胆之徒用来实现世俗的目的，从而失去它们的权力所依赖的群众的敬仰。在古代希腊和罗马的世界里，这种事情的发生比较平顺，所引起的骚乱要比其他任何地方要少，因为在古代希腊和罗马，宗教从来不曾有过像在亚洲、非洲以及中世纪欧洲那样的实力。在这方面唯一和古希腊罗马类似的国家就是中国。

到此为止，我们谈到的仅是从太古传留下来的、没有任何已知历史根源的宗教。不过这些宗教现在差不多在每一个地方都已被教主所创的宗教代替了；只有神道教和婆罗门教是重要的例外。比较古老的宗教，像人类学家所发现的现今野蛮人的宗教，它们的起源是完全不清楚的。就我们所知，在最原始的野蛮人中间，没有一个显然区别开来的僧侣等级；僧侣的职能似乎最初是比较年老的男子的特权，可以假定是特别属于人们印象中的有智慧或长于巫术的那些人的特权。[1] 随着文明的发展，大多数国家的僧侣日益从群众中分化出来，日益强大。但是作为古老传统的捍卫者，他们是保守的；作为财富和权力的享有者，他们对于个人的宗教信仰倾向于敌视或漠不关心。他们的一整套体系迟早要被一个革命先知的信徒们推翻。佛陀、基督和穆罕默德是历史上最重要的例子。他们的信徒所具有的权力起初是革命的，后来才逐渐变成传统的。在转变的过程中，他们通常吸取许多在名义上早被他们推翻的旧传统。

宗教的和世俗的改革家——至少是那些功业最持久的改革家——都尽其所能向传统求助，并就其权力所及作出一切措施，把他们制度中的新奇成分减到最小程度。通常的做法是杜撰一段有几分虚假的历史，并假装要恢复它的各种制度。《列王记下》第二十二章告诉我们祭司怎样“得了”律法书以及国王怎样“成就了”律法书上所写的话。《新约》是以《旧约》中的先知们为依据的；再浸礼派是以《新约》为依据的；英国清教徒在处理世俗事务方面是以诺曼人征服英国前的那些被信以为真的英国制度为依据的。公元645年，日本人“恢复”了天皇的权力，1868年他们又“恢复”了公元645年的制度。在整个中世纪时期，一直到雾月十八日，全部一系列叛变“恢复”了罗马的共和制度。拿破仑“恢复”了查理曼帝国，不过被认为有点太戏剧化了，所以连在当时那样崇尚华丽浮夸的时代也未能留下什么印记。这些仅是随便挑选出来的几个例子，说明即使是最伟大的改革家也尊重传统的势力。

① 里弗斯：《社会组织》第167页。

在历史上已知的一切僧侣组织当中，最有权力、最为重要的是罗马天主教会。我在本章所论及的教权，仅就其为传统的权力而加以研究；所以，我现在不考虑早期的教会，因为那时教会的权力还是革命的。在罗马帝国覆亡以后，教会得到了代表两个传统的好机会；除了代表基督教传统而外，它还体现罗马的传统。蛮族只有刀剑的力量，教会则有较高水平的文明和教育，有非个人的坚定宗旨，有利用宗教上的希望和利用来自迷信的畏惧的各种手段，最重要的是有扩展到整个西欧的一统的组织。必须同君士坦丁堡和莫斯科这两个比较稳定的帝国打交道的希腊正教教会，已经完全屈服在国家权力之下了，而在西方，政教之争一直延续到宗教改革时期，双方互有胜负。直到今天，在德意志、墨西哥和西班牙，这种斗争尚未结束。

在蛮族入侵后的头六百年间，罗马天主教会还不能站在平等的地位来和统治英、法、意大利北部以及基督教西班牙的横暴的日耳曼国王和诸侯进行斗争。关于这一点有几个原因。查士丁尼对意大利的征服，曾使教廷一度成为拜占庭帝国属下的机构，因而大大削弱了教廷在西方的影响。高级教士除了很少例外都来自封建贵族，所以他们觉得自己和封建贵族的关系比和教皇那远方外国人的关系还要密切；对于教皇的干涉，他们是怨恨的。低级教士没有文化，大都结过婚，因此他们想把俸禄圣职传给儿子的心情比为教会打仗的心情更加迫切。当时的交通困难，也使罗马教皇的号令不能在遥远的国家里施行。因此，有效地统治辽阔地区的第一个政府，不是教皇的政府，而是查理曼的政府。在查理曼同时代的人看来，查理曼当然胜过了教皇。

公元1000年后，人们发觉到预期的世界末日并未到来，而文化却有了迅速的发展。与西班牙和西西里岛的摩尔人[①]发生接触，促进了经院哲学[②]的兴起。诺曼底人经过几百年只是海盗般地给人带来灾害之后，在法国和西西里岛学到了当时世界上所必须学习的一切，成为秩序与宗教的稳定力量，而不再是一个扰乱的势力了。此外，他们也发觉教皇的权威有助于他们征服的合法化。把英格兰从宗教上说第一次完全置于罗马统辖之下的就是诺曼人。与此同时，神圣罗马皇帝和法国国王也都很难控制他们的诸侯。正是在这种情况下，格雷哥里七世[③]的政治才能和勇猛的精力，使教会的权力从此开始增长并在以后的二百年中不断加大。这一段期间在教会权力的发展方面提供了极其重要的例证，因此要详细叙述一下。

教廷昌盛的时期，是从格雷哥里七世即位时(1073)起，延续到克雷芒五世在阿维尼翁建立教廷时(1306)止。教廷在这期间所得到的各次胜利，是依靠所谓“精神的”武器得来的，也就是说，是依靠迷信而不是依靠军力得来的。在这整个时期里，教皇在外表上是受罗马城横暴贵族所领导的民众摆布的——因为，不管基督教世界其余的部分对教廷有怎样的想法，罗马对教皇却是从来不尊敬的。伟大的希尔德布兰德本人死于流亡途中，但他获得了并给

① 信奉伊斯兰教的阿拉伯人。——译者

② 亦称烦琐哲学，为中世纪中期西欧哲学流派之一。这一派哲学在吸取了阿拉伯人所介绍的希腊古典哲学的基础上，用逻辑的形式阐明宗教上的信条，以使理性与宗教统一。——译者

③ 原名希尔德布兰德。——译者

后人留下了连最强大的帝王也为之屈服的权力。卡诺沙[①]成为以后若干时代的象征，尽管它的直接政治影响便利了皇帝亨利四世。俾斯麦在“文化斗争”期间[②]曾说：“我们决不到卡诺沙去”，但他未免夸口太早了。被逐出教会的亨利四世须要获得赦免以便进一步实现他的计划，而格雷哥里虽不能对忏悔者拒绝赦免，但却能对他施加凌辱，作为与教会和解的代价。从政者对教皇也许要进行嘲骂，但只有异端才会怀疑教皇的权力。甚至在皇帝弗雷德里克二世与教廷斗争最激烈的时候，他也不曾对异端表示嘉许。

格雷哥里七世担任教皇的时期，正是教会改革的一个重大时代的顶点。在他那时期以前，神圣罗马皇帝确实是处于教皇之上的。在教皇的选举当中，皇帝往往声称他的意见乃是决定性的意见。亨利四世的父亲亨利三世就曾因教皇格雷哥里六世出卖圣职而将他废黜，并把一个德意志人立为教皇——克雷芒二世。不过亨利三世跟教会并无冲突，相反地，他是一个像圣贤一样的人，他和当时一切最热诚的教士联合在一起。他所支持的并由格雷哥里七世所达成的改革运动，主要是反对教会受封建主义感染的趋势。国王和贵族任命大主教和主教；被任命的人照例都是封建贵族，都用非常世俗的眼光来看自己的职位。在帝国以内，皇帝下面最大的人物原先是因官职而拥有土地的官吏，但到十一世纪末期，这种人已成为世袭的贵族，他们所占有的土地也变成世代相传的财产了。在教会里，特别是在低级的世俗教士当中，也有发生类似情况

① 教皇格雷哥里七世驻节的地方。——译者

② 在 1872—1887 年间，德国政府企图夺取教皇在教育上和宗教上的任命权，结果失败。——译者

的危险。教会中的改革派攻击买卖圣职和“私姘妇女”(他们是这样称教士的婚姻的)两种本质相同的罪恶。他们在改革运动中表现出热情、勇于牺牲的精神以及很多世俗的才智。他们虔诚圣洁，所以得到世俗人的拥护，他们能言善辩，所以获得原先反对他们的那些团体的支持。例如在1058年，圣彼得·达密安在米兰号召全体教士服从罗马的改革敕令。起初他触犯众怒，竟使自己的生命也受到威胁，但他终于胜利了；于是在米兰查出从大主教以下每一个教士都犯了买卖圣职的罪行。结果全体教士作了忏悔并保证以后遵守敕令。在这个条件下，才没有把他们逐出教会，但给他们说清楚：如果将来再犯，就严惩不贷。

教士过独身生活是希尔德布兰德的一贯主张之一。在贯彻这一主张的过程中，他得到世俗人的协助，后者时常用暴虐的手段来对待教士夫妻。诚然，这一斗争没有完全获得成功(在西班牙至今也未成功)，但主要目的中有一点却通过敕令实现了，那就是不许任命教士的儿子担任圣职。这就防止了地方教士的职位变成世袭的职位。

改革运动所取得的最大胜利之一，就是选举教皇的方法经1059年的敕令确定了下来。在这个敕令颁布之前，神圣罗马皇帝和罗马公众所享有的某些权利由于界限不清时常引起宗派间的对立和选举中的争吵。新敕令在把选举权限为枢机主教所有这一点上是成功了，尽管不是一下子就成功而且也不是没有经过斗争的。

十一世纪后半期持续不断的改革运动在两方面获得很大成功：一方面是使修道院院长、主教和大主教跟封建贵族分离；另一方面是让教皇在上述圣职的任命中享有发言权，因为教皇如无发言权，通常就会出现买卖圣职的罪恶。改革运动给世俗人以深刻的印象，大大增强了他们对教会的尊敬。在厉行独身生活取得成功的时候，教士和世俗人的分离就更加明显了；无疑地，这像禁欲主义在大多数情况下那样刺激了教士权力欲的冲动。改革运动也鼓舞了居于领导地位的教士，使他们对于人（除了从传统的腐败行为中获利的人以外）都信奉的事业怀有道义上的热忱；作为促进这种事业的主要手段，改革运动大大提高了教皇的权力。

依靠宣传取得权力，在开始的时候通常需要（例如在上述情形下）非凡的勇气和自我牺牲；但当人们通过这些品德而得到尊敬以后，就能放弃这些品德而利用尊敬在尘世谋求发展。然后总有一天这种尊敬要衰落下去；由于受人尊敬而得到的好处也要丧失。这一过程有时只需要几年，有时需要几千年，但实质是一样的。

格雷哥里七世不是和平主义者。他所喜爱的一句经文是："避免流血而把刀缩回的人是应该诅咒的"。不过他把这句经文解释为不许阻止对世俗人传教，这就表明他对宣传权力的看法是有正当理由的。

尼古拉斯·布雷克斯皮尔——唯一登上教皇宝座（1154—1159）的英国人——在另一个稍微不同的情况中显示教皇的宗教权力。布雷西亚的阿诺德——阿贝拉的门徒——曾宣传这样的教义，即："凡有地产的教士、有采邑的主教以及有财产的修道士，皆不能得救"。这种教义当然不是正统的。圣伯纳德说他"是一个不食不欲的人，像魔鬼一样，只有灵魂才是他渴望的饮食"。但圣伯纳德仍然承认他十分虔诚，堪为表率。阿诺德的虔诚使自己在罗马人反抗教皇与枢机主教的斗争中成为罗马人的得力盟友。他和罗马人在1143年赶走了教皇和枢机主教。他拥护复兴起来的罗马共和国；共和国则从他的教义中谋求道义上的认可。可是艾德里安四世——布雷克斯皮尔——却利用一个枢机主教被刺的事件，停止了罗马城在复活节前一周的宗教活动。当耶稣受难日到来的时候，宗教恐怖笼罩着元老院。元老院卑鄙地屈服了。在皇帝弗雷特里克·巴巴罗萨的协助下，阿诺德被逮捕了，他受了绞刑，尸体被焚毁，骨灰被抛在台伯河中。这就证实了教士享有致富的权利。教皇为了酬谢皇帝，就在圣彼得大教堂为他加冕。皇帝的军队是有用的，但用处还没有天主教信仰那么大，因为教会的权力和财富，依靠天主教信仰的程度要比依靠世俗的支持大得多。

布雷西亚的阿诺德的教义就这样地促使教皇和皇帝达成和解，因为教皇和皇帝都承认双方对于既定的秩序都是不可缺少的。但在阿诺德处死后不久，不可避免的争吵又重新爆发起来，在接着发生的长期战争中，教皇得到一个新的同盟者，那就是伦巴第联盟。伦巴第诸城市，特别是米兰，商业发达，都很富庶；当时它们处于经济发展的前列，英国人有条街名叫"伦巴第人街"[①]，就是这一史实留下的纪念。神圣罗马皇帝支持封建主义，而中产阶级资本主义已经仇视封建主义。尽管教会禁止高利盘剥，但教皇却是借债者，并且感到意大利北部银行家的资本如此有用，以致不得不把神学的严厉性缓和下来。巴巴罗萨与教廷的斗争延续了将近二十年，结果不分胜负。皇帝之所以不能取胜，主要是因为有伦巴第诸城市支持教廷。

① 伦敦的伦巴第人街相当于纽约的华尔街。

在教皇与皇帝弗雷德里克二世的长期斗争中，教皇最后胜利了，主要是由于两个原因：一，北意大利（不仅伦巴第，还有托斯卡纳）诸商业城市反对封建制度；二，圣芳济教派唤起了虔信上帝的热情。圣芳济宣传的是使徒时代的贫苦生活和博爱精神，但他死后几年中，他的信徒在保卫教会财产的残酷斗争中，却行动得像招募新兵的军士。皇帝之所以失败，主要是因为它没有能给他的意图披上一件崇敬上帝的或道德的外衣。

与此同时，教皇在这次斗争中所采用的战略，使许多人从道义上对教廷感到不满。关于英诺森四世——弗雷德里克临死时与之斗争的教皇——《剑桥中世纪史》有下面一段评述（见该书第六卷第一七六页）：

“他对教廷的看法比他以前任何一个教皇都更世俗化。他认为自己的弱点是在政治方面，因此，他的补救办法也在政治方面。他不断利用自己的宗教权力来聚敛钱财，收买党羽，打击仇敌；他肆无忌惮，到处引起了人们对教廷轻蔑的敌意。他的特许与豁免成为丑闻。他不顾自己宗教义务和地方上的权利，把别人对于教会的捐献当做教皇的收入和政治报酬的工具：每一个有俸圣职，通常都有教廷提名的四个人依次候补。这种制度自然会产生用人不当的后果。再者，为了战争和外交而选出的使节，都非常可能具有十足世俗的性格。英诺森并不觉察他所造成的威信和宗教影响的丧失。他有良好的意愿，但无正当的原则。他生来勇敢，刚毅不屈，而且精明机智，无论境遇顺逆，他能冷静沉着，难得动摇。他因执意追求自己的目的而使用的诡谲狡诈、不顾信义的手段降低了教会的标准。他对事态的影响是巨大的。他毁坏了神圣罗马帝国；他使教廷开始衰落；他决定了意大利的命运。”

英诺森四世的逝世并未使教廷的政策发生任何变化。他的继承者乌尔班四世继续跟弗雷德里克的儿子曼弗雷德斗争并获得全胜。当时仍处于上升阶段的意大利资本主义对于拥护皇帝还是拥护教皇，有时摇摆不定。遇到这种情况，乌尔班四世就巧妙地利用他在道德事务上的权威把它争取过来。这就为宣传权力转化为经济权力提供了一个典型的范例。当时大多数银行家，由于代教廷收税这笔大买卖已经站在教皇这一边了，但在某些城市，例如在锡耶纳，人们对吉伯林党[①]的思想感情仍很深厚，因此这里的一些银行家起初是拥护曼弗雷德的。在有这种情况的地方，教皇就通知银行的债务人说，作为基督教徒，他们有义务不向银行偿还债务。这自然是债务人乐于当作命令来接受的一项通知。结果，锡耶纳丧失了对英国的贸易。在意大利全境，凡是幸免破产的银行家都迫于教皇这一花招而变成了圭尔夫党人。[②]

不过，依靠这种手段虽然争得了银行家在政治上的支持，但很难提高他们对于教皇宗教权威的敬重。

从西罗马帝国覆亡直到十六世纪末叶这一整个期间，可以看成两大传统——帝国时代的罗马传统和条顿贵族的传统——的竞争时期；前者体现在教会里，后者体现在国家里。神圣罗马帝国的皇帝们企图兼有帝国时代罗马的传统但结果失败了。除了弗雷德里克二世以外，皇帝本人都太无学识，不能理解罗马的传统，他们

① 吉伯林党与下文圭尔夫党为中世纪意大利两个敌对党派，前者拥护神圣罗马皇帝，后者拥护教皇。——译者

② 参阅《剑桥中世纪史》第7卷，第182页。

所熟悉的封建政治制度则是日耳曼人的东西。受过教育的人(包括在皇帝面前供职的人)所用的语言是学究式的、从古代传留下来的;法律是罗马的,哲学是希腊的,起源于条顿人的风俗习惯则不是文雅的言辞所能表达的。这里的困难就像今天的古典学者用拉丁文来叙述近代工业的工艺程序必然要感到的困难一样。直到宗教改革和近代语言代替了拉丁文的时候,西欧文明中的条顿因素才在文学上和知识上充分表现出来。

霍亨斯陶芬王朝覆亡后,教会似乎重新建起了意大利对西方世界的统治达数十年之久。如以金钱作衡量的标准,这次统治至少和罗马安东尼皇朝时代一样坚强。从英格兰和德意志流进罗马的教会税收远远超过了当年罗马军团在这些地方所能搜刮到的。不过这些税收是凭人们对教廷的尊敬而勒索来的,并不是依靠武力。

但是教皇一迁到阿维尼翁,就开始丧失在以前三百年中所赢得的尊崇。这不仅由于他们完全屈服于法国国王之下,而且也由于他们参与许多残暴行为,例如对圣殿骑士团的镇压。法王菲利普四世由于财政困难,急欲没收圣殿骑士团团员的土地,于是毫无根据地控诉该团犯了异端之罪。国王依靠教皇的帮助,把该团在法国的成员逮捕起来,严刑拷打,一直到他们承认敬奉魔鬼和污辱十字架等罪行为止,然后再把他们大批地烧死。他们的财产归国王处理,教皇也少不了从中得到一部分赃物。这种行为标志着教廷道德堕落的开端。

教会大分裂这件事,使人更难尊敬教皇了,因为两个教皇彼此咒逐,没有人知道究竟哪一方是合法的教皇。在整个大分裂期间,敌对双方为权力而争夺，都显示出很不光彩的顽固态度，甚至发展到抵赖最庄严的誓言的程度。在许多国家里，国家和当地的教会采取一致行动，对两个教皇都不服从。最后，终于弄清楚只有召开一次公会议[①]才能结束这场纠纷。但比萨公会议却搞错了，因为尽管它宣布了双方都是异端而废黜了他们，可是它并未真能驱除他们，而只是制造了第三个教皇。直到康斯坦茨公会议，才把三个教皇都废了，从而恢复了教廷的统一。可是这场争斗已经破坏了人们对于教廷的传统尊敬。在这一混乱时期快要结束的时候，威克利夫已有可能这样地批评教廷说：

“驱除这样一个魔鬼，不但对教会无害，反而对它有益。教会为毁灭它而尽力，正是为上帝的事业效忠。”

十五世纪的教廷，虽然适合当时意大利的情况，但它太世俗化了，而且道德的败坏也太公开了，因而不能满足北方诸国虔敬上帝的要求。条顿族诸国在道德上的背叛，终于强烈到容许经济动机自由活动的程度。拒绝向罗马进贡成为普遍的行动，而且君主和贵族还夺取教会的土地。这些事情，如果没有基督教新教在教义上的革命，是不可能发生的，而新教的教义革命，如果没有教会的大分裂和文艺复兴时代教廷的丑事，也绝不会出现。假使教会的道义上的力量没有从内部削弱的话，攻击教会的一方就不能取得道义上的力量，而会像弗雷德里克二世那样遭到失败。

关于这一点，看一下马基雅维里在《君主论》第十一章论及教会君主国的一段话，是饶有趣味的：

---

① 基督教世界性主教会议。——译者

“现在要说的只剩教会的君主国了。关于这些国家，它们的全部困难都发生在取得这种国家之先，因为取得这种国家或是凭能力或是凭幸运，而保有这种国家，则既不凭能力也不凭幸运。它们是靠古老的宗教敕令来维持的。这些敕令有如此无限的权力，并有如此的性质，以致不管君主的行为和生活怎样，这种国家总能保存得住。惟独这些国家的君主，有国家而不加以保卫，有臣民而不加以治理；可是他们的国家尽管没有保卫，却从未被人夺去；他们的臣民尽管没有受到治理，却从不在意，而且既无叛离的意愿，也无叛离的能力。惟有这样的国家才是安全和幸福的。它们为人类智力所不能达到的力量所支持，所以我对它们不再多论，因为它们是上帝所建立并维护的，议论它们便是狂妄之徒的轻举妄动了。”

马基雅维里写上面这段话的时候，正是教皇利奥十世在位的时候；其时宗教改革正在开始。虔诚的德意志人对于亚历山大六世的任人唯亲或利奥十世的贪财图利能够得到“上帝的嘉许和保佑”这种说法，逐渐觉得不能置信了。路德——“一个狂妄的人”——十分愿意投入教皇权力问题的讨论，马基雅维里则畏缩不谈。一旦对于教会的反对得到道义上和神学上的支持，各种自私的动机就使这种反对迅速传播开来。既然教会的权力以教皇的权力为根据，那么，反对教会，自然就要同一个新的免罪学联系在一起。路德的神学，使世俗君主可以掠夺教会而不怕堕入地狱，并且不会招致自己的臣民在道义上的谴责。

尽管经济上的各种动机对宗教改革的传布大有贡献，但它们显然还算不上宗教改革的原因，因为它们的活动已经有了几个世纪了。许多神圣罗马皇帝都曾企图反抗教皇，其他地方君主也曾如此，例如英格兰的亨利二世和约翰王。但他们的尝试都被认为是邪恶的，因而归于失败。只有在教廷长期滥用其传统权力以致引起了道义上的背叛之后，对教廷的反抗才有成功的可能。

对于每一个想了解怎样靠宣传获取权力的人来说，教廷权力的兴衰是值得研究的。如果说人们都是迷信的，都相信教皇的权力，那是不够的。在整个中世纪时期，有各种异端教派，如果教皇在大体上不值得尊敬，这些异端教派就会像新教一样传播开来了。世俗的统治者力图不借重于异端而使教会屈服于国家之下。这一点在东方虽获成功了，但在西方却遭到失败。这有多方面的原因。

首先，教皇的职位不是世袭的，因此不像世俗王国那样会有君主长期处于未成年状态所引起的困难。一个人除非笃信上帝、具有学识或政治才能，在教会中是不容易上升到显要地位的，因此大多数教皇，总是在某一方面或某些方面显然出众的人。世俗的君主也可能碰巧是有才能的人，但往往是适得其反的；而且，在控制自己的七情六欲方面，世俗的君主也缺乏教士所经受的那种锻炼。国王们想要离婚而三番五次地碰到困难；批准离婚是教会的职权，因此国王还要受教皇的支配。有时国王们试图采用亨利八世的办法来应付这种困难[①]，但他们的臣民会因此而感到震惊，属下的诸侯也会借此摆脱效忠誓言的约束，国王最后还是不得不屈服或归于失败。

教廷的另一种强大力量是它具有不受个人影响的连续性。在

① 英王亨利八世（1509－1547年在位）向教皇要求和王后凯瑟琳离婚，教皇拒绝了他的要求。后来亨利八世利用特殊的国会证书的方式，和凯瑟琳离了婚（1533年）。——译者

弗雷德里克二世的斗争中，教皇的逝世所引起的变化小得惊人。教廷有其教义体系和治国有方的传统，在国王所能反对的事物中，没有一个能像它们这样结实。只有随着民族主义的兴起，世俗政府才有了一点可与比拟的连续性和坚韧的志愿。

在十一、十二和十三世纪，国王照例没有文化，大多数教皇则既有学问又博于见闻。再者，国王是和封建制度联系在一起的；而封建制度是繁重讨厌的，不断地有发生无政府状态的危险，是敌视新兴经济势力的。大体说来，在那三个世纪中，教会所代表的文明高于国家所代表的文明。

但是教会的最大力量是它所启发的人们对它在道义上的景仰。教会继承了古代基督教徒遭受迫害而殉教的荣誉，这成了它道义上的资本。我们已经看到，教会所获得的许多胜利是和厉行独身生活有关的，而照中世纪人们的想法，独身生活是令人很受感动的。许多教士，包括不少教皇在内，宁可忍受很大的痛苦，而不肯在原则上让步。一般人都很清楚：在一个无节制地贪婪、淫佚和自私自利的世界里、教会中卓越的显贵人士往往是为了大公无私的目的而活着的。他们情愿把个人的幸运从属于这些目的。在以后的几个世纪中虔诚圣洁令人难忘的人物——如希尔德布兰德、圣伯纳德、圣芳济等人——都使舆论惊眩，并使教会的道德信誉未因别人的恶行而丧失。

但是，对一个有崇高目的、从而有借口能为其热爱权力辩解的组织来说，享有道德高尚的声誉是危险的，这种声誉最后必然使此组织仅仅在残忍无情、肆无忌惮这方面显得出色。教会布道，教人蔑视世俗事物，这样做就使它获得了控制国君的权力。托钵僧誓守贫困，使世俗人大受感动，从而使已经庞大的教会财产更加庞大。圣芳济宣传兄弟般的友情，却鼓起了为胜利进行一场长期残酷的战争所必需的热情。最后，文艺复兴时代的教会丧失了它的全部道德目的，而它原是全靠这种道德目的才获得其财富和权力的。为了得到新生，宗教改革的冲击就是必不可少的了。

在任何时候，如果一个组织把高尚的美德用为博取残暴权力的工具，那么，上述一切就是不可避免的。

传统权力的瓦解，除了由于外国的征服以外，总是由于人们的滥用。这种人和马基雅维里一样认为：传统权力对人们的思想控制得太牢固了，纵有滔天罪行，也是动摇不了的。

现今在美国，人们把希腊人对神谕和中世纪对教皇的崇敬，献给了最高法院。凡是研究过美国宪法作用的人，都知道美国的最高法院是维护富豪统治的那些力量中的一部分。但在懂得这层道理的人当中，有些人是赞成富豪统治的，因此他们不会有什么行动来削弱人们对最高法院的传统崇敬，而另有一些人，由于被说成是颠覆者或布尔什维克，又不为寻常安分的公民所信任。在有一个像路德那样的人能对宪法官方解释人的权威进行有效攻击之前，须要进一步多作一些明显的党派工作。

战争的失败，对宗教权力的影响，远不如对世俗权力那么大。的确，在第一次世界大战以后，俄国和土耳其不仅发生了政治革命，而且发生了宗教革命；但在俄国和土耳其，传统的宗教本和国家有非常密切的关系。五世纪时教会对蛮族的胜利，是说明战争虽然失败而宗教仍能保存的一个最重要的例子。圣奥古斯丁在其《上帝城》（因罗马城遭蛮族洗劫有感而作的一书）中解释说：世俗的权力不是上帝答应给真正的信徒的东西，所以不能期望它成为正统派宗教的产物。罗马帝国内残余的异教徒则坚信罗马之被征服，乃是废弃多神崇祀所得的处罚；这种争论尽管像煞有理，但未得到普遍的支持。被征服者的较高文明，在入侵者当中盛行着，而且胜利者还接受了基督教。这样，通过教会媒介，罗马的影响就在野蛮人当中保存下来；在希特勒以前，他们还不曾有人能成功地摆脱古代文化的传统。

第五章　王权

国王的起源和僧侣的起源一样，是有史以前的事情。国王统治的演变过程的早期情形只能从今天最落后的野蛮人所保存的制度中加以推测。当这种制度充分发展而尚未开始衰落的时候，国王是领导他的部落或民族进行战争的人，是决定何时宣战与媾和的人，并且往往也是（尽管不一定总是）制定法律和掌管司法的人。他即位称王的权力，通常在或多或少的程度上是世袭的。此外，他也是一个神圣的人物：纵使他本身不是神，至少也是神权国王。

不过产生这种国王统治，先要经过统治方式上的长期演变，还要有一个在组织结构上比野蛮人社会要高级得多的社会。即使是现在多数欧洲人所想象的野蛮人的酋长，在真正的原始社会里也还是找不到的。我们所认为酋长的人也许只能行使宗教上和礼仪上的职能。有时候也许像英国大城市的市长一样，只能指望他主持宴会。有时候他宣战，但不参加战斗，因为他太神圣了。有时候他的神圣威力达到臣民不得看他一眼的程度，这实际上就使他不能多参加公共事务。他不能制定法律，因为法律是习惯决定的；执行法律也不需要他，因为在小型社会里，处罚能由邻居们自动执行。某些野蛮人的社会有两个酋长，一是世俗的，一是宗教的，好像古时日本的幕府将军和天皇；但不像欧洲中世纪的皇帝和教皇，因为宗教的酋长照例只有掌管礼仪的权力。在原始的野蛮人当中，一切事情通常由习惯决定的多，由正式管理机构决定的少，所以欧洲人称为酋长的那种显要人物，不过体现了王权的模糊不清的开端而已。[①]

迁徙和外族入侵是破坏风俗习惯的强大力量，所以也是使统治成为必要的强大力量。在统治者够得上称为国王的那种最低级的文明社会里，王室有时出于外国血统。他们最初是靠某种明确的优越性而获得尊崇的。但这种情况在君主制的发展过程中，是一个寻常的还是异乎寻常的阶段，还是人类学者所争论的问题。

很清楚，战争对于王权的加强一定起过很大的作用，因为战争显然需要统一的指挥。使王位成为世袭是避免争夺继承的最简便的办法；即使国王有权指定其继承人，他也一定会从他的家族中挑选。不过王朝不能永久持续。每一新王室的开创者不是一个篡位的人，就是一个外族的征服者。一般情况是由宗教用某种传统的仪式使新王室合法化。教权既然成为新王朝权势的重要支柱，它就趁这种机会从中取得好处。查理一世曾说："无主教即无国王。"在有国王的一切时代里，和这句名言相类似的话，一直是不错的。有野心的人觉得王位非常值得想望，只有强有力的宗教制裁才会使他们放弃自身取得王位的愿望。

不管原始酋长发展成为历史上的国王所经过的各个阶段是怎样的，埃及和巴比伦的这一过程在有史的最早时期就已经完成了。人们认为大金字塔在公元前三千年以前即已建成。它只有在君主

① 关于这一问题，参阅里弗斯：《社会组织》。

掌握了统治臣民的巨大权力以后才有可能建成。在这一时期，巴比伦有过若干国王，他们占有的领土没有一个比得上埃及国王；但他们在各自的疆域内却都是十足的统治者。在公元前三十世纪至二十一世纪这段历史结束以前，出现了伟大的国王汉谟拉比（公元前 2123—前 2081）。他做了一个国王所应做的一切事情。他特别以其法典著称于世。这部法典是太阳神赐给他的。法典表明，汉谟拉比做了后来中世纪君主始终没有做到的事，那就是使宗教法庭从属于民事法庭。他也是一个出众的军人和工程师。爱国的诗人歌颂他的征讨业绩：

伟大的战士——国王汉谟拉比
在战争风暴中打击仇敌，
任何时刻都显出强大的威力。
扫荡敌人的土地，使战争止息，
叛乱压平，邪恶清除，
敌人像土偶一样地崩溃。
昔日高山险峻难飞越，
而今畅通无阻。

他亲自记述他兴办灌溉事业说："既然安努和恩利尔[①]将苏美尔和阿卡德的土地交给我治理并将该地的王权托付给我，我开凿了'汉谟拉比富民运河'，把水供给苏美尔和阿卡德的土地。我将

① 安努，男神名；恩利尔，女神名。

流散于四方的苏美尔人和阿卡德人聚集起来，供给他们牧场和水利；我牧养众人，使之丰衣足食，在平安的住所里定居下来。”

作为一种制度来说，国王统治在埃及大金字塔时代和巴比伦汉谟拉比时代已经发展到顶点。后来的国王拥有更广阔的领土，但谁也没有更加全面地统治其王国。在埃及和巴比伦，国王的权力不是由于内部叛变、而是由于外族征服才告终的。国王确实无力跟僧侣斗争，因为臣民对国王的服从取决于君主制在宗教上的重要性；不过除了不能跟僧侣斗争以外，国王的权威仍然是无限的。

希腊人在有史时期开始或有史以前，在大多数城邦里，已经把作为政治统治者的国王废掉了。罗马的国王是史前的；在全部罗马史上，罗马人对国王这一名称，始终怀有不可克服的厌恶心理。在西欧，罗马皇帝从来就不是符合这一称谓全部含义的君主。他的起源是超出法律范围的，并且他总是依靠军队的。他对老百姓可以自称为神；但对兵士来说，他只是一个颁发或不颁发适当奖品的将领而已。除了偶尔的、短暂的时期以外，罗马皇帝不是世袭的。真正的权力总是在军队的手里，皇帝不过是军队暂时推戴的一个人而已。

蛮族入侵又把君主制带来了，但也有所不同。新的国王是日耳曼部落的酋长。他们的权力不是绝对的，而是取决于元老会议或亲属团体的合作。当一个日耳曼部落征服一个罗马行省的时候，它的酋长就成为国王，但他的最重要的伙伴成为具有一定程度的独立性的贵族。这就引起了封建制度，使西欧所有的君主受制于跋扈的贵族。

在压倒教会和封建贵族势力之前，君主国一直是软弱无力的。教会衰落的原因，我们已经说过了。在英、法两国，封建贵族在和国王的斗争中遭到挫败，因为他们是政治清明的障碍。在德意志，贵族的头头们发展成为小国王，结果使德意志受法国的摆布。在波兰，贵族政治的无政府状态一直持续到瓜分时为止。在百年战争和蔷薇战争之后，英、法两国的一般公民已不得不相信一个强有力的国王了。爱德华四世依靠伦敦市的帮助获得胜利，他甚至从该市市民中选出他的王后。路易十一是封建贵族政治的敌人，是上层中产阶级的朋友。这一阶层帮他反对贵族，他则帮他们反对工匠。“他统治得像一个大资本家。”——这是《不列颠百科全书》为他写下的一个公认的评语。

文艺复兴时代的君主，在同教会斗争方面，和早期国王比起来，有一个很大的有利条件，即教育已不再为教会所垄断了。为建立新型的君主国，世俗法律家的帮助是极可宝贵的。

在英、法、西班牙三国，新型君主国是处于教会和贵族之上的。它们的权力依靠民族主义和商业这两种增长中力量的支持。只要新型君主国被认为对这两者有用，君主国就强盛；一旦被认为无用，君主国就发生革命。英国都铎王朝未做不利于民族主义和商业的事，但斯图亚特王朝却把许多专卖权赐予廷臣，从而妨碍了贸易。斯图亚特王朝还让英国先后被拖在西班牙和法国的战车上。法兰西君主国奖励商业并加强了民族力量，一直到科尔贝任职终了为止。以后，南特敕令的撤销、一系列损失越来越大的战争、压榨人的赋税、教士与贵族纳税义务的豁免——这一切使商业与民族主义转而反对国王，终于引起了革命。对于新世界的征服使西班牙走上了岔路，但后来西属新世界发生了叛变主要是为了能跟英国和美国进行贸易。

商业虽曾支持国王反对封建无政府状态，但它只要觉得自身足够强大，就总是拥护共和政体。在古代、在中世纪北意大利和汉萨同盟诸城市、在荷兰的隆盛时代都是这样。所以国王与商业的联盟是一件不自然的事情。国王们求助于“神权说”，尽力使自己的权力成为传统的、准宗教的。在这方面，他们获得局部的成功：处死查理一世这件事，被认为是不信神的邪恶行为，并非一般的犯罪而已。在法国，人们把圣路易推崇为圣徒传中的人物；他的某些虔敬上帝的行为流传下来，掩护了历代君主甚至路易十五——他仍是一位“最信基督教的国王”。法国国王建立起新的宫廷贵族统治以后，他们比较喜欢的往往是宫廷贵族而不是中产阶级。在英国，上层贵族和中产阶级是联合在一起的，他们所安置的国王只有议会制定的一个尊称，一点也没有国王陛下的古老魔性。例如，乔治一世已不能医治瘰疬[①]，而女王安妮还能。在法国，国王把贵族争取过来，可是后来国王和贵族的头颅一起掉在断头台下了。

商业与民族主义联盟，始于弗雷德里克·巴巴罗萨时代的伦巴第联盟，后来逐渐传遍欧洲，并在俄国二月革命中取得了最后与最短暂的胜利。商业与民族主义的联盟，在其得势的地方，总是反对以土地为基础的世袭权力的，先和君主政体联盟一起反对，然后又反对君主政体。最后，无论在什么地方，国王或者消灭了，或者

① 照当时迷信的说法，患瘰疬的人请国王摸一摸，念念咒语，瘰疬就会痊愈。——译者

降为有名无实的领袖。如今，民族主义与商业已经散伙了；在意大利、德国和俄国，获得胜利的是民族主义。始于十二世纪米兰的自由主义运动已走完了它的路程。[①]

传统的权力，未从外部加以破坏时，几乎总是要经历一定的发展过程的。由于得到人们的尊敬，它就胆大起来，自以为公众不会不赞成它，因而也就不把公众放在眼里。由于它怠惰、愚蠢或横暴，它就渐渐使人不得不对它自称为神权的资格发生怀疑。这种资格的来源不过是习惯而已，因此一旦对它提出批评，就很容易加以否定。一种对反抗者有用的新教义就取代了旧教义；有时候继之而来的只是一场混乱，海地从法国人手里获得自由之后就是这样。通常的情况是，必须先有一段长期的极为昭著的恶政，然后精神上的反抗才广泛传布；而且，反抗者往往把旧权威的一部或全部移转给自己。奥古斯都把罗马元老院的传统威严吸收到自己身上；新教徒拒不信奉天主教，但对圣经则仍然尊崇；英国议会逐渐取得了国王的权力，但未破坏对君主政体的尊敬。

然而，这一切都是有限的革命；较彻底的革命就比较困难了。如果共和政体突然代替世袭的君主政体，通常是要引起各种动乱的，因为一个新的政体对人们的思想习惯没有支配力，而且一般说来，新政体只有在符合个人私利的范围内才能得到人们的尊重。所以野心家竭力企图成为独裁者，只有经过相当长期的失败才肯罢休。如果没有这样的失败期，共和制度将不能支配人们的思想，

① 这里，我说的是欧洲的自由主义，不是美国的自由主义。欧洲自由主义与自由放任主义是密切相关的。自由主义，按它在今日美国的意义来说，并没有走完它的路程。

而支配人们的思想乃是稳定所不可缺少的。一个新共和国从一开始就稳定,美国几乎是唯一的例子。

我们时代的主要革命运动,是社会主义和共产主义对私人经济权的攻击。我们可望在这里找到这些运动的共同性,犹如在基督教、新教和民主政治三者的兴起中找到其共同性一样。关于这一问题,留待以后再谈。

第六章 暴力

当维持传统权力的信仰和习惯趋于失势的时候，不是渐渐地为基于某种新信仰的权力所取代，就是为暴力所取代。暴力就是不得权力行使对象的默认的那种权力。屠夫支配羊的权力，入侵军队支配战败国的权力，警察支配被破获的谋反者的权力，都是这一类的权力。天主教会对于天主教徒的权力是传统的，但对于被迫害的持异端邪说者的权力，就是暴力了。国家治理忠实公民的权力是传统的，但管治叛徒的权力就是暴力了。凡在权力方面经过长期发展的组织，通常都经过三个阶段：第一个阶段是狂热的（不是传统的）信仰导致胜利；第二个阶段是新权力取得公众的默认，很快变成传统的权力；最后一个阶段是权力用来镇压抗拒传统的人，因而成了暴力。一个组织经历过这三个阶段的时候，它的性质也随之而发生重大的变化。

由于军事征服而产生的权力，经过一个或长或短的时期以后，往往就不再是单纯的军事权力了。罗马人所征服的一切行省（犹太除外），不久就变成帝国的忠顺行省，不再怀有独立的愿望。被伊斯兰教徒征服的亚、非基督教国家，也没有怎么抵抗就服从了他们的新统治者。威尔斯逐渐服从英国的统治，虽然爱尔兰并未如此。在阿尔比派异端基督教徒被武力征服之后，他们的后代，不仅在表面上而且在思想上都服从了教会的权威。诺曼人的征服，在英国产生了一个王族，过了一个时期以后，这个王族就被认为有继承英国王位的神授权利了。军事征服只有在随后产生心理征服的条件下，才能获得巩固，而心理征服的例子是很多的。

如果一个社会不是新近被外国征服的，那么，在它的内政方面，暴力是在两类不同的情况下产生的：第一，两种或多种狂热的信条为了争夺控制权而斗争；第二，一切传统的信条都已衰落，但尚无新的信条继之而起，因此个人的野心不受任何限制。在第一种情形下，暴力不是对所有人施加的，因为信从占统治地位的信条的那些人，是不受暴力支配的。这一问题，我将在下面“革命的权力”一章中加以论述，这里只讨论第二种情形。

暴力的定义是心理方面的；一个政府，可能对某些国民是强暴的，而对另一些国民不是强暴的。除外族征服而外我所知道的最完善的例子是后期希腊的僭主政治和文艺复兴时期意大利某些城邦的暴君专政。

希腊历史，像实验室一样，供给我们大量的，对研究政治权力的人来说是非常有趣的小型试验。荷马时代的世袭王权在有历史记载以前就结束了，继之而起的是世袭的贵族政治。在希腊城邦开始有信史的时候，贵族政治与僭主政治曾有斗争。除斯巴达以外，有一个时期僭主政治到处获得胜利；不过，在僭主政治之后，继之而来的不是民主政治，就是恢复贵族政治，有时还出现过富豪统治。这第一个僭主政治时代经历了公元前七世纪与六世纪的大部分。这一时代与我将特别论到的希腊后期不同，不是暴力时代，但它却为后期的无法无天和暴行虐政开辟了道路。

“僭主”一词,起初并无统治者有任何恶劣品质的意思,它仅仅意味着缺乏合法的或传统的称号而已。许多早期的僭主统治得很明智,得到大多数民众的拥护;通常只有贵族才是他们的死敌。早期的僭主大都是富翁。他们使用金钱,打通了走向权力的渠道;他们维持自身的地位,也是依靠经济手段多,依靠军事手段少。把他们比为梅迪奇[①]家族要比把他们比成现代独裁者更为确当。

在第一个僭主政治时代,铸币开始使用了。这在增强富人权力方面所起的作用,跟近代信用与纸币一样。据说[②](真确到何种程度我还不能断定),货币的使用是与僭主政治的兴起有关的;无疑地,银矿的占有对于任何志在成为僭主的人都很有帮助。货币的使用,在其开始的时候,深深地扰乱了古老的风俗习惯,这在不久前才由欧洲人控制的一些非洲地区可以看到。在公元前七世纪与六世纪时,使用货币的结果是增强商业的权力并削弱地方贵族的权力。直到波斯人侵占小亚细亚时为止,在希腊世界里,战争很少,也不甚重要;同时奴隶也不负担很多的生产工作。这一切都是发展经济权力的理想条件;当时的经济权力在削弱传统势力方面很像十九世纪的工业主义。

只要每个人都有可能致富,传统势力的削弱总是利多弊少的。在希腊人中间,传统势力的削弱引起了人类文化史上最为迅速的发展——只有最近三个世纪可能是例外。希腊人在艺术、科学、哲学等方面的自由,是一个不受迷信束缚的繁荣时代的自由。但是

---

① 梅迪奇家族是十五世纪意大利的也是全欧洲的最大财阀。它控制佛罗伦萨的政权,成为该城事实上的独裁者。——译者

② 参阅 P. N. 尤尔:《僭主政治的起源》。

当时的社会结构并不具有抵抗灾难的坚韧性，而个人在美德不再能使自己成功的时候，也没有必要的善恶标准以避免作恶犯罪及其不幸后果。一系列的战争，使自由民减少了，奴隶增加了。希腊本土终于落入了马其顿的统治之下；可是希腊化的西西里岛，虽然也有日益激烈的革命、内战和僭主政治，却能继续对迦太基和后来的罗马进行斗争。叙拉古的僭主政治是值得我们注意的，一则因为它给我们以最完整的暴力实例，二则因为它对柏拉图发生了影响；柏拉图曾和老狄奥尼修斯[①]发生争吵并企图把小狄奥尼修斯收为自己的门徒。哲学家们在叙拉古恶政中和老狄奥尼修斯及其继承人的不幸接触，大大地影响了以后希腊人以及一切后代人对希腊僭主政治的看法。

格罗特说："用来欺骗人民、使人民暂时服从的欺诈手段，作为违反人民意愿，使暂时服从变成永久服从的武力手段的前奏，乃是希腊篡位者们惯用的手段。"早期僭主政治在多大程度上不顾人民意愿而使服从永久化是可以怀疑的；至于后期僭主政治，因为是军事性质的而不是经济性质的，则确实是不顾人民意愿而使服从永久化的。我们可拿格罗特根据希腊历史学家狄奥多罗斯的著作所描述的老狄奥尼修斯在夺取权力的关键时刻为例。叙拉古军队在多少具有民主性质的政权下，打了败仗、丢了脸；打胜仗的战士所拥戴的领袖狄奥尼修斯则要求惩罚失败的将领。

"当沉默和不安笼罩着叙拉古公民大会的时候，狄奥尼修斯第一个起立发言。他抓住一个既适合听众心情又符合他自己想法的

① 狄奥尼修斯(约公元前 430？—前 367)是叙拉古的僭主。——译者

论题，作了一番渲染。他猛烈谴责那些将领，说他们把叙拉古的安全出卖给迦太基人，说由于他们的罪过，阿格里琴滕才陷落，会场周围每一个人才灾祸临头。他列举他们的罪行，其中有确实的也有尚未证实的。他不仅讲得全面、尖刻，而且恶意中伤，超出合法辩论的一切限度，目的在于对这些将领加以非法的杀害，就像新近死在阿格里琴滕的将领们一样。'他们还坐在那儿，卖国贼！不要等合法的审判或判决，马上抓住他们，当场裁判！'这种粗暴的鼓动是违法的，也是违反议事程序的。主持会议的执政官斥责狄奥尼修斯扰乱秩序，并根据法律所赋予他们的权力，给他以罚金的处分。可是狄奥尼修斯的党羽极力拥护他。菲立斯图不但当场代他交纳了罚金，而且公开宣称他将整天继续代缴所有与此类似的罚金；他煽动狄奥尼修斯坚持下去——自己认为该怎么说就怎么说。开头只不过是违法，这时竟变本加厉而是对法律公开挑战了。在当时叙拉古的实际形势下，执政官的权威大为削弱，反对他们的叫嚣则异常猛烈，所以执政官对于这位发言人，既不能惩办又不能镇压。狄奥尼修斯继续发言，激昂慷慨，更带煽动性，不但控告将领们腐败堕落，出卖了阿格里琴滕，而且普遍谴责著名的富豪，说他们是握有残暴势力的寡头统治者——瞧不起大多数人，而自己却从国难中攫取私利。叙拉古（他坚决认为）绝不能获救，除非把权力交给跟他们的品格完全两样的人。这种人不是从有钱或有地位的人当中产生的；他们出身寒微，在地位上属于人民，而且举止和善，因为他们知道自己的弱点。"①

① 格罗特：《希腊史》第 81 章。

于是他就成为僭主了;可是他以后对贫贱的人究竟做了哪些好事,历史并无记载。诚然,他曾没收富人的土地,但这些土地是用来分给他的卫士的。他在群众中的威望不久就衰落了,但他的权力却没有减少。格罗特在书中(几页之后)说道:

"狄奥尼修斯比以前更加感到他的统治为叙拉古人所憎恶,而且完全依靠暴力维持的,于是他想尽保卫自己的办法,策划之周密几乎为其他任何希腊专制君主所不及。"

希腊史的一个特殊方面是,除斯巴达以外,传统势力特别微弱;再则,希腊也几乎没有政治上的是非善恶。希罗多德曾说,没有一个斯巴达人能够拒绝贿赂。在希腊全境,如果以接受波斯国王的贿赂为理由来反对一个政客,那是毫无用处的,因为他的政敌也会如此受贿,如果他们也有很大的权势够得上被收买的话。结果,通过贿赂、街头斗殴以及暗杀,争先恐后地抢夺个人权力的现象到处都有。苏格拉底和柏拉图两人的朋友干起这种事来也是最无忌惮的。最后的结果,正如预料的那样,是为强大的外国所征服。

人们一向为希腊丧失独立而感到痛惜,而且往往把一切希腊人都看成像梭伦和苏格拉底那样的人。从希腊的西西里岛的历史可以看出为罗马人的胜利而悲叹是没什么道理的。据我所知,说明暴力的最好例证莫过于亚伽多克利斯的事迹了。亚伽多克利斯生于公元前 361 年,死于公元前 289 年,为亚历山大大帝同时代的人。在其生命的最后二十八年中,他是叙拉古的僭主。

叙拉古是希腊城邦中最大的一个,也可能是地中海沿岸城邦中最大的一个。它的唯一劲敌是迦太基。双方经常发生战争,只有在某一方遭到严重失败后，才会出现短暂的休战。西西里岛上的其他希腊城邦，随着它们内部党派政治的变动，有时站在叙拉古一边，有时站在迦太基一边。在每个城邦里，富人赞成寡头政治，穷人则赞成民主政治。民主党派的人获胜的时候，他们的领袖往往成功地自立为僭主。许多失败的党人流亡异乡，并在他们的党执政的城邦里从军入伍。不过这些军队的主体是由雇佣兵组成的；他们多半不是希腊人。

亚伽多克利斯[①]出身微贱——是陶匠的儿子。因为仪表俊美，他得到一个叫狄玛斯的叙拉古富翁的宠爱。他继承了狄玛斯的全部财产，娶了他的遗孀。亚伽多克利斯战功卓著，因此被认为是渴望当僭主的人。于是政府将他放逐，并下令将他在途中刺死。可是他已预料到这一招，他跟一个穷人互换了衣服，后者就被雇来的刺客误杀了。以后，他在西西里岛内地组成了一支军队。这使叙拉古人吓得只好和他谈判，双方约定：允许他回国，但他必须在西里兹[②]神殿里宣誓绝不做任何危害民主政治的事情。

当时叙拉古的政治似乎是民主政治与寡头政治的混合物。有一个六百人会议，由最富有的人组成。亚迦多克利斯支持穷人反对这些寡头。正当四十名寡头举行会议的时候，他煽动兵士把这四十个人全部杀死，说他们密谋害他。接着他就带兵进城，下令兵士到那六百人家中抢劫。兵士照做了，还屠杀了许多从家里跑出

① 以下所述是根据（西西里的）狄奥多罗斯的著作。有些近代权威人士说狄奥多罗斯抱有偏见，并说亚迦多克利斯是一个令人钦佩的统治者。但就主要事实而论，如说狄奥多罗斯叙事不正确，那是难以置信的。

② 即希腊神话中之德米特，谷物女神。——译者

来看外面发生了什么事情的老百姓。最后因劫掠财物而屠杀了大批的人。狄奥多罗斯这么说:“不仅如此,就是逃到神殿里去靠神庇护的人,也没得到安全;对神的虔诚已被残酷的人性所粉碎、所压倒了。这些事情是希腊人在自己的国家内反对希腊人,亲属在和平时代反对亲属,是完全不顾天理、盟约或对神的崇敬、厚颜无耻地犯下的罪行。说到这种情况,不但朋友,甚至连仇敌以及每个头脑清醒的人也不得不怜悯这些不幸的人的悲惨境遇。”

亚伽多克利斯的党徒白天杀人,一到黄昏,就把注意力转到女人身上了。

两天屠杀之后,亚伽多克利斯把囚禁的人提出来,除他的朋友狄诺克拉底以外,其余的人全被杀死。然后他召集会议,对寡头们提出控诉,并说他要把支持君主政治的人从城邦里全部清洗出去,他自己则过隐居生活。于是他脱掉制服,穿上平民的服装。但是在他领导下抢劫掠夺的人要求他掌权,于是他被推举为唯一的统帅。“许多比较穷的和负债的人对这次革命很高兴”,因为亚迦多克利斯答应免除债务并把土地分给穷人。那时候,他一度是宽和的。

亚伽多克利斯打起仗来机智勇敢,但卤莽轻率。有一次,迦太基人似乎肯定要大获全胜了,他们围攻叙拉古城,海军又占领了海港,但亚伽多克利斯带了一支大军开到非洲,在那里他焚毁了自己的船舰,以防落入迦太基人手里。他怕在他出征期间国内发生叛变,因此就把叙拉古的儿童带去作人质。过了一个时期,他的兄弟(代表他在叙拉古进行统治)又放逐了八千个政敌。这八千人后来都得到了迦太基人的友好对待。一开始他在非洲的胜利是惊人的;他攻占了突尼斯,围攻迦太基城,使迦太基政府大为震动,并立即向莫洛克神[①]祈求赎罪。人们发现,应该把自己的孩子充当祭品的贵族惯于用买来的穷人孩子作替身;这种做法现在坚决制止,因为大家知道,用贵族孩子作祭品,会使莫洛克神更加喜悦。这次改革以后,迦太基人的命运开始好转了。

亚伽多克利斯觉得需要增援,于是派遣使者前往昔兰尼。当时昔兰尼隶属托勒密王族,由亚历山大的一个将领奥菲拉斯统治。亚伽多克利斯吩咐使者说:如果能得到奥菲拉斯的帮助就可以灭掉迦太基;他只希望在西西里岛获得安全,对非洲并无野心;在非洲联合作战所占领的土地都将归奥菲拉斯所有。奥菲拉斯受了他的诱惑,带兵跨过沙漠,经过极大的困难与亚迦多克利斯会师。可是亚伽多克利斯却杀害了奥菲拉斯,并向他的军队指出:只有在杀死他们旧统帅的那个人的下面服役,才有希望得到安全。

以后他围攻尤提卡,因为他到得出人意料,在田野里捉到了三百个俘虏。他把这三百人绑在攻城器械的前面,如果尤提卡人要自卫,首先就得杀死自己的人。这一着虽然成功了,但他的处境是困难的;当他有理由疑惧他的儿子亚卡伽突斯在煽动兵变的时候,就更加困难了。于是他偷偷逃回西西里。统帅私逃使他的军队在狂怒中杀死了亚卡伽突斯和他的另一个儿子。这事大大地激怒了他,他就把叙拉古境内与叛军的任何一个兵士有关系的人,不分男女和儿童一概杀死。

① 古代腓尼基人的火神,以儿童为祭品(迦太基为腓尼基人在非洲北岸的殖民地)。——译者

他在西西里的权力历尽了上述兴衰变化之后，还延续了一些时候。他占领爱吉斯他，把城中较穷的男人全部杀死，并拷打富人，直到他们招出隐藏财富的处所。他又把城中的青年妇女和儿童作为奴隶卖给大陆上的布卢蒂人。

我引以为憾的是他的家庭生活不是完全愉快的。他的妻子跟他的儿子私通。他的两个孙子中一个谋杀了另一个，后来又买通老僭主的仆人在祖父的牙签上涂上了毒药。当亚伽多克利斯知道自己一定要死的时候，他最后干的一件事是召集元老开会，要对他的孙子复仇。但他的牙龈中了毒，疼得不能讲话了。这时叙拉古的公民站起来了。他们没有等他死，就急忙把他送上火葬柴堆。他的财产也没收了。据说，这时恢复了民主政治。

文艺复兴时期的意大利颇与古希腊相似，但混乱情况有过之无不及。那里有寡头统治的商业共和国，有模仿希腊的暴君专政，有起源于封建制的公侯国家，此外还有教会的国家。除了在意大利，教皇原是受到尊敬的，但他的儿子们却没人尊敬了，于是切萨雷·博尔贾就不得不依靠暴力。

切萨雷·博尔贾和他的父亲亚历山大六世都是重要人物，不仅因为他们本人重要，而且因为他们曾使马基雅维里受到启发。在他们的事业中，有一件克赖顿评论过的事可拿来说明他们的时代。科隆纳和奥尔西尼两大家族几百年来一直是教皇的祸患。这时科隆纳家族已经衰亡，而奥尔西尼家族还继续存在。当亚历山大六世听到切萨雷用诡计捉到两名奥尔西尼要人的时候，他就和奥尔西尼家族办交涉，邀请他们的领袖奥尔西尼枢机主教到梵蒂冈来。奥尔西尼枢机主教和教皇一见面，立即被逮捕了。枢机主教的母亲为了取得给儿子送食物的特许，送给教皇两千个“杜卡”[①]。枢机主教的夫人把教皇垂涎已久的一颗很贵重的珍珠也送给了教皇。可是奥尔西尼枢机主教到底还是死在狱中了，据说是亚历山大六世下令用药酒毒死的。从克赖顿对这一事变的评论[②]，可以看出暴力统治所具有的特性：

“令人惊异的是，这种背信弃义的行动竟没有引起抗议，反而获得完全成功。不过在意大利尔虞我诈的政治中，每件事都要看当事人的本领而定。雇佣兵队长只能顾他们自己，一旦他们被人用不管怎样奸诈的手段撤职之后，便什么都没有了。奥尔西尼和维泰洛佐的覆亡没有引起任何一个政党和行业的义愤。雇佣兵队长的军队在追随其将领的时候是坚强的，一旦将领罢职，兵士就纷纷四散，另行受雇。……大多数人钦佩切萨雷在处理此事时的无比冷静。……没有败坏当时的道德。……大多数意大利人认为切萨雷对马基雅维里说的话有充分的道理。切萨雷说：‘对付那些表现为奸诈能手的人，诱骗是很好的办法。’切萨雷的行为，为它的成功所肯定了。”

文艺复兴时期的意大利，正如古希腊一样，兼有高度的文明和卑劣的道德。这两个时期都展示了极高的天才和极低的道德堕落，而恶棍和天才彼此并不仇视。利奥那多曾为切萨雷·博尔贾建筑防御工事；苏格拉底的几个门徒在三十个僭主中最坏的僭主之列；柏拉图的弟子参与了叙拉古的一些可耻事件；亚里士多德娶

① 金币名(ducaf)。——译者

② 克赖顿：《教廷史》第5卷，第42页。

了僭主的侄女为妻。在古希腊和意大利文艺复兴这两个时期，文艺与谋杀并行发展了大约一百五十年，其后，这一切都被来自西方和北方的文化较低但更为团结的民族所破坏了。在这两个时期政治独立的丧失不仅引起文化的衰落，而且引起商业优势的丧失和悲惨的贫困。

暴力时期通常是短暂的，一般是通过下列三种途径之一而告结束的。第一种途径是外族的征服，例如我们已讨论过的希腊和意大利的情形。第二种是树起了稳定的独裁政权，它不久就变成传统的权力；这方面最显著的例子，是从马里厄斯起到安东尼失败止这一内战时期之后的奥古斯都帝国。第三种是新宗教（就宗教一词的最广意义而言）的兴起。这方面的明显例子是穆罕默德统一了先前不断交战的阿拉伯诸部落。大战后，假如俄国有剩余粮食可以出口，国际关系上的暴力也许会由全欧洲实行共产主义而告终。

在权力成为暴力的地方（不仅在国际方面而且在内政方面），取得权力的手段远比在其他地方残暴。关于这一点，马基雅维里有过直截了当的论述。例如，关于切萨雷·博尔贾为防亚历山大六世万一去世而预先采取的自卫措施，他就作过以下颂扬性的记述：

“他决定采取四种办法。第一，消灭已被他废黜了的那些统治者的家族，以去除教皇的口实。第二，争取罗马全体士绅的支持，以便靠他们的帮助来抑制教皇。第三，使枢机主教团更倒向自己。第四，在教皇逝世之前攫取足够的权力，以便能用自己的力量抵抗最初的冲击。当亚历山大去世时，这四件他已经做好了三件。被废黜的统治者，他能杀多少就已杀了多少，几乎没有逃脱的……”。

这些办法中的第二、三、四种，在任何时候都可以采用，而第一种如果用在有秩序的统治时期就不免使舆论震动。英国首相不能指望用暗杀反对党领袖的办法来巩固自己的地位。但在施行暴力的地方，这种道德限制却是不起作用的。

假如一种权力完全因为它是权力而受人尊重，并无其他任何原因，这种权力就是暴力。因此，一旦传统不再为人所承认的时候，原先的传统权力就变成暴力。由此可见，自由思想与强烈批评的时期容易发展成为暴力时期。在古希腊是如此，在文艺复兴时期的意大利也是如此。柏拉图在他的《理想国》一书的第一卷，曾通过色拉西马克斯之口提出了适合于暴力的理论。当苏格拉底很厚道地企图为正义找一个伦理学上的定义时，色拉西马克斯感到恼火了，他说："我的学说是：正义不过是较强者的利益。"他接着说：

"每一个政府都制定适合于自己利益的法律；民主政府制定民主法律；专制政府制定专制法律，等等。通过这种立法手续，这些政府宣称：为政府本身的利益正是为它们的人民的利益；任何人偏离了这一点，就要按违法和不讲道义治罪。所以，我的好先生，我的意思是：在一切城邦中，只有既定政府的利益才是正义的。而且我认为占优势的力量必然是在政府这方面。所以通过正确推理所得出的结论是：只有强者的利益不论在什么地方都是正义的。"

在任何时候，如果这种见解得到普遍承认，统治者就不再受道德上的约束，因为他们为了保持权力所做的一切，不会使人（直接受害人除外）感到震惊。同样，造反的人只因害怕失败才有所收敛；如果他们用残暴手段能获得成功，他们就无须担心自己会因残暴而不得人心。

色拉西马克斯的学说，在普遍承认它的地方，必然使一个有秩序的社会完全靠政府所掌握的直接物质力量来维持其生存。这就不可避免地要产生军人暴政。别的政体只有建立在某种信念广泛流传，激励人们尊重权力分配现状的地方才能是稳定的政体。凡在这方面卓有成效地发挥作用的信念，通常都是经不起理智批判的。在各个不同的时代里，人们曾普遍地承认权力专属于王室、贵族、富人、与妇女对立的男子以及与有色人种对立的白种人。但知识在国民中间的普及，使他们起来不再接受这种权力的限制，于是当权者为形势所迫，不是屈服就是依靠暴力。有秩序的统治如要获得群众的拥护，就必须找出某种方法以说服大多数人，使他们赞同色拉西马克斯学说之外的其他某种学说。

除利用迷信而外，其他的博得群众对政体拥护的方法我将留待以后的一章加以讨论，这里可以先说几句。第一，用别的方法来博得群众对政体的拥护这一问题不是根本不能解决的，因为在美国它已经解决了（很难说在英国已获解决，因为对君权的尊敬一向是英国政治稳定的重要因素）。第二，必须把有秩序的统治所具有的优点全面实现出来，这通常包括使精力充沛的人有机会用合乎宪法的手段变成有钱或有权的人。如果某一等级的人，其中不乏精力充沛而有能力的人，但却受到限制，不能投身于他们所想望的事业，那就必然产生不稳定的因素，很可能迟早会引起叛乱。第三，需要审慎采用某种社会公约，它有利于维持秩序，不可露骨地不公正到引起普遍反对的地步。这种公约如果成功，经过一段时间，就会很快变成传统，并具有传统权力的一切力量。

在近代读者看来，卢梭的《社会契约论》并不是很革命的，很难看出何以这本书使一些政府大为震惊。照我想，其主要原因在于它企图把政府权力建立在基于理性的公约之上，而不是建立在对于君主的迷信尊崇之上。卢梭学说在世界上的作用表明，要使人们一致同意把政府权力建立在非迷信的基础之上，乃是困难的事情。如果迷信扫除得非常突然，这也许是做不到的事情，因为在这之先，人们必须有所训练，有所准备，即必须有一些自愿合作的实际经验。重大的困难在于：要维持社会秩序就必须尊重法律，但在失去人民拥护的传统政权之下，尊重法律是办不到的，而且在革命当中，又必须置法律于不顾。不过这个问题尽管困难，还是必须解决，假如社会秩序应该和才智的自由运用并行不悖的话。

这个问题的性质有时被领会错了。单单想出一种在理论家看来不致引起充分的造反动机的政体是不够的；必须找出真能付诸实践的、一旦建立起来就能得到足够的忠忱拥护以压制或预防革命的政体。这是一个实际的治国才能问题，包括必须考虑全体人民大众的一切信仰和成见。有这样一些人，他们以为任何一群人，只要掌握国家机器，就能靠宣传获得普遍的顺从。这种想法显然有其局限性。在近代，国家的宣传如果违背了民族感情，事实证明，是不会发生力量的，如在印度和1921年以前的爱尔兰就是这样。宣传也很难战胜强烈的宗教感情。对于大多数人的自私自利之心，宣传究竟能克服到何种程度，能持续多久，也还是个疑问。但必须承认，国家宣传已经稳步地越来越奏效了，因此取得普遍的顺从这一点，对政府来说也越来越容易做到了。上面提出的一些问题要在以后章节里详细讨论，现在只需记在心上就是了。

以上我谈的只是政治权力，但在经济领域内，暴力至少也是同样重要的。马克思认为，除非在将来的社会主义社会里，否则一切经济关系都是完全受暴力支配的。与此相反，已故的边沁主义史学家埃利·哈勒维却曾主张，一般地说，一个人所得的工作报酬，正是他本人所认为应值的报酬。我确信，就作家来说并非如此。照我自己的情形看，我总是觉得我写的书价值越高，人家给我的报酬越少。如果成功的事业家真正相信他们的工作值得他们所收到的那么多，他们就一定比现在这样子还要愚蠢。不过话又说回来了，哈勒维的学说也含有真理的成分。在一个安定的社会里，怀有强烈不平之感的人，为数一定不多；因此可以假定，只要经济上没有重大不满，大多数人就不会感到自己的工资显然太低。在不发达的社会里，一个人的生计决定于他的社会地位，而不决定于契约，因此一个人通常认为凡是习惯的东西都是合理的东西。不过，即使在这种情况下，哈勒维的公式也是因果倒置了。习惯是一个人对事务感到合理的原因而不是它的结果。在这种情况下，经济权力是传统的；只有当旧习惯被推翻或因某种原因而成为批判的对象时，它才变成暴力。

在工业主义的幼年时期，没有规定工资的各种惯例，雇工也没有组织起来。因此，雇主与雇工间的关系是在国家所许可的限度之内的一种暴力关系；起初，限度是很宽的。正统派经济学家指导说，不熟练工人的工资总是趋于下降到仅够维持生活的最低水平，但他们没有认识到，这要看工资劳动者是否排除于政治权力和组织利益之外而定。马克思认为这是一个权力问题；但是我想，和经济权力比起来，他把政治权力低估了。工会能大大加强工资劳动者讨价还价的力量，但如工资劳动者没有政治权力，工会就有可能受到镇压。在英国，要不是城市工人从1868年起有了选举权，工会早就被一系列合法的决议弄得瘫痪了。有了工会组织，工资就不再决定于暴力，而是同商品买卖一样，决定于讨价还价了。

暴力在经济上所起的作用，比在马克思学说发生影响以前人们所认为的大得多了。在某些情况下，暴力作用是很明显的。拦路强盗从被劫者身上抢来的赃物，或征服者从被征服国家掠夺的战利品，显然都是暴力的结果。当奴隶还未由于长期习惯而屈服的时候，奴隶制也是这样的。支付一笔款项，在付款人虽然愤恨但仍不得不付时，这笔款项就是用暴力勒索的。这种愤恨发生于两种情况：一种是这笔支付不符合习惯；另一种是虽符合习惯，但因看法变了而被认为是不公平的。从前丈夫对妻子的财产有十足的支配权，但妇女运动引起了对于这种习惯的反抗，从而引起了法律的变革。从前雇主对于雇工的工伤事故是没有责任的；但人们在这方面的思想感情变了，也引起了法律的改革。诸如此类的例子多不胜举。

假如一个工资劳动者是社会主义者，他也许觉得他的收入比雇主少是不公平的；在这种情形下，迫使他勉强同意的就是暴力了。经济不平等的老制度是传统的制度，除了反对这种传统的人以外，本来是不会引起愤恨的。因此，社会主义舆论的每一次加强，都使资本家的权力更加成为暴力。这情形类似异端舆论与天主教权力之间的情形。我们已经看到，暴力有其固有的弊害，不同于得到人们默认的权力。因此，社会主义舆论每一次增强都有助于使资本家权力愈益残酷，除非资本家在行使权力时因怀畏惧心理而减少一些残酷程度。假设有一个社会完全符合马克思主义者所说的模式，其中工资劳动者全是坚定的社会主义者，其他人则全是资本主义制度坚定的拥护者，那么，不管哪一方获胜，都不免对对方使用暴力。马克思所预示的这种形势是很严重的。他的信徒们的宣传，就其成功的一面而言，正在促进这种形势的实现。

人类历史上令人深为憎恶的事情——不仅与战争有关的事情，还有其他虽不那么引人注意，但同样可怕的事情——大多和暴力有关。奴隶制度和奴隶买卖、对刚果的剥削、早期工业主义的恐怖、对儿童的残暴、司法上的酷刑、刑法、监狱、贫民习艺所、宗教迫害、对犹太人的虐待、暴君的各种残忍的无聊举动以及今天德国和俄国对政敌的难以置信的不公平待遇——这都是用暴力来反对无防御的牺牲者的实例。

许多在传统上根深蒂固的不公正的权力，一定在某一时期曾经是暴力。基督教徒的妻子服从她们的丈夫有千百年之久，因为圣保罗说她们应该如此。但是伊阿宋和美狄亚的故事[①]说明，在圣保罗学说被妇女普遍接受之前，男子一定有过许多难处。

权力是非有不可的，不是政府的权力，就是无政府冒险家的权力。在有反抗政府的人或有即使是普通罪犯的时候，甚至暴力也

① 希腊神话故事：忒萨利亚王子伊阿宋到科尔基斯国王伊厄提斯那里去寻求金羊毛。伊厄提斯的女儿美狄亚以巫术著称，帮助伊阿宋克服父亲所设置的种种困难，终于取得金羊毛。美狄亚热爱伊阿宋，随他回到忒萨利亚。以后伊阿宋另外爱上科林斯公主克留沙，遗弃美狄亚。美狄亚盛怒之下，送给克留沙一件有毒的外衣，外衣化为烈火，烧死克留沙。然后美狄亚杀死自己亲生的孩子，驾起蛇车逃去。——译者

非有不可。不过就广大群众来说，如果人生应该比阴郁悲惨、时时有剧烈恐怖的一生好一些的话，暴力就应当尽量减少。权力的行使，如果要比乱施刑罚好的话，就必须受法律和习惯的制约，必须经过慎重的考虑，而且必须付托给那些为了人民利益而受到严密监督的人。

我并不妄想这是容易做到的事。它关系到消灭战争的问题，因为一切战争都是暴力的行使。它关系到消灭世界上引起叛乱的难于忍受的压迫的问题。它关系到提高全世界，特别是印度、中国和日本的生活水平，使之至少达到不景气年代之前的美国生活水平的问题。它关系到不是为了全体人民，而是为了诸如少数民族和罪犯等易于遭受压迫的每个阶层而设置类似罗马保民官的机构的问题。它尤其关系到警觉戒备、有机会弄清事实的舆论的问题。

信赖某个人或某些人的美德是无济于事的。由哲学家当国王的说法早被认为是痴心妄想而不予考虑了；但哲学家政党的说法，虽属同样荒谬，却被誉为伟大的发现。权力问题，在少数人当政的不负责任的政府里没有真正的解决方案也没有其他任何捷径可循。这个问题，留待以后的一章再加以讨论。

第七章　革命的权力

我们看到传统的制度可以在两种不同的情况下瓦解。第一种情况是旧制度所倚为基础的信条和思想习惯已受到人们的全面怀疑；这时，社会内部的团结，就只能靠行使暴力来维持。另一种情况是一种新的信条（必然带来新的思想习惯）越来越深入人心，终于强大得足以使一个符合新信念的政府去取代被认为过了时的政府。在这种情况下，新的革命权力所具有的特性，既不同于传统权力，也不同于暴力。诚然，如果革命成功，它所建立的制度不久就成为传统的制度；还有，如果革命斗争是残酷而持久的，它也常常会堕落为争夺暴力的斗争。尽管如此，新信条的信仰者在心理上跟野心冒险家还是大不相同的，前者的影响也往往更重要、更持久。

下面我用四种例证来说明革命的权力：(1)早期基督教；(2)宗教改革；(3)法国革命和民族主义；(4)社会主义和俄国革命。

(1)早期基督教　这里，我只讲基督教对权力和社会组织的影响这方面，除偶尔提到以外，不讲基督教作为个人信仰的那一方面。

基督教最初是完全没有政治色彩的。在我们今天最能代表基督教原始传统的是基督弟兄会的信徒；他们相信世界末日近在眼前，拒绝参与或承担任何世俗的事物。不过持这种态度只有在小教派里才是可能的。当基督教徒人数增多而教会势力增强的时候，企图对国家发生影响的愿望就不可避免地要滋长起来。戴克里先对基督教徒的迫害一定大大强化了这种愿望。君士坦丁改信基督教的动机至今虽不十分清楚，但显然是政治性的动机，这就意味着教会在政治上已经是有势力的了。教会的教义与罗马国家的传统教条两者差别之大使我们必须把君士坦丁时代所发生的革命看成是有史以来最重大的革命。

就权力而论，基督教最重要的教义是："我们应该服从上帝而不服从人。"这是一条箴言，除犹太人之外，以前还未有过类似的说法。诚然，人们有宗教义务，但除犹太人和基督教徒以外，人们的宗教义务和对国家应尽的义务并不矛盾。异教徒即使认为皇帝以神明自居是毫无哲理根据的，也愿意崇拜皇帝。反之，在基督教徒看来，无形的真理是至关紧要的：他们相信，假如他们除唯一真正的上帝以外，再礼拜别的东西，就有堕入地狱的危险，这还不如殉教，因为殉教是两害中之轻者。

对于应该服从上帝而不服从人这一原则，基督教徒有两种不同的解释。上帝的旨意可以直接传达到个人的良知，也可以通过教会而间接传达到个人的良知。除亨利八世和黑格尔以外，直到今天还没有人主张上帝的旨意可以通过国家来传达。因此，基督教的这条教义含有削弱国家而赞成个人判断善恶，或加强教会地位的意思。前者在理论上包含无政府主义；后者涉及两个权威，即教会和国家，而教会范围和国家范围如何分界是没有明确原则的。什么是恺撒的？什么是上帝的？一个基督教徒肯定会很自然地说，一切都是上帝的。所以，教会对于权利的要求很可能是国家难以容忍的要求。教会和国家之间的冲突从未得到理论上的解决；在教育这类事情上，两者间的冲突还一直延续到今天。

也许有过这样的看法，即君士坦丁改信基督教之后教会与国家就会协调一致。可是事实并非如此。最早信基督教的皇帝是阿里乌斯教徒，而且由于阿里乌斯教派的哥特人和汪达尔人侵入罗马帝国，正统教派的皇帝在西欧的统治时期是很短的。后来，当东方的皇帝信奉天主教已不成问题时，埃及信奉一性论派，西亚许多地方则信奉景教。这些国家中信奉异端的人，欢迎穆罕默德的信徒，因为后者对异教徒的迫害比拜占庭政府对异端的迫害为轻。在同基督教国家的多次较量中，到处都是教会获胜；只有新兴的伊斯兰教让国家权力控制了教会。

四世纪末教会与阿里乌斯派帝国之间冲突的性质，可以拿公元 385 年女皇查士丁娜与米兰大主教圣安布罗斯的斗争来说明。女皇的儿子瓦伦蒂尼安尚未成年，由女皇摄政，两人都是阿里乌斯教徒。复活节前一周女皇在米兰的时候，“听信了别人的话，认为一个罗马皇帝有权在自己的领土上公开举行他所信仰的宗教的礼拜；于是她要求大主教在米兰城内或近郊让出一座教堂，作为一种适当而且合乎道理的让与。可是安布罗斯的行动是由大不相同的原则指导的。尘世的宫殿固然可以属于皇帝，但教堂是上帝的房屋；而且在他的辖区之内，作为使徒的合法继承人，他本身就是上帝的唯一代理人。基督教的特权，无论是精神方面的还是世俗方面的，都只有真正信仰基督教的人才能享受。安布罗斯是心安理得的，因为他自己在神学上的见解就是真理和正统教义的标准。

主教拒绝跟魔鬼所利用的人举行会商或谈判，并以适当的坚决态度宣称他宁肯殉教也不向邪恶的亵渎圣物的罪行屈服。”①

但不久人们就看出他不必担心殉教了。当他被召出席公会议的时候，他后面跟着一大群拥护他的愤怒的民众。他们恫吓要侵入皇宫，也许要杀死女皇母子。哥特人雇佣兵尽管是阿里乌斯教徒，也不敢决然作出不利于这样一位圣者的事情。为了避免发生革命，女皇被迫作了让步。瓦伦蒂尼安的母亲永远不能宽恕安布罗斯的胜利；少年皇帝也激动地感叹，说他自己的臣仆准备把他出卖给一个骄横的教士。②

次年（386年）女皇再次试图战胜这位圣者。她颁发一道放逐他的敕令。可是他在大教堂里避难；忠实的教徒和教会慈善事业受益人不分昼夜地保护他。为了使保护他的人不打瞌睡，他“让米兰教堂采用一种高声而和谐地唱赞美诗的规定”。他的信徒们的热情受到一些奇迹的鼓舞，便更加激发起来，到了最后，“意大利的软弱君主也觉得自己不能和这天之宠儿竞相争夺了”。

像这样的较量是很多的，它们确立了教会的独立权力。教会获胜，部分由于施舍，部分由于组织，但主要是由于没有强劲有力的信条或情感和它对抗。当罗马对外征服的时候，一个罗马人能够强烈地感到国家的荣誉，因为征服满足了他的帝国自豪感。但到了四世纪，这种情感早已消失了。对于国家的热情，作为能与宗教相比的力量来说，只有随着近代民族主义的兴起，才复活起来。

① 吉本，第27章。

② 同上。

每次成功的革命都使权威受到动摇，并使社会内部的团结更加困难。使教会获得权力的那种革命也是如此。它不但一般地削弱国家的力量，还为以后的革命树立了榜样。再者，曾为早期基督教义中重要成分的个人主义仍然是宗教叛乱和世俗叛乱的危险根源。当个人的良知不能接受教会裁决的时候，它就能在《福音书》中找到拒绝服从的根据。异端可能使教会烦恼，但它并不违背原始基督教的精神。

这是每一种导源于革命的权威所固有的困难。它必须坚持说原来的革命是正当的，但又不能合乎逻辑地说以后的革命一定都是邪恶的。[①] 基督教中的无政府主义之火尽管被深深地埋藏起来，但在整个中世纪时期依然保持其活力，到宗教改革时就突然迸发为熊熊烈火了。

(2)宗教改革　从权力观点看，宗教改革在两方面和我们有关：一方面，它的神学上的无政府主义削弱了教会的力量；另一方面，由于削弱教会，它就加强了国家的实力。宗教改革之所以重要，主要是由于它是一个伟大世界性组织垮台的部分原因，而这一组织，久经证明，比任何世俗政府都要强大。路德为了反对教会和

---

① 如果企图这样做，有时会得到奇怪的结果。如今在俄国，人们小心翼翼，不让青年人接触歌颂沙皇时代革命运动的记述。《一个老布尔什维克的一封信》叙述了学生谋杀斯大林这一假定的阴谋之后，接着指出："从被告学生身上得到一些与政治学和党史教授有关的线索。在任何一部俄国革命运动史讲义里，都很容易找到大有助于养成今天学生对政府持批评态度的记述，而性急的青年人总是喜欢把他们在学校里学到的史实当作官方审定的材料而加以引用，借以支持他们对于现实所下的结论。阿格拉诺夫要做的只是把他认为是同谋犯的那些教授抓起来就行。'十六人审判案'中第一批被告人就是这样搜集起来的。"

过激派并取得成功，不得不借重世俗君主的支持[①]；所以，在希特勒时代以前，路德派教会对于非天主教的政府从未表示过任何不忠。农民革命是使路德宣传服从君主的另一原因。在信奉路德教派的国家中，教会实际上已不再是一个独立权力，而是教人服从世俗政府的宣传机器的一部分了。

在英国，亨利八世以他所特有的旺盛精力和残暴手段把宗教改革抓在自己手里。他宣布自己为英国教会的首领，从而着手使宗教世俗化和民族化。他无意使英国的宗教成为囊括世界的基督教的一部分；他希望英国的宗教为他的荣光服务而不为上帝的荣光服务。通过唯命是从的议会，他可以随意更改教义；他能对不满意这种更改的人毫不费事地处以死刑。修道院的解散给他带来了收入，使他能很容易地消灭天主教徒的叛乱。[②] 火药阴谋[③]和蔷薇战争已经削弱了旧封建贵族的势力，他们的头颅，什么时候都可

① 托尼在其《宗教与资本主义的兴起》一书中说："农民战争动人地求靠《福音书》并造成可怕的灾难；这不仅把路德惊吓得爆发出这样的话：'凡是能够（无论是秘密地还是公开地）打杀、扼杀和刺杀别人的人都……这令人惊奇的时代乃是君主用流血比别人用祈祷更能进入天国的时代'，而且也使路德派教义打上了几乎是奴仆似地倚赖世俗权威的烙印。"在数页之后，他又引述路德的两句话："谁也不要以为不流血就能把世界治好。对内使用的刀剑，应该是而且必须是血迹斑斑的。"托尼作了如下的评论："这样，砍头代替了火刑柱，从祭坛上逐出来的权威在御座上找到了新的、更稳妥的安身之处。维护基督教道德的职责，从丧失信誉的宗教当局转移到国家手里。马基雅维里和亨利八世的时代对于世上有无独角兽和火蛇等怪物持怀疑态度，但它崇拜敬神的君主这种稀有怪物，因而也有所轻信。多少是这样地轻信，乃是革命时期的特色。"

② 1536年英格兰约克郡上层天主教徒反对亨利八世的解散修道院等改革措施，聚众公然违抗政府。次年叛乱者被镇压。——译者

③ 1605年英国天主教耶稣会一部分会士策划于11月5日议会开幕之时，点燃上院地下室之火药，一举而杀国王詹姆斯一世及两院议员。后一同谋者向政府告密，事败。——译者

以随他的高兴而砍掉。依靠古老教会权力的伍尔西失败了。克伦威尔和克兰默是亨利的驯服工具。亨利是一个先驱者,他第一次向世界表明:在教会失势的当中,国家的权力能是什么。

要不是在伊丽莎白时代某种与新教相联合的民族主义既必要又有利的话,亨利的功绩也许不能持久。英国为了保存自己,须要挫败天主教的西班牙,于是采取了劫夺西班牙金银运输船这种愉快的自卫方式。此后,英国国教的唯一危险来自左派,而不是来自右派。但是来自左派的进攻也被打败,接着就出现了以下的局面。

贤明国王查理的黄金时代
只有忠忱,没有祸害。[1]

《布雷的牧师》这首歌曲说明新教国家对教会的胜利。只要信教自由还被认为是不可能做到的事,唯一可以取代教皇和公会议的权威的就是埃拉斯都主义了。[2]

但是埃拉斯都主义绝不能使怀有强烈个人宗教信仰的人感到满足。在有无涤罪所这类问题上,要求人们服从议会的决定,就未免有些荒诞。独立派认为国家和教会都不是神学上的权威,而主张个人有判断的权力,结果也就是主张信教自由。这种观点很容

---

① 英国十八世纪流行歌曲《布雷的牧师》中的两行歌词。——译者

② 十七世纪首先出现于英国的认为国家高于教会而有权干预宗教事务的学说。从瑞士神学家托马斯·埃拉斯都(1524—1583)得名。他认为绝罚的做法不见于《圣经》,判罪和处刑应属于国家政权,教会不应将信徒开除出教。后被引申而成此学说,并非由埃拉斯都提出。——译者

易和对世俗专制主义的反抗联系起来。假使每个人在宗教上都有自己作出判断的权利，难道他就没有其他的权利吗？政府对于平民的行为，难道就没有可以指定的范围使之合法吗？于是，由失败了的克伦威尔的信徒们带过大西洋的人权学说，经杰斐逊纳入美国宪法，后来又被法国革命带回欧洲。

(3)法国革命和民族主义　从宗教改革直到1848年，西方世界一直处于可称为人权革命的动荡之中。1848年，人权革命运动在莱因河东岸开始转化为民族主义运动。两者间的联系，在法国从1792年起就有了，在英国从一开始就有，在美国则开始于1776年。运动中的民族主义方面逐渐压倒了人权主义方面，但最初后者要比前者重要。

在我们的时代，人们惯常把《人权宣言》视为一纸肤浅的十八世纪辞藻而加以嘲讽。诚然，从哲学上来研究，这种学说是难以辩解的，但从历史以及实际效用看，它是有用的。我们所享受的许多自由，就是在这个学说的帮助下赢得的。一个功利主义者虽然很难接受'权利'的抽象概念，但能用下面的说法陈述在实际目的上和《人权宣言》同样的学说："如果每个人在某一确定的领域之内能随心所欲地自由行动而不受任何外在权威的干涉，那么，公众全体的幸福就增加了。"《人权宣言》的鼓吹者对司法也很感兴趣。他们主张非经过适当的法律程序不得剥夺任何人的生命或自由。这个意见，不论真假，在哲理上倒不是荒谬的。

《人权宣言》的学说从它的根源和思想感情来看显然是反政府的。一个专制政府下的臣民认为他应有随意选择信仰的自由，应有以一切合法方式经营业务而不受官僚政治干涉的自由，应有跟所爱的人结婚的自由，并应有反抗外国统治的自由。如果需要政府作出决定，这些决定——《人权宣言》的鼓吹者坚持认为——应该是多数人或其代表作出的决定，而不应是专横霸道的或单纯传统的权威（例如国王和教士）作出的决定。这些见解逐渐盛行于文明世界并产生自由主义的特殊心理，它对政府的行动总是抱着一定的怀疑态度。

个人主义和新教在逻辑上和历史上都有明显的关系。新教虽然在得到权力的时候常常把它的教义放弃，但在神学领域内是维护它的教义的。通过新教，个人主义和早期基督教以及早期基督教对异教国家的敌视都有关系。由于基督教涉及个人灵魂，所以个人主义和基督教还有较深的关系。根据基督教的伦理，国家的任何需要都无从证明当局逼人为恶是有道理的。教会主张：如果婚姻的双方有一方是受强迫的，婚姻即属无效。甚至在宗教迫害这一问题上，它的理论也是个人主义的：迫害的目的在于引导信奉异端的个人放弃他以前的信仰而进行忏悔，并不在于为社会谋求利益。康德认为每个人的本身就是目的，这一学说就是从基督教教义引申出来的。在天主教会里，权力的长期发展已在一定程度上冲淡了早期基督教的个人主义；但新教教派特别是那些比较偏激的新教派别，又恢复了个人主义，并把它应用在政治学说上。

当革命的信条和传统的信条相互争雄的时候（如在法国革命中所发生的那样），征服者加于被征服者的权力是暴力。革命的拿破仑军队把新信条的宣传力量，以欧洲前所未见的规模和暴力结合起来，这对欧洲大陆人的想象力所产生的影响一直延续到现在。传统的权力到处受到雅各宾党人的挑战，然而能使这种挑战收到效果的是拿破仑的军队。拿破仑的敌人们为了保卫古老的弊政而进行战斗，在最后取得胜利的时候，建立了一个反动的体系。在这些人的愚蠢镇压之下，拿破仑的凶残酷虐和横征暴敛反而被人淡忘了。“大和平”死气沉沉，使得战争似乎是辉煌壮丽的，刺刀似乎是自由的先驱。在神圣同盟年代里，对强暴的拜伦式崇拜盛行起来，逐渐形成人们的日常思想。这一切都可追溯到拿破仑的暴力以及它和法国革命时期求解放的战斗口号之间的关系。希特勒和墨索里尼的成功，和斯大林的成功一样，都应归功于罗伯斯比尔和拿破仑两人。

革命的权力，如拿破仑的情形所显示的，很容易堕落为暴力。诚然，敌对的狂热不论是在对外征服中相冲突或在宗教迫害中相冲突，或在阶级斗争中相冲突，都和暴力有所区别，因为这时追求权力的不是个人而是集体，并且追求权力也不是为了集体本身而是为了实现集体的信条。但是既然用权力做手段，而且在长期斗争中目的又容易被人遗忘，因此狂热就有逐渐变成单纯追求胜利的趋势，特别是斗争持久而又激烈时，就更是这样。所以革命权力和暴力两者间的区别往往不像乍看起来那么大。在拉丁美洲，反抗西班牙的斗争起初是由自由党人和民主主义者领导的，但结局却在大多数地方建成了一系列由兵变间隔开来的不稳定的军事独裁政权。只有在革命的信仰坚强而普遍、胜利的到来又不太迟缓的情况下，人们的合作习惯才能经得住革命的冲击而保持下来，并使新政府建树在人们的赞同之上而不在单纯的武力之上。一个没有心理威信的政府必然是一个暴虐的政府。

（4）俄国革命　现在判断俄国革命在世界史上的重要性为时

还过早,我们还只能讲讲它的某些方面。像早期基督教一样,它所宣传的主义是国际性的,甚至是反民族的。它基本上是政治的,在这一点上它像伊斯兰教而不像基督教。可是它的信条中至今经证明唯一有效的部分是对自由主义的挑战。直到1917年11月为止,只有反动派才反对过自由主义;马克思主义者,和其他进步人士一样,也主张民主、言论自由、出版自由以及自由党所使用的别的政治工具。但当苏维埃政府夺到权力的时候,它却恢复了天主教会极盛时的教义,那就是:传播真理是当权者的职责,既用正面教育的方法也用镇压一切与之竞争的教义的方法。这当然就要建立一个不民主的独裁政权,靠红军维持其稳定。新的东西是政治权力和经济权力的合并,这就使政府的控制有可能大大增强。

共产主义学说中有关国际的部分,已经证明为无效,但对自由主义的否定,却获得异乎寻常的成功。从莱茵河一直到太平洋,自由主义的主要学说几乎到处遭到唾弃。首先是意大利,然后是德国,都采用了布尔什维克的政治权术;甚至在仍然保持民主政体的国家中,自由主义信仰也丧失了它的热力。例如,当一所公共建筑被人放火烧掉以后,自由主义者主张应由警察和法庭努力找出真正的罪犯,可是思想现代化的人就和尼禄[①]一样主张用捏造的证据把罪名加在他个人所不喜欢的任何一批人的头上。关于言论自由这类的东西,这种人也和圣安布罗斯一样,主张只应归自己的一

① 尼禄是罗马帝国的一个皇帝(54—68年在位)。68年罗马城大火,延烧一礼拜之久。尼禄借题翦除他所不喜欢的人,诬指这些人是纵火者,于是以捏造的证据不断地逮捕囚杀。后世认为这些人都是基督教徒,所以这次是尼禄对于基督教徒蓄意进行的迫害。——译者

帮所有，而不应归于其他任何帮派。

这种学说的效果是把整个权力先变成革命的权力，然后经历必然的若干阶段再变成暴力。这种危险近在眼前，但如何加以避免，留待以后讨论。

自由主义的衰落有许多原因，有技术方面的，也有心理方面的。在战争技术中，在生产技术中，在强化了的宣传设备中，以及在本身就是自由主义学说产物的民族主义中，都可以找到这些原因。这一切原因，特别是在政府既有政治权力又有经济权力的情况下大大加强了政府的权力。我们这个时代的关于个人与国家关系的问题是新的问题，洛克和孟德斯鸠不能帮我们解决。现代社会，像十八世纪的社会一样，如果要有幸福和繁荣，就必须让个人的创造力有一个活动范围，但这个范围必须重新规定而且必须用新方法加以保障。

第八章　经济权力

经济权力和军事权力不同，它不是原始的而是派生的。在国内，经济权力依靠法律；在国际上只有发生小问题时它才依靠法律；在发生重大争端时，它就依靠战争或战争威胁。人们惯常不加分析地承认经济权力，以致现代人在说明历史进展的原因时，并不强调战争和宣传，而过分地强调了经济。

除劳动者的经济权力而外，其他一切经济权力，归根结底都是能够决定（如果必要的话用武力决定）谁可以在某块土地上立足并有所投进和有所汲取的权力。有时候这是很明显的。波斯南部石油之所以属于英波石油公司，是由于英国政府明令禁止其他任何人侵犯它，而英国政府又一直强大，能够贯彻它的禁令；但如英国在一场重要战争中打败了，这里的石油所有权就很可能发生变化。罗得西亚采金区之所以属于一些富翁，是因为英国民主政府认为和洛本久勒作战来使这些人发财是值得的。美国石油之所以属于某些公司，是因为它们对于油田享有合法的土地所有权，而美国武装力量又准备随时执行纪律；至于油田的原主印第安人之所以不再有合法权利，是因为他们在战争中打败了。洛林铁矿属于法国公民还是德国公民，要看两国在最近的战争中谁是胜者；如此，等等。

但这一分析也适用于不那么明显的情况。为什么佃农必须为他租佃的土地交纳地租？为什么他能出卖他的农作物？他必须交纳地租，因为土地'属于'地主；而地主能享有土地，因为他通过购买或续承而取得这块土地。如果我们把他的权利的历史更向上追溯，我们最后就一定会追出用强制力取得这块土地的某个人。这种强制力不是一个国王为施恩于某一朝臣而行使的专断权力，就是像撒克逊人和诺曼人那样的大规模征服。在介于这两种暴力行为的间隔期间国家权力用来保证所有权的合法转移。土地所有权就是决定允许谁在这块土地上立足的权力。为了取得这种许可，佃农必须交纳地租；交纳了地租，他就能出卖他的作物。

工业家的权力也属于这种性质。他的权力，归根结底在于闭厂，就是说，在于厂主能够要求政府出力来禁止未经许可的人进入他的工厂。在某种舆论之下，政府可能不情愿执行厂主在这方面的吩咐；结果，留厂罢工就成为可能。一旦罢工得到政府的宽容，所有权就不完全属于雇主，而由雇主在某种程度上和雇工分享了。

信贷比别种经济权力更加抽象，但无本质上的区别。信贷依靠合法权利把剩余的消费商品从生产者转移给从事非直接生产性工作的人。私人或公司借了钱，债务的履行可由法律强制，但如借方是政府，最后的制裁力就是别国政府的军事力量了。这种制裁可能失败，如在革命后的俄国那样；制裁失败时，借方就干脆取得贷方的财产；例如，在俄国有权决定谁能进入勒拿采金区的，不是战前的那些股东，而是苏维埃政府。

这样，私人的经济权力就依靠本国政府(按照谁应获准在某块土地上立足的一套规定)在必要时作出行使武力的决定。至于政府的经济权力，则部分依靠自身的武力，部分依靠别国政府对条约和国际法的尊重。

经济权力和政府之间的关系，在某种程度上，是交互作用的关系；这就是说，一群人可以联合起来取得军事权力，而取得军事权力之后，又可以占有经济权力。事实上，最后取得经济权力，可能就是他们联合的原始动机，例如，你不妨看一看 1849 年在加利福尼亚以及稍后几年在维多利亚的淘金热所形成的半无政府状态。那时，一个人虽已占有从他自己的租借地上合法得到的黄金，但在他把黄金存入银行之前，还说不上有了经济权力，因为他有被人抢劫和被人暗杀的危险。在十足的无政府状态下所有的人互相斗争，除了神枪手能够开枪自己防御每一个来犯者外，黄金对谁也没有用；即使对神枪手来说，黄金也只能是赏心悦目的东西，因为他能以谋杀的威胁满足自己的需要，不必支付任何代价。这种情况（在人口非常稀疏以采集食物为生的地区也许是例外），必然是动荡不安的。没有防止侵占土地和盗窃作物的办法，就不可能有农业。显然，由多少有几分教化的人（如涌向新金矿的人）所构成的无政府社会很快就会形成像治安维持会那样的政府。精力旺盛的人将联合起来，防御别人对他们进行掠夺。假如没有外力干涉，他们也许会掠夺别人，不过他们会有所节制，以免杀死生金蛋的鹅。例如他们可以保护别人，从被保护人的进项里收取一部分报酬。这就叫做所得税。一旦有了章程，规定给予保护，军事力量的统治就打扮成法律的统治，无政府状态也就不复存在了。不过法律和经济关系的最终基础依然是治安维持会的军事权力。

历史的发展当然和以上所说的不同，因为历史的发展是渐进

的，而且赖以发展的人，通常不是曾在比当时更为文明的制度下生活惯了的人。虽然如此，在有外族征服的时候，特别是征服者是一个小的少数民族的时候，仍然有和上面所说十分类似的情形发生；土地所有权的起源也通常能够回溯到某次这类的征服。在国际经济关系上，我们尚未达到以治安维持会初次形成为标志的那个阶段：每一较强的国家仍然各自以死亡的威胁来向较弱的国家榨取金钱。英国最近在石油问题上同墨西哥的交涉就是例证；更确切地说，如果没有门罗主义，就会成为例证。凡尔赛和约有关赔偿的条款是更有力的例子。不过文明国家内部经济制度的法律根据是复杂的。教会的财富以传统为依据；工资劳动者在某种程度上从工会主义和政治行动中得到益处；妇女和儿童的权利则以社会上的道德观点为依据。但是不管国家制定什么经济规章，幕后的军事权力在执行规章时总是不可缺少的。

国家制定的关于私人的规章，构成法律的重要组成部分。这一部分法律，和其他部分一样，只有得到舆论支持才能生效。遵照摩西第八诫，舆论谴责盗窃，并解释“盗窃”的意思是用法律认为有罪的方法来取得财物。因此，私人经济权力的根本依据是舆论，也就是公众对盗窃的道义谴责和让法律给盗窃下定义的思想感情。在这种思想感情薄弱或不存在的地方，财产就遭到危险；例如，斯大林在创业之际就是作为一名义盗为共产主义的利益而进行盗窃的。我们已看到教皇权力如何解除了人们第八诫的道德责任，从而使他能够控制十三世纪的意大利银行家。

国家内部的经济权力虽然起源于法律和舆论，但也容易获得一定程度的独立性。它能通过贿赂来影响法律，也能通过宣传来影响舆论。它能使政客承担一些妨害他们的自由的义务。它能以引起财政危机来进行威胁。不过它能作到的也有很明确的界限。恺撒靠债主的帮助取得权力，他们知道，除非帮他获得成功，否则债务没有偿还的希望；但到恺撒成功的时候，他却有足够的权力来使他们的希望落空。查理五世向富格尔家族借到了购买皇位所必需的款项，但他做了皇帝之后，就拒不认账，富格尔家族也就丧失了他们所借出的金钱[①]。在我们今天，伦敦商业金融界为帮助德国复兴有了类似的经验；提森为帮助希特勒取得权力也是这样。

我们来研究一下民主国家中财阀的权力。除在早期招进，人数很少以外，财阀没能把亚洲工人招进加利福尼亚和澳洲。他们没能摧毁工会主义。他们，特别是英国财阀，没能避开国家向富人征收的重税。他们也没能阻止社会主义的宣传。但与此相反，财阀却能阻止社会主义者组成的政府实行社会主义；假如政府一意孤行，财阀便能制造危机，进行宣传，搞垮政府。如果这些手段不能见效，财阀还可以煽起内战来阻止社会主义的建立。这就是说，在争端简单、舆论明确的情况下，财阀是没有权力的；但在舆论不明确或为争端的复杂性所困惑的时候，财阀就能得到所期望的政

① 富格尔家族从未拒绝哈布斯堡王室的借款人。他们不但借款给查理五世，在他以前，还借款给皇帝马克西米利安，在他之后，又借款给他在西班牙的后代。《富格尔业务通讯》的序言说："西班牙国王们向富格尔家族至少借了四百万'杜卡'，从未归还。富格尔家族在和哈布斯堡王室的东、西方商业交易上所受的损失，即使估计为八百万'弗洛林'[②]，也不为夸大。……如果没有他们（富格尔家族），德国的宗教改革很可能遇不到抵抗就已胜利了。富格尔家族中最有能力的人奋斗了一百年，但留给他们无数后代的，除了乱糟糟代价高昂的一大堆羊皮纸文件和重金抵押了的地产而外，什么也没有。"

② 金币名（florin）。——译者

治效果了。

工会权力与富人权力相反。工会能排斥有色人种的工人，能防止自身的消灭，能保住沉重的遗产税和所得税，并能保持自己的宣传自由。但工会至今还不能实现社会主义，也不能使他们所喜欢而为全国多数人所不信任的政府保住政权。

因此，在民主政治中，影响政治决策的经济组织的权力是受舆论的限制的，在许多重大问题上，甚至很强烈的宣传也不能动摇舆论。在有民主政治的地方，民主政治的现实性比许多反对资本主义的人所愿意承认的要大。

尽管法律所规定的经济权力最后依靠的是土地所有权，但在现代社会里，享有最大部分经济权力的人，并非名义上的土地所有者。在封建时代，享有土地所有权的人就有权力。他们能用劳工法之类的手段来处理工资问题，能用有组织的扼杀手段来对付初期的信贷力量。但在工业主义已经发达的地方，信贷比名义上的土地所有权更有势力。地主借钱了（借得也许精明也许愚蠢），这样他们就依赖银行了。这是寻常的事，一般认为完全是生产技术发生变革的结果。不过事实上，印度也有这类事情发生，而印度并无现代农业技术，因此可以看出，这完全是国家执行法律的权力和决心的结果。在法律不是全能的地方，放债的人往往被债户谋杀，谋杀的同时还烧毁作为负债证据的一切文契。自从有了乐于放债的人，凡与土地有联系的人，上自王公下至农民，都沉溺于借债之中了。不过只有在法律得到尊重和贯彻执行的地方，债务人才不得不连续支付利息，直到他败落为止。在他败落之后，由地产而来的经济权力就从借债人转移到放债人的手里。在现代社会里，放

债的人通常是银行。

就现代大公司而言，所有权和权力也绝不是一定联系在一起的。关于这一问题，有一部很重要的著作就其对于美国的影响作过权威性的研究；这就是伯利和米恩斯合著的《现代公司与私有财产》(1932)。作者主张，虽然所有权是离心的，但经济权力是向心的。他们经过仔细彻底的调查，得出结论说，两千个私人控制了美国工业的一半（该书第33页）。他们认为现代的总经理跟从前的国王和教皇相类似。照他们的意见，在了解总经理的动机问题上，把总经理当作亚历山大大帝这类人物来研究，要比把他作为亚当·斯密书中小商人的后代来研究会了解得更多些。他们说，权力集中于这些庞大的经济组织，是同集中于中世纪教会或近代民族国家相类似的；权力如此集中就使公司能和国家分庭抗礼了。

怎样会产生这种权力集中是很容易了解的。例如，铁路公司的普通股东在铁路的管理方面没有发言权；在理论上他在铁路管理方面的发言权可能同选举国会时普通选民在管理国家方面所享有的发言权一样大，但实际上，他的权力还没有这么大。铁路的经济权力掌握在很少几个人手里，在美国，它一向掌握在一个人手里。在每个经济发达的国家里，握有大部分权力的都是一小群人。有时候这伙人是私人资本家，如在美国、法国和英国；有时候是政客，像在德国、意大利；后一种情况发生在政治权力与经济权力合一的地方。经济权力集中于少数人之手的趋势，已是平常的趋势；但它不仅表现在经济权力方面，就是一般的权力亦复如此。经济权力与政治权力合一的制度比起两者分立的制度，处于更为发达的阶段，正如钢铁托拉斯比起互相竞争的若干小钢铁公司属于更发达阶段一样。不过，我现在还不打算论述极权国家。

握有经济权力可能因此就有军事权力或宣传权力，但与此相反的过程也同样容易发生。最初，就国家关系而论，军事权力通常是其他权力的来源。亚历山大不如波斯人富有，罗马人也不如迦太基人富有，但因作战获胜，征服者就使自己比敌人富有了。穆斯林在开始东征西讨时比拜占庭人穷得多；条顿族征服者也比那西方帝国穷。在所有这类情况下，军事权力是经济权力的来源。至于在阿拉伯民族内部，穆罕默德及其家族的军事与经济权力则导源于宣传；西方教会的权力和财富也来自宣传。

有些国家因其经济实力而获得军事权力。在古代，希腊滨海城邦以及迦太基是最显著的例子；中世纪有意大利城市共和国；在近代则先有荷兰后有英国。在所有这些例子中，经济权力都是以商业为基础，而不以拥有原料为基础，只有英国在工业革命以后稍有不同。有些城邦和国家，兼有技术与地理优势，得以垄断一部分商业（仅有地理优势还不够，这可从十七世纪西班牙的衰落看出来）。从商业获得的财富，一部分用来招募雇佣兵，这部分财富就成为获得军事权力的手段。不过这种方法有它的缺点，即有不断发生兵变或大规模叛乱的危险。为了这一理由，马基雅维里不赞成雇佣军制度，主张军队应由公民组成。这个主张对以商业致富的大国来说是正确的，但对希腊城邦或意大利的小共和国来说就不适用了。以商业为基础的经济权力，只有在它属于一个大共同体或比邻近地区要文明得多的共同体时，才能是稳固的。

但是现在商业已经失去了它的重要意义。由于交通工具的改进，地理位置已经不如过去那样重要；由于帝国主义的形成，许多

重要的国家也不如过去那样需要对外贸易。经济权力在国际关系上的重要形态现今是占有原料与粮食;而最重要的原料是战争所需要的原料。这样,军事权力和经济权力就难以区别了。以石油为例,一个国家没有油田就不能打仗;但不能打仗就不能占有油田。波斯的油田对波斯人是无用处的,因为他们没有足够的军队;德国的武装力量对于德国人也将无用,除非他们能获得油田——以上任何一种情形都可招致失败。在粮食问题上有类似的情况;一部强大的战争机器需要国内巨大的人力物力脱离粮食生产,所以要依赖军事力量来控制广大的肥沃地区。

在过去,经济权力与军事权力从没有像今天这样地密切相连。没有发达的工业和取得粮食和原料的办法,国家就不可能强大。反之,国家必须依靠军事力量才能取得本国所缺乏的原料和粮食。在大战期间,德国依靠军事征服取得了罗马尼亚的石油和乌克兰的粮食;从热带殖民地取得原料的国家,也是靠自己的或盟国的军事力量保持它们的殖民地。

宣传在国家权力方面所起的作用,随着教育的传播而加强了。在现代战争中,一个国家除非它的大多数人民甘愿忍受困苦并有许多人民甘愿赴死,否则是不能获胜的。为了使人民如此心甘情愿,统治者就必须使人民相信,战争是为了什么重要的事情——确实重要得值得为之牺牲的事情。宣传是使协约国在大战中获胜的重要原因。它也几乎是苏维埃在 1918 年至 1920 年间获胜的唯一原因。显然,引起军事权力与经济权力合二而一的因素,同样也能促使两者和宣传权力趋于统一。事实上,一切权力都有结合在某个单一组织里的趋势,这个单一组织必然就是国家。除非反作用的力量发生作用，各种权力间的区别，很快就会成为仅有历史意义的事物了。

说到这里，我们必须研究一下马克思主义已经使人熟悉的一个见解，即资本主义的发展趋势是造成阶级战争，最后阶级战争将支配其他一切形态的冲突。要解释马克思的见解绝非易事，但他似乎是认为：在和平时期，一切经济权力都属于地主和资本家，他们最大限度地剥削受其支配的人，因此激起无产阶级的反抗。无产阶级是广大的多数，一旦联合起来，将在战争中获胜，并制订一套制度，把导源于土地和资本的权力转归全体社会所有。不管这样的说法是否原本原样的马克思学说，它大体上是今天共产党人的学说，所以值得研究。

一切经济权力都属于地主与资本家，这意见虽然大体上正确，并且直到现在我也这样假定，但它有很大的局限性。地主和资本家没有工人就没有办法，因此，足够坚决和广泛的罢工能使工人获得一部分经济权力。罢工的可能性已是人人熟悉的论题，我就不多说了。

发生的第二个问题是：事实上资本家会对他们所支配的人剥削到极点吗？资本家如果精明审慎，就不会这样做，因为他们正是害怕马克思所预料的那种结局。如果让工人也分享一点幸福，他们就能防止工人成为革命工人。这方面最好的例子是美国，美国的熟练工人大体上都是保守的。

无产阶级是多数这一假定也颇成问题。在自耕农占优势的农业国家里，这肯定是不正确的。在有大量固定财产的国家里，许多人从经济观点看是无产者，但在政治上却站在富人这一边，因为他们的就业取决于奢侈品的需求。所以假使发生阶级战争，无产阶级也绝非必胜无疑。

最后一点：在紧急关头，大多数人觉得他们忠于他们的国家胜过忠于他们的阶级。情形虽不见得总是如此，但自 1914 年以来，还没有改变的迹象；在 1914 年，几乎一切名义上的国际主义者都变得爱国而好战。所以阶级战争，虽然仍是遥远的将来可能发生的事，但在民族主义战争的危险还像现在这样大的时候，是难望其发生的。

也许可以说，现今西班牙内战及其在别国所引起的反响，证明阶级战争如今压倒了民族主义的考虑。但我认为事态的发展不能证实这个看法。德国和意大利支持佛朗哥，有他们民族主义的理由；英国和法国反对佛朗哥，也有他们民族主义的理由。诚然，决定英国政府的行动的不仅仅是民族利益，因此，英国反对佛朗哥至今比单纯由民族利益决定政府行动要缓和得多，因为保守党自然是同情佛朗哥的。不过，一旦摩洛哥的矿产或地中海上控制权这类事情成为问题，英国的民族利益还是要凌驾政府同情之上的。尽管俄国发生了革命，世界列强的组合如今又和 1914 年以前一样了。自由党人不喜欢沙皇，保守党人不喜欢斯大林；但无论爱德华·格雷爵士还是艾登先生[①]都不能允许这类爱好问题来妨碍对英国民族利益的追求。

总结本章所论，一个军事单位（可能由几个独立国家组成）的经济权力，依赖于：(1)它保卫自己领土的能力；(2)它威胁别国领

① 爱德华·格雷爵士，英国自由党人，1905 年至 1916 年任外交大臣。艾登，英国保守党人，1935 年年底出任外交大臣。——译者

土的能力;(3)它占有原料、粮食以及工业技术的情况;(4)它对其他军事单位所需的物资和服务的供应能力。在这一切当中,军事因素和经济因素是纠结在一起的。例如日本单靠军事手段在中国获得原料;这些原料又是巨大军事力量所必需的。英国和法国以同样的方式获得了近东的石油。不过假如这些国家原先没有相当发达的工业,这都是不可能的。随着战争越来越机械化、科学化,经济因素在战争中的重要性不断增加。但是,要说经济资源占优势的一方定操胜算,那还是靠不住的。在激发民族感情上,宣传的重要性已经增加得和经济因素一样了。

在一国内部的经济关系上,法律对于可能发生的榨取别人财富的行为订有限制。一个人或一个团体必然全部或局部地垄断别人所希求的某种东西。垄断权能由法律创设;例如专利权、版权以及土地所有权。垄断权也能由联合组织,例如托拉斯和工会之类的组织创设。除了私人或私人团体能通过讲价还价从事榨取以外,国家有权用强制手段来取得它所认为必需的任何东西。有势力的私人团体能诱使国家把这种权力以及作战的权力,照有利于它自身而不一定有利于整个国家的方式加以运用。它们也能使法律成为仅于它们自己是有利的,例如只承认雇主的组合而不承认工资劳动者的组合。这样,个人或团体享有的经济权力实际究有多少,决定于军事力量与宣传影响的程度,和决定于经济学通常所考虑的那些因素的程度一样大。经济学作为一门独立科学,是不现实的,用它指导实际行动,是要把人们引入歧途的。经济学是一门更广阔的学问,即权力科学的一个成分,不过确实是一个很重要的成分。

第九章　支配舆论的权力

舆论是万能的,其他一切权力形态皆导源于舆论——这个见解容易说明。军队一无用处,除非兵士相信他们为之战斗的事业,如系雇佣兵,除非他们确信指挥官有能力领导他们取得胜利。法律不能实行,除非得到普遍的尊重。经济制度要靠大家尊重法律。假使一般公民不反对伪造,试问银行业会出现什么情况?事实证明宗教方面的意见往往比国家更有力量。在任何一个国家里,如果大多数人赞成社会主义,资本主义就行不通了。根据这些理由,可以说在一切社会事务中舆论是最终的权力。

不过这仅仅是一半真理,因为它忽略了形成舆论的力量。舆论固然是军事力量的主要因素,但军事力量也可以制造舆论。如今几乎每一个欧洲国家都还信奉十六世纪晚期它们的政府所信奉的宗教;这里的主要原因一定在于这些国家使用武装力量控制了宗教上的迫害与宣传。照传统的看法,舆论是心理原因形成的;但此看法只有心理原因作为直接原因才是正确的;通常都有武力在幕后为某种信条服务。

但是信条从来没有在一开始就有武力受其支配;要产生广泛传播的舆论,第一步必须单靠说服的办法。

这样,我们就有一个交互的过程:一起始,单纯的说服引起少数人改变他们的想法；然后，用武力确保社会中其余的人都能接触到正确的宣传；最后绝大多数人有了真诚的信仰，因而又无必要行使武力。有些舆论从未超出第一阶段；有些达到第二阶段，而以后就失败了；另外一些在这三个阶段都取得了成功。教友派从未跨出说服的阶段。其他非国教徒在克伦威尔时代曾获得国家武力的支持，但夺取权力以后，却在宣传方面失败了。天主教会，经过三百年的说服劝导，在君士坦丁时代俘获了国家，然后用武力建成一个宣传体系，使几乎所有的异教徒都改信基督教，并使基督教能在蛮族入侵之后还继续存在。马克思主义者的信条，在俄国即使还没达到第三阶段也已到了第二阶段，在其他各处则仍处于第一阶段。

可是，还有在任何阶段都不借助武力而能影响舆论的重要实例。在这些例子中，最值得注意的是科学的兴起。今天在文明国家里，科学是受到国家鼓励的，但在它的早期并非如此。伽利略被迫取消了自己的见解；牛顿被任命为造币厂长，从而被制止翻供；拉瓦锡被送上了断头台，理由是："共和国并不需要学者"。然而这些人以及像他们那样的少数几个人，却是近代世界的缔造者。他们对社会生活所产生的影响之大超过其他任何名垂青史的人，连耶稣和亚里士多德都不例外。另外只有一个人其影响之大可与这几个人相比，那就是毕达哥拉斯，但究竟有无毕达哥拉斯其人，尚成问题。

现今人们惯于贬低理性作为人类事务中的一种力量，但科学的兴起是一个不可辩驳的反面论证。科学人士向理解力强的外行人证明了某种理智的见解有助于军事威势和财富的增长。军事威势和财富是人们渴望达到的目的，以致新的理智见解战胜了中世纪的见解，尽管有传统力量、有教会财力，还有与天主教神学联系在一起的思想感情。世人不再相信约书亚曾使太阳停止不动[①]，因为哥白尼的天文学对航海业有用；世人摒弃了亚里士多德的物理学，因为伽利略的落体理论使炮弹的弹道可以计算；世人也否认了洪水的传说，因为地质学对于矿业有用；如此等等。现在公认科学对于战时与和平时期的工业都是不可缺少的；没有科学，国家就既不能富也不能强。

上述科学对舆论所发生的影响纯粹是依靠事实的：科学的一般理论可能有问题，但科学技术的成果则是有目共睹的。科学赋予白种人支配世界的权力，只是在日本人有了技术以后，这种权力才开始丧失。

从以上事例，我们对于一般的理性力量可以有所理解了。就科学说，理性克服了偏见，因为理性为实现当前的目的提供了手段，而且因为理性提供手段的证据是不容置疑的。认为理性在人类事务中没有力量的人是忽视了这两种情况。假如你以理性的名义，号召一个人改变他的基本目的（例如要求他不追求个人的权力而追求公共的福利），那么，你就会失败而且应该失败，因为理性不能单独决定人生的目的。假如你抨击根深蒂固的偏见，而你的论证却还颇有怀疑的余地，或者你的论证太难理解，只有科学人士才能懂得，那么，你也同样会遭到失败。但是假如你能运用每个头脑清楚并不辞检验证据的人所能信服的证据，来证明你有办法促成

① 见基督教《圣经》中的《旧约·约书亚记》第 10 章，第 12—14 节。——译者

当前愿望的满足，那么，你就有一定的信心，可以希望人们最后会相信你所说的。当然，这有一个条件，即怀有你所能满足的当前愿望的都是有权或有能力实现这些愿望的人。

关于人类事务中的理性力量就说到这里。现在来谈谈另一种不借助于武力的说服，即宗教创始人的说服。这里的过程简化成朴质的公式就成为：如果某个命题是真的，我就能实现我的愿望；所以我希望这个命题是真的；所以，除非我有异常的理智自制力，我就相信这个命题是真的。人们告诉我信仰正教、品行端正能使我死后升入天堂。相信这一点使人愉快，所以，如果把这一点令人信服地向我提出，我就很可能相信它。这里，信仰的起因与信仰科学的起因不同，不是事实的证据，而是从信仰中产生出来的愉快感以及客观环境中足以使信仰似乎可信的强有力的主张。

广告的力量也属于这一类型。相信某某人制造的丸药有效，这也是愉快的，因为它给你增进健康的希望。如果你发觉这种丸药的优点常常被人提到而且言之确凿，你就有可能对它产生信心。无理性的宣传也和理性宣传一样，必须投合人们当前的愿望，不过它依靠反复的陈说而不求助于事实的帮助。

理性的感染力与无理性的感染力两者间的对立，实际上并不如上面所分析的那么明确。理性的证据通常总是**有一点**的，尽管它还有争论的余地；如果夸大其重要性，那就是无理性的了。信仰如果不是单纯传统的信仰，就是愿望、证据和反复陈说这些因素的产物。当愿望和证据两者缺一的时候，就没有信仰。没有外在的坚决主张，信仰就只能产生在特殊人物的身上，例如宗教创始人、科学发明家和疯人。要产生一种具有社会重要意义的群众信仰，所有这三个因素必须在某种程度上都存在;但如其中一个因素增加而另一个因素减少,那么,所引起的信仰总量可以不发生变化。如果两种信仰同等地满足愿望,而一种信仰证据弱,另一种信仰证据强,那么,要使人接受前者就比后者需要更多的宣传;如此等等。

掌权的人通过反复陈说而取得影响信仰的能力。官方的宣传有新式的也有老式的。教会有一套在许多方面令人钦佩的办法,但它是在印刷术兴起之前发展起来的,所以如今已不及过去那样有效了。千百年来,国家也使用过一些方法:硬币铸上国王的头像;举行加冕礼和各种庆典;展示陆海军壮丽军容等。但这一切跟使用教育、报刊、电影、无线电等较为晚近的方法比起来,效用就小得多了。极权国家把这些方法利用到最大限度,不过现在要判断它们是否成功还为时过早。

我曾说过,宣传必须投合人们的愿望;这一点可由国家宣传在违背民族感情时所遭受的失败来证明,像大战前奥匈帝国的大部分地区,到 1922 年为止的爱尔兰以及直到现在的印度就都是这种情形。宣传只有在符合宣传对方的某些向往时,例如向往灵魂永生、要求身体健康、但愿祖国强大等,才能获得成功。如果没有这种使人顺从的基本理由,人们对于权威者的言论与主张就用讥笑的怀疑眼光看待了。从政府的角度看,民主政治的优点之一是它使普通的公民比较易于受骗,因为普通公民把政府看成是**他的**政府。一次不能迅速取胜的战争,在民主国家里不会像在其他政体下那样易于遭人反对。在民主国家里,大多数人如果反对政府,首先就得承认他们当初认为所选的领袖很好是错误的,但做到这一点是困难的、也是不愉快的。

在民主国家中，有系统的大规模宣传如今是由教会、商业广告客户、政党、财阀和国家分别担任的。这一切力量，除反对党以外，大体上都站在一边，即使是反对党，如有当政的希望，也不大可能反对国家宣传的基本原则。在极权国家里，国家实质上是唯一的宣传者。不过纵有这一切现代宣传力量，我认为，在打了败仗的时候官方见解不会广泛地为人民所接受。这种形势会使政府突然变得就像一个为民族感情所反对的外族统治者组成的政府那样虚弱无能。越是用胜利的期望来鼓舞战争热情，在看出胜利不可能获得的时候，反作用就越大。因此可以预料下次大战，像上次大战一样，将以一批革命的爆发而结束。那时，革命将比 1917 年与 1918 年的革命更为残酷，因为下次大战的毁灭性一定比上次更大。我们期望统治者们能认识到他们所冒的被暴民处死的危险至少和士兵所冒的死于敌人之手的危险是一样大的。

官方的宣传力量，特别是在没有竞争的时候，容易被人估计得过高。就它尽力使人相信那些终究要被时间证明为错误的荒谬主张而论，它的态度就和亚里士多德学派的人在反对伽利略时的态度同样的恶劣。两个敌对的国家集团，双方都对人灌输自己作战必胜的思想，其中必有一方（假如不是双方）的官方报道要经受戏剧性的驳斥。在一切对立的宣传都被禁止以后，统治者很可能会认为他们能使任何宣传取得人们的信任，于是就变得自负而轻率。甚至连谎言也需要竞争，如果谎言要保持其活力。

支配舆论的权力，与其他一切权力形态一样，倾向于联合与集中，并合乎逻辑地导致国家的垄断。即使丢开战争不谈，如果说国家垄断宣传就一定使政府抵得住攻击，这种假设不免轻率。掌权者对普通人的利益，最后很可能公然冷淡得就像路德时代的教皇一样。于是迟早总有位新路德来向国家权威挑战，而且和路德一样，成功极为迅速，竟无法对他进行镇压。这种事情之所以发生，正因为统治者们认为它不可能发生。不过这种变化是否有益是不能预料的。

组织和统一所起的作用，在宣传方面和在其他方面一样，在于推迟革命；不过，一旦革命爆发，却也使革命更加猛烈。当官方只认可一种主义的时候，人们就没有思考和衡量其他主义的实践。只有强烈反抗的巨浪才能把正统推下宝座。为了使反抗热烈和凶猛得足以取得胜利，甚至连政府教条中的某些正确部分似乎也必须否认。不可否认的只有一点，那就是立即树立**某种**正统的重要性，因为这是胜利所不可缺少的。因此，从理性主义者的立场来看，极权国家发生革命的可能性，不一定就是高兴的根据。更需要的是安全感的逐渐增长，从而引起狂热的减弱，并为懒惰打开门户。除了他们本身不复存在以外，懒惰是极权国家统治者一切美德中的最大美德。

第十章　作为权力来源的信条

社会的权力，不仅决定于它的人口、经济资源以及技术能力，而且也决定于它的信仰。社会全体成员所信奉的一个狂热的信条往往大大加强社会的权力；不过，有时候却也削弱社会的权力。狂热的信条在今天比在十九世纪更为流行，所以它们对于权力的影响问题就成为大有现实意义的问题。现今反对民主政治的观点之一是：团结一致的狂热者的国家，在战争中获胜的机会多于头脑清醒者占多数的国家。让我们用历史眼光来考查一下这个论点。

一开始就应当注意，狂热导致成功的事例，比它导致失败的事例自然更为人们所熟悉，因为失败的事例总是比较不彰著的。所以过于匆促的考查容易引起错误；但如我们注意到这种可能的错误来源，那也就不难避免了。

通过狂热获得权力的典型例子是伊斯兰教的兴起。穆罕默德没有增加阿拉伯人的知识或物质资源，然而在他死后没有多少年阿拉伯人就打败最强的邻人而建成幅员辽阔的帝国。毫无疑问，先知[①]所创立的宗教，是他的国家成功的一个重要因素。在他去世前不久，他向拜占庭帝国宣战。“伊斯兰教徒气馁了。他们说钱

① 指穆罕默德。——译者

不够或者马匹少或者粮食匮乏：正当收割季节，而且炎暑酷热难当。但愤怒的先知说：'地狱比这更热得多'。他不屑强迫他们服役；但回去之后，却用革出教门五十天的办法来惩戒最有罪的教徒。"[①]在穆罕默德生前及其死后一些年内，狂热把阿拉伯国家统一起来，使阿拉伯人作战有信心，并有与异教徒作战牺牲就能升入天堂的希望，从而鼓舞了他们打仗的勇气。

狂热虽然激励了阿拉伯人作出最初的努力，但阿拉伯人的胜利事业之所以延续下来，还要归功于其他原因。拜占庭帝国和波斯帝国在互有胜负的长期战争中衰弱下去；罗马军队抵抗骑兵的力量一直是软弱的。阿拉伯骑兵机动灵活，快速惊人，他们还习惯于比较爱好奢华的邻国人所难以忍受的艰苦。这些条件对于穆斯林的初步成功都很重要。

很快地——比其他任何主要宗教开始时都快——狂热在政治上失势了。穆罕默德的女婿阿里保持一部分信徒原有的忠忱，但他在内战中打败，最后被人暗杀。他的哈里发地位为倭马亚家族所继承。倭马亚家族原是穆罕默德最厉害的对手，除了从政治上赞同他的宗教以外，从未向他屈服。"迫害穆罕默德的人篡夺了他的子孙的继承权；偶像崇拜的拥护者成了穆罕默德宗教和帝国的最高首领。阿布·苏富扬[②]的反抗是猛烈而顽强的；他皈依伊斯兰教是迟缓而勉强的；他的新信仰是由需要与利害关系巩固起来的。他服过兵役，打过仗，或许有过信仰；愚昧时代的一切罪恶，都

① 吉本，第50章。

② 新哈里发穆阿维叶的父亲。

被倭马亚家族新近的功绩赎清了。”[1]从那时起，有一个较长的时期，哈里发以自由思想的宗教宽容主义著称，而当时基督教徒依然是狂热的教徒。从一开始，伊斯兰教徒对于被征服的基督教徒就表示宽容。这和天主教会的迫害狂形成强烈的对照。穆斯林征服之所以容易成功以及帝国之所以获得稳固，主要应归功于这种宽容。

狂热取得显著成功的另一事例是克伦威尔领导下的独立派的胜利。不过狂热与克伦威尔的成就有多大的关系还是可以争论的。议会与国王较量并取得胜利，主要是由于议会控制了伦敦和东部各郡；议会所控制的人力和经济资源都远远超过国王。长老派逐渐被排斥了（革命时期温和派必然的遭遇），因为他们并不全心全意要求胜利。克伦威尔本人，在获得权力以后，成了注重实际的政治家，急于使困难的形势好转；但他不能忽视他的追随者的狂热，而这种狂热已如此不得人心，最后竟导致他的党派完全瓦解。所以就结局看，不能说狂热在促使英国独立派的成功方面所起的作用，大于它对独立派的前辈——蒙斯特的再浸礼派所起的作用。

法国大革命的历史类似英国共和政体的历史（只是前者规模更大）：狂热、胜利、专制、失败与反动。即使在两个最有利于狂热的例子中，狂热者的成功也是短暂的。

狂热带来不幸的例子，比它带来（即使是短暂的）成功的例子要多得多。在泰图时代，狂热毁灭了耶路撒冷；在 1453 年，狂热毁灭了君士坦丁堡，其时由于东西方教会在教义上的细小分歧，西方

① 吉本，第 50 章。

支援的表示遭到严峻的拒绝。狂热引起西班牙的衰落，先是由于驱逐了犹太人和摩尔人，后来又由于引起了尼德兰的叛乱以及宗教战争的长期消耗。与此相反，在整个近代时期，最有成就的国家乃是最不爱好迫害持异端者的国家。

但是现今有一种广泛流传的想法，认为主义的统一对于国家的实力是不可缺少的。这一见解在德、俄两国坚持与贯彻得最为严格；在意、日两国严格程度稍次。在法、英两国，许多反法西斯主义的人也倾向于承认思想自由是军事软弱的根源。因此让我们用一种比较抽象和分析的方法对这个问题再作一次考查。

我现在提出的不是应否鼓动或至少应否容忍思想自由这样一个广泛的问题。我要提出的是一个比较狭隘的问题，即一种统一的信条，不论是自发的还是权威强加的，在多大程度上是权力的根源？在另一方面，思想自由又在多大程度上是权力的根源？

1905 年英国远征军侵入西藏的时候，一开始西藏人勇往直前，因为喇嘛给了他们抵御枪弹的符咒。可是他们有了伤亡；这时，喇嘛注意到弹头是镍制的，就解释说，他们的符咒只能抵御铅制的东西。在这以后，藏军就表现得不那么勇猛了。贝拉·库恩和库尔特·艾斯纳在发动共产主义革命时，相信辩证唯物论支持着他们进行战斗。我忘记了共产国际里的喇嘛对他们的失败是怎样解释的。在这两个事例里，信条的统一并未导致胜利。

为求出这个问题中的真理，必须在两个相反的自明之理中间找出折中之点。第一个自明之理是，信念相同的人比信念不同的人更能全心全意地合作。第二个是，凡信念与事实符合的人，比信念错误的人更有可能成功。现在让我们逐一研究这两个自明之理。

信念一致则有助于合作，这是显而易见的。在西班牙内战中，无政府主义者、共产党人以及巴斯克民族主义者都同样希望打倒佛朗哥，但他们很难合作。另一方面，西班牙王室正统派成员和现代式法西斯主义者也是难以合作，不过程度稍差而已。要合作就要对当前的目的有一致的看法，同时还需要在一定程度上意气相投。只要这两个因素存在，重大的意见分歧也可能不致为害。研究半岛战争[①]的历史学家威廉·内皮尔爵士钦佩拿破仑而不喜欢威灵顿；他的著作说明，他认为拿破仑的失败是令人惋惜的。不过他的社会等级感情和他的军事责任感克服了这种纯粹理智的信念；他对法国人作战时像一位高级托利党党员似的胜任。同样，必要的时候，英国今天的保守党党员会像他们并不赞赏希特勒似的对他勇猛作战。

一个国家，一种宗教或一个党派为获得权力而必需有的统一是见诸实践的统一，它依赖于思想感情和生活习惯。在有这种统一的地方，理智的信念可以置之不顾。今天英国有这种统一，是在1745年以后才有的。1792年的法国没有这种统一；在大战时以及随后的内战期间，俄国也没有；目前，西班牙也没有。当政府能依靠人民的行动上的忠诚时，就不难容许思想自由，如果不能，事情就困难了。在内战期间，宣传自由显然是不可能的；内战危机迫近时，限制宣传自由的主张差不多也是不可抗拒的。所以，形势危急

① 指1808至1814年间伊比利亚半岛上的战争：西班牙人起义反抗拿破仑统治以及英法战争。——译者

时就有充分的理由实行强制的统一。

现在研究我们第二个自明之理，即信念与事实相符是有利的。就直接的好处而言，这个真理只是对于有限的若干信念是正确的：第一是关于技术问题的，如烈性炸药和毒气的性质；第二是关于敌对势力的力量对此问题的。即使在这些问题上，仍然可以说，只有决定政策和军事行动的人才需要有正确的见解：一般群众只要对胜利抱有信心并且低估空袭的危险就行了。只有政府、军事领袖和他们的技术参谋部才需要知道事实；其他一切人，如有盲目的信心并且盲目地服从，那就再好不过了。

假如人事像棋局那样可以计算，而政客和将军们也像下棋的高手那样聪明，那么，上述的看法可能含有一些真理。胜利战争的好处值得怀疑，而失败战争的害处却是无疑的。因此，假如在各种事业中带头的那些超人能预见到谁将获致胜利，那就不会发生战争了。但事实上战争是有的，而且在每次战争中，必然有一方（假如不是双方）的政府把自己获胜的机会估计错误。关于这一点，有许多原因：骄傲和虚荣心、无知以及感染性的激动都是。如果使人民群众保持盲目自信，他们的信心和好战情绪很容易感染他们的统治者，而统治者对自己虽已知道但尚加以隐瞒的不愉快的事情，不可能像对报纸都已披露并且到处有人谈论的愉快的事情那样重视。歇斯底里和夸大狂有传染性，而政府却没有免疫能力。

战争来临的时候，采取隐瞒政策结果可能会适得其反。一向隐瞒了的不愉快的事情，至少有一些很可能变成众所周知的事。人们越是被置于愚人乐园中生活，将来对现实越会感到可怕和沮丧。在这种情况下，比在通过自由讨论使群众对痛苦事件已有思想准备时，更容易发生革命或突然崩溃。

如果下级被迫服从，这种服从态度是有害于聪明才智的。生活在必须接受（至少表面上接受）某种显然荒谬的主义的社会里，即使是最优秀的人也必然变得不是愚蠢无知便是大为不满。结果，智力水平下降，不需要很久就必然妨碍技术的发展。在官方信条简直没有什么才智之士真心接受的时候，这一点格外确实。纳粹党把大多数最有才能的德国人驱逐出国，这对于德国的军事技术，迟早必然产生灾难性的后果。没有科学，就不可能有技术上的长期发展；而没有思想自由，也不可能有科学的昌旺。因此，在科学时代，即使在和战争无甚关系的问题上，坚持一个主义最后也要给军事实力造成致命的后果。

现在我们可以得出上述两个自明之理在实际上的综合，社会内部的团结需要一种信条，或一种行为准则，或一种占优势的思想感情，或最好是三者的某种结合；没有这类东西，社会将四分五裂，遭受暴君或外国征服者的统治。但是这种团结之道要有实效，就必须深入人心。它可以强加在少数人身上，只要他们不是因为有非凡的才智或品德而占特别重要的地位。至于大多数人的团结之道，就必须是真诚而自发的。对领袖的忠诚、民族自豪感以及宗教热情——这一切在历史上都已证实为最好的团结之道。不过对领袖的忠诚，由于世袭统治权的衰落，效力已不像过去那样持久，而宗教热忱也受到自由思想传播的威胁。这样，剩下的就只有民族自豪感，而且比从前更重要了。有一点是很有趣的，即现今民族自豪感在苏俄已经复活，尽管苏俄的官方信条本来是不利于民族自豪感的，——虽然并不比基督教更为不利。

为了维持民族自豪感，究竟要干涉自由到何种程度呢？实际已经发生的干涉行动，主要都是为了维持民族自豪感的。在俄国，人们认为不同意官方正统言论的人很可能有不爱国的行为。在德国和意大利，政府的力量依靠民族主义的支持，对政府的任何反对，都被看作是为莫斯科效劳。在法国，假使自由丧失了，那就很可能是为了防止亲德的阴谋。在这些国家里，困难在于阶级冲突与民族冲突交叉存在，以致民主国家的资本家和法西斯国家的社会主义者与共产主义者，除受民族利益的支配外，还要在一定程度上受其他一些考虑的支配。假如能防止人们的民族主义意向转向别的方面，国家的力量就有可能增强，但如为了达到这个目的而必须降低整个知识水平，那么国家的力量就不一定会增强。对于政府来说，这是一个困难问题，因为民族主义是一种愚昧的理想；有见识的人看出来它正使欧洲趋于毁灭。最好的解决办法是给民族主义披上诸如民主主义、共产主义或集体安全等某种国际口号的外衣。在做不到这一点的地方，如在意大利和德意志，表面的一致需要暴政，同时不易产生真正的内心情感。

总起来说：一种信条或思想感情对于社会内部的团结是必要的，但要使它成为力量的泉源，就必须有大多数人对它有真诚的、深刻的感受，而这大多数人要包括技术效能赖以发挥的那些人的一个相当大的比数。如果缺乏这些条件，政府就可以用审查和迫害的手段来创造这些条件；但是审查和迫害如果严厉的话，就会使人接触不到现实，对应该知道的情况竟无所知或容易忘却。既然掌权的人由于权力欲的冲动而有偏向，因此，最有助于国家权力的对自由所加的干涉，总是不如政府易于想象的那么多，所以广为传播的反干涉的思想感情，只要不过激得引起无政府状态，是可能增强国家力量的。但是，除非涉及特殊的情况，超出这些一般性的范围是不可能的。

在上面的全部讨论中，我们只研究了狂热信条所产生的比较直接的效果。至于长期的效果，则完全与此不同。用来作为权力来源的一个信条，一度激励人们作出巨大的努力，但这种努力，特别在不甚成功的时候，会产生厌倦心理，而天倦心理又会产生怀疑——一开始并非明确地不信任（这是一种强烈的心情），而仅仅是缺乏强烈的信任。[①] 越是用宣传的方法来振奋人心，反作用越大，直到最后平静的生活倒似乎是唯一可贵的了。人民经过一段平静时期以后能够再次兴奋起来，这时需要新的刺激，因为一切旧刺激都已令人厌烦。因此，用得过度的信条，其效果只能维持一时。在十三世纪，人们的想象力受三位大人物——教皇、皇帝和苏丹——的支配。皇帝和苏丹已不复存在，而教皇的权力已是有名无实的了。在十六世纪和十七世纪早期，欧洲到处都有天主教徒

① 关于这个问题，参阅尤金·莱昂斯所著《乌托邦任务》一书中非常有趣的一章《笼罩俄国的怀疑主义之雾》。作者叙述了庆祝五年计划开始时的热情以及指望的生活舒适未能实现而逐渐产生的幻灭之后说："我看到怀疑主义像一团浓雾笼罩着俄国，浸透众人的身心。它使领袖们和群众一样寒心。在公开场合用全部时间鼓吹乐观主义的人，私下也尖刻地谈论五年计划的缺乏计划性，物力与人力的惊人浪费以及有些部门臃肿、其他部门萎缩的混乱的国民经济。对干劲功效的怀疑表现为两个极端，一是日益强调现金报酬，另一是日益强调严酷处罚。……差不多每周都创制严酷法令来惩戒和镇压普通的工人。有一个法令规定：旷一天工要受到开除、没收面包证和住所的处罚——这等于判处慢性死刑。"在另一章里，他写道："有人说得好，独裁统治下的人民是被判定要终生鼓起干劲的。这是一种疲劳刑。人们若能探究他们苦难的实质并私下舐一舐自己的创伤是会乐意这么做的。但是他们不敢，因为愠怒几乎等于叛逆。他们像士兵一样，在长途行军之后疲倦得要死，还要英武地排起队来，接受检阅。"

和新教徒之间的战争，一切大规模的宣传，不是赞成天主教教义，就是赞成新教教义。但最后的胜利，并未归于任何一方，而是归于认为他们的争论无足轻重的人。斯威夫特用大头派和小头派[①]之间的战争来讽刺这种冲突。伏尔泰作品里的休伦人[②]，在发现自己和一个詹森派教徒一同被囚禁时，就想到政府要他改变信仰和他拒绝改变是同样愚蠢的。在不久的将来，假如世界为共产主义者和法西斯主义者分为两半，最后的胜利不会属于他们任何一方，而将属于像老实人[③]那样说话的人，他们耸耸肩膀说："话虽讲得很妙，可是种我们的园地要紧。"给信条权力以最后极限的是厌烦、疲倦和对安逸的爱好。

① 斯威夫特所写《格利佛游记》中小人国里两个互相倾轧乃至厮杀的党派。两派的差别是大头派在吃鸡蛋时先敲碎大头，而小头派先敲碎小头。——译者

② 伏尔泰的《天真汉》中的主人公。——译者

③ 老实人是伏尔泰所著《老实人》中的主人公。——译者

第十一章　组织的生物学

前面我们已经讨论了作为权力最重要的心理根据的各种思想感情：如传统，特别是以崇拜僧侣和国王这种形式出现的传统；再如作为暴力来源的恐怖和个人野心；还有革命权力的根源——代替旧信条的新信条；以及各种信条的相互作用乃至其他的权力根源。现在我们进一步研究我们的问题的一个新部分：即研究行使权力所通过的组织，首先把这些组织作为有自己的生命的有机体来研究，然后再研究它们的管理形式，最后研究它们对其成员的个人生活所发生的影响。在我们论题的这一部分里，对于有机体的研究尽可能不管它们的目的。研究的方式就是按解剖学和生物化学来研究人的方式。

本章研究的题目——组织的生物学，是以这样一个事实为根据的，即一个组织也是一个有机体，有自己的生命，也有成长和衰亡的趋势。各个组织间的竞争也类似各个动物间和各个植物间的竞争，并可用多少有点像达尔文的方法来加以考察。不过这种比拟也跟其他的比拟一样，不应过分；它只能月作启示而不能用作论据，例如关于社会组织，我们就不可以假定衰亡不可避免。

权力基本上（不是完全地）依靠组织，但不尽然。纯粹的精神权力，如柏拉图和伽利略的权力，不需要任何相应的社会机构也可以存在。不过按照通常的情况，即使是这种权力，如果不由一个教会、一个政党或某种类似的社会组织来进行宣传，也不会成为重要的权力。目前，我不研讨与组织无关的权力。

一个组织，就是为共同的目的而结合起来的一群人。它可以是纯粹自愿的，例如俱乐部；也可以是天然的、生物学上的团体，例如家庭或氏族；也可以是强制的，例如国家；还可以是复杂的混合体，例如铁路公司。组织的目的，可以是讲明了的或没讲明的，自觉的或不自觉的；可以是军事的或政治的，经济的或宗教的，教育的或体育的等。每一个组织，不论它的目的或性质如何，都涉及权力的某种再分配。每一个组织必定有一个管理机构，它以整体的名义作出各种决定，并在关系到组织目的时，总比单个成员有更多的权力。随着人类文明的发展和技术复杂性的提高，结合的好处也就越来越明显。不过结合总要使人放弃一部分独立性：我们可以得到更多的支配别人的权力，而别人也得到了支配我们的权力。各种重要的决定越来越成为人的团体的决定，而不是单个人的决定。除非团体的成员很少，人的团体的决定必须通过管理机构来执行。这样，现代文明社会生活中政府的作用就必然大于工业社会之前的社会生活中政府的作用。

即使是一个十足民主的政府（假如可能有这样的政府），其中也含有权力的再分配。假设每个人在共同的决议中有同等的发言权，并假设有一百万名成员，那么，每个人就享有百万分之一的支配全体百万人的权力，而不同于假如他是一个孤独的野兽时那样，享有全权支配自己，此外毫无支配权力。这种情况所产生的心理，和无政府主义乌合之众的情况所产生的很不相同，至于在政府并非十足民主(在某种程度上总有这种情况)的地方,心理影响就增强了。政府的成员即使是民主选举的,权力也比别人多些;民主选出的政府所任命的官员也是如此。组织越大,它的行政部门的权力也越大。这样,组织规模的每一次扩大,都在减削一般成员独立性的同时,扩展管理机构的创制权,从而增大权力的不平等。一般人之所以服从,是因为合作能比单干的成就大;格外爱好权力的人也感到高兴,因为他借此有了获得权力的机会——除非政府是世袭的,或者爱好权力的人属于不许获得重要地位的某种集团(例如某些国家中的犹太人)。

夺取权力的竞争有两种:组织与组织之间的竞争以及组织内部人与人之间争夺领导地位的竞争。组织之间的竞争,只有当它们的目的多少相似而互不相容的时候才能发生;竞争也许是经济的,也许是军事的;可能用宣传手段竞争,也可能经济、军事、宣传这三种手段用其中两种或三种全用。当拿破仑三世忙于准备称帝的时候,他不得不创立一个为他服务的组织,然后再使它获得优越地位。为达到这一目的,他给一些人赠送雪茄烟——这是经济的;他对另外一些人指出他是他叔父的侄儿——这是宣传的;最后他枪毙了若干反对者——这是军事的。[①] 当时反对他的人只知推崇共和政体,忽略了他的雪茄烟和枪弹。取得统治民主国家的独裁权力所用的手段,自希腊时代以来,已是人人知道的了,其中总包括贿赂、宣传及暴力三者的结合。不过这不是我们现在的论题;我们现在的论题是组织的生物学。

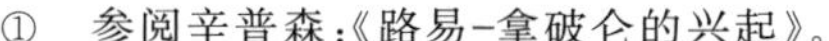

① 参阅辛普森:《路易-拿破仑的兴起》。

各种组织可在两个重要方面有所不同：一是它们的规模，另一是可以称为权力的密度，我的意思是指组织对其成员的控制程度。取得管理职位的人喜爱权力，这是意料中的事情，所以每一个组织，在没有遇到抵制力量的情况下，将在规模大小和权力密度两方面都有增长的倾向。两种增长中的任何一种，都有可能为内在的原因所限制。例如一个国际象棋俱乐部可以把一切堪称优秀的棋手都收罗在内，但除了和象棋有关的活动以外，它不大可能企图支配成员的任何活动。这个俱乐部，如由一名精力充沛的干事管理，可能设法使更多的人精通象棋，但如这个干事可成为一个优秀的棋手，那就不大可能了，否则，这个俱乐部也许会因最优秀棋手的离去而陷于瓦解。不过这类情形是例外的；在组织的目的（例如财富或政治优势）吸引着一般人的时候，组织规模的发展只会因别的组织施加压力或本身已成为世界性的组织而停止。至于权力密度的发展，只有在喜爱个人独立的心情具有压倒力量的时候，才会停止。

国家是这方面最明显的例子。每个足够强大的国家都企图进行对外征服。只有在下列两种情况下它才无此企图：一是这个国家有过经验，从而知道自己并不如外表那么强大；另一是它还没有经验，因而还不知道自己实际比表面要强大。一般的规律是：一个国家总要征服它所能征服的地区，只有在它到达那个地区的边界，而另一个或几个国家在那里施加同样强大的压力的时候，才会停止。英国之所以没有得到阿富汗，是因为俄国人在那里的势力与英国人的同样强大；拿破仑之所以把路易斯安那卖给美国，是因为他不能保卫这一地区；如此等等。就内在的势力而言，每个国家都倾向于成为囊括世界的国家。但每一国家的权力，多少都与地理有关：通常从一个中心向四周辐射，距离中心越远，权力也越弱。结果，在离开中心一定距离的地方，一个国家的权力就和其他国家的权力达成平衡，若没有传统力量的干扰，这里就成为它们的疆界。

以上所论未免太抽象，若不加修正，就不符实际了。小国之所以能够存在，不是靠自己的权力，而是由于大国间的猜忌；例如比利时之所以能够存在，是因为对于英、法两国都很便利。葡萄牙之所以能拥有广大殖民地，是因为列强对于如何瓜分这些殖民地不能取得一致的意见。战争是须要认真对待的事情，所以一个国家在相当长的时期内可以保有如果强国决心夺取就会丧失的土地。不过这样一些问题并不破坏我们的一般原则；它们仅仅产生一些摩擦力而推迟暴力的行使而已。

一个国家总要征服它所能征服的地区，对于这一原则，可能会有人说美国是例外。就美国来说，假如它愿意干的话，征服墨西哥，其实征服整个拉丁美洲，显然都不是什么了不起的难事。不过政治征服的一般动机，现在在美国已经为各种对抗的力量所遏制。在内战之前，南部各州曾有帝国主义的倾向。这个倾向在墨西哥战争中得到了出路，兼并了大片土地。在内战之后，西部的殖民及其经济发展，就是对精力最充沛的民族来说，也是足以吸引其全部精力的任务。这方面的事业刚一接近结束，1898 年的美西战争又为帝国主义新冲动提供了发泄的机会。不过在美国宪法的规定下，兼并土地是有困难的，因为它牵涉到接纳新选民的问题，而新选民可能被认为是讨厌的。尤其重要的是兼并土地要扩大国内自由贸易区域，一些重要的经济势力就要受到损害。门罗主义实质上意味着对拉丁美洲施行保护制度，所以它比土地兼并更使权威势力满意。假如政治征服在经济上有好处，毫无疑问很快地也会进行政治征服。

政治领域内的权力集中，经常为统治者所追求，而被统治者也并不总是反对。名义上，古代大帝国的权力集中甚至比近代最独裁的政权更为全面；但实际上，古代大帝国的权力集中受着技术上的限制。古代君主最迫切的问题是机动性的问题。在埃及和巴比伦，巨大的河流提高了机动性；波斯的统治则依靠陆上的大道。希罗多德描写了从萨尔迪斯到苏萨的波斯皇家大道，说它全长一千五百英里，往来于大道上的人平时有国王的使者，战时有国王的军队。他说："这条路的真实情况如下：沿着整条大道设有皇家驿站和极好的商队旅店。大道也经过荒无人烟的地方，但并无危险……。离开弗里治亚时，要渡过哈列斯河；这里，渡河之前，必须通过许多关卡。有一支强大的警卫部队驻防在这里……亚里西亚和亚美尼亚之间的分界线是幼发拉底河，渡过这条河必须乘船。在亚美尼亚境内的一段路上有十五个歇宿处所，路长五十六又二分之一帕拉桑[①]（约合一百八十英里）。有一处驻有警卫部队，那是四大河流交汇之处。渡过这四条大河，都须乘船。……驿站的总数多至一百十一处，萨尔迪斯与苏萨之间的歇宿处实际上是很多的。"他接着又说："以每天一百五十浪[②]的速度（大约是行军的速度），一

① 帕拉桑（parasang），古波斯长度单位。——译者

② 浪（furlong），英国长度单位。——译者

个人须经过整整九十天才能完成全程的旅行。”①

这样一条大道，虽然使幅员辽阔的帝国有存在的可能但未能使国王严密地控制边远行省的总督。骑马的使者虽能在一个月内把消息从萨尔迪斯传到苏萨，但军队从苏萨开到萨尔迪斯却要三个月的时间。所以爱奥尼亚人起兵反抗波斯的时候，在他们和临时开进小亚细亚的军队交战之前，竟有好几个月从容准备的时间。一切古代帝国都有遭受叛变的苦恼，而叛变常常是省长领导的。即使没有发生公开的叛变，地方自主性（除非是刚被征服的地方）也几乎是不可避免的；经过一段时间，这种自主性很容易发展为独立。古代没有一个大国能够从中心向外统治到今天习以为常的疆界；其主要原因就在于没有高度的机动性。

罗马帝国从马其顿人那里学会了波斯人靠道路来巩固中央政府的办法。皇家的使者能以平均每小时十英里的速度，不分昼夜地来往于西欧、南欧、北非和西亚。但各省的皇家驻地是军事长官指挥的，所以军事长官能调动他的军队，而行军路线以外的人谁也不会知道。军团行军之神速和消息传递之缓慢，常常有利于叛乱者反抗罗马皇帝。吉本在叙述君士坦丁从高卢的北方进军侵犯意大利时，曾把他行军的轻易和汉尼拔行军的困难作了如下的对比：

“当汉尼拔从高卢向意大利进军时，他不得不首先寻找，然后开辟一条穿越群山并经过从不容许正规军队通过的野蛮民族的道路。阿尔卑斯山现今是以技术设防的，而在那时是靠大自然守卫的。但在这两个时期的中间年代，想要通过这条道路的将军都很

① 第5卷，第52、53章，罗林森译本。

少碰到困难或抵抗。在君士坦丁时代，阿尔卑斯山区的农民已经是开化的顺民，农村中储藏的粮食很丰富，而且罗马人所建筑的越过阿尔卑斯山的一些了不起的公路在高卢与意大利之间开辟了好几条通道。君士坦丁选择了通过考兴阿尔卑斯山，就是今天的塞尼山的一条道路，并且率领他的军队轻装疾进，以致罗马城中马克孙喜厄斯朝廷尚未获得有关他离开莱茵河畔的任何确息之时，他已降落到皮埃蒙特平原之上了。”

结果，马克孙喜厄斯被击败，基督教变成了罗马的国教。假如罗马人有较坏的道路或有较快的传递信息的方法，世界的历史也许是另外一个样子。

轮船、铁路、最后飞机已使政府能在遥远的地方迅速行使它们的权力。现今在撒哈拉或美索不达米亚发生的叛变，几个小时之内就能镇压下去，而在一百年前，派遣一支军队到这些地方去就需要几个月的时间，而且预防军队渴死也是很大的困难，当年亚历山大的兵士在俾路支就有渴死了的。

迅速传递消息和人员与物资的调动是同样重要的。在 1812 年的战争中，新奥尔良战役是在缔结和约之后发生的，不过交战双方都不知道已经缔结和约。在七年战争的末期，英军占领了古巴和菲律宾，但欧洲人在和约签字之后才知道这件事。直到发明电报的时候为止，和平时期的大使们和战时的将军们，都必然有很大的便宜行事的权力，因为上级给他们的指示不可能考虑到最新发生的情况。远处政府的代表需要根据自己的判断行事是很平常的事情，这样，他们就不单纯是中央直接指挥的政策传达人了。

不仅迅速地传递消息是很重要的事情，而且消息比人走得快这一点也很重要，甚至更为重要。直到一百多年之前，消息和其他任何东西，都赶不上马快。拦路抢劫的强盗可以逃向邻近的市镇，而且比他犯罪的消息到达得要早些。如今因为消息先到，所以逃匿就更困难了。战争时期，政府控制一切快速的交通工具，这就大大增强了它的权力。

近代技术，不仅通过消息的迅速传递，而且还通过铁路、电报、汽车运输以及政府宣传，使一些大帝国比它们过去更能稳固。古代波斯和罗马的各省总督都有足够的独立性，使他们易于叛变。亚历山大一死，他的帝国就瓦解了。阿提拉和成吉思汗的帝国都是短暂的；欧洲国家丧失了它们在新大陆的大部分领土。但是有了近代技术，大多数帝国，除了反抗外来的攻击而外，都相当稳定；只有在对外战争失败以后，才可望爆发革命。

但必须注意，技术上的各种原因并非全部都使一个国家在远方更容易行使它的权力；在某些方面，它们有过恰恰相反的结果。汉尼拔的军队虽不能保持他们的交通线畅通无阻，但却继续存在了好多年，而在那样的情况下，一支现代大军不能维持到两三天以上。海军靠风帆航行的时候，它们的活动范围遍及世界各地，而现在必须时时补充燃料，反而不能在与基地相隔一段距离的地区长久活动了。在纳尔逊时代，英国人如能获得一个地区的制海权，就能获得世界各地的制海权；但现在他们虽可管理自己的领海，在远东却软弱无力，并且不能进入波罗的海。

然而，大略地说：从一个中心把权力行使到相隔一段距离的地方，现在比过去容易，结果是加剧了国家间的竞争，并使胜利更加绝对化，因为它所引起的疆土扩张不一定减低效率。今天，成立世界国在技术上是可能的。也许某次真正重大的世界大战中的胜利者能建成世界国家，或者最强的中立国更有可能建成这样的国家。

至于权力的密度或者（也可以称为）组织的强度所涉及的问题，是复杂而非常重要的。现今就每一个文明国家而言，国家比以前任何时期都活跃得多。在俄国、德国和意大利，国家几乎干涉到人的一切事务。既然人们喜爱权力，而获得权力的人通常又比大多数人更喜爱权力，因此可以设想，在正常的情况下支配国家的人一定希望增加国家对内的活动就像希望扩大国家的疆土一样。既然国家扩大其职能有种种充分的理由，所以普通公民对于国家在这方面的愿望，会有一种顺从的倾向。不过，公民还是有一定程度的独立自主的愿望的，它在某一时刻至少暂时足以阻止组织强度进一步发展。因此，当组织达到一定强度的时候，公民对独立自主的喜爱和官吏对权力的喜爱将达成至少是暂时的平衡。结果是，如果组织再加强，公民对于独立自主的喜爱就会成为较强的势力；反之，如果组织的强度减弱，则官吏对权力的喜爱就会成为较强的势力。

在大多数情况下，公民对独立自主的喜爱不是抽象地不喜欢外来的干涉，而是嫌恶政府认为可取的某种形式的管制，如禁酒、征兵以及信奉国教等。有时候，这种情感可以为宣传和教育所逐渐克服，因为宣传和教育都能无限制地削弱个人独立自主的愿望。有许多力量，如学校、报纸、电影、广播、训练等通力合作，共同促进现代社会中的一致性。人口密度也有同样的影响。所以在现代条件下，独立自主情感与权力喜爱两者间的暂时平衡，有一步一步向权力方面转移的趋势，这就便于极权国家的创立和成功。教育可以使喜爱独立自主的情感削弱到什么境界为止现在无人知道。国家对内的权力可以逐渐扩展到何种程度而不致引起反抗这也是无法说的；但似乎没有理由怀疑：如果假以时日，即使是最专制的国家，也还能把它的权力再加扩展，使它远远超出现已达到的程度。

国家以外的组织，大体上也受上述那些规律的支配，只有一点不同，即它们不能行使武力。有些组织（如俱乐部）简直不能给权力欲的冲动提供出口，这类组织我略而不论。就我们的研究目的来说，最重要的是政党、教会和企业团体。大多数教会都想成为世界性的，不管它们实现目的的希望如何渺茫。大多数教会也努力去管理成员的一些最切身的事情，如婚姻和儿童教育。当这一切已证实为可能的时候，教会就篡夺了国家的职能，如在西藏、在圣彼得教堂的世袭财产上以及宗教改革前整个西欧在某种程度上都是如此。教会的权力欲冲动，除某些例外，只因缺乏机会和害怕异端或宗派分立而受到限制；但在许多国家里，民族主义已经大大缩小了教会的权力，并把许多以前在宗教方面找到出路的感情转移到国家方面。[①] 宗教力量的缩小，部分是民族主义和民族国家力量增强的原因，部分也是它们的结果。

直到最近，政党还是很松散的组织，对于成员的活动，只作一些很轻微的约束。在整个十九世纪，英国议员常常投票反对他们的政党领袖，表决能得到什么结果远比现在难测。沃波尔、诺思以及小皮特曾用贿赂的手段，在一定程度上控制了他们的支持者；但

① 有助于约瑟夫·张伯伦转向关税改革的已故的休因斯对我说过：他的祖先是热忱的罗马天主教徒，可是正如他的祖先把感情寄托给教会一样，他把感情寄托给不列颠帝国。这是一种典型的发展。

在贿赂减少之后而政治依然是贵族政治的时候，政府和政党领袖就无法施加有效的压力。现在，特别在工党内部，人们都誓奉正统；如果不能这样，通常就招致政治上的失败和财务上的损失。政党要求两种忠诚：第一，发表政见要忠于党的纲领；第二，日常行动要忠于党的领袖。纲领在名义上是以民主方式决定的，但少数幕后人物却有很大的支配力。领袖们是否要在议会或政府的活动中试图实现党的纲领，那是听凭领袖们自己决定的。假使他们决定不去试图实现党的纲领，那么，只要他们在演说中不承认这一点，他们的党徒就仍有义务投票拥护他们的背信行为。就是这种制度使领袖们有力量控制他们下面的普通支持者，并能提倡改革而无须制定改革条例。

一切政党的组织密度虽已大为增强，但民主政党的组织密度和共产党、法西斯党以及纳粹党这三个政党的组织密度相比较，仍然差得无法计量。这三个政党，从历史和心理两方面来说，都不是政党的新发展，而是秘密团体的新发展。在专制统治之下，有志于任何彻底变革的人被迫走上秘密的道路，当他们联合在一起的时候，由于担心背叛变节，就制定出非常严格的纪律。为防御暗探，自然就要求一定的生活方式。危险、秘密、眼前的艰苦和将来胜利的希望，产生出一种准宗教的向上气质，吸引着易受这种心理感染的人。因此，在一个秘密的革命团体内部，即使它的目的在于实现无政府主义，也很可能有非常严格的专制制度，对于成员的监督，也远远超过通常认为政治活动的范围。在拿破仑失败后，意大利有许许多多秘密团体。有些人是被它们的革命理论吸引去的，有些人是被它们的犯罪行为吸引去的。在俄国，随着恐怖主义的产生，也出现同样的情形。俄国的共产党和意大利的法西斯党，都浸透着秘密团体的精神，而纳粹党则把它们奉为模范。当它们的几名领袖取得政权以后，他们就用以前统治他们的党的那种精神来统治国家，并且要求他们全世界的信徒要有与之相关联的服从精神。

经济组织规模的扩大启发了马克思关于权力动力学的见解。他在这一课题上的论述虽有很多已证明为王确，但这些论述不仅适用于具有经济职能的组织，而且也适用于一切能为权力欲的冲动提供出口的组织。生产的趋势是形成与某个大国及其卫星国共同扩张的托拉斯，但在军事工业以外却难得产生世界规模的托拉斯。关税和殖民地使大企业和国家紧密联系在一起。托拉斯在经济领域内对外进行征服必须依靠国家的军事力量；除在有限的程度上，经济领域内的对外征服已不再用纯粹企业竞争的老办法了。在意大利和德国，大企业和国家的关系比在民主国家更为密切而明显；但如认为在法西斯主义之下，大企业控制国家的程度超过在英国、法国和美国，那就错了。恰恰相反，在意大利和德国，国家利用人们畏惧共产主义的心理，使自已高居大企业之上，像它高居其他一切事物之上一样。例如在意大利，国家正开始施行一种很重的资本税，而在英国，一种性质类似但要轻得多的租税刚由工党提议征收，就引起资本家强烈反对，而且反对得大为成功。

当目的不同但不矛盾的两个组织合并在一起的时候，这个新组织的权力就比先前这两个组织中任何一个的权力更强些，甚至比先前这两个组织加在一起的权力还强。在大战之前，大北铁路从伦敦通到约克，东北铁路从约克通到纽卡斯尔，北不列颠铁路从

纽卡斯尔通到爱丁堡；现在伦敦东北铁路贯通全程，显然比先前三个公司合在一起还要强些。同样，假如整个钢铁工业从采矿到造船都由一个公司经营，那也是有利的。因此，就有趋于联合的自然倾向，而且不仅在经济领域内如此。这一过程的逻辑结果是：最有势力的组织（通常是国家）能够并吞其他一切组织。假定各个国家的目的不相矛盾，趋于联合的自然倾向迟早会导致独一的世界国的创建。假定国家的目的在于增进公民的财富、健康、才智或幸福，那就不会有矛盾；但由于这一切，不论是单独一项还是合在一起，都被认为不如民族权力重要，所以不同国家的目的就互不相容，不能通过合并而得到改善。结果，世界国只可期待（假如可以期待的话）某一民族国家征服世界来实现，或者通过全世界采用某种超越民族主义的主义来实现，例如先是社会主义，然后是共产主义，在它们的早期似乎都是超越民族主义的主义。

民族主义对于国家发展的限制是同样见于政党、政治和宗教的这种限制中的最重要的例子。我在本章力图把组织看成是有生命的有机体，其生命不以组织的目的为转移。我以为重要的是，要指出这在一定程度之内是可能的；当然这只是在一定程度之内可能，超过这一限度，那就必须看组织所依靠的热情是怎样的了。

个人的愿望可以归纳成若干类，每一类都成为一些心理学家所称的‘情感’。有政治上重要的情感：爱家庭、爱亲属、爱国家、爱权力、爱享乐，等等。另外，也有种种反感，例如怕痛苦、懒惰、不喜欢外国人以及憎恶外来的主义等。在任何特定时刻的人的情感都是他的本性、他的过去历史以及当时处境的复杂产物。每一种情感，就它是众人合作比单干更能得到满足的情感而言，当有机会的时候，就会产生一个或一个以上的组织，使它得到满足。以家族的情感为例，这种情感引起，或有助于引起，有关居住、教育和人身保险的组织的出现；在这些问题上，不同家族的利益是一致的。但家族的情感也曾引起（在过去比现在多）代表某一家族的利益而以其他家族利益为牺牲的一些组织的建立，例如蒙太古和凯普莱特[①]两家族的侍从的组织。王朝国家也是这一类的组织。贵族是某些家族靠牺牲社会上别人的利益而取得特权的组织。这些组织在或多或少的程度上，总会引起人们的反感，如恐惧、憎恨、蔑视等。这些情感很强烈的时候，就成为组织发展的障碍。

神学提供了这种限制的例证。除公元开始后头几个世纪以外，犹太人并不想使非犹太人改变宗教信仰；犹太人满足于作为上帝的选民而产生的优越感。日本神道教教导日本人说，日本是在世界其他各地之前创造出来的，它无意于也不大可能投合非日本人的心意。大家都知道老李希特上天堂的故事。在天堂里不曾让他们发现还有别人在那里，以免妨碍他们享受天堂的幸福。与此同类的情感还可以表现为一种更邪恶的形式：宗教迫害对于迫害者来说可能是一件非常愉快的事情，使他觉得没有异端的世界是枯燥无味因而难以忍受的世界。同样，既然希特勒和墨索里尼宣扬战争是人类最高尚的活动，那么，假使他们征服了世界而再也没有敌人和他们打仗，他们就不可能快乐了。同样，一个政党一旦取得了不成问题的优势地位，政党政治也就没有趣味了。

因此，假如一个组织对于个人的吸引力是从诸如骄傲、忌妒、

① 莎士比亚戏剧《罗密欧与朱丽叶》中两个互相敌视的大家族。——译者

憎恨、轻视以及爱好竞争那样的动机来的，[①]那么，如果它是世界性的组织，它就不能实现它的目的。在这类情感强烈的世界里，一个变成世界规模的组织必然要解体，因为它会丧失它的原动力。

在刚才的论述中，我们所探讨的乃是组织的一般成员的情感而不是组织的管理机构中成员的情感。不管组织的目的是什么，它的管理机构总是从权力得到满足，结果，它的利害与成员的利害就不一致。因此，管理机构比成员很可能有更强的征服一切的欲望。

但是，有些组织所含有的情感要通过合作来实现，也有些组织的目的根本就含有矛盾，这两种组织的动力是有重要差别的。这是一个大题目，目前我仅指出组织研究的局限，而不论组织的目的。

我已经谈过了一个组织的成长以及它和对手的竞争。为了完成达尔文式的类推，还应说一些关于组织衰老的情况。人是会死的这一事实本身不能作为论据来预料组织也有死亡；然而大多数组织是会死的。它们有时由于外部原因而横死，不过这不是我现在要讨论的。我要讨论的是在古老组织中常见的那种跟老年人的情形相似的行动的衰弱和迟缓。1911 年革命以前的中华帝国是这方面最好的例子。它当然是世界上最古老的政府。在罗马兴起时和在哈利发政权的兴旺年代里，中华帝国显示过它的军事威力。它有高度文明的绵延不断的传统，并有通过竞争性考试选拔并任

① 我这里说的不包括纯粹的体育竞赛，这类竞赛可以在单独一个管理机构的权限范围内组织起来。

用贤能执政的悠久习惯。传统的力量，千百年习惯的专制政治，是中华帝国崩溃的原因。中国士大夫不可能懂得应付西方国家还需要儒家经典以外的知识；他们也不可能懂得把以前足以对付边疆半野蛮种族的那些准则拿来对付欧洲人是无济于事的。使组织衰老的是以过去的成功为基础的习惯。出现新情况时，习惯势力太强，不能摆脱。在革命时期，习惯于发号施令的人们，从来不能及早明白他们再也不能指望还有和他们的指挥习惯相关联的服从习惯了。再者，居高位的人强使别人对他们尊敬，起初是为了巩固他们的权威，久而久之，就变成僵硬的礼仪，拘束他们的行动，阻碍他们获得成功所必需的知识。国王不再能领导战争，因为他们太神圣了。别人不能对他们讲逆耳的真话，因为他们会把讲话的人处死。久而久之，他们变成纯粹的偶像。总有一天人民觉醒起来，识破他们并不象征任何有价值的东西。

然而，还没有理由说明为什么一切组织都不免死亡。举例说，美国宪法没有把那种会使别人变成无知和无能的尊崇威望给予任何个人或团体，它也不轻易容许在自己面前（除在某种程度上容许最高法院而外）积存足以阻碍适应新环境的习惯和准则。为什么这样一种组织不能无限期继续存在下去是没有明显理由的。所以我以为，尽管大多数组织或因本身僵化或有外来原因而迟早归于毁灭，但并无固有的原因使毁灭不可避免。在这一点上，如果强调生物学的比拟，就会引起误解。

第十二章 权力和政体

一个组织所具有的最重要的特征,除了它的目的而外,还有:(1)规模的大小;(2)支配成员的权力;(3)支配非成员的权力;(4)统治管理形式。除规模大小问题留待下章讨论外,其他都是本章所要研究的论题。

除国家以外,法律容许的组织对其成员的支配权力都是受法律严格限制的。如果你是出席高级法庭的律师、出席初级法庭的律师、医生,或供竞赛用的马的所有者,你就有可能被取消律师身份、被从律师名册上除名、被取消医生资格,或收到不许进入赛马场的预告。这一切处分都带有耻辱,而且前三种还可能造成极大的经济困苦。但是不管你在本行业务上怎样不受欢迎,你的同事依法也只能制止你执行业务,而不能越出这个范围。假使你是一个政治家,并希望得到政党机器的帮助,你就必须被你的政党认为是正统派的,但是你的政党不能禁止你参加另一个党派或者禁止你过一种远离议会争吵的安静生活。因此,除国家以外,一切组织支配成员的权力都是依靠开除权的,而支配成员的权力严峻到什么程度,则决定于开除所带来的耻辱和经济困苦的大小。

反之,国家加于公民的权力,除了可以在宪法条款上规定禁止任意逮捕或剥夺以外,是没有限制的。在美国,除依照法定的正当程序外，不得剥夺任何人的生命、自由或财产，也就是说在剥夺之前须向司法当局证明其人犯了某种早经公布应受如此处分的罪行。在英国，尽管行政机关的权力也受到类似的限制，但议会是全能的：它能通过法案使约翰·斯密先生遭受极刑，或剥夺他的财产，而无须证实他已经犯罪。在"褫夺公权法"形式下，这种权力是议会控制政府的手段之一。在印度以及在一些极权国家中，这种权力属于行政机关，而且是任意行使的。这是合乎传统的；如果国家丧失了这种全能，那就是人权学说所产生的后果。

组织加于非成员的权力比较不易解释。国家加于外国人的权力是以战争和战争威胁为依据的；这一点甚至适用于关税和移民法这样的事情。在中国，关税和移民法都是军事失败后订立了条约规定下来的。只有军事力量不足才能限制一个国家对另一个国家施加权力。假定一个国家有足够的优势兵力，它甚至可以下令把另一国家的全部人口杀绝或迁移别处，过去这是常常发生的。想一想诸如《约书亚书》、犹太人之被囚于巴比伦[①]以及北美印第安人在未灭种时被拘禁在拘留地等例证就知道了。

私人组织的对外权力易于遭受国家嫉视，所以大都是未经法律规定的权力。它们主要是依靠经济抵制或其他更激烈的威胁手段。这种恐怖的势力，通常是发生革命或无政府状态的前兆。在爱尔兰，暗杀行为先是引起地主没落，继则造成英国在爱尔兰的统治垮台。在沙皇统治下的俄国，革命者大都依靠恐怖手段。德国

① 公元前597年巴比伦王尼布甲尼撒(公元前605—前562年在位)攻占并焚毁耶路撒冷，把犹太俘虏带回巴比伦囚禁。波斯王居鲁士征服巴比伦后，囚禁的犹太人获释并于公元前538年回到耶路撒冷。——译者

的纳粹党靠非法的暴力行为取得了成功。现今在捷克斯洛伐克，凡不愿参加亨来因党的德国人都收到“你是嫌疑分子”或“就要轮到你了”这样的警告；鉴于德国人占领奥地利时反对者的遭遇，这类恐吓手段是非常有效的。一个不能对付这种不法行为的国家，通常很快就会遭难。假如干这种不法行为的是一个具有明确政纲的组织，结果就发生革命；如果是盗匪或叛兵的帮伙，那就可能陷入无政府或混乱状态。

在民主国家中，最重要的私人组织是经济组织。它们跟秘密团体不同，能实行它们的恐怖主义而不违法，因为它们用来威胁敌人的手段不是死亡而是饥饿。它们依靠这种（不需要明说的）威胁甚至常常挫败政府，最近法国的情形就是一个例子。只要私人组织能决定组织之外的人应不应该吃得饱，国家的权力就显然受到很严重的限制。至于在德国和意大利，国家在这一方面的权力则高过私人资本，俄国也一样。

我现在来谈政体问题，这自然要从君主专制政体谈起，因为它是我们所知道的历史上最古老、最简单、最普遍的一种政体。现在我不来区别国王和暴君；我只研究一人统治，不管是世袭国王的还是篡位者的统治。这种政体曾盛行于亚洲各时代；从巴比伦有记载开始，中间经过波斯帝国、马其顿和罗马的统治、哈里发的统治，一直到印度莫卧儿帝国。的确，在中国，皇帝并不独裁，只有焚书的秦始皇统治的时代（公元前三世纪）例外，在其他时期，儒士通常是能够挫败皇帝的。但是中国总是一切规律的例外。现今尽管在想象上君主专制政体是在衰落之中，但有一种和它很相像的政体却盛行于德国、意大利、俄国、土耳其和日本。显而易见，人们觉得这种政体是很自然的。

从心理方面看，君主专制政体的优点是明显的。一般说，统治者领导一个部落或一个宗派进行征服，跟从他的人觉得自己分享了他的光荣。居鲁士领导了波斯人反抗米底人；亚历山大使他的马其顿人获得了权力和财富；拿破仑给革命军带来了胜利。列宁和希特勒跟他们的政党之间的关系也属于这一类。以征服者为首领的部落或宗派甘愿跟随其首领，并因他的成功而自高自大。至于被他征服的那些人则兼有畏惧和钦佩的心理。不需要任何政治训练和互让和解的习惯；唯一需要的是一小群核心随从者的本能的社会内部团结；因为一切都靠首领的英雄成就，所以这种团结是容易形成的。首领死了之后，他的事业可能瓦解，如像亚历山大的事业那样；但也可能侥幸由一个能干的继承者维持下去，直到新的权力变成传统权力。

在人与人之间，除命令与服从的关系而外，很难有另外的关系能把他们联合在一个社会之内。这种困难，可以用国家与国家之间的关系来做例证。小国依靠征服而变成大帝国的例子是不可胜数的，但小国自愿联合起来成为大帝国的例子就简直没有了。在菲利普时代的希腊和文艺复兴时代的意大利，各个主权国家之间某种程度的合作是有关它们生死存亡的问题，但是未能实现。今天欧洲的情况也是这样。劝使那些指挥惯了的或甚至只是独立惯了的人自愿服从一个外在的权威是不容易做到的。如果竟然出现了这种事，那通常也只能像一群海盗当中所发生的情形：一小群人希图以公众为牺牲而夺取大量财富，对领袖极端信任，情愿让他掌握行动的指挥权。只有在这种形势之下，我们才能说政府是产生于《社会契约》的，而且这时的契约是霍布斯所说的契约，而不是卢梭所说的契约，也就是说，这是公民（或强盗）彼此间的契约，而不是公民与他们的领袖之间的契约。在心理上是很重要的一点是，人们只在有很大的可能进行劫掠或征服的时候，才情愿赞同这样的契约。正是这种心理上的作用机理（虽然通常没有明显的形式），使原来并不专制的国王也因战争的胜利而更接近于专制。

就这些研究所得出的结论是：君主周围的一伙人对于君主的专制权力必须类似自愿地同意，他的大多数臣民则首先是由于畏惧而服从，后来又因习惯和传统而服从。《社会契约》是征服者之间的契约，只有在这个意义上，它才不是纯粹的神话；假如征服者被剥夺了征服所得的利益，契约就失去了存在的理由。就大多数臣民而言，他们之所以服从把权力伸张到外族去的国王，其最初的原因不是同意，而是畏惧。

核心集团忠诚的动机和一般人畏惧的动机非常简单容易，所以主权国家开疆拓土，差不多都是通过征服，而不是通过自愿联合；也就是因为这个理由，君主政体在历史上产生了这么大的作用。

但是君主政体也有很大的缺点。假如王位是世袭的，不见得相继的统治者都有才能；如果继承法有任何含糊之处，那就会发生争夺王位的内战。在东方，一个新的统治者通常是以杀死其弟兄而开始其统治的；假如弟兄中有一个逃脱了，逃脱者就一定要起来争夺王位，因为这是免被处死的唯一办法。试读一下迈努奇所著《莫卧儿故事集》，此书叙述了莫卧儿帝王的事情，明显地指出王位继承的战争在削弱他们的帝国方面比其他任何原因都更有作用。

在英国，蔷薇战争也指出同样的教训。

反之，假如王位不是世袭的，那么，发生内战的可能性甚至更大。从科摩德斯逝世到君士坦丁即位这一段时期的罗马帝国就说明了这种危险。关于这个问题，过去只想出过一个真正成功的解决办法，那就是选举教皇的办法。但是这个办法是以民主主义为起点的终极发展；而且即使在这种情况下，从"东西教会大分裂"看来，这个办法也不是绝对可靠。

君主政体有一个更严重的缺点，那就是通常不关心臣民的利益，除非和国王的利益一致。在某种限度内两者的利益是可能一致的。国王对镇压国内变乱有利害关系，并且无论什么时候，只要混乱的危险严重，他就会得到守法的那部分臣民的支持。国王对臣民的财富也有利害关系，因为财富使税收增多。在对外战争中，只要国王是胜利的，他和臣民的利益，就被认为是完全一致的。只要他继续扩张领土，他的核心集团（国王与其说是这个小集团的主人，不如说是它的领袖）就会感觉国王为他们做了有益的贡献。不过国王们也常常由于两个原因走上错路：一是骄傲，另一是信赖已经丧失支配能力的核心集团。就骄傲这一点来说，虽然埃及人忍受了金字塔，但法国人最后却因凡尔赛宫和卢佛尔宫发牢骚；而且道学家们总是痛骂宫廷的奢侈的。"外典"[①]告诉我们说："酒是邪恶的，女人是邪恶的，国王也是邪恶的。"

另一个促使君主政体衰落的原因是更重要的原因。国王养成

① 亦作"旁经"或"圣经外传"。基督教对公元前二世纪至公元二、三世纪间各种以《圣经》形式写成但未得正式承认为《圣经》正典之著作之总称。——译者

了倚赖某一部分人的习惯:贵族、教会、上层资产阶级或如哥萨克人的地域性集团。国王所宠信的团体,由于经济上或文化上的变革,权力逐渐减削,国王也和他们一同丧失人望。国王甚至可能像尼古拉二世那样愚蠢,弄得连最该和他完全站在一边的团体也不拥护他了;不过这是例外。查理一世和路易十六先是得到贵族支持的,但因贵族遭受中产阶级的反对,所以还是失败了。

国王或专制君主如在内政上机敏,对外又获得成功,他就能保持他的权力。假如他是类似神的国王,他的王朝就可以无限地延续下去。但是文明的发达使人不再相信他的神性;战争的失败不是总能避免的;政治上的机敏性也不是君主们一定有的特性。所以如果没有外来的征服,迟早要发生革命,君主政体不是废除,就是失去权力。

君主专制政体的天然后继者是寡头政体。不过寡头政体也是多种多样的。它可以是世袭贵族统治、富人统治或教会或政党的统治。不同的统治产生很不相同的结果。世袭地主贵族的统治易于流为保守、骄横、愚蠢,而且相当残暴。由于这些以及其他原因,它和上层资产阶级斗争时,总是失败的。富人政府在中世纪时曾风行于一切自由城市,在威尼斯则一直存在到拿破仑把它灭掉。就其整体看,这种政府比历史上任何其他政府都要开明而灵活。特别是威尼斯,它冲破数百年层层复杂的阴谋,小心谨慎地前进,它的外交也远比其他任何国家更有成效。商业上赚的钱,是靠聪明赚来的,既聪明又不专横,以这一特征成功的商人所组成的政府都有表现。至于现代工业巨头则全然属于另一类型,部分因为他们主要处理的是物资的市场操纵,部分因为他们所要对付的人主要是一支劳动大军，而不是只能说服不能强制的与他们地位相等的人。

教会或政党的统治——也可称为神权政体——是近年来重新获得重要地位的一种寡头政体。它有过比较古老的形式，如今圣彼得教堂的世袭财产制和巴拉圭耶稣会政权就是这种形式的残余。至于它的现代形式则开始于卡尔文在日内瓦的统治（还有蒙斯特再浸礼派的短暂统治）。更晚近的形式就是“圣人统治”。这种统治在英国是在王朝复辟时结束的，而在新英格兰则继续存在了一个相当长的时期。在十八、十九世纪时，人们可能认为这种政体永远消灭了，但列宁却把它恢复起来，意大利和德国从而仿效，中国也在认真地尝试。

像在俄国或中国这样的国家中，由于广大群众是文盲而且没有政治经验，所以一个革命的政党在胜利以后就会感到自己处境甚难。采用西方的民主政体是不可能成功的；中国曾经试行，但一开始就失败了。在另一方面，俄国的一些革命政党对于土地贵族和中产阶级的富人只有蔑视；他们所抱的宗旨，没有一个能由这些阶级所产生的寡头政府来实现。于是他们说：“我们是使革命成功的党，我们要保留政治权力直到国家实行民主政治的时机成熟为止；同时，我们要用我们的各项原则教育全国人民。”

但是结果并不尽如老布尔什维克所希望的那样。在内战、饥饿和农民不满的压力之下，独裁逐渐变得更加厉害，列宁逝世以后共产党内部的斗争把一党专政变成个人统治。这一切都不难事前预见。我在1920年写过：“按照布尔什维克的理论，每一个国家迟早都要走俄国现在所走的道路。在这种情况下的每个国家里，我们可以预料，它们的政府都要落入一些残酷的人手里。这些人生来绝不喜爱自由，看不出促使独裁转向自由有什么重要意义。……地位和俄国布尔什维克相同的人……几乎必然都很不愿意放弃自己对权力的垄断并寻找保持权力垄断的各种理由直到发生新的革命来把他们打倒，难道不是这样的吗？”从这些理由看来，很难认为神权政体是通向民主政治的一个步骤，尽管在其他方面它也许有一些优点。

神权政体代表着某一新信条的时候，有时有很大的优点，有时又几乎没有优点。首先，信徒们在革命以后形成社会团结的核心，并因在基本问题上观点一致，所以易于合作；于是，他们就可能建成一个意志坚定、生气勃勃的政府。其次，正如已经说过了的，政党或教会是不以出身或财产为凭借的少数人，在民主政治不管由于什么原因必然要失败的地方，把政治权力委托给他们是可能的。第三，信徒们的精力和政治意识差不多确实超过平常人，在许多情况下，他们在智力方面也比正常人高。不过某些信条，包括已经成为有势力的信条在内，除了激励冒险家使他们追求地位而外，也只能吸引愚民。所以智力也仅仅是一小部分神权政体的特征。

当权力只限于成员中一个派别的人所有时，就不可避免地要实行严格的思想审查。忠实的信徒将积极传播正规的信仰；其他人将满足于外表上的一致。前者的态度压制智慧的自由运用，后者的态度则助长伪善。教育和文学一定会僵化，只图教人轻信，而不想使人创造和批评。假如领袖们对于他们自己的神学有所偏私，那就会出现异端，而正统教义将被解释得愈来愈僵硬。受信条强烈影响的人们，对于一些相当抽象和离开日常生活稍远的事物，在感受能力上，和一般人是不同的。假如这种人掌握着一个不得人心的政府，结果是使本来就琐碎无聊、没有头脑的大部分人民大众更加浅薄轻浮，更无思考能力：这一结果，还由于一切思想都可能成为异端，因而都是危险的这种认识而更加严重。在神权政体下，统治者很可能成为狂热者；既为狂热者，就会严厉起来；严厉了，就要遭到反对；遭到反对，就会更加严厉。甚至对他们自己，他们的权力欲的冲动也要披上宗教热情的外衣，所以没有任何节制。因此就有拷问台与火刑柱、德国的盖世太保和俄国的肃反委员会。

我们已经看到，君主政体和寡头政体都有优点，也都有缺点。两种政体的主要缺点在于政府迟早会漠视普通人民的愿望以致引起革命。民主政体，如果建立得很巩固，是防止这种不稳定的保障。内战是非常严重的祸害，所以凡是能使内战不大可能发生的政体，都应加以赞许。今天，如果内战（假如发生的话）会使以前的掌权者获得胜利，内战就大概不会发生。假设其他情形不变，如果权力掌握在多数人手里，政府在内战中就比代表少数人时更有可能获胜。这一直是赞成民主政体的一个理由；但从最近的许多事例看来，这一点也是受到许多限制的。

假如有百分比相当大的一部分人口分享政治权力，通常就称这个政府是“民主的”政府。最极端的希腊民主政治是把妇女和奴隶除外的，而在妇女享有选举权之前，美国也自认为民主国家。显而易见，寡头统治的国家随着享有政治权的人口比率的增加，渐次近似于民主国家。只有在这种比率较小的时候，寡头政体才显出它的特征。

一切组织（特别是国家）的统治问题是双重的。从统治机关的观点来看，问题在于如何取得被统治者的默认；从被统治者的观点来看，问题则在于如何使统治机关不但关心它自己的利益而且也关心在其权力支配下的人们的利益。假如这两个问题中有一个完全解决了，其余的一个也就不会发生；假如两个问题都不得解决，那就要发生革命。不过通常总是达成一种折中的解决。有利于统治机关的主要因素，除了暴力而外，还有传统、宗教、对外敌的恐惧心理以及大多数人都有的跟随一个领导人的天然愿望。为保护被统治者，迄今只发现一个有点成效的方法，那就是采用民主政体。

民主政治，作为一种统治方法，受到一些根本的限制，还受到一些在原则上可以避免的限制。根本限制主要有两个来源，即某些决定必须做得迅速；另一些决定需要专门知识。1931 年不列颠王国放弃金本位的时候，这两点都牵涉到了：一方面迅速行动是绝对必要的，另一方面这件事所涉及的各种问题又是大多数人所不能了解的。所以在民主政治之下，人们仅能在事后发表意见。战争虽不如货币问题那样专门化，迫切性则过之；有可能跟议会或国会商量（尽管这通常有点像闹剧，因为在跟议会或国会商量之前，问题即或不在形式上也至少在事实上已经决定了），但不可能跟选民商量。

由于这些根本限制，选民必须把许多最重要的事情付托给政府。只要政府不得不尊重舆论，民主政体就是成功的。英国的长期议会曾经宣布：未经它自身同意，它不得被解散。是什么阻碍了后来的议会这样做呢？这个问题的答案既不简单也不能令人确信。首先，在没有革命形势的时候，任期上将满的议会的成员，即使属于失败的一党，也是保证有愉快生活的。他们当中的大多数人会再度当选；即使他们失去了当政的乐趣，他们也能公开批评政敌的错误，从而得到和当政几乎同等的满足。并且到时候他们会回到当权的地位上去。从另一方面看，假如他们使选民不能用符合宪法上的办法摆脱他们，他们就会造成革命形势。他们的财产，也许还连生命，都要遭受危险。斯特拉福德和查理一世的命运就是鲁莽灭裂的前车之鉴。

假如革命形势已经存在，那就一切都和上面所说的不同了。假设有一届保守党议会有理由担心下届的选举要使共产党人在议会中占多数并且会没收私有财产。在这种情况下，当权的一党就可能仿效长期议会而宣布自身永久存在。尊重民主原则很难限制住一个政党采取这样的做法；如果能限制的话，唯一的限制就是在取得武装力量的支持上还没有把握。

我们得到的教训是，既然民主国家必须以权力委托给当选的代表，那么，革命发生的时候，就不能保证他们继续代表它的愿望。议会的愿望，在不难设想的情况下，可以跟人民中多数人的愿望相反。在这种情况下，假如议会能靠得住武力上的优势，它就可以挫折多数而不受惩罚。

这并不是说还有比民主政体更好的政体，而仅仅是说在人们有不惜为之战斗的争端并起而行动的时候，任何政体都不能阻止内战的爆发。政府的最重要的任务之一应该是防止争端发展到足以引起内战的尖锐程度；就这一观点来看，民主政体在用惯了的地方很可能是比已知的其他任何政体都更为可取。

作为一种政体来说，民主的困难在于它要求大家有互让和解的精神。被击败的党不可把一个原则看得过于重要，以致认为放弃它就是卑怯的屈服；另一方面，多数党也不应强调它的优胜达到招人反抗的地步。这须要锻炼，须要尊重法律，并且须要惯于相信别人的意见不一定是恶意的。更为必要的是不可出现人心惶惶的局面，因为有了这种局面，人们就寻求一个领袖，并在找到之后对他服从，结果，这个领袖很可能成为独裁者。合乎上述条件，民主政体就能是迄今所制定的各种政体中最稳定的一种。在美国、英国、英国各自治领、斯堪的纳维亚半岛各国以及瑞士，民主政体除了外来的危险以外几乎都不曾遭遇危险。在法国，它正在愈来愈坚定地树立起来。除稳定性之外，它还有使政府关心人民幸福的优点。这种关心或许还没有所希望的那样大，但比之于君主专制政体、寡头政治或独裁政体却大得多了。

现代大国的民主政体有一些弱点；它们不是同一区域采用民主政体与采用其他政体相比之下显示出来的民主政体弱点，而是由于有关地区的人口众多而不可避免的弱点。古代人不知道代议制；公民在市场上集会，对每一个问题各人亲自表决。只要国界不超出一个城市，特别是因为公民凭经验能够了解大多数问题，这种办法就能使每一个公民产生真实的权力感和责任感。但是由于没有一个选举出来的立法机关，民主政治在更大的地区就不能施行。当罗马的公民权给予意大利其他部分的居民时，新公民实际上没有分享任何政治权力，因为政治权力只有实际住在罗马的人才能行使。近代选举代表的办法把地理上的困难克服了。直到很晚近的时候，代表们一旦选举出来，就有相当大的独立权力，因为住得离首都远的人，不能足够迅速地或者足够详细地知道发生的是什么事情，因而不能发表有效的意见。现在，由于广播、迅速的交通、报纸等，大国已经越来越像古代的城邦；中央人物和远地选民之间有了更多的亲身接触（可以算是亲身接触）；追随者对于领袖所能施加的压力以及领袖反过来对于追随者所能产生的影响，达到了十八世纪与十九世纪所不可能达到的程度。结果是缩小了代表的重要性，而增大了领袖的重要性。议会已不复为选民与政府之间的有力媒介。以前只能在选举时期使用的一切未必有效的宣传手段，现在可以连续不断地使用。希腊城邦，连同它的政治煽动家、僭主、卫队以及亡命者都已复活，因为它的宣传方法又合用了。

在一个大的民主国家里，选民除非对领袖热情拥护，是没有什么权力感的，因此常常觉得不值得去投票选举。假如他不是某一重要政党的热心宣传者，那么，在决定由谁执政的许许多多的力量中，他的一分力量就显得毫不足道。事实上，他所能做的一切，照例只是在两个人当中选举一个。他对这两个人的政纲也许毫无兴趣，两个政纲也许没有什么差别；并且他还知道，候选人一旦当选，就可以抛弃他们的政纲而不受惩罚。另一方面，假如有一个领袖是他热心仰慕的人，那么，这里所包含的心理，就是我们论及君主政体时谈到的心理，即把国王和他的部落或积极拥护他的那一派人联系起来的那种心理。每一个老练的政治鼓动家或组织者都致力于鼓励人们信仰某一个人。假如此人是一个伟大的领袖，结果就出现个人统治；假如他不是一个伟大的领袖，帮他获得当选的决策委员会就成为真正的掌权者。

这不是真正的民主政治。在统治区域很大的时候，如何保持民主政治是很难解决的问题，在以后的一章里还要回到这个问题

上来。

到此为止，我们所讨论的是政治上的统治形式。但是经济组织的管理形式也很重要并有其特殊性，因而对它们须要另作研究。

首先，一个工业企业有一种类似古时公民与奴隶之间的差别。公民就是这个企业的投资者，奴隶就是雇工。我不愿意强调这种比拟。雇工与奴隶不同之处在于他有自由改做别的工作，如果他能够的话；他还有权随意支配他的业余时间。我提出的比拟是有关管理方面的。僭主政治、寡头政治以及民主政治和自由人的关系各不相同，但和奴隶的关系则彼此一样。与此相似，在一个资本主义工业企业里，投资人之间的权力分配可以用君主政治的方式、可以用寡头政治的方式、也可以用民主政治的方式；但雇工，除非他也是投资者，则任何权力也分不到；被认为雇工应得的权利像古代奴隶应得的权利一般少。

企业团体表现出各色各样的寡头组织形式。现在我考虑的不是雇工被排斥于管理之外这一事实；我想到的只是股票持有人。就我所知，关于这个问题提供了最精彩论述的是我已经提到过的伯利与米恩斯合著的一本书《现代公司与私有财产》。在以“管理的演进”为题的一章里，作者指出那些在公司所有权中通常仅占很小一部分的寡头们如何取得对于全部巨额资本的支配权。通过与代理委员会有关的一些手段，董事会“实际上能支配他们自己的继任人。在所有权分得很细微的情况下，董事会能使自身永远存在下去，即使他们的所有权份额是微不足道的。本书作者在别处所能发现的与此最为近似的情形是控制天主教会的那种组织制度。

教皇选任枢机主教，枢机主教团反过来又选举继任的教皇。”[1]如今有一些最大的公司就采用这种管理形式，例如美国电话电报公司和美国钢铁公司。这两个公司，(1930 年 1 月)分别拥有四十亿与二十亿美元的资产。美国钢铁公司全体董事所持股份仅为全部股份的百分之一点四，但经济权力完全为他们所有。

企业公司组织上的复杂情形往往大于任何一个政治机构。董事、股东、公司债券持有人、经理部以及普通的雇工，各有各的职能。管理通常是寡头形式，管理中的单位是股份而不是股东，董事是选出来的股份代表。实际上，董事们(相对于股东们而言)股东的权力通常要比寡头政府(相对于各个寡头执政者而言)的权力大得多。但在另一方面，在工会组织得好的地方，雇工对于雇用条件却有相当大的发言权。资本主义企业的目的有一种特殊的双重性：一方面它是为了向大众提供货物或服务而存在的，另一方面，它又以向股东提供利润为目的。至于政治组织，政治家们被认为是以谋求公共福利为目的，不单以尽量增加自己的薪给为目的；即使在专制政治之下，这种虚伪的门面也是保持着的。这就是政治上的虚伪性之所以多于商业上的虚伪性的原因。但在受到民主政治和社会主义批判这两方面的影响之下，许多重要的工业巨头也学会了政治骗术，学会了怎样去骗人说谋求公共福利是他们发财的动机。这是近代政治与经济趋向于结合的另一实例。

这里必须谈一下，一定的机构的管理形式是通过什么途径改变的。关于这一问题，历史还没给我们确切的指示。我们知道，在

① 第 87—88 页。

埃及与巴比伦，君主专制政体在有史以前就是充分发展了的。就人类学上的证据来看，可以假定君主专制政体是从最初受长老会议的节制的酋长权力中发展起来的。在整个亚洲（中国除外），君主专制政体，除受欧洲影响的以外，从未显示过让位于其他任何政体的迹象。反之，有史以来，君主专制政体在欧洲则从未长期稳定过。在中世纪，国王的权力受封建贵族的限制，还受比较重要的商业城市的地方自治的限制。文艺复兴以后，国王的权力在欧洲普遍增强了；但这种增强随着中产阶级的兴起而告终，这首先是在英国，继则在法国，最后是在西欧其余部分。一直到 1918 年年初布尔什维克党人解散立宪会议时为止，人们也许还认为议会民主政治肯定是要遍及整个文明世界的。

然而，脱离民主政治的运动也不是什么新鲜事。在许多希腊城邦里，在罗马成立帝国的时候，以及在中世纪意大利的商业共和国里，这种运动都发生过。有没有可能找出决定事态发展是归向民主政治还是脱离民主政治的一些通则来呢？

在过去，金钱和战争是和民主政治对立的两大势力。我们可以拿梅迪奇和拿破仑来说明这两种势力。经商致富的人，通常总不像权力来自土地所有权的人那么苛刻和难于和解；因此，他们比单凭世袭或传统取得地位的人更善于用金钱收买通向权力的门路，以后当政的时候，也更善于统治，以免引起激烈的民愤。例如威尼斯或汉萨同盟诸城市的商业上的收益是以外国人为牺牲而得来的，因此在内部就不像靠雇工的血汗致富的制造业者那样不得人心。所以，对以商业为主的社会来说，有资产的市民所组成的寡头政体是最自然而又最稳定的政体。假如一个家族比其他任何家族都富有得多，这种政体就容易发展为君主政体。

战争通过另一种更强烈的心理发挥作用。恐惧使人希望有一个领袖；而一个成功的将军激发和恐惧相反的热烈钦佩。既然胜利在当时是唯一真正重要的事情，这个成功的将军就很容易使国人信任他而把最高的权力付托给他。只要危机继续存在，他就被认为是不可缺少的人物；危机过去以后，他却可能是很难免职的人物了。

现代的反民主运动虽与战争心理有关，但和拿破仑的情况不很类似。大体说来，德国和意大利民主政治的失败，不是因为大多数人厌倦民主政治，而是因为军队的优势不是向着用数字表出的多数人这一方面。文官政府比军队的总司令更有权力，这也许看来奇怪，但在民主政治已深深扎根于全国人民习惯之中的地方，情况确实如此。林肯在任命一个总司令时写道："他们告诉我，你有志于独裁。达到独裁目的的途径是打胜仗。我指望你打胜仗，甘冒出现独裁的危险。"林肯这样做错不了，因为美国的军队不会追随一个将军去攻打文官政府。在十七世纪，克伦威尔的士兵很愿意遵守他的命令去解散长期议会，但在十九世纪，假如威灵顿公爵也计划这么做，那么，谁也不会听从他的吩咐。

新建立起来的民主政治，是由于人们怨恨前任掌权者而产生出来的。只要民主政治是新事物，它就不会稳定把自己表现为旧日君主或寡头之敌的人，可能成功地恢复君主的或寡头的制度。波旁王朝与霍亨索伦王朝不能博得群众的支持，而拿破仑与希特勒都能博得。民主政治只有在长期延续、足以成为传统之后才能巩固。克伦威尔、拿破仑和希特勒，都是在他们本国民主政治的早期中出现的。从前两个人的情形看，希特勒完全不足为奇。同时，也没有理由可以假定他会比他的前辈长久。

但是，有一些重大的理由使我们怀疑民主政治能不能在最近的将来恢复它在十九世纪后半期所曾有过的那种威望。我们说过：民主政治如要稳定就一定要成为传统。它有什么机会能在东欧和亚洲完全树立起来从而开始向传统转变的过程呢？

在任何时候，政治都受军事技术很大的影响。当罗马倾向于民主的时候，罗马的军队是由罗马公民组成的；正是军队的职业化带来了罗马帝国。封建贵族的实力依赖城堡的坚固，这情形随着大炮的采用而告终。法国大革命时，人数多而几乎未经训练的革命军队打败了反抗他们的人数少的职业军队，这表明为了事业献身的群众的热情的重要性，同时也显示民主政治的军事优越性。如今有了飞机，我们似乎又回到需要由人数较少而受过高度训练的人组成武装力量的时代了。因此可以预料，受到严重战争威胁的各个国家的政体，将是空军人员所喜欢的那种政体，那就不见得是民主政体。

但是也有一些须要考虑的与上述相反的理由。可以假定，在下一次大战中，美国（不论是不是参战国）将是唯一的胜利者，并且不大可能不再是民主国家。法西斯主义的力量在很大程度上是从它有利于战争这一假定来的。如果这种有利之处证明并不存在，民主政治就可以重向东方传播。最后，没有任何事物能像教育之普及与爱国精神之广泛传播那样给国家以作战的实力。爱国精神虽然可用法西斯主义复兴运动者的手段暂时激发起来，但正如宗教界长期经验所证明的那样，终究免不了引起厌倦和倒退。因此，整个说来，从军事观点看，在仍然保存民主政治的地方它可以继续存在下去，在民主政治暂时失去光彩的国家里它也可以得到恢复。但是必须承认，相反的情况绝不是不可能的。

第十三章　组织和个人

人觉得在社会里生活有好处，可是人的欲望与蜂巢中蜜蜂的欲望不同，仍然主要是个人的欲望；因此，就有了社会生活的困难和统治的必要。一方面，统治是必要的，否则，文明国家就只有很小一部分人能希望活下去，而且还要处于可怜的贫困状态。但在另一方面，有了统治，必然就有权力不平等的现象；权力最大的人就要不顾普通公民的欲望，而利用手中的权力来发展他们自身的欲望。因此，无政府状态和专制是同样招致灾祸的；假如人们要求得到幸福，那就必须在两者之间求得折衷的办法。

在本章，我想研究与一定的个人有关的组织，而不研究与一定的组织有关的个人。这个问题在民主国家里和在极权国家里当然是很不相同的，因为在极权国家中，一切有关的组织都是政府的组成部门，很少例外。不过本章只作初步的研究，我将尽可能不顾这种区别。

一切公私组织对个人的影响是从两方面发生的。有些组织旨在有利于个人实现他自己的愿望或实现被认为是他的利益；有些组织则旨在防止个人侵害别人的合法利益，两者间并无截然的区分：设置警察既为了防止盗窃，又为了增进良民的利益，只是警察对盗窃行为的打击远比为守法者的服务显著而已。关于这个区别，不久我将重新讨论；现在我们先来研究在文明社会里组织对个人一生所起的某种决定性作用的最重要之点。

首先从人的诞生说起。关于这件事，现在认为医生和（或）助产士的服务是不可缺少的。从前认为毫无训练的甘普奶奶[①]就足以胜任，现在则要求接生员必须具有公共主管机关所确定的一定技术水平。在整个幼儿期和儿童期，一个人的健康在一定范围内得到国家的关注。不同的国家关心儿童健康的程度相当准确地反映在儿童和少年的死亡率上。如果父母骇人听闻地不尽父母的责任，当局可以把小孩从他们那里带走交给养父母或某个机关抚养。在五六岁时，小孩受到教育机关的照管，有好几年必须学习政府认为每个公民都应该知道的东西。大多数的情形是，在这一过程终了时，一个人的见解和思想习惯就都终身确定了。

在这中间，民主国家中的儿童还受到非国家所加的其他影响。如果父母是笃信宗教的或从事政治的，他们就会把宗教的教义或政党的主张教给儿童。在孩子长大些的时候，他就会对一些有组织的娱乐越来越有兴趣，比如电影和足球赛。如果孩子有几分聪明但也不是很聪明的话，他也许受报刊的影响。假如他进的不是国立学校，他会养成在某些方面显得奇怪的看法（在英国，通常是认为自己在社会上高人一等的看法）。同时，他接受适合于他自己年龄、阶级和民族的道德准则。道德准则是重要的，但不容易解释明白，因为它包含三类没有明确区别的教训。第一类是必须真正

①　英国小说家狄更斯（1812—1870）所著《马丁·丘兹尔威特》一书中有一产婆兼保姆名萨拉·甘普；作者用此名指旧时助产婆。——译者

遵守，违者要受众人唾骂的；第二类是不可公开反对的；第三类是要求做到十全十美，只有圣者才需要遵守的。适合于全体人民的道德准则主要是（虽然不尽是）宗教传统的结果，是通过宗教组织的活动起作用的，但在宗教组织衰落后还能继续存在一个或长或短的时期。此外，还有职业上的道德准则：规定军官、医生或律师等所不应做的事情。在现代，这类准则通常是各种职业团体订定的。它们是很有强制力的。例如教会和军队对决斗的意见相抵触时，军官要奉行军队的意见；有关医疗和忏悔方面的保密甚至与法律相抵触。

青年男女一开始挣钱，各种组织就开始影响他或她的行动。雇主通常是一个组织；另外，很可能还有雇主们的联合会。工会和国家都控制着工作的一些重要方面。除了像保险以及工厂法这类事情而外，国家还能用关税和政府法令来影响一个人所选定的行业的盛衰。一种工业的繁荣可以受到各种情况的影响，例如通货、国际形势或日本的野心。

结婚以及对儿女的责任又使一个人和法律发生关系，并和主要来自教会的道德准则发生关系。假如他寿命很长而又很穷，最后他可以享受一笔养老金；他的死亡还要经过司法部门和医疗部门的细心检查，以确定不是自杀或他杀。

有些事情有待于个人主动加以决定。假使女人愿意，一个男人可以和她结婚，求得幸福；在年轻的时候，他对于自己一生的谋生之计，很可能有一定的选择自由；在他财力所及的范围内，他可随意消遣他的空闲时间；假如他对宗教或政治有兴趣，他可加入任何一个对他最有吸引力的教派或政党。除了婚姻这件事，一个人即使在他有选择自由的时候，也仍然要依靠各种组织。除非他是一个非常特殊的人，否则，他不能创设一种宗教，建立一个政党，组织一个足球俱乐部或自己酿酒喝。他所能做到的是在可供选择的许多现成事物中进行选择；但是竞争要在经济条件所许可的范围内把所有这些可供选择的事物尽可能弄得对人有吸引力量。

到目前为止，作为文明社会特征的各种组织的功效，同（比方说）较为不发达社会里的农民比起来，在于增加了个人的自由。你不妨把中国农民的一生对照西方工资劳动者的一生而加以研究。中国农村的孩子，固然无须乎上学，但从年岁很小的时候起，就不得不工作了。生活艰苦，缺少医药，他非常可能在幼年夭折。即使他活下去，他也不能选择其谋生之道，除非他准备当兵，做土匪或冒险迁移到大城市里去。风俗习惯剥夺了他的一切，只剩下关于结婚的一点极小的自由。他实际上一点空间时间也没有，即使有，也没有赏心乐事来消遣。他经常生活在死亡边缘上，一遇饥荒，他一家很可能大部分人饥饿而死。男人的生活已经很苦，妻子和女儿的生活还要苦得多。在英国，即使是最下层的失业工人，他的一生和一般中国农民的一生比起来，几乎也是在天堂里了。

现在再谈另一类组织，即旨在防止一个人侵害别人利益的组织；其中最重要的是警察和刑法。就此类组织干涉的是诸如谋杀、抢劫和殴打之类的强暴罪行而论，它们增进（除了一小撮暴徒）一切人的自由和幸福。在警察管不到的地方，盗匪很快就造成恐怖的统治，匪帮以外的一切人不可能享受文明生活的大部分乐趣。当然也存在这种危险，即警察本身可能变成匪徒或者竟施行起某种形式的暴政。这种危险绝不是虚构的，只不过对付这种危险的方法已为世人所熟知。另外还有一种危险，即警察可能为当权者所利用，来防止或阻挠对可取的改革予以支持的运动。在某种程度上出现这种情况几乎是不可避免的。这多少说明这样一个根本困难，即为了防止发生无政府状态而必须采取的措施使现状在应该改革时更难得到改革。尽管有这种困难，文明社会里没有什么人认为有可能完全废除警察。

以上所述没有考虑到战争和革命以及人们对它们的恐惧。战争与革命涉及国家自卫的本能，并引起对个人生活最严厉的控制。在欧洲大陆，几乎一切国家都普遍实行义务兵役。一旦战争爆发，各地方的各个适龄男子都可能被召去打仗，每个成年人都可能受命去做政府认为最有助于战胜的工作。凡认为其行动有助于敌人的人，都可能被处死刑。在和平时期，一切政府都采取步骤——有些更为激烈，有的不那么激烈——来确保公民在战争发生的时候都乐意参加战斗，并在任何时候都忠于国家。政府在革命问题上所采取的行动，随着革命爆发可能性的大小，而有所不同。假定其他一切条件都相同，那么，在政府简直不关心公民幸福的地方，革命的危险性就大些。但是，像在极权国家里那样，政府不但独占人身强制权而且独占道德上和经济上的说服力，那么，这种政府在漠视公民方面能比权力不如它那么集中的政府走得更远，因为革命情感在这里不那么容易传播、革命也不那么容易发动。就国家不同于公民团体而言，可以预料：国家的权力越增加，它对公民的幸福就越不关心。

根据上面的简短评述，似乎可以得出这样一个结论：组织的效能（除去由于政府自卫而产生的效能以外），基本上都是增进个人

的幸福和安宁。教育、卫生、劳动生产率、积谷防荒等，原则上都应该是无可争议的事，这一切都依靠很高程度的组织工作。但是当我们谈到预防革命或预防战争失败的措施时，问题就不同了。无论人们认为这些措施怎样必不可少，它们都是使人不愉快的；要为这些措施辩解，只能根据一个理由，即革命或失败会使人更不愉快。这大约只是程度上的区别。可以说种痘、教育和筑路也都使人不愉快，但总不如天花、文盲和不可通行的沼泽地那么使人不愉快。不过，这种程度上的差别很大，差不多等于性质上的差别。况且，有关和平发展的各种措施，即使它们令人不愉快，为时也不一定很久。天花是能够消灭的，消灭以后，就无须种痘了。教育和筑路都可以用开明的办法使它们成为可以令人乐于接受的事。但是技术上的每一次进步都使战争更令人痛苦，更有破坏性，并使以极权主义方法防止革命的措施更伤害人道和理智。

个人和各种组织之间的关系另有一个分类法：个人可以是组织的顾客，可以是组织的自愿成员，可以是组织的非自愿成员，也可以是组织的敌人。

如果一个人是某些组织的顾客，他必然认为这些组织对他的生活舒适有帮助，但它们不能使他增添很多权力感。当然，他对这类组织的服务所抱的好感也可能是错的；他买的丸药可能不灵；啤酒可能是坏的；赛马会可能使他把钱输给以赛马赌博为业的人。但即使是在这种情况下，他仍然从他所光顾的组织那里得到一点东西——希望、娱乐和个人进取感。一个人有希望买一辆新车，这一希望使他有事可想，有话可谈。总地说来，自由选择如何花钱是快乐的一种来源——例如，喜爱自己的家具就是一种很强烈、很普遍的感情，如果国家供给我们大家备有家具的房间，这种感情就不存在了。

由各人自愿组成的组织包括政党、教会、俱乐部、联谊会、自愿投资者组成的企业等，其中有许多是和同种的其他一些组织处于敌对地位的，例如对立的政党、不同派别的教会以及竞争的商业企业等。因敌对而产生的争夺使对争夺感兴趣的人有了一种戏剧感，并使他们权力欲的冲动找到了出口。除非国家的力量薄弱，这种争夺是限制在法定范围之内的。法律对于暴行或严重的欺诈行为是要处罚的，除非执法者是秘密同谋者。对立组织之间的斗争，为当局所迫而采取不流血的形式时，总的看来，是为好争斗和爱权力之类的感情提供了有用的出口。否则，这些感情很可能要寻求更为凶险的方式以求满足。假使政府办事松懈或者不公平，政治上的争夺就有堕落为暴动、暗杀和内战的危险。但如这种危险已经避开，政治争夺就是个人生活与社会生活中的有益因素了。

由各人非自愿组成的最重要的组织是国家。不过，自盛行国籍主义以来，国家成员的资格，虽非出于公民的志愿，但通常却符合他的志愿。

他本来也许可以成为俄国人，
法国人，土耳其人，普鲁士人，
或者也许意大利人，
但不管这一切诱惑
诱使他归属别的国家，
他依然还是英国人。

大多数人即或有改换国籍的机会也不会这样做，除非他们的国家做了外国人的代理人。在加强国家的力量上，没有什么别的东西比国籍主义的胜利更有作用。在爱国主义精神和公民资格结合在一起的地方，一个人对于国家的忠诚往往超过他对于自愿参加的组织（例如教会和政党）的忠诚。

对国家的忠诚既有积极的动机也有消极的动机。忠于国家是和热爱家庭和家族有联系的。但如没有增添喜爱权力和害怕外国侵略这一对孪生动机，热爱家庭和家族就不会和忠于国家相结合。国家间的争夺不同于政党间的争夺，前者是全民的。林白[①]的一个孩子被绑遇害震动了整个文明世界，但是这样的杀人行动，将以更大的规模在下一次战争中成为常事，而这所谓下一次战争正是我们大家都在准备着的，以英国说，它每年耗费我们收入的四分之一以上。没有别的组织能鼓起什么东西赶得上民族国家所激发起来的对国家的忠诚：国家的主要活动是为大规模杀人作准备。正是对于这个制造死亡的组织所抱的忠心才能使人们忍受极权政府的统治，并宁愿冒着毁掉家庭、儿女以及我们全部文明的危险，而不肯屈服于外国的统治。个人心理和统治组织已经形成悲剧性的结合；假如我们仍然没有力量寻找一条不经历灾难的出路，我们和我们的子孙就一定要为这个结合而受苦了。

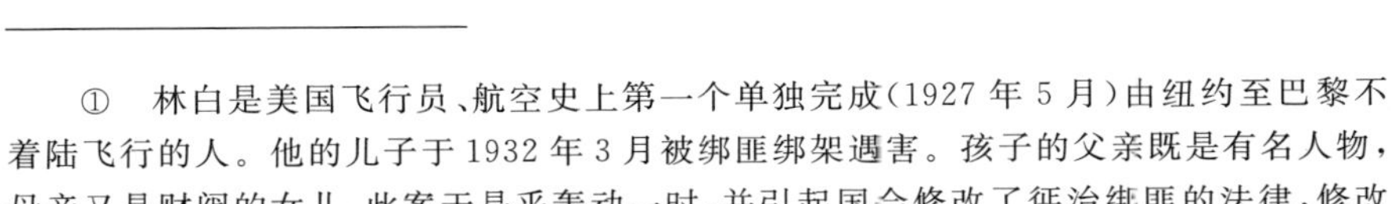

① 林白是美国飞行员、航空史上第一个单独完成（1927 年 5 月）由纽约至巴黎不着陆飞行的人。他的儿子于 1932 年 3 月被绑匪绑架遇害。孩子的父亲既是有名人物，母亲又是财阀的女儿，此案于是乎轰动一时，并引起国会修改了惩治绑匪的法律，修改后的法律还得了一个林白法案的别称。——译者

第十四章　竞争

对于专断权力的危险非常敏感的十九世纪，有一个避免这种危险的得意方法，那就是竞争。垄断权力的弊害人们记忆犹新。斯图亚特王室，甚至伊丽莎白曾把一些可以赚钱的独占权赐给朝臣，结果引起反对，成为后来内战原因之一。在封建时代，庄园领主们通常都坚持必须把谷物在他们的磨坊里磨粉。在 1848 年以前，欧洲大陆上的君主国家对于竞争的自由是订有很多半封建的限制的。其所以订出这些限制，不是为了生产者或消费者的利益，而是为了君主和地主的利益。反之，十八世纪的英国，保留着许多既不利于地主也不利于资本家的限制，例如关于最低工资的立法以及禁止圈占公地的规定。因此，在英国直到谷物法问题发生时为止，地主与资本家是一致拥护自由放任主义的。

欧洲最活跃的各方面，也赞成自由竞争的看法。从 1815 到 1848 年，全欧大陆上教会和国家联合起来一致反对法国革命的思想。在整个德意志和奥地利，审查制度既严厉又荒唐可笑。海涅对它加以嘲笑，他的作品有一章由下列字眼组成：

“德意志审查员……………………………………………………
……………………………………………………………………
………白痴……………………………………………………”

在法国和意大利，关于拿破仑的传说以及对于法国革命的称颂，都是政府所严禁的。在西班牙和信仰天主教的国家，一切自由思想，哪怕是最温和的，也遭到禁止。教廷依然公开相信巫术。意大利、德意志和奥匈帝国不许人们鼓吹国籍主义。而且，哪里有反动，哪里就反对商业利益，就维护封建权益以对付农民，就支持愚蠢的国王和懒散的贵族，在这种情形下，自由放任主义就成为束缚在合法行动内的人的精力的自然表现了。

自由主义者所要求的自由，在美国是在获得独立的当时就实现了的；在英国是在1824—1846年期间实现的；在法国是在1871年实现的；在德国是在1848—1918年期间逐步实现的；在意大利是在复兴运动时期实现的；即使在俄国，二月革命时也一度实现。但结果并不完全是自由主义者所期望的那样；在工业上，结果更像马克思含有敌意的预言所描述的样子。美国有最长久的自由主义传统，但它最先进入托拉斯阶段，即垄断阶段；不过这种垄断不像旧时代的垄断是由国家授予的，而是从竞争的自然运转中产生出来的。美国的自由主义被玷污了，但它无力抗拒，而其他国家的工业发展也逐渐跟着洛克菲勒走。人们发现，除非加以人为的维护，竞争会使竞争者中某个人获得完全胜利，从而造成它自身的消灭。

然而并非一切形式的竞争都是如此。大体说来，组织规模的扩大确实意味着效率的提高。因此就有两个问题：第一，在什么情况下，竞争就技术上说是浪费的？第二，在什么情况下，根据非技术性的理由，竞争是可取的？

一般地说，技术上的原因已使一些组织的最适合于处理其特定任务的规模扩大了。在十七世纪，道路是由教区负责管理的；如今在英国则划归郡议会管理，由国家提供大量资金并加以监督；其他国家的道路管理也有与此相对应的改变。电气事业如由辖区较大的地方当局管理，就能得到充分的利用，在有重要动力来源的地方（例如尼亚加拉瀑布）更是如此。灌溉事业可能需要像阿斯旺水坝那样的工程，但除非辖区很大，工程的费用是难以筹措的。大规模生产是否经济，取决于是否控制足以吸收大量产品的市场，如此等等。

范围大的优点，在其他某些方面尚未得到充分利用。初等教育如果采用政府教育影片和英国广播公司的广播讲课，就可能得到生气与改进。如果教育影片和广播课程能由国际性的权力机构主持，可能更好。不过目前这还是乌托邦似的梦想。民用航空事业之所以不能发展，就在于它不是国际性的。显然，就大多数效果来看，大国都优于小国，并且没有一个国家能够充分实现其照顾公民生活的基本目的，除非它是囊括世界的国家。

但是范围小也有它的一些优点。在小范围里，官僚习气较轻，决断较快，适应地方需要和习俗的可能性较大。显而易见的办法是设置地方政府，它不是主权政府，但享有明文规定的权力，在重大问题上受中央当局的控制，有充足理由时中央应给以财政支援。不过这个问题会把我们引到许多枝节问题上去，我不想加以讨论。

竞争问题是更困难的。在经济领域里，关于竞争已经有很多争论，但在军事和宣传两方面竞争至少也有同样大的重要性。自由主义者认为在商业上和宣传上都应该有自由竞争，而在军事上则不可有竞争；但意大利法西斯党和德国纳粹党则持恰好相反的主张，他们认为竞争除非采取民族战争的形式，否则就总是坏事；

民族战争是人类最崇高的活动。马克思主义者只肯定两个对抗阶级争夺权力的竞争，此外一切竞争他们都大声反对。据我记忆所及，柏拉图也只赞成一种竞争，即战友间争取荣誉的竞赛，据他说那是同性恋所促成的。

在生产领域内，作为初期工业主义特征的许多小厂商之间的竞争，在最主要的生产部门中，已让位于托拉斯之间的竞争，每个托拉斯的范围至少和一个国家一样大。我们已经看到，只有一种重要的国际托拉斯，即军火工业，是很特别的；因为对一家军火商的订货要引起别人向另一家军火商订货：如果一个国家加强军备，别的国家会照样作，所以引起竞争的通常动机在这里是不存在的。除这种特殊情况外，商业上的竞争依然存在，不过现今它已经与国家间的竞争融合在一起，而国家竞争的胜负最后决定于战争。因此，现代商业竞争的利弊和国家竞争的利弊是一致的。

不过还有一种和以前一样残酷的经济竞争，那就是职业竞争。这种竞争，从在学校里的奖学金考试开始，一直贯穿在大多数人全部的工作岁月中。这种竞争能够缓和，但不能完全消灭。即使全体演员的薪给都是一样的，一个人仍然会愿意扮演哈姆莱特而不愿扮演水手甲。[①] 这里要注意两个情况：第一，没成功的人不应有不必要的苦恼；第二，成功应该尽可能是真实功绩的报酬，而不是谄媚和狡诈的报酬。对于第二点，社会主义者不曾予以应有的注意。不过我不继续研究这一点，因为离我们的主题太远了。

---

① 哈姆莱特是莎士比亚四大悲剧之一《哈姆莱特》中的主人公。水手甲在全剧中仅登场一次，只有一句道白："上帝祝福您，先生！"——译者

今天，最重要的一种竞争是国与国的竞争，特别是所谓强国之间的竞争。这种竞争已经发展为全面的竞争：争权力，争财富，争控制人们的信仰，尤其是争生命的本身，因为置人于死地是取胜的主要手段。显而易见，结束这种竞争的唯一办法是废除国家的主权和国家的武装力量，而代之以独占武装力量的单一国际政府。除此之外的唯一选择是，文明国家中很大一部分人死亡，剩下的人陷于贫困和半野蛮的境地。现在大多数人都宁愿采取这第二种办法。

自由主义者在理论上认为应该放任的宣传方面的竞争已经和拥有武装的国家之间的竞争联系在一起了。如果你宣传法西斯主义，你所起到的最重要的作用是强化意大利和德国。如果你宣传共产主义，你大概不会实现它，但却可能帮助俄国在下一次战争中取得胜利。如果你强调民主主义的重要性，你将发现你是在拥护与法国缔结军事同盟来保卫捷克斯洛伐克的政策。俄、意、德三国相继放弃宣传自由原则是不奇怪的，因为这些国家先前采用这一原则使它们的现政府推翻了它们的前任，如果继续采用这一原则，就会使它们完全不可能实现自己的政策。今天的世界跟十八、十九两世纪的世界相差之大，使自由主义者主张宣传自由竞争的论点（就它们仍然正确而论）必须以现代说法来仔细地重作解释。我相信它们有很大程度的正确性，但也要受到一些限制；认识到这些限制是很重要的。

自由主义者的学说，例如约翰·斯图亚特·密尔在其《论自由》一书中的学说，远不如通常所想的那样趋于极端。人在他的行动不妨害别人的限度内是自由的；但当他的行动牵涉别人的时候，

政府就可以(假如适当的话)采取行动加以约束。比方说,一个人可能真心实意地相信女王维多利亚应该被刺死,但密尔不会容许他有宣传这种意见的自由。这当然是一个极端的比方,不过事实上,几乎任何一个意见,不论是值得赞成的还是值得反对的,都一定会有人受到它不利的影响。如果不允许发表会对某人或某阶级产生不愉快后果的言论,那么,言论自由的权利也就没有价值了。因此,假如要给宣传自由规定范围,那就需要比穆勒原理更有力的原理来为这种范围进行辩护。

这个问题,我们可以从政府的观点来看,可以从普通公民的观点来看,可以从热心改革家的观点来看,还可以从哲学家的观点来看。现在我们先从政府的观点看。

前已说过,政府受两种危险的威胁,即革命与战争的失败(在实行议会制的国家里,合法的反对党算为政府的一个部分)。这两种危险激发着自卫的本能,政府当然要尽其所能加以避免。从这个观点看,就发生这样的问题:为了应付国内外的危险,究竟需要多大的宣传自由才能产生最大限度的安全呢?当然,回答这个问题要看政府的性质和当时的情况。假如政府本身是新建的、革命的,而人民又有充分的理由对它不满,在这种情况下,自由就差不多一定要引起进一步的革命。法国在1793年、俄国在1918年以及德国在1933年都有这种情况,因此在这三个国家里,宣传自由都受到政府的摧残。但如政府是传统的,人民的经济情况又不是十分困难的,那么,自由就像保险阀似的发挥作用,往往减少人民的不满。虽然英国政府尽了很大的力量来阻止共产主义的宣传,但这不是共产党在英国失败的原因。即使从政府的观点来看,明智的办法反而是让他们有绝对的宣传自由。

我认为政府不应容许，比如说，怂恿杀害某某人这种宣传。因为在这种情况下，即使为宣传所蛊惑的人极少，宣传所主张的行动也还是可能发生的。保护人民的生命是国家的责任，除非他们依法应该处死；如果有人鼓动，赞成谋杀某人，那就很难保护这个人的生命了。魏玛共和国[①]在这一点上，是不严肃的。但我认为一个稳定的政府不应禁止某一类人依法应处死刑这种鼓动，因为这对法律的遵守并无威胁。

凡对国家生存并无威胁的意见，即使站在政府方面说，也没有加以干涉的充分理由。比如一个人主张地球是平的，或主张在星期六守安息日，他应该有自由尽其所能使别人相信他的主张。国家不应把自己看成是科学真理、形而上学或伦理学的卫道者。在过去大多数时代里，国家就是这么看的；如今德国、意大利和俄国仍然这么看。这是自认虚弱的表现，稳固的国家不应该这样。

现在来看普通的公民。我们觉得普通公民对于宣传自由很少感兴趣，除非在它对政府似乎成为最大危险（即它威胁政府的生存）的情况之下。政府可能在宗教上或民族上和它的人民不一样；政府可能代表国王而不代表贵族，可能代表贵族而不代表中产阶级，可能代表中产阶级而不代表穷人；它也可能像查理二世和战后德国政府那样，似乎缺乏爱国主义。在这一类的情形下，普通公民对于反对政府的宣传鼓动也许会感兴趣；当他们的战士被监禁的

① 魏玛是德国中部的一个城。1918 年德皇退位后，德国国民议会于 1919 年在这里制定宪法成立共和国。这个共和国一直存在到 1933 年。——译者

时候，他们会要求言论自由。不过这是革命来临前的形势，在这种形势下，说政府应该容忍反政府的宣传，实际就是说政府应该让位。即使从政府的观点看，这也常常是确实的，因为让位只是丧失了权力，而坚持下去最后很可能寿终正寝。但很少的政府有看到这一点的聪明，何况强国压迫弱国的时候，情形也并不总是这样。

它是最不幸的国家
为从来所未见，
因为男男女女在那里被绞死，
因为佩戴着绿色的徽章。[①]

英国对爱尔兰能够坚持这一政策达八个世纪之久，最后仅仅丧失了一些金钱和相当的威望。在这八百年中，英国的政策成功了，因为地主富有而农民挨饿。

宣传的自由，在它使普通公民发生兴趣的情况下，不是关系着激烈的革命，就是关系着承认更进一步的自由，即选择政府的自由。它和民主政治有密切关系，也和不满现状的团体要求自治的权利有密切关系；总而言之，它和以和平手段达到革命目的的权利有密切关系。这种权利是很重要的；承认这种权利，对于世界和平来说，是非常必要的；不过它远远超出宣传自由的权利了。

还要谈一谈热心改革家的立场。我们可以拿君士坦丁以前的基督徒、路德时代的新教徒和今天的共产党人作为典型。这些人

① 引自著名爱尔兰民谣《因为佩戴着绿色的徽章》。——译者

很少是言论自由的拥护者。他们自身愿意殉道，但同样愿意使别人殉道。历史表明，在过去，坚毅的人能够不顾政府的反对，直率地发表他的言论。可是现代的政府能力大了；它多半能够使根本性的改革不可能发生。另一方面，战争可能引起革命甚至无政府状态，从而可能造成一个崭新的开端。根据这个理由，有些共产党人满怀希望地期待着下一次战争。

热心的改革家照例是“千年王国说”①的信徒。他认为当一切人都笃信他的信条时，“千年王国”就来临了。这种人现在虽是革命的，将来却是保守的：他认为一个十全十美的王国就要出现，一旦出现了，就只须保持它不变。既然抱着这种见解，那么，无论为追求十全十美的王国或为防止它的颠覆，他自然都不会在任何强暴面前表示畏缩。他若在野，就是恐怖主义者，他若掌权，就是迫害别人的人。他相信暴力，自然会引起他的敌人也相信暴力：在敌人当权时，会对他进行迫害，敌人在野时，会对他策划暗杀。所以，他的“千年王国说”并不使人人都完全感到愉快；那里有特务，有用行政命令进行的逮捕，还有集中营。但是像德尔图良②一样，他看不出那有什么害处。

的确，还有一种比较温和的“千年王国说”的信徒。有些人认为一个人的最优良的品质一定是从内部产生的，不是任何外在的

① “千年王国说”基督教神学学说之一，认为耶稣将再来人世为王一千年，见《新约·启示录》第20章。作者在此处用“千年王国”来指未来的“太平盛世”。——译者

② 德尔图良为古罗马基督教神学家，生于迦太基城。约195年入基督教，次年任神父，约207年转入孟他努派。传布世界末日和千年王国即将来临，主要著作有《护教篇》、《论基督的肉体》等。——译者

权威所能强加在他的身上的。为这种见解示范的是教友派。也有人认为如果外在的力量所采用的形式是仁爱或贤明的说服，那么，外在力量也可以是重要而有益的；但如采用监禁或处死的形式，那就不是这样了。这种人虽然是热心的改革家，但可能拥护宣传的自由。

另外有一种只是在进化论盛行以后才有的改革家，这可拿索雷尔（当他是工团主义者时）作代表。这派人主张人生应该是不断的进步，但进步不是朝向一个确定的目标，目标在取得进步之前是完全无法明确规定的；而是每走完一步，就理解为已经得到一次进步。有见解比没有见解好，有言论比没有言论好，如此等等；但当一切动物都还是蒙昧不明的时候，不可能主张把取得见解作为改革的下一个步骤。然而它确实是下一步骤，这一事实回过来证明静止的保守主义是错误的。所以，这派人主张，一切改革都必须鼓励，因为其中必有一个（纵然我们不知道是哪一个）将证实是体现进化精神的。

这种见解无疑有一点真实性，不过很容易流为肤浅的关于进步的神秘主义，而且由于含糊不清，也不能当作实际政治的基础。历史上重要的改革家相信用猛攻夺取天国；他们常常建立了王国，但此王国已证明不是天国。

现在我再说哲学家对于宣传自由的看法。吉本在叙述古代宽容精神时说："在罗马世界流行的各种崇拜形式，在人民看来都同样是真的；在哲学家看来，都同样是假的；在地方长官看来，都同样是有用的。"我心目中的哲学家不至于说一切流行的信仰都同样是假的；但也不会承认无论哪一种信仰都无虚假，或者说，不会承认某一信仰偶尔免于虚假这一幸事能为人的智力所发现。至于非哲学家的宣传家,则认为有他自己的宣传,那是真理的宣传,还有反面的宣传,那是虚妄的宣传。如果他以为应容许两者并存,那也只是由于怕他自己的宣传遭到禁止。对有哲学思想的观察家来说,事情就不是这么简单了。

在哲学家看来,宣传的用处是什么呢?哲学家不能像宣传家那样说:“别针工厂是为制造别针而存在的;舆论工厂是为制造舆论而存在的。假如制造出来的舆论像两根别针彼此一样,而且又都是好的,那又怎么样呢?而且如果由垄断而成的大规模生产比竞争的小规模生产经济,那么,宣传和生产就有同样的实行垄断的理由了。不仅如此,一个竞争的舆论工厂,像一个竞争的别针工厂一样,通常并不制造与我厂出品同等优良的舆论,而制造旨在损害我厂出品的舆论,这就大大增加了不断给人民供应我厂产品所必需的工作量。所以,彼此竞争的舆论工厂必须加以禁绝。”我认为哲学家不能采取这种观点。哲学家必须主张:宣传的任何有益的目的不可以是使人武断地相信几乎肯定是错误的舆论,恰好相反,它必须是启发人们的判断、合理的怀疑以及对于相反意见的估计能力;这个目的只在宣传有竞争的情况下才能达到。哲学家要把人民大众比成一个听取两造辩护律师意见的法官,并且认为宣传上的垄断有如法官在审判刑事案件时只许原告或只许被告说话同样荒谬。哲学家绝不想要宣传的统一,而是主张对每一个问题人人都应尽可能地听到各方面的意见。他主张由一种报纸表达一切政党的意见,而不是不同的报纸各自为一个政党的利益服务并助长读者的武断。

争辩的自由有助于发展智力是明显的，但不一定要有竞争的组织。英国广播公司容许争论。在皇家学会里，对立的科学理论都能发表。一般说来，学术团体不纵容有组织的宣传，而是分别给成员以各自宣扬自己学说的机会。这种组织内部的讨论要大家先取得一个基本的一致：例如研究埃及的学者，谁也不想请求军方来压服与他意见不合的另一个研究埃及的学者。一个社会在其管理形式问题上意见基本一致时，自由讨论就是可能的；没有这种一致，人们就感到宣传是动用武力的前奏，拥有武力的人自然企图垄断宣传。在意见分歧但不影响大家在一个政府下和平合作的时候，宣传的自由是可能的。十六世纪时，新教徒和天主教徒在政治上不能合作，但十八和十九世纪，他们却能合作，因而，在这个期间宗教宽容就成为可能的。稳定的政府结构对于理智的自由是不可缺少的；但不幸的是，它也可能是暴政的主要机器。这个困难问题的解决方法在很大程度上要由政体来决定。

第十五章　权力和道德准则

不管怎样，自希伯来先知时代以来，道德就有了两个不同的方面：一方面它是和法律相似的一种社会规定；另一方面，它又是关于个人良心的事情。就第一个方面说，它是权力工具的一部分，就第二个方面说，它又常常有革命的性质。类乎法律的道德，称为"积极的"道德；另一种则可称为"个人的"道德。我在本章想研究这两种道德相互间的关系以及它们和权力之间的关系。

积极的道德比个人的道德出现得早，或许比法律和政府也早。它最初是部落的习俗，法律就是从这些习俗中逐步发展起来的。试想一下如今在极原始的野蛮人中还可看见的关于谁能与谁结婚的特别详细的规则。在我们看来，这只是一些规则而已，但对于承认它们的人总该具有道德上的强制力，这同我们的禁止乱伦结合的规则使我们感到的道德上的强制力一样。这些规则的起源是不清楚的，但无疑有一点宗教意义。这部分的积极的道德似乎和社会不平等没有关系；它既不给人以例外的权力，也不设想有这种权力。在文明人中仍然有这类的道德规则。希腊教会不许同一个孩子的教父教母结婚。这一禁例没有社会目的(不管是好的还是坏的目的)，而单纯是从神学来的。今天我们根据理性所承认的许多禁例似乎很可能起初都是迷信的。谋杀之所以要反对是因为这是鬼魂的敌对行为，鬼魂不只是仇恨谋杀者本人，而且仇恨谋杀者所处的社会。因此社会对这种事就有利害关系，对付的办法不是惩罚就是举行洁净仪式。洁净仪式渐渐取得了精神上的意义，并和忏悔或赦罪等同起来，但它原来的仪式性质，从"用羔羊的血洗罪"这类话中仍然可以看得出来。

积极道德的这一方面虽然是重要的，但不是我所要研究的。我要研究的是公认的伦理准则之有助于权力的那些方面。传统道德的（通常大都是不自觉的）目的之一是使现有社会制度顺利运转。它成功地实现这个目的时，比警察的力量更省钱而更有效力。不过它容易遭到因要求重新分配权力而激励起来的革命道德的对抗。在本章中，我将首先研究权力对于道德准则的影响，然后再研究能不能为道德找到其他的根据。

教人服从是权力道德的最显著的例子。儿童有服从父母的义务，妻子有服从丈夫的义务，仆人有服从主人的义务，臣民有服从君主的义务，在宗教事务上俗人有服从教士的义务（以上更确切地说是过去存在的义务）在军队和宗教团体里，还有更专门的服从义务。这些服从义务的每一种都有与有关制度并行发展的长期历史。

我们先讲孝道。今天还有一些野蛮人把老得不能工作的父母卖给人家吃掉。在文明发展的某一阶段，一定有具有特殊远见的人想到，趁他的孩子还小的时候，能在他们身上培养一种心情，使他们在他年老时养活他（可以想象，这是一个已经把自己的父母卖掉了的人）。当他联结一帮人，使他们支持他这种破坏性的意见时，我看他多半不会单是劝导别人要谨慎小心，我猜想他还会讲到人权，讲到食果实为主的好处并讲到为儿女劳累一生以致筋疲力尽的老人在道德上是无可责难的。当时很可能有一个体力衰弱但异常聪明的老人，他的劝告使人觉得比他的肉更有价值。不管怎样，人们终于觉得父母应该尊敬而不应该吃掉了。在我们看起来，古代文明社会对于父亲的尊敬似乎是过分了一些，但应该知道要结束吃父亲赚钱习惯，是需要非常强大的阻止力量的。所以我们看到“十诫”说不孝顺父母的人要夭亡，罗马人认为杀害父母是最凶暴的罪行，孔子认为孝是道德之本。这一切都是手段（尽管是本能的、不自觉的），目的在于把父母的权力延续到孩子们需人照料的幼年时代以后。父母的权力，由于他们掌握财产当然也有所加强，但如果没有孝道，青年人也不会容许他们的父亲在已经衰老的时候还掌管着牛羊牲畜。

关于妇女对男人的服从，也发生过上述同样的情形。大多数的情况是，雄兽的较强体力并不是雌兽经久屈服的原因，因为雄兽对待异性不是经久忠实的。就人而论，达到一定的文明水平时，妇女对男人的服从比在野蛮人时期周备得多。而且这种服从经常为道德所激励，圣保罗说：男人“是上帝的形象和荣耀，但女人是男人的荣耀。起初，男人不是由女人而出；女人乃是由男人而出。并且男人不是为女人造的；女人乃是为男人造的。”（《哥林多前书》第11章，第7—9节）可见，妻子应该服从丈夫，而妻子的不贞比丈夫的不忠实是更重的犯罪。诚然，基督教在理论上认为通奸在两性是同等犯罪的，因为这是违背上帝的罪恶，但这种意见实际上并未生效，而且在基督教以前的时代，就是在理论上也没有这种意见。与有夫之妇通奸是不道德的，因为触犯了她的丈夫；但女奴隶和女俘虏却是她们的主人的合法财产，跟她们发生性关系是不受谴责的。甚至在十九世纪的美洲，虔诚的基督徒奴隶主还抱有这种看法（虽然奴隶主的妻子不这样认为）。

男女道德之所以产生差异，其根源显然在于男人握有较大的力量。这样较大的力量，起初只是体力方面的，在这个基础上，后来逐渐扩展到经济、政治和宗教方面去。道德力量大大胜过警察力量，在这里表现得非常清楚；因为一直到最近，妇女对于体现男性支配地位的那些道德箴言都还真诚地信守，这就比不这样做省去许多必要的强制。

汉谟拉比法典是一个有趣的例子，可以说明在立法者心目中女人是如何的低贱。如果一个人打了一个上等人的怀孕的女儿并使她因伤致死，法典规定判处凶手的女儿死刑。从这个上等人和这个凶手之间的关系来说，这个规定是公平的；但用来抵命的女儿只是凶手的所有物，无权为自己要求活命。凶手打杀上等人的女儿，不是对那女儿犯了罪，而是对那上等人犯了罪。两个女儿都没有权利，因为她们都没有权力。

过去的国王们，直到乔治一世都是宗教崇拜的对象。

“一个君王是有神灵呵护的，叛逆只能在一边蓄意窥伺，作不出什么事情来。”[①]

即使在共和国里，“叛逆”一词依然含有对神不敬的意味。在英国，政府从王权传统中得到了很多便利。维多利亚时代的政治家们，甚至包括格拉德斯通在内，都认为他们对于女王的义务是务

① 《哈姆莱特》第 4 幕，第 5 场。——译者

必使她永远不会没有首相对她效忠。现在仍然有很多人认为服从权威的义务就是对于君主的义务。这是一种正在衰退的情感，但正因其衰退，政府就不如从前稳固，右派或左派的独裁制就比以前更可能了。

巴佐特的《英国宪法》一书（至今仍然值得阅读），在开始讨论君主政体时这样说：

“女王九五之尊所起的作用是不可估量的。英国如果没有女王，今天的英国政府就会失败并且消灭。大多数人在报纸上读到女王在温莎斜坡上散步以及威尔斯亲王莅临赛马会这些事情时，认为对于小事注意得过多，重视得过分了。但他们是错误的；一个退隐的孀妇和一个空闲的青年，其行动何以如此重要，探索一下原因是有好处的。

“君主政体之所以是有力量的政体，最充分的理由是：它是易于理解的政体。人民群众理解它；他们很难理解世界上任何地方的其他任何政体。人们常说，人是受自己的想象力支配的，但更确切的说法是，人是受自己的想象力的贫乏支配的。”

以上巴佐特说得既正确又重要。君主政体使社会易于团结，一则对一个人效忠不像对一个抽象概念效忠那样难于摸索，二则王权在其悠久的历史进程中已积有人们对它的尊敬情感，而这不是任何新制度所能激起的。在君主世袭制已被废除的地方，经过一个或长或短的时期，通常会接着出现某种其他形式的个人统治：如希腊的僭主政治，罗马的帝国，英国的克伦威尔，法国的拿破仑，以及我们时代的斯大林和希特勒。这些人承受了一部分以前的忠君感情。俄国审理案件时，被告人在供词里对于服从统治者这项道德所表示的承认，就是用在最古老的传统专制君主国里也是适当的；我们注意到这一点，觉得很好笑。但是新式的独裁者，除非是非常了不起的人物，却很难得到完全像过去世袭君主所享有的那种宗教性的崇敬。

就国王统治来说，我们已经知道宗教因素常被强调得妨碍国王的权力。不过，即使如此，它对于以国王为象征的社会制度仍然起了稳定作用。这种情况曾在许多半文明国家、在日本、还在英国出现过。在英国，国王不会错的说法，曾被用为剥夺国王权力的一种武器，但它却使大臣们比在没有国王的情况下享有更多的权力。凡有传统的君主政体的地方，反抗政府就得罪国王，依照正统的看法，就是罪恶和对神的不敬。所以大体说来，国王统治有维护现状的作用，不管是什么样的现状。它在历史上最有益的功能是创造一种有利于社会团结的广泛散播的情感。人生来不是很合群的，无政府状态的出现是一个恒久的危险，国王统治则在防止无政府方面起过很大作用。但在优点的反面，也必然有它的缺点，即它使古老的弊病经久保存，并加强了反对可取的变革的势力。在近代，这一缺点使它从地球上大部分地区消失不见。

僧侣权力，比其他任何形式的权力显然更与道德有关。在基督教国家中，德行存在于服从上帝的旨意，而懂得上帝旨意的是教士。前面说过，我们应该服从上帝而不应该服从人这一条箴言能够成为革命的箴言；在以下两种情况下就是这样：一是国家处于和教会对立的地位，另一是人们认为上帝直接向每个人的良心说话。前一种情况存在于君士坦丁以前，后一种情况则存在于再浸礼派和独立派当中。但在非革命时期，如有既定的和传统的教会，积极道德就承认教会是上帝与个人良心间的媒介。只要这种承认继续存在，它的力量就是很大的；对教会的反抗被认为比其他任何反抗都更为邪恶。不过教会仍然有它的困难；因为假如教会过于明目张胆地利用自己的权力，人们就开始怀疑教会对上帝意旨的解释是否正确。这种怀疑普遍存在的时候，整个教会组织就要崩溃，宗教改革时期条顿族国家里的教会就是这样的。

就教会来说，权力与道德的关系，在某种程度上，正和我们前面所论的情况相反。积极道德教人服从父母、丈夫和国王，因为他们是有权力的；而教会之所以有权力却是因为它有道德权威。不过这一点只有在某种限度内是真实的。在教会稳定的地方，一种服从教会的道德就成长起来，正和先前服从父母、丈夫和国王的那种道德已成长一样。但在同一情形下，针对这种服从道德，革命的抵制也会成长起来。异端和宗派分立是教会所特别不能容忍的，所以它们就成为革命纲领中的主要内容。不过反对教权的结果是比较复杂的。教会是道德准则官方的保卫者，因此教会的反对者们很可能不仅在教义和教会统治方面反抗它，而且在道德方面也反抗它。他们的反抗可能比较严谨，像英国清教徒那样；也可能比较松弛，像法国大革命的革命党人那样。不过无论是严谨还是松弛，都将使道德成为个人私事，而不再像从前那样是由公众团体来正式作决定的问题了。

个人的道德，即使在它不如官方僧侣道德严厉的时候，也不可认为一般地比官方僧侣道德坏。相反，还有较好的证据。公元前六世纪时希腊人反对用人做祭神的牺牲品，而德尔法的神谕宣示所却力图保持严格的旧习，阻止这个合乎人道的改革。我们今天也有同样的情形；政府和公共舆论都认为跟亡妻的姊妹结婚是可以允许的，而教会在它有权的限度内却仍然坚持旧的禁例。

在教会丧失了权力的地方，除少数特殊的人而外，道德并未真正成为个人的事情。就大多数人来说，道德是由舆论代表的，有一般邻里的舆论，也有有势力的团体（例如雇主团体）的舆论。从一个有罪的人的观点来看，这种变革可能是很微末的，也许是更糟的。个人有所得，那不是在他作为有罪的人的时候，而是在他作为法官的时候：他成了一个非正式的民主法庭的组成部分，而在教会势力强大的地方，他却必须接受教会当局的判决。道德感强烈的新教徒篡夺了教士的道德职能，并且用类似执政者的态度来对待别人的美德和恶行，特别是对待后者：

> 你没有什么事情可做，除掉留心并揭发
> 你邻人的过失和愚行。

这不是无政府；这是民主。

我们所理解的道德准则是权力的表现这一论断并不完全正确。从野蛮人异族通婚的规定起，在文明的各个阶段里，都有些与权力无明显关系的伦理原则，在我们当中，谴责同性恋就可用来作为一个例证。马克思主义者认为道德准则是经济权力的表现，这比说它是一般权力的表现还要不确当。不过在许多情况下，马克思主义者的说法倒是正确的。例如在中世纪，最有权力的世俗人是地主，主教管区和修道院也从土地取得收入，仅有的投放资金的人是犹太人，于是教会对于“高利贷”，即收取利息的一切形式的贷款就毫不犹豫地一概加以谴责。这是债务人的道德。随着富商阶级的兴起,旧的禁例不能再保持了。首先放松这一禁例的是卡尔文,他的追随者大都是富裕市民;继则是其他新教教派的信徒;最后是天主教会。[①] 债权人的道德成为时兴的道德;欠债不还一变而为大罪。在实际上,纵然不是在理论上,教友派是不许破产者参加的,直到晚近才取消这个限制。

至于对待敌人的道德准则,在不同的时代有很大的差别。这主要是由于权力的获利用法有了差别。关于这一问题,我们先听听《旧约》是怎么说的:

"耶和华你神领你进入要得为业之地,从你面前赶出许多国民,就是赫人、革迦撒人、亚玛力人、迦南人、比利洗人、希未人、耶布斯人,共七国的民,都比你强大。

"耶和华你神将他们交给你击杀,那时你要把他们灭绝净尽,不可与他们立约,也不可怜恤他们。

"不可与他们结亲,不可将你的女儿嫁他们的儿子,也不可叫你的儿子娶他们的女儿。

"因为他们必使你儿子转离不跟从主,去侍奉别神,以致耶和华的怒气向你们发作,就速速的将你们灭绝。"[②]

假使这些他们都照办了,那就"你们的男女没有不能生养的,牲畜也没有不能生育的。"[③]

关于这七个国,在稍后的一章中说得更明白:

① 关于这个问题,参阅托尼:《宗教和资本主义的兴起》。

② 《旧约·申命记》第7章,第1—4节。——译者

③ 同上,第14节。——译者

“凡有气息的，一个不可存留……免得他们教导你们学习一切可憎恶的事。”（第20章，第16及18节）。

但是对于“离你甚远的各城、不是这些国民的城”，慈悲一些是可以允许的：

“你就要用刀杀尽这城的男丁；惟有妇女、孩子、牲畜和城内一切的财物，你可以取为自己的掠物。”（同上，第13—15节）。

应该记得，当扫罗杀死亚玛力人的时候，他因为做得不够彻底而发生了麻烦：

“他生擒了亚玛力王亚甲，用刀杀尽亚玛力的众民。

“扫罗和百姓却怜惜亚甲，也爱惜上好的牛、羊、牛犊、羊羔并一切美物，不肯灭绝；凡下贱瘦弱的，尽都杀了。

“耶和华的话临到撒母耳说，

“我立扫罗为王，我后悔了，因为他转去不跟从我，不遵守我的命令。”①

从这几段话中，显然看出当犹太人的利益和异邦人的利益矛盾时，犹太人的利益应当压倒异邦人的利益。但在内部，宗教的利益，即僧侣的利益应压倒俗人的经济利益。上帝的话传给了撒母耳，但告诉给扫罗的却是撒母耳的话，话是这样说的：“我耳中听见有羊叫、牛鸣，是从哪里来的呢？”②为了答复这一句话，扫罗只有招认自己的罪过。

犹太人极端厌恶偶像崇拜（连牛羊群里都显然潜伏着偶像崇

① 《撒母耳记上》第15章，第8—11节。

② 同上，第14节。——译者

拜的细菌），所以他们对于被征服者是毁灭得特别彻底的。不过在怎样处置被征服人民的问题上，古代没有哪一个国家承认有任何法律上或道德上的限制。惯例是杀死一部分而将其余一部分卖为奴隶。有些希腊人，例如欧里庇得斯在他的剧本《特洛伊妇女》里，企图创造一种情感来反对这种惯例，但未获成功。被征服者既然无权力，就无权要求仁慈待遇。这一见解，即使在理论上直到基督教出现时为止，也从未有人反对过。

对仇敌的义务是一个难说的概念。古代公认宽厚是一种美德，但也只有在它产生良好效果，即在它化敌为友的时候才是美德；否则就被谴责为软弱的表现。在已经引起危惧的时候，没有一个人盼望宽宏：罗马人对于汉尼拔和斯巴达克[①]的部下一点也没表示过宽宏。在骑士制度时代，一个骑士可能礼遇一个被俘的骑士。但骑士与骑士之间的冲突本来不是很严重的；至于他们对待阿尔比派，就丝毫也不仁慈了。在我们的时代，芬兰、匈牙利、德意志、西班牙等国的白色恐怖对待受难者几乎是同等残酷的，然而除政治上的反对党以外，几乎没引起过其他任何人的反对。同样，对于俄国所发生的恐怖，大多数的左派是宽恕的。现今也如《旧约》的时代一样，当敌人强得足以引起危惧的时候，事实上是不承认对敌人负有义务的。积极的道德实际上仍然只能在一个有关社会团体的内部起作用，所以实际上它仍然是政治的一部分。在没有世界政府的情况下，什么东西也不能使好斗成性的人承认道德上的

① 斯巴达克是古罗马角斗奴隶，古代社会最大的一次奴隶起义的领袖。公元前71年起义军失败，斯巴达克牺牲。——译者

义务不是限于人类的某一部分承担的，除非把它们作为一种不能实现的理想。

在本章里，我已讨论了积极道德，但所论显然是不够的。概括说来，它是袒护现存权力的，它不给革命留余地，它一点也不为缓和斗争的残酷性出力，它也不给新道德见解的提倡者留地步。这里牵连某些理论上的难题，但在考虑这些难题之前，让我们来回想一下某些只有反对积极道德才能作到的事情。

世人是受到《福音书》的益处的，纵然没有达到如果《福音书》的感化力能更大时的那么多。从谴责奴隶制度和谴责压迫妇女的人那里，世人得到了一些益处。我们可以希望将来有一天世人还会从谴责战争和经济不公平的人那里受到益处。在十八和十九两世纪时，世人从宣传宽容的人那里，得到很多益处，也许将来在比我们今天更快乐的时代里，世人仍将受到他们很多益处。革命——反抗中世纪教会的革命、反抗文艺复兴时代君主国家的革命以及反抗现今财阀势力的革命——为了避免停滞不前，都是必要的。我们必须承认人类需要革命和个人道德，问题在于为它们作出安排，不使世界陷入无政府状态。

有两个问题应该加以考虑：第一，积极的道德，从它本身的立场出发，用什么样的态度对待个人的道德才是最明智的？第二，个人道德之受尊重，在什么程度上，有赖于积极道德？在讨论这两个问题的任何一个之前，必须谈一谈个人道德的含义是什么。

个人的道德可视为一种历史现象，或者可视为从哲学家的观点产生出来的。让我们先谈前者。

从历史可以知道，几乎每一个在世界上生活过的人，都曾极其厌恶过某些行为。而这些行为，通常不仅是个人所厌恶的，并且也是全部落、民族、一派人或一个阶级所深恶痛绝的。厌恶的起源有时是不知道的，有时可以追溯到历史上某个道德改革家。我们知道穆斯林之所以不作动物或人的肖像是因为穆罕默德禁止这样做。我们也知道信奉正教的犹太人之所以不吃兔肉是因为摩西戒律断言兔肉不洁净。这些禁例，一经普遍遵守，就归属积极道德；但在起源的时候（无论如何就已知的起源而论）它们却是属于个人道德的。

不过在我们看来，道德的含义终归比仪式的戒律广泛，不论是积极还是消极的。就我们所熟知的道德形态看，道德不是人所固有的，而似乎有很多独立的渊源——中国的圣贤，印度的佛教徒，希伯来的先知以及希腊的哲学家。这些人在历史上的重要性是难以估价过高的，他们在世的时候虽有先后，但总共不出几个世纪，都具有使自己异乎前人的特征。老子和庄子照自己的知识创立道家学说，而不是靠传统或别人的智慧。道家学说里没有特殊的道德程式，所包含的乃是一种生活方式、一种思维和感觉的方式，根据这些，用不着任何规则，遇事应该做什么会是很明白的。早期的佛教徒可以说也是这样认为的。希伯来的先知们，在他们的全盛时代，势力超过法律。他们提倡一种新的而且更加内向的美德。这种美德不是根据传统提出的，而是根据“上帝这样说”提出的。苏格拉底遵照他的守护神的命令行动，不是按照法定当局的要求行动；他准备随时殉道，而不肯不忠实于内心的召唤。这些人在他们的时代里都是叛逆者，而结果都得到人们的崇敬。他们身上的某些新东西终于被认为是当然的事情了，不过这些东西是什么，并

不完全容易说出来。

任何肯思考的人，如果他笃信一种具有历史渊源的宗教，或是他认为某种这样的宗教是先前宗教的改善，那么，他最低限度一定承认：凡在某种意义上优于从前的生活方式，乃是某个人或某一群人在反对他们当时的政府和教会的教导时首创的。由此得出：一个人提出自己的道德问题上的主张，即使违背自古以来全体人类所有的判断，他也不能总是错误的。在科学方面，现今每个人都承认对应原理，不过科学上检验新学说的方法已经是人所周知的，因此，一个新学说，不是很快地得到公认，就是根据传统之外的其他理由而遭到否定。在伦理学上，没有这种鲜明的检验新学说的方法。一个先知可以在他宣教的开头先说一句“上帝这样说，”对他来说，这就够了；但别人怎会知道他确实是得到神的启示呢？说也奇怪，《申命记》也主张通常在科学上认为无可争论的检验法，即凭预言的实现与否而断定它的真伪。“你心里若说，耶和华所未曾吩咐的话我们怎能知道呢。先知托耶和华的名说话，所说的若不成就，也无效验，这就是耶和华所未曾吩咐的，是那先知擅自说的。”[①]不过现代人简直不能接受这种方法来检验伦理上的原则。

我们必须解答一个问题：伦理原则意味着什么以及能用什么方法（如果有的话）来检验它？

在历史上，伦理是和宗教联系在一起的。对大多数人来说，有权威就足够了：凡圣经或教会认为对的或错的，就是对的或错的。但有些人时常受到神的感召；他们知道什么是对的或错的，因为这

① 《申命记》第18章，第21—22节。

是上帝直接对他们讲的。依照正统的见解，这些人都是很久以前的人了；如果一个现代人自己宣称是他们之中的一个，那么，除非教会批准他的宣告，最好是把他关进疯人院去。不过这仅是叛逆者向独裁者转化的通常情况，无助于我们判断什么是叛逆者的正当作用。

我们能不能用非神学的词语来解释伦理呢？维多利亚时代的自由思想家毫不怀疑这是做得到的。例如功利主义者是有高尚道德的人，他们深信自己的道德有理性的基础。不过这个问题比他们所感到的实在要困难一些。

说到功利主义者，我们先来考虑一个问题。即行为的规则在任何时候都会是伦理学上自存的命题呢？还是总是要由这行为后果的好坏推论出来？照传统的看法，有些行为是罪恶的，有些行为是道德的，都不以其后果为转移。另外有些行为在伦理上是中性的，它们的善恶要看后果而定。无痛苦致死术或与亡妻的姊妹结婚应否得到法律认可，是伦理上的问题，而金本位制就不是伦理问题。伦理的问题，有两种界说，其中任何一种都将包括这一形容词所应用的一切场合。一个问题如果是(1)古代希伯来人感兴趣的，或是(2)只有坎特伯雷大主教才是正式的专家的，那么，这个问题就是伦理问题。这是伦理的一词的普通用法。显然，这是完全经不住驳斥的。

然而就我个人而言，有些行为是我所厌恶的，在我看来这种厌恶是道德的，但并不显然以对后果的评价为依据。许多人对我说，要保持民主政治(我认为这是重要的)，只有向大量的儿童施放毒气，并作许多别的可怕的事情才行。在这个问题上，我觉得我不能勉强同意使用这样的手段。我深信使用这些手段不能达到目的，即使达到，伴随而来的坏处也要超过民主政治所有的好处。我不很肯定他们的论点诚实到何等程度：即使我被说服相信使用这些手段可以达到目的，而且别无其他办法；我想我也会拒绝这样的手段的。在另一方面，心理上的想象使我确信凡是我认为好的事情没有一件是能用这样的手段取得的。从整体来看，我认为，从哲学上说，一切行为都应该用它们的后果来评定；但这样做是困难的，难确定的，而且是费时间的，所以在实际上可取的是不等调查后果，某些行为就应受谴责，另一些行为就应受称赞。所以我要和功利主义者一起说，在任何情况下，照事实材料看，正确的行为是一切可能行为中很可能产生最大善恶顺差（所产生的善大于恶的顺差）的行为；这种行为可以受到现有的道德准则的鼓励而完成。

承认了上面的见解，伦理就归结为对于“善”和“恶”加以界说，不是作为手段，而是它们本身就是目的。功利主义者说的善就是快乐，恶就是痛苦。如有人不同意他们这种说法，那么，他能提出什么论证呢？

你不妨考虑一下各种有关人生目的的见解。甲说：“善就是快乐”；乙说：“善对于雅利安人是快乐，而对于犹太人是痛苦；”丙又说：“善就是赞美上帝，并永远把荣耀归于他。”这三种人主张的是什么呢？他们有什么方法能彼此说服呢？他们不能像科学工作者那样诉诸事实：没有事实和这类争执有关系。他们的分歧处于愿望领域之内，而不在事实之陈述的领域之内。我并未断言，当我说“这是善”的时候，我的意思是“我向往它”；只是一种特殊的愿望才能使我称某一事物为善。这种愿望在某种程度上一定不是个人的；它一定和使我感到满意的世事有关系，而不仅和我个人的情况有关系。一个国王也许说："君主制度是善的，我很高兴我是君主。"这句话的前一部分，无疑是伦理的，但他身为君主所感到的快乐，却只有在他总览全局，确信没有别人能像他那样当好君主的时候，才是伦理的。

我在先前写的《宗教与科学》里曾提出不要把对于事物真实价值的判断解释为一种主张，而应解释为关于人类愿望的一种愿望表现，当我说"憎恨是恶"的时候，我实在是说"但愿没有一个人心怀憎恨"。我不是在提主张，而仅是表示某种愿望。听者能领会到我有这个愿望，但这是他所能领会到的唯一的事实，而且是心理上的事实。至于伦理上的事实，是没有的。

过去伟大的伦理改革家们不是比别人知道得更多，而是比别人愿望得较多，说得更确切些，他们的愿望比寻常人的愿望更不是个人的，并且范围更广阔。大多数人只愿望自己幸福；相当多的人愿望儿女幸福；不少的人愿望国家幸福；也有一些人真诚并且强烈地愿望全人类幸福。这些人看到许多人没有与他相同的愿望，也看出这是普遍幸福的一重障碍，于是他们就希望别人也像他们那样感觉到相同的愿望；他们这种希望就体现在"快乐是善"的说法里。

一切伟大的道德家，从释迦牟尼、斯多噶派哲学家以迄近代，都把善看成是（假如可能的话）人人都能平等享受的东西。他们不以为自己是王子，是犹太人，或是希腊人；他们仅把自己看成是普通人。他们的道德都有双重渊源：一方面他们尊重自己生命中的某些因素；另一方面，同情心使他们为别人希望他们自己所希望的东西。同情心是普及道德的一种力量；我所说的同情心，是一种感情，而不是一种理论原则。同情心在某种程度上是本能的：一个小孩子哭会带动另一个小孩子不乐。不过同情心也有天性的限制。猫对老鼠没有同情心；罗马人，除象以外，对其他任何动物没有同情心；纳粹党对犹太人一点也没有同情心；斯大林对富农也一点没有同情心。在同情心受到限制的场合下，善的概念相应的受到限制。善就仅仅成为大人物、超人、雅利安人、无产阶级或基督弟兄会所独享的。这一切都是猫捉老鼠的道德。

反驳(如果能够的话)这种猫捉老鼠的道德，不是理论问题，而是实际问题。设有两个精通这种道德的内行，像好拌嘴的小孩一样，两人一开始都说："我们玩吧！你扮老鼠我扮猫。""不行，不行。你不能扮猫，由我扮。"这样你争我吵，他们往往就变成一对斗得只剩下尾巴的猫儿了。但如他们之中有一人获得完全的胜利，他就可以创立他的一套道德；这样，我们就有了吉卜林那样的作家和"白种人的责任"，或者"北欧人种"或者类似的鼓吹不平等的信条。这些信条必然只投合猫的心意，而不投合老鼠的心意，它们是用暴力强加在老鼠身上的。

伦理上的争议，通常只是关于手段的，而不涉及目的。我们可以用不经济为理由来攻击奴隶制度；我们可以认为自由妇女的谈话更有趣味，借以批评对妇女的压迫；我们还可以说宗教迫害所逼出来的信仰不会是真诚的，以此为理由(顺便说一句，这完全是虚妄的理由)而认为宗教迫害是可悲的。不过在这些理由的背后，通常都有目的上的分歧。有时候，如在尼采对基督教的批判里，这种目的上的分歧赤裸裸地表现了出来。按照基督教的伦理来说，一切人的价值都是一样的；在尼采看来，多数人只是英雄的工具。处理目的方面的争议，不像处理科学上的争议那样能诉诸事实，而是必须设法改变人们的感情的。基督教可以致力于激发人们的同情心；尼采哲学可以激发人们的自豪感。经济和军事力量可以加强宣传。一句话，这些争论乃是通常的权力之争。任何一个信条，哪怕是宣扬普遍平等的信条，都可以成为某一派人得势的手段；例如，在法国革命用武装力量传播民主主义的时候，就出现过这种情形。

在伦理斗争里，和在政治斗争里一样，权力是手段。就过去发生过最大影响的那些伦理体系来说，权力不是目的。尽管人们彼此憎恨，彼此剥削，彼此残害，但直到晚近，他们对于提倡不同的生活方式的人，还是尊敬的。以世界大同为宗旨的主要宗教，代替了人类早期的部落的和民族的信仰，它们看人就是人，而不是犹太人或异邦人、奴隶或自由人。这些宗教的创始人对世人有普遍的同情心，因此人们认为他们的智慧超过一时的暴躁的专制君主。但结果不全是这些创始人所能想望的。在宗教裁判所宣判死刑的时候，不得不由治安人员禁止暴民攻打被判刑的人，如果他们所希望看见的那个应该活活被烧死的人，由于最后放弃了异端见解而得到先绞后烧的特别待遇，那么，他们就会狂怒起来。虽是这样，普遍同情心原则却先征服了一个大教区，接着又征服了另一个大教区。感情领域中的普遍同情心，类似知识领域中的普遍好奇心，两者对于思想的成长，同是重要的因素。我不信能长期回复部落的或贵族的伦理；自释迦牟尼时代以来，人类的整个历史是指向相反的方向的。人们不管怎样热切想望权力，在反躬自省时，还是认为

好的东西却不是权力。这可以拿人类认为最近乎神圣的那些人的高尚品质来证实。

我们在本章开端时所研究的传统的道德规则，如孝顺父母、服从丈夫以及忠于君主等，现今已全部或局部衰亡了。在这些规则衰亡之后，或则不再有道德节制，如在文艺复兴时代那样，或则继之以在许多方面比废弃的道德准则更为严格的新准则，如在宗教改革时期那样。在我们今天，对国家忠诚这一条道德，在积极道德中所占的地位比以前大得多；这是国家权力增加的自然结果。至于与其他团体（例如家庭和教会）有关的道德，却已没有从前那么大的控制力量了；不过我还没看到有什么证据能说明道德原则和道德情感对人们行动的影响，就其总结果看，今天少于十八世纪或中世纪时期。

让我们作一总结性的分析以结束本章。原始社会的道德准则，在那时的社会里，一般都相信有其超自然的起源；这样相信，我们多少是认为没有道理的，但在一定程度上，它表现有关社会里的权力均势：神认为服从有权力的人是义务，但有权力的人却不可暴虐到引起反抗的地步。然而在先知和圣贤的影响下，产生了新的道德，有时与旧道德并存，有时则取旧道德而代之。先知和圣贤（很少有例外）看重权力以外的东西，例如智慧、正义、博爱等，并且使很大一部分人相信这些东西比自身的成就更值得追求。因先知或圣贤想要改革的社会制度的某方面而受苦的人们，之所以拥护先知或圣贤的意见，是有他们自身的理由的；他们的利己主义和先知或圣贤的无私道德相结合，就使由此而产生的革命运动成为不可抗拒的了。

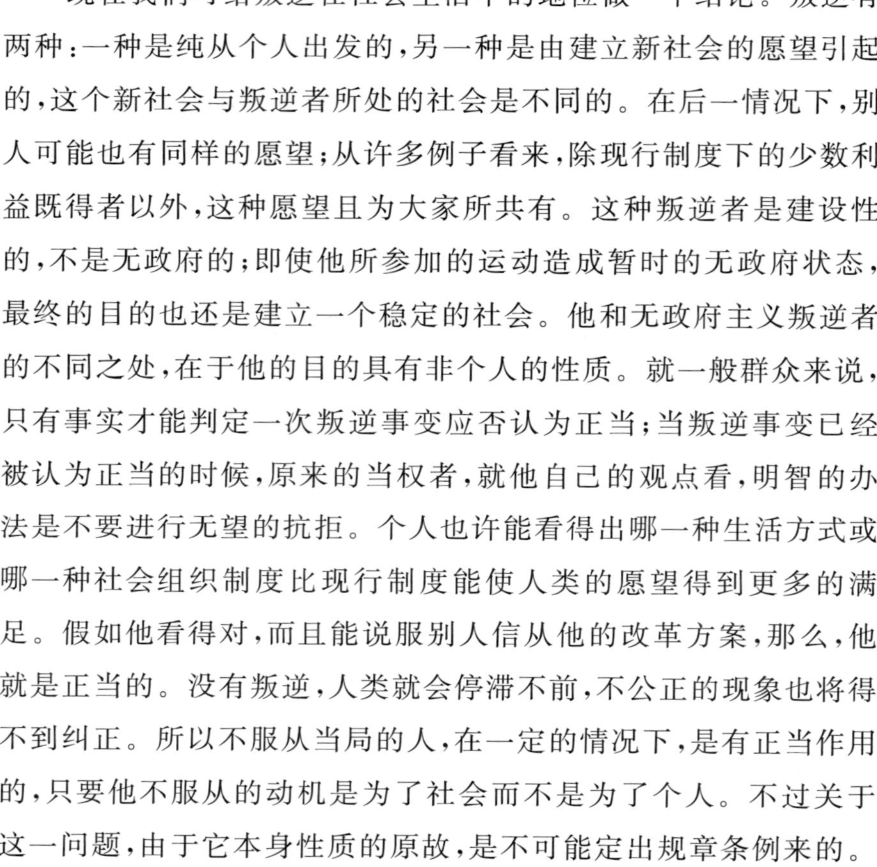

现在我们可给叛逆在社会生活中的地位做一个结论。叛逆有两种：一种是纯从个人出发的，另一种是由建立新社会的愿望引起的，这个新社会与叛逆者所处的社会是不同的。在后一情况下，别人可能也有同样的愿望；从许多例子看来，除现行制度下的少数利益既得者以外，这种愿望且为大家所共有。这种叛逆者是建设性的，不是无政府的；即使他所参加的运动造成暂时的无政府状态，最终的目的也还是建立一个稳定的社会。他和无政府主义叛逆者的不同之处，在于他的目的具有非个人的性质。就一般群众来说，只有事实才能判定一次叛逆事变应否认为正当；当叛逆事变已经被认为正当的时候，原来的当权者，就他自己的观点看，明智的办法是不要进行无望的抗拒。个人也许能看得出哪一种生活方式或哪一种社会组织制度比现行制度能使人类的愿望得到更多的满足。假如他看得对，而且能说服别人信从他的改革方案，那么，他就是正当的。没有叛逆，人类就会停滞不前，不公正的现象也将得不到纠正。所以不服从当局的人，在一定的情况下，是有正当作用的，只要他不服从的动机是为了社会而不是为了个人。不过关于这一问题，由于它本身性质的原故，是不可能定出规章条例来的。

第十六章　权力哲学

在这一章里，我的目的是考查一下某些主要是对权力的爱好所激起的哲学。这里我不是说权力是这些哲学的题材，而是说权力在这般哲学家的行而上学和伦理判断中是他们的自觉的或不自觉的动机。

我们的各种信念是愿望与观察在不同程度上相结合而形成的。有些信念的愿望成分很小；另一些信念的观察成分很小。严格根据经验中的事实所能确认的事物是很少的，而当我们的信念越出了这一范围时，愿望对于信念的产生就起了作用。但在另一方面，有些信念虽然能在其为正确或错误没有事实证明的情况下存在许多年代，但在已有明确的结论性证据证明其为虚妄时，就几乎不能长期存在下去了。

哲学比生活更统一。在生活中，我们有许多愿望，但哲学通常只有使全部哲学首尾一贯的一个主导愿望。

> 世界和生活是十分零碎的片断。
> 我将求助于德国教授，
> 他知道怎样综合人生，
> 并从中得出可以理解的体系。

各种各样的愿望支配过哲学家的工作。有求知的愿望，也有完全是另一回事的证明世界为可知的愿望。有追求幸福的愿望、有追求美德的愿望，也有两者综合起来的救世愿望。有追求与上帝或他人合一的愿望。还有追求美的愿望、追求享受的愿望，最后是追求权力的愿望。

主要的宗教旨在追求美德，但通常也还追求另一些东西。基督教与佛教企图救世，但它们比较神秘的宗派也祈求与上帝或宇宙合一。经验主义哲学追求真实，而唯心主义哲学，从笛卡儿以至康德，则追求确实；实际上，一切伟大哲学家，直到包括康德为止，他们所关注的主要是属于人性之认识部分的愿望。边沁和曼彻斯特学派以快乐为目的而财富为主要手段。近代的一些权力哲学，主要是作为曼彻斯特派学说的反应而兴起的，它们反对以一系列的快乐为人生目的的看法，责备这样的目的既支离零碎又不够积极有力。

人生既然是人的意志力与不可控制的客观事实两者间不断的相互作用，所以在自己权力欲指导下的哲学家对于不由自己意志支配的事实所产生的作用，就估计得最低或加以诋毁。我现在想的不仅是那些颂扬暴力的人，如马基雅维里和《理想国》里的色拉西马克斯，并且也想到那些发明理论、用形而上学或伦理学的外衣掩盖自己热爱权力的人。近代这种哲学家中最早而又最彻底的一个就是费希特。

费希特的哲学是从自我出发的，以自我为世界上唯一的实在。自我之所以存在是因为它设定了它本身。虽然没有其他事物存在，但自我总有一天要听到轻轻的叩门声，于是自我就设定非我。

然后，费希特的哲学又进而论及流出说[①]。费希特的流出说跟诺斯替派的神学的流出说不是不相像的，只是诺斯替派认为流出是上帝所赐，并把自己看得很渺小，而费希特则认为不必划分神与自我的区别。当自我跨出了形而上学领域以后，它进而断定德国人是好的，法国人是坏的，因而攻打拿破仑是德国人的责任。当然，德国人和法国人都只是费希特的流出物，不过德国人是较高级的流出物，也就是说，他们更接近于最后的实在，也就是费希特的自我。亚历山大和奥古斯都都曾自命为神，并强迫别人表示赞同；费希特不居于统治地位，既然不能很好地宣告自己的神性，于是在无神论的罪名下失掉了职业。

显而易见，像费希特的这种形而上学是不承认有社会义务的，因为外在世界不过是自我梦想的产物而已。唯一可以想象得出的适合于这种哲学的伦理，就是自我发展的伦理。然而不合逻辑的是，一个人可以把自己的家庭和国家看作比别人更为亲密的自我的一部分，因而更为宝贵。因此，种族信念和民族主义信念在心理上都是唯我论哲学的自然结果，而对权力的爱好显然激励着哲学理论的思想，权力又只有依靠别人的帮助才能获得的时候，尤其如此。

这一切就是通常所称的“唯心论”，据认为它在道德上比承认客观世界实在性的哲学要高尚些。

就哲学来说，独立于自己意志之外的实在是包含在“真实”这一概念中的。照常识的看法我的信念的真实性，在大多数情况下，

① 流出说认为万物都是从神的本质中流出的。——译者

并不决定于我所能做到的事情。诚然，假如我相信明天我将吃早饭，这个信念如果是真实的，那一部分是由于我有这样做的将来的意志；但假如我相信恺撒是在三月十五日被刺死的，那么，能使这个信念成为真实的就完全处于我的意志力之外了。对权力的爱好所激起的哲学，觉得这种情形是不愉快的，因此就以各种方法破坏关于事实的常识概念，不认为事实是信念真伪的根本。黑格尔派主张真实不在于和事实一致，而在于我们信念的整个体系的一贯性。假如你的各种信念能像一部好小说上的情节那样配合得当，你的各种信念就是真实的。其实，小说家的真实和历史家的真实，其间是没有差别的。这种说法使创造性的想象力得到了自由；它把这种想象力从假想的“真实”世界的束缚中解放出来。

实用主义，就其某些形态说，是一种权力哲学。在实用主义看来，如果一个信念所产生的各种结果是愉快的，这个信念就是“真实”的。现今人们能使一个信念的各种结果成为愉快的或是成为不愉快的。假如你生在一个独裁者的统治之下，你相信他的功绩比别人的好就比不相信有更愉快的结果。在认真施行迫害的地方，照实用主义者看，官方的信条都是“真实的”。所以实用主义哲学赋予当权者以形而上学的万能，这是比较平常的哲学所不肯承认的。我不是说大部分的实用主义者都承认他们的哲学有这些后果；我只是说这确是一些后果，并且实用主义者之攻击对于真实的通常看法是他们爱好权力的结果，尽管爱好对待自然界的权力也许多于爱好对待他人的权力。

柏格森的创造性进化论也是一种权力哲学。这种哲学异想天开地展现在萧伯纳所写的《重获长生》的最后一幕里。柏格森主张，智力应被斥为过分被动的、纯粹冥想的；我们只有在激烈的行动（例如骑士的进攻）中，才能看得真实。柏格森相信动物之所以获得眼睛，是因为它们觉得能看是一种愉快；它们的智力是蒙昧不明的，所以不可能想到看，可是直觉却能演出奇迹。在柏格森看来，一切进化都是由愿望产生的，而且如果愿望很强的话，所能成就的事情是没有止境的。生物化学家为了理解生命的机制所做的许多探索都失败了，因为生命本来不是机械的，而且生命的演进始终是智力本来就不能预先想象的；只有在行动中生命才是能够理解的。由此推论，人应当是感情用事的、没有理性的，柏格森是很幸运的，人们通常正是如此。

有些哲学家不让他们的权力欲的冲动支配他们的形而上学，可是在伦理学里却任其放纵。尼采就是这类哲学家中最重要的一个。他把基督教道德看成奴隶的道德而加以排斥，并以一种适合于英雄统治人物的道德来代替它。当然，这种理论本质上不是什么新鲜的东西，其中有几分可在赫拉克利图的哲学里找到，有几分可在柏拉图的哲学里找到，还有很多可在文艺复兴时代找到。不过在尼采的身上，这种理论得到了完成，并且是有意识地用来反对《新约》的教义的。照尼采的看法，人民群众本身没有价值，他们仅仅是使英雄伟大的工具。英雄有权伤害人民群众，假如这样做能促进英雄的自我发展。事实上，贵族政治的统治方式只有这样的伦理学才能证明其为正当；但是基督教的学说则认为在上帝的眼睛里一切人都是平等的。民主政治能从基督教教义找到支持，而最能支持贵族政治的伦理学则是尼采的伦理学。尼采的查拉图斯特拉这样说："如果世上有神的话，我怎能忍受我不当神呢？所以神是没有的。”上帝必须退位以便让出地方给世俗的暴君。

喜爱权力虽然是正常人性的一部分，但就某种严格意义来说，权力哲学却是荒谬的。客观世界（无论指物质还是指其他的人），其存在乃是议论的事实根据，这尽可以使某种自尊心蒙羞受辱，但只有疯人才能加以否定。容许爱好权力的心理歪曲自己的世界观的人，在每一所疯人院里都可以找到：甲自以为是英格兰银行的总裁；乙自以为是英国国王；而丙则自以为是上帝。一些极相类似的妄想，如由受过教育的人用晦涩难解的语言表达出来，就会通往哲学教授的职位，如果由易动感情的人用雄辩的语言表达出来，就会通往独裁者的职位。经过医生证明的疯人，在担心他闹事的时候，就把他禁闭起来，因为他容易作出凶暴的事情。可是未经医生证明的各色疯人却被授予指挥强大军队的职责，能把死亡和灾难加在他能所及的一切精神正常的人们的头上。疯狂之在文学、哲学以及政治上得势，是我们的时代的特征之一，而疯狂的成功形式几乎完全是从权力欲的冲动产生出来的。

要理解这种局势，我们必须研究权力哲学和社会生活的关系，这比人们可以料想到的更为复杂。

让我们首先从唯我论谈起。当费希特主张一切都从自我出发的时候，读者并没有说：“一切事物都从费希特起始！多么荒谬！一直到几天前我才听人谈到他。他出世以前的一切时代又是怎样的呢？难道他真以为他发明了它们吗？多么可笑的狂想！”我要重说一遍，读者并未讲这种话；他已经以自己代替了费希特，觉得这种论点不是不可信的。他这样想：“要不是我有了一些经验，愿意用我的经验解释我出世以前的一个时期，关于过去的时代，我知道些什么呢？要不是我在地图上见过我从来没有到过的地方，在书本上读过它们，或听过别人谈过它们，关于这些地方，我又知道些什么呢？我所知道的仅仅是我自己的经验；此外都是值得怀疑的推断。假若我愿意把我自己放在上帝的位置上，并说世界是我创造的，这时没有什么东西能证明我是错误的。”费希特主张世上只有费希特，一个研读这种论点的叫约翰·斯密的人下一个结论说世上只有约翰·斯密，而他从不会注意到这并不是费希特所说的。

这样，唯我主义就有可能变成某种社会生活的基础。各个自以为是上帝的一群疯人可以学会彼此以礼貌相待。但礼貌只有在每个上帝觉得他的万能权力没有受到其他任何神道侵犯的时候才能维持。假如某甲自以为是上帝，他可以容忍别人也自称为神，只要别人的行为有助于完成他的目的。但如某乙敢于阻挠他，并提出证据来证明他不是万能的，某甲的怒火就要燃烧起来，看出某乙是撒旦或撒旦的一个仆人。某乙对于某甲当然也要有同样的看法。各人将形成党派，并将发生战争——痛苦、残酷、疯狂的神学上的战争。把某甲读为希特勒，把某乙读为斯大林，这样，你就可以得到一幅现代世界的图画。希特勒说：“我是才智之士”，斯大林说：“我是辩证唯物主义！”既然各方的主张都得到军队、飞机、毒气和天真热情者的广泛支持，双方的疯狂性就仍然没有受到注意。

其次，再谈一下尼采的英雄崇拜。尼采认为“粗笨的群众”应该为英雄而牺牲。当然，钦佩尼采的读者相信自己就是英雄，而把某某坏蛋（靠可耻的阴谋而赶在他前面的人）看成是“粗笨的群众”之一。可见，尼采的哲学是极好的。但如某某坏蛋也读了尼采的哲学，也赞美它，那么，应该怎样判断谁是英雄呢？显然就只有诉诸战争了。两人中有一个取得胜利之后，胜利者势必力求保住他的权力，以继续证明他有资格称为英雄。为了能做到这一点，他必须创立强有力的秘密警察制度。他将生活在遭受暗杀的忧虑之中，除他以外的每一个人则将感到有被人检举的威胁。这样，英雄主义的崇拜，结果是使全国人都成了战战兢兢的胆小鬼。

实用主义认为一个信念如果有愉快的结果就是真实的信念，这理论也发生同样的麻烦。究竟使谁觉得愉快呢？相信斯大林，这使斯大林觉得愉快，但托洛茨基就觉得不愉快了。相信希特勒，这使纳粹党员觉得愉快，但被纳粹党员关在集中营里的人就觉得不愉快了。证明信念之真实的愉快结果，应该由谁享受呢？只有暴力才能决定这个问题。

权力哲学，就其对社会所产生的后果而言，是自己否定自己的。我自以为是上帝的信念，如果别人没有，就会弄得我遭受禁闭；如果别人也有，那就要引起战争，而在战争中，我很可能死去。崇拜英雄使全国的人成为懦夫。相信实用主义，假如普及的话，就会引起暴力的统治，而这是不愉快的；所以，根据它自己的评判标准，相信实用主义是错误的。假如社会生活是要使社会的愿望得到满足，它就必须以某种不以权力爱好的哲学为其基础。

第十七章　关于权力的伦理学

前面已经讲了很多和权力有关的各种弊害，似乎可以很自然地得出一个禁欲主义的结论，并且似乎可以很自然地主张，作为个人最好的生活方式，应该完全放弃想影响别人的一切企图，不管目的是好是坏。自老子以来，有过很多聪明善辩的人赞成这种主张。坚持这种主张的，有许多神秘主义者，有清静主义者，也有许多洁身自好的人，并且把这种主张看为一种心理状态而不是一种行为。我不能赞同这些人的意见，尽管我承认他们中间有些人是非常仁慈的。但他们之所以是仁慈的，是因为虽然他们自以为否定了权力，而事实上他们所否定的只是某种形式的权力；假如他把权力全盘否定了，他们就不会发表他们的学说，就说不上仁慈了。他们所否定的是强制的权力而不是建立在说服之上的权力。

爱好权力，就其最广泛的意义说，是一种愿望，愿望能对外在的世界（无论是人类的还是非人类的）产生预期的效果。这种愿望是人性中的一个主要部分，就奋发有为的人说，还是很大而且很重要的部分。每一种愿望，如果不能立时得到满足，就会使人希求得到满足它的能力，从而引起对权力的某种形式的爱好。不管是最好的愿望还是最坏的愿望，这一点都是真实的。假如你爱你的邻人，你就会希望得到权力来使他快乐。因此，如果对权力的爱好一概加以谴责，那就是谴责对邻人的友爱。

不过，作为一种手段而企求权力与作为一种目的而企求权力，两者间是大有区别的。把权力作为手段而求之的人，必然已经先有一种别的愿望，然后又产生一种希望，希望能够实现他已有的愿望。至于把权力本身当为目的而求之的人，他将根据实现目标的可能性而择定他的目标。例如在政治上，一个人希望看到某些措施得到实现，这就使他参加公共事务；而另一个人只希望他个人得到成功，他就采取看来最能获致所希望的结果的任何方案。

基督在旷野里所受的第三次诱惑就表明这个区别。他被允许得到世上的一切王国，只要他肯跪下来向撒旦礼拜；就是说，他被允许得到实现某种目的权力，不过这些目的不是他心目中的目的。这个诱惑，几乎是每一个现代人都要受到的，不过在形式上有时是明显的，有时是非常微妙的。一个人纵使是社会主义者，也可能接受保守党报纸的一个职位；这种形式是比较明显的。他也可能对于用和平手段达成社会主义这一点感到失望，并且成为共产主义者。其原因，不是他认为他所希求的东西这样一来就可以实现，而是他认为这样一来总可以实现一些什么。在他看来，鼓吹他所希求的东西而不能成功，比成功地提倡他所不希求的东西更加无益。但如他的欲望（个人的成功除外）是强烈的，而且是明确的，那么，除非满足了他的那些欲望，他的权力欲将不会得到满足，并且如果为了求取成功而改变他的目标，在他看来，那就是可以视为崇拜撒旦的叛教行为。

对权力的爱好，假如要它结出善果来，就必须与权力以外的某种目的有密切关系。我并不是说一定不要为权力而爱好权力，因

为为权力而爱权力的动机在生气勃勃的事业里是一定要发生的。我的意思是说，追求其他某种目的的愿望必须强烈得使权力必须有助于实现这一目的，否则权力就不能令人满意。

光有权力以外的其他目的还不够；还要求这个目的必须在实现后能有助于满足别人的愿望。假如你的目的在于有新发现，在于艺术创造，在于发明一种节省劳力的机器，或在于调解两个迄今相互敌视的团体，那么，如果你成功了，你的成功除你自己之外也很可能是别人满意的原因。假如对权力的爱好能成其好事，它必须履行的第二个条件是，它必须与某种目的联系起来，这个目的和别人的愿望是（概括地说）协调一致的，如果实现了，别人也将受其影响。

还有第三个条件：不过有点更难说得简洁明了。实现你的目的所用的手段，不可使附带的流弊超过目的实现后所可得到的良果。各人的性格和愿望是在不断变化的，这是他的行为和遭际所产生的结果。暴力繁育暴力，不义繁育不义，不但繁育在施加者的身上，也繁育在被施加者的身上。失败，如果是不彻底的，会产生愤怒与仇恨；如果是彻底的，失败者会成为槁木死灰、懒散无为。不管战争的原始动机怎么高尚，用武力得来的胜利总是要产生残忍和对失败者的鄙视。所有这些道理，纵然并不证明从来没有任何善良的目的能靠武力实现，却也的确表明武力是很危险的，并且表明在武力猖獗的时候，任何本来善良的目的，在斗争结束之前，都可遭到忽视。

然而文明社会的生存，不可能没有某种武力因素，因为社会上还有犯罪者和违反社会利益的野心家，如不加以制服，就会很快地使社会倒退到无政府的和野蛮的状态。在武力不可避免的地方，它应该由合法的当局依照刑法所体现的社会意志来行使。不过关于这一点有两项困难。第一，武力的最重要的用途在于国与国之间，而国与国之间没有公共的政府，也没有有效地为世人所公认的法律或司法权威。第二，武力集中在政府之手，会使政府在某种程度上对社会中的其他人施行暴政。这两个难题都在下一章研究。在本章中，我联系个人道德来研究权力，而不论权力和政府的联系。

爱好权力，犹如好色，是一种强烈的动机，对于大多数人的行为所发生的影响往往超过他们自己的想象。因此可以这样说：产生最好效果的伦理是一种对爱好权力的反对按理说不过去的伦理：既然人们在追求权力中，很容易违反他们自己的道德准则，因此可以说，如果他们的道德准则订得过分的严格，他们的行为就可以接近于正确。不过提出伦理学说的人几乎不能容许自己受这些考虑的影响，如果能够，他就不得不为道德而有意说谎。只想教导别人而不想说实话，这是毁坏传教士和教育家的祸害；不管在理论上怎样为它辩护，它在事实上仍是十足有害的。我们必须承认人们由于爱好权力而做了坏事并将继续做坏事，但我们不应该因为这一点，就把我们所认为的处于某些形式和条件下有益或至少无害的权力爱好也说成是要不得的。

一个人爱好权力所采用的形式，决定于他的性情、他的机遇、他的才能；而他的性情又大都是由他的环境造成的。因此，要把一个人对权力的爱好纳入特定的轨道，就成为使他得到适当的环境、适当的机遇和适当的才能的问题。这里没算上天赋气质的问题，因为天性在其可能改正的范围内，是优生学上的问题，但是大约也只有一小部分人不能用上述方法导之择取有益的行动方式。

先从对性情有影响的环境谈起：残暴的冲动性，通常不是发端于一个人的不幸的儿童时代，就是发端于他的某种经历，例如内战之类，在内战里，灾难与死亡是司空见惯的；青少年时代精力没有正当出路，也可能产生同样的后果。如果人们早年有良好的教育，又不曾生活在强暴的环境里，而在寻求职业的时候也不曾有过分的困难，我想很少有人会是残暴的。如果具备了这些条件，大多数人对权力的爱好，假如可能的话，就宁愿寻找一条善良的或至少无害的出路了。

机会问题有积极与消极两方面：重要的是，不应有机会让人去干海盗、土匪或独裁者的事业；同等重要的是，应该有机会让人从事不如海盗、土匪或独裁者生涯那样有害处的职业。必须有强有力的政府以防止犯罪；必须有明智的经济制度以防止合法打劫的可能性，并对尽可能多的青年提供有吸引力的发迹机会。这在日渐其富的社会中，比在日渐其穷的社会中容易得多。没有什么像财富的增加那样能提高社会的道德水平，也没有什么像财富的减少那样能降低社会的道德水平。现今从莱茵河以迄太平洋这一地区上的一般景况之所以如此苛酷，很主要的原因是太多的人比他们的上一辈穷了。

在决定权力的爱好形式上，技能的重要性是很大的。大体说来，除某些现代形式的战争外，破坏并不需要什么技能，而建设则总是需要一些技能，最高形式的建设，还需要很多的技能。已经学会难学的技能的人，大都以施展他们的技能为乐事，并且情愿干这种较难的活动而不愿干比较容易的;这是因为假定其他一切条件相等,困难的技能更能满足对于权力的爱好。一个学会从飞机上投掷炸弹的人宁愿干这种职业,而不愿干在和平时期可能给他干的那些单调无聊的职业;但是一个学会了(比如说)抗治黄热病的人又情愿干这种工作而不愿干战时的军医工作。现代战争要求很多种技能,这就有助于使现代战争对于各色各样的专家都有吸引力。许多科学技能在平时或战时是同样需要的;一个爱好和平的科学家无法保证他的发现或发明不会被用来扩大下次战争的破坏性。不过,大体上说,主要用于和平事业上的技能跟主要用于战争上的技能还是有区别的。既然存有这种区别,那么,一个人的技能如果是属于前一种的,他对权力的爱好就会使他倾向和平,但如果是属于后一种的,他对权力的爱好就会使他倾向战争。这样,专门技术训练在决定权力爱好要采取何种形式上,就能起很大的作用。

说服是一回事,武力又是一回事,这种说法并不完全正确。有多种(其中有许多甚至是人人赞许的)形式的说服实在就是武力。试看我们是怎样对待儿童的。我们不对他们说:“有人说地球是圆的,也有人说是平的。将来你们长大了的时候,如果有兴趣的话,可以把他们的论据检查一番而作出你们自己的结论。”我们不说这些而只说:“地球是圆的。”到了儿童成长到能够检查论据的时候,我们的宣传业已堵塞了他们的思想,因此,“地平学会”即使是最有说服力的论证,在他们心里也不能产生印象了。同样的道理也适用于我们认为真正重要的道德箴言上,例如“不要挖鼻孔”或“不要用刀吃豆子”。用刀吃豆子可能还有值得赞许的理由(不过我不知道),但在早年受了说服的催眠式的影响,我已经完全不能鉴赏这些理由了。

权力的伦理,不在于区别何种权力是正当的以及何种不是正当的。正如刚才我们所看到的,在某些情况下,我们所赞成的那种形式的说服,实质上却是行使武力。差不多每个人都会赞成在一些不难想象的情况下对人身行使暴力甚至于杀害。假定你突然看到盖伊·福克斯[①]正给导火线点火,假定你只有开枪打死他才能阻止这场灾祸,那么,即使是和平主义者,也必然有多数人承认你开枪射击是对的。企图用抽象的一般原则来处理问题,颂扬某种行为,又谴责某种行为,是无益的;我们必须以行使权力的结果来判断权力的行使是否正当,因此我们首先就必须弄明确我们所要求的结果是什么。

照我的看法,我认为无论什么样的善或恶都体现在个人身上,而主要不在社会。可以用来支持总体国家[②]的一些哲学,特别是黑格尔的哲学,把道德品质归因于社会,因此,尽管大多数人民处于悲惨境地,而国家却是值得称颂的。我认为这种哲学是为当权者的特权辩护的一种欺骗,不管我们的**政治**是怎样的,不民主的**伦理**总是不可能有站得住的论点的。所谓不民主的伦理,我的意思是指这样的伦理:挑选出一部分人来,并且说:"这些人应该享受好东西,其余的人只应为他们服役。"在任何情况下,我都要反对这种伦理;不过这种伦理,正如上一章所说的,有一个自我否定的不利

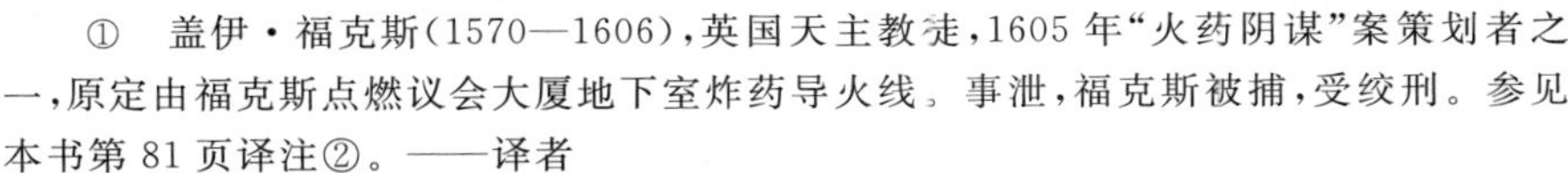

① 盖伊·福克斯(1570—1606),英国天主教徒,1605年"火药阴谋"案策划者之一,原定由福克斯点燃议会大厦地下室炸药导火线。事泄,福克斯被捕,受绞刑。参见本书第81页译注②。——译者

② 指法西斯统治时期的意大利。——译者

处境，因为超人事实上没有多大可能能像贵族政治理论家为他们所设想的那样生活。

人们所想望的事物，有些在逻辑上是能为大家所享有的，但也有些受它们本身性质的决定，只能为社会上一部分人所享有。大家——有一点合理的协作——都可以生活得相当宽裕，但不可能大家都享受比邻人更富有的乐趣。大家都能享受某种程度的自我支配权，但不可能都成为支配别人的独裁者。也许将来会出现一个人人都相当聪明的民族，但也不可能人人都得到为奖励特殊才智而设置的奖赏，如此等等。

对于能够普及一般人的好事(例如适当的物质福利、健康、才智以及并非由于比别人占优势而可能有的各种形式的幸福)实行社会协作是可能的。但在竞争中获得胜利所形成的幸福是不能普及的。前一种形式的幸福是友好的感情促成的，而后一种幸福(连同其连带的不幸福)是不友好的感情促成的。不友好的感情完全能制止对于幸福快乐的合于理性的追求；现今在国与国之间的经济关系上就是如此。假如一个地方的居民中间友好的感情占优势，那么，不同的人的利益或不同的团体的利益，就不会发生冲突；现今所存在的各种冲突，都是从不友好的感情中产生出来的，而这些冲突回过来又加深不友好的程度。英格兰与苏格兰打了几百年的仗；最后在王位继承上出现了一个偶然事件，使两国有了一个共同的国王，于是战争就停止了。结果，每个人都比以前幸福了，甚至约翰逊博士也不例外，因为他说的笑话无疑比打胜仗给他以更多的乐趣。

关于权力的伦理学这一个题目，现在我们可以得出一些结论了。

有权力的人（我们大家都有一些）的最终目的应该在于增进社会协作，不是彼此对抗的团体之一的内部协作，而是全人类的协作。现在，实现这一目的的主要障碍是存在着不友好的感情和超越别人的愿望。这种情感能直接通过宗教与道德来减少，或者间接通过改变政治经济环境来减少，即把现今刺激这种情感的政治经济环境除掉，特别是国家间的权力竞争以及与此有关的国家大工业间的财富竞争。这两种方法都是需要的，它们并不互相抵触，而是互相补充。

大战以及作为它的余害的独裁政体使很多人只重视军事的和政府的力量，而低估其他一切形式的力量。这是一种短视，而且不符合历史的看法。假如要我选出四个比其他任何人都有更大的力量的人来，我就提出释迦牟尼、耶稣、毕达哥拉斯和伽利略。这四个人在宣传上未获巨大成功以前，没有一个人得到过国家的支持。四人中没有一个生前得到过很大的成功。这四个人如果以追求权力为他们的主要目的，他们就不会有一个人能对人生产生如此重大的影响。他们不曾有一个人追求过奴役别人的权力，而只追求旨在解放别人的权力——前二人指出如何克制那些引起冲突（从而引起失败与奴役以及被统治）的欲念；后二人则指出通向控制自然力的途径。治理人民终究不是依靠暴力的，而是依靠投合人类共同愿望的那些人的智慧，这些共同的意愿是希望幸福、希望国内外和平以及希望理解那个不由我们决定，但必须生活于其中的世界。

第十八章　对权力的节制

“孔子从泰山脚下经过，看见一个妇人在坟旁哭得很悲伤。孔子赶紧把车子驱向她那里，并且派子路去问她哭的情由。子路问道：‘你哭得这样悲伤，难道有重大的伤心事情吗？’那妇人回答说：‘是这样的。先前，我公公在这里被虎咬死。我的丈夫也被虎咬死，而现在我的儿子又被虎咬死了。’孔子说：‘为什么你不离开这里呢？’妇人说：‘这里没有暴虐的政治呀！’孔子听了这话之后说道：‘弟子们！你们记住：暴虐的政治比虎还凶呢！’”

本章的主题是，怎样才能保证政治不如老虎凶猛。

从上面援引的一段话看来，节制权力这一问题是很早就存在的了。道家认为这个问题是无法解决的，因而主张无为；儒家则相信通过某种伦理的和政治的训练，可以使掌权者成为温和仁爱的贤人。在这同一时期，民主政治、寡头政治以及僭主政治正在希腊互争雄长；人们曾想用民主政治阻止权力的滥用，但民主政治不断地成为政治煽动家博取一时人望的牺牲品，因而不断地招致失败。柏拉图也像孔子一样，企图以哲人政治来解决这个问题。后来韦伯夫妇重申此说，他们称颂一种寡头政体，主张在其中掌权的以有“领导才能”的人为限。从柏拉图到韦伯这段时期中，世界上曾试行过军事独裁政治、神权政治、世袭君主政治、寡头政治、民主政治以及圣人政治。圣人政治，在克伦威尔试行失败后，今天又被列宁和希特勒恢复起来。这一切都说明我们的问题还没解决。

对于每个研究历史或人性的人来说，有一点一定是明白的，那就是民主政体纵然不是圆满的解决办法，但总是解决办法中的主要部分。如果我们把自己局限在政治条件方面，就找不到圆满解决的办法。我们还必须考虑到经济条件、宣传条件以及受环境和教育影响的心理条件。因此，我们这里的主题就分为四部分：(1)政治条件，(2)经济条件，(3)宣传条件和(4)心理和教育条件。现在依次一一叙述。

I

民主政体的优点是消极的：它只能防止某些弊害的发生，而不能保证良好政治的实现。直到妇女参政时为止，出嫁的妇女对于自己的财产，甚至对自己赚得的钱，都是无权支配的。一个打杂女工的酒鬼丈夫如果不许她用她自己的工资维持孩子们的生活，她就一点办法也没有。十八世纪和十九世纪早期的寡头政治的议会，利用它的立法权力把城乡劳动者的待遇都压低下来，借以增加富人的财产。只有民主政治阻止了取缔工会主义的法律。如果没有民主政治，美国西部、澳大利亚以及新西兰就会是处于半奴隶状态的黄种人居住而由少数白种贵族加以统治的地方。奴隶制和农奴制的弊害是众所周知的。在少数人牢固地把持政权的地方，多数人或迟或早地会沉沦为奴隶或农奴。全部历史表明，也可想象得到，不能信赖少数人来照应多数人的利益。

现今有一种倾向(其强烈不亚于在以前任何时期),认为由“好”人组成的寡头政府是值得赞许的。直到君士坦丁以前的罗马帝国的政府是“坏”的,从君士坦丁开始,它就变“好”了。圣经的《列王纪》里的国王,在上帝看来有些是行为正当的,也有些是作恶的。在讲给儿童听的英国历史中,有“好”的国王,也有“坏”的国王。犹太人的寡头政治是“坏”的,而纳粹党的寡头政治就是“好”的。沙皇时代贵族的寡头政治是“坏”的,而共产党的寡头政治就是“好”的。

成年人采取这样的态度是不足取的。一个小孩听话的时候,他就是“好”的,他不听话的时候,就说他“淘气”。小孩长大成人并且成为一个政治领袖之后,他保持着育儿室的观念,把服从他的命令的人算是“好”的,把不服他的命令的人算是“坏”的。结果,我们自己的政党是“好”人组成的,反对党是“坏”人组成的。“好”政府是我们一群人组成的政府,“坏”政府是那另一群人组成的政府。蒙太古家族是“好”的,凯普莱特家族是“坏”的;或者相反。

这种观点如果是认真的,就使社会生活无法忍受。只有靠武力才能决定哪一个集团是“好”,哪一个集团是“坏”,而且决定作出之后,任何时候又都可能被起义者推翻。这两个集团中的任一个当权之后,不会关心另一集团的利益,除非怕引起反抗。社会生活如要比暴政还好一点的话,就必须有一定程度的公平。既然在许多事情上集体行动是必不可缺的,那么,在这类事情上,体现公平的唯一可行的形式就是多数人的统治。

民主政体虽然是必要的,不过绝不是节制权力所必须的唯一政治条件。在民主政体之下,多数人对少数人实施野蛮的而且完全不必要的暴政也是可能的。从 1885 年到 1922 年，联合王国的政府是民主的（除妇女无参政权这一点而外），但它并未阻止对爱尔兰人的压迫。不但是少数民族，就是宗教或政治关系上的少数人，也可能遭受迫害。在不想推翻守法的政府的限度内，如何保护少数是节制权力的一个主要方面。

这就需要考虑，对哪些事情社会必须一致行动，对哪些事情不必要一致行动。不可不由集体作决定的问题，最明显的是主要和地理有关的问题。公路、铁道、下水道、煤气输送管等必须采取一定的方向。疾病预防，如预防瘟疫和狂犬病等，也是与地理有关的：不能容许信基督教的科学家们不采取预防措施，因为他们也可能传染别人。战争也是一种地理现象，除非是内战；而即使是内战，不久也会出现这一地区由这一方控制、另一地区由另一方控制的现象。

凡在地理上集中居住少数民族的地方，例如 1922 年以前的爱尔兰人，用移转人口的办法可能解决许多问题。但如少数民族分散居住在有关区域之内，这个办法大体上就行不通了。基督教徒和穆斯林相邻居住时，他们固然有不同的婚姻法，但除与宗教有关时，他们都必须服从同一个政府。人们逐渐觉得宗教上的统一对于国家并不是必要的，新教徒与旧教徒可以和平共处在同一个政府之下。但这却不是宗教改革以后头一百三十年里的情形。

社会秩序容许多大程度的自由，这是一个不能拿抽象理论来解决的问题。在抽象的理论上只能说：当自由要受到干涉的时候，若没有维护集体决定的专门理由，就必须有维护公共秩序的某种坚强理由。在伊丽莎白统治时代，当罗马天主教徒想废黜她的时候，政府对他们加以歧视是不足为怪的。尼德兰的情况与此类似；尼德兰的新教徒反抗西班牙，可想而知，西班牙人也会迫害他们。现今神学上的问题已经失去这样大的政治重要性。就是政治上的分歧，只要没发展到太深刻的程度，也不能成为迫害的理由。保守党人、自由党人以及工党人大家都可以和平相处，因为他们都不想用武力来改变宪法；但法西斯党人和共产党人是比较难以和解的。在实行民主政治的地方，如果少数人企图用武力攫取权力并煽动这种企图，那是可以合乎情理地加以禁止的，理由是守法的多数人有权利享受宁静的生活，假如他们能够获得这种生活的话。一切并非煽动破坏法律的宣传都应该容许，而且法律要宽大，其宽大程度应该适应于技术的功效和秩序的维持。我们以后研究心理条件时还要回到这个题目上来。

从节制权力的观点看，关于管辖单位的最合宜的大小是有很困难的问题的。在幅员广大的现代国家中，即使实行民主政治，普通公民的政治权力感仍然是很微弱的；他对于选举期中各党政策的争端并不加以判断，因为这些争端所涉及的问题，很可能都远离他的日常生活，又几乎完全超出他的经验之外，他的一票对整体作用之小，使他自己觉得是无足轻重的。这些毛病在古代城邦里要少得多；在今天的地方政治上也是如此。也许有人会想公众对地方问题要比对国家问题兴趣大些，但情况并不如此；相反地，地区越广，不怕麻烦而参加投票的选民所占的百分比却越大。这部分是由于在重要选举上所花的宣传费较多；另一方面也由于选举争论的本身更有刺激性。最引人激动的是有关战争的争论以及如何对待可能的敌人的争论。我记得 1910 年 1 月，有一个乡下人告诉我，他要投保守党的票(这是违反他的经济利益的)，因为他相信了如果自由党获胜德国人在一个星期之内就要占领英国的说法。不能想象这个人在教区议会选举里投过票，尽管他在教区议会选举里可能对一些争论问题有了一点认识；但因为那些问题不是激起群众歇斯底里或制造滋养歇斯底里的无稽之谈的问题，所以没能打动他。

这样，就左右为难了：如果团体是小的，民主政治就使人觉得他享有一分有效的政治权力，但团体大的时候就不是这样；另一方面，如果团体是大的，争论的问题就很可能使他觉得是重要问题，但如团体是小的就不是这样了。

当选举区以职业划分而不以地域划分的时候，这一困难在某种程度上可以避免。例如在工会里，真正有效的民主是可能的，每一个分会都能开会讨论一个长期争论的政策问题。会员的利益和经验都是相似的，因此讨论就可能得到成果。所以总会所作的最后决定，会员中的大多数人可能都会感觉有他们自己的一份。

不过这个办法是有明显限制的。许多问题根本上是地域性的，所以地域选举制是免不掉的。公共团体对于我们的生活发生影响的方面是太多了，事务繁忙的人如果不是政治家，对于和他有关系的大多数地方性或全国性的问题是不可能都采取行动的。把工会选举负责人员的办法加以推广，可能是一个最好的解决办法。工会负责人员是作为一定利益的代表人而被选举出来的。现今有许多行业还没有这样的代表人。如果不仅在于政治上，而且在心理上都有民主，那就需要有代表各种不同行业的组织，这种组织在政治事务上应该由什么样的人作代表，这由组织的构成单位的数目和心向来决定。我并不是说这些代表应当代替议会，而是说它们应该成为议会了解各种公民团体的愿望的媒介。

现在来看联邦制度。当联邦中各组成单位的地方利益和情感比联邦本身的利益和情感更强烈的时候，联邦制就是值得企求的。假如有过一个国际政府的话，那它一定是一个各国政府所组成的、权力受有严格限定的联邦政府。为了某些目的，例如邮递，现在已经有了一些国际性的权力机构，不过这些目的不像本国政府自己的目的那样引起公众的兴趣。如果不是这样，联邦政府就往往侵犯成员国政府的权力。在美国，自从第一次制定宪法以来，联邦政府以州为牺牲而加强了自己。同一趋势也曾存在于1871—1918年间的德意志。即使是一个世界性的联邦政府，如果它为了成员脱离联邦的问题而卷入内战（这是很可能发生的），那么，战争如果获胜，它比各成员国政府一定会无限地强大起来。因此，作为一种方法，联邦制的功效是有很明确的限度的；不过在限度之内，它还是值得企求的，也是重要的。

在现代世界上，辽阔的管辖区域，似乎是完全不可避免的了；的确，为了某些最重要的目的，尤其是和平与战争，只有全世界才是一个够大的区域。对于大区域的一些精神上的缺点（特别是普通选民的无能为力的意识以及对于大多数争论问题的无知），必须加以承认并尽量减少。减少的办法，部分就像上面所提出的，设置代表各种利益的组织，部分是采用联邦或地方分权的办法。个人必须有所服从是社会组织不断增强的必然结果。但是假如战争的危险消除了，地方性的问题就将重新居于首要地位，并且人们的政治兴趣将比现在大大地集中到他们既熟悉又能说出有分量的话来的那些问题上去。正是由于害怕战争(这一点甚于其他一切原因),人们才不得不注意一些远方的国家和本国政府的对外活动。

在施行民主政治的地方,设法保护个人和少数党派、少数民族等,使之不受暴虐仍然是必要的。这既因暴虐本身是要不得的,也因暴虐很可能引起秩序的破坏。孟德斯鸠的立法、行政、司法三权分立的主张,英国人对于制衡原则的传统信任,边沁的政治学说以及十九世纪自由主义的全套理论,其目的都在于防止专横地行使权力。但是这些方法终于被认为是与效率相矛盾的了。从前,立法和行政不能取得一致的时候,结果就出现非常麻烦的僵局;如今在英国,这两种权力无论从哪一点来看,都在内阁里联合起来了,这就使效率得到了保证。十八、十九世纪防止专横使用权力的那些方法,已不复适合我们的情况,而现在所有的一些新方法又还不曾有很大的效果。为了保障各种形式的自由以及为了能及时批评越权的官员、警察、地方首长和法官,就必须有各种社团的存在。此外,在每一个重要的公共事务部门中,也需要有一定的政治均势。例如,警察和空军人员的见解往往比一般普通百姓反动得多,这一事实就是对民主政治的一种威胁。

在每一个民主国家中,如果只想给予个人或团体以某种明确规定的职能,而不加抑制,那么,个人或团体就很可能取得非常不良的独立权力。这在警察部门尤其确实。欧内斯特·杰罗姆·霍普金斯在其《我们的不法警察》一书中,叙述了在美国由于对警察监督不严而引起的各种弊害。问题的中心是:警察凭他所作的有助于给犯人定罪的行动而得到提升;法院凭口供定罪;因此个别警官为了自己的利益就对被捕者实行刑讯,一直到他们招供为止。

这种弊病在各国都有，只是程度不同而已，在印度极为严重。在中世纪天主教的宗教裁判所里，刑讯也是为了逼取口供。在旧中国[①]，对嫌疑犯施行拷问是常事，因为仁慈的皇帝下过诏书，除根据口供外，不得给任何人定罪。为了抑制警察权力，一个重要办法是在任何情况下一概不许以口供作为犯罪的证据。

这样的改革，虽然是必要的，但还不够。一切国家的警察制度都建立在这样一个假定上：对于嫌疑犯，搜集于他不利的证据是公益的事情，而搜集于他有利的证据是他自己的事情。人们常说，开释无辜比处分罪犯更为重要，但不论在什么地方，警察的责任总是搜求犯罪的证据，而不是搜求无辜的证据。假设你被诬告犯了杀人罪，并且真正是表面上证据确凿的案件。国家就要发动各方面的力量来寻找能够充当于你不利的证人，并用最有能力的律师来使陪审团的心里产生对你不利的成见。同时你必须自己花钱搜集证据来证明你的无辜，没有公共组织会给你帮助。如果你申报贫穷，会分派给你一个辩护人，但他很可能不像检察官那样有能力。如果你获得开释，你就只能依靠电影和星期报刊才能免于破产。但不幸的是你多半是要被冤枉判罪的。

如要保护守法的公民免遭警察不公正的迫害，就必须有两套警察和两个警察厅。一套警察像现在一样职在证明犯罪，另一套警察则职在证明无辜；除检察官之外，还必须有一种公设辩护人，在法律地位上和检察官同等重要。这种办法一经施行，开释无辜显然就不次于处分罪犯之为有关公益的事了。对于特定的犯罪，

① 指辛亥革命前的中国。——译者

就是以检举为职责的警察在行使“职权”上的犯罪，以辩护为职责的警察还应负起检举责任。只有这种办法，而没有其他办法（就我之所见）能减轻现时警察的压迫势力。

II

现在我来研究为专横的权力缩减至最低限度所需要的经济条件。这个问题很重要，一则它本身具有重要性，再则在这个问题上存在着很多的混乱思想。

政治上的民主主义，虽然解决了我们问题的一部分，但没有全部解决。马克思指出，经济权保持为君主的或寡头的权力，仅凭政治是不可能实现真正的权力平等的。由此得出：经济权必须由国家掌握，而这个国家又必须是民主的。现今自命为马克思信徒的人，只遵守了他的学说的一半，而把国家应该民主的要求抛弃了。这样，他们就把经济权力和政治权力都集中在寡头政治集团之手，结果，这样的寡头政治集团比从前任何一种寡头政治集团更有权力、更能施行暴政。

旧式的民主主义和新式的马克思主义都旨在节制权力。前者之所以失败，是因为它仅仅是政治的，后者之所以失败，则因为它仅仅是经济的。不把二者结合起来，问题是不可能得到解决的。

赞成土地和大型经济组织归国家所有的论点，部分是技术上的，部分是政治上的。特别强调技术论点的人除了费边社以外，并不很多；在美国当联系到田纳西流域管理局这类事情时，在一定程度上，也是强调过的。然而这类论点很有力量（特别是涉及电力或水力问题的时候)竟使保守党政府都采取一些从技术观点看是社会主义的措施。我们已经知道,作为近代技术的结果,各种组织是怎样成长、合并以及扩大它们的范围的;不可避免的结果是:国家要么必须承担越来越多的经济职责,要么必须让出一部分权力给那些强大得足以抗拒或操纵国家的私人大企业。国家对这样的企业如未取得支配权,就成为这些企业的傀儡,而这些企业就成了真正的国家。在具备现代技术的任何地方,经济权与政治权好歹要设法统一起来。这种倾向于统一的运动具有不可抵抗的不以个人意志为转移的性质,马克思把这一性质归属于他所预言的那种发展。但是它和阶级斗争或无产阶级所受的损害并没有关系。

社会主义,作为一种政治运动,目的在于增进工业工资劳动者的利益;它在技术上的优点是相对不甚显著的。社会主义认为私人资本家的经济权力使他能够压迫工资劳动者,而工资劳动者既然不像从前手工业者那样各自享有生产手段的所有权,那么解放他们的唯一途径就是实行全体工人的集体所有制。它认为如果没收私人资本,就可由全体工人组成国家;结果,经济权力的问题就能通过国有土地和国有资本的办法获得完全解决,并且认为没有其他办法。这是节制经济权力的一个建议,因此属于我们现在讨论的范围。

在考查这种论点之前,我想明确地说,如果这种主张能有充分的防治毛病的办法并把内容再加以充实,那么,它是不能反对的。相反地,如果不能这样,我就认为它是很危险的,很可能把那些想在经济压迫下求得解放的人引上一条完全错误的道路,使他们于无意之中造成一个既是经济上的又是政治上的新暴政,比以前任何时代的暴政都更猛烈、更可怕。

首先，“所有权”，和“管理权”并不是一回事。比方说，假如一条铁路是国有的，而国家又被认为是公民的全体；这一情况并不保证每个普通公民都有管理铁路的权力。让我们回忆一下伯利与米恩斯关于美国大公司的所有权和管理权所作的论述。他们指出：在大多数的这类美国公司里，全体董事的股份合起来通常也不过占全部股份的百分之一或百分之二，但事实上他们掌握全部管理权：

“在选举董事会的过程中，股东通常只有在下列三种办法中择一而行。他可以放弃投票权；他也可以出席年会并按照他的股权亲自投票；他还可以签署一张委托书将他的投票权委托给公司董事会所选派的某些人即代理委员会行使。一个股东除非保有大量股票，否则他亲自参加投票在大会上只起极小的作用或者根本不起作用；事实既是这样，他就只剩两个办法可供选择，一是根本不投票，另一是把他的投票权让给他无权加以管理也未曾参与其选派的人。无论选择上面所说的哪种办法，他都不能行使任何程度的管理权。说得更恰当些，管理权往往操之于选派代理委员会的那般人手里……既然代理委员会是本届董事会任命的，因此董事会在实际上能支配他们自己的继任人。”①

应该注意上面所描写的这种自己无可奈何的人，不是无产阶级而是资本家。他们对于公司享有合法的权利。假如运气好的话，这种权利可以使他们得到一定的进款。就这个意义来说，他们

① 前引书，第 86—87 页。

是公司的部分所有人。但由于他们没有管理权,他们的进款往往是靠不住的。1896 年我第一次访问美国的时候,美国有很多铁路公司破产,我大为惊讶;经过了解,我发现并非由于董事无能,而是由于他们要一种手腕:这些董事用各种方法把普通股东的投资转移到对他们有巨大利益的其他公司里去了。这是一个很露骨的办法。现在事情虽然做得比较端正些,但原则还是一样的。在任何一个大公司里,管理权必然不像所有权那样分散,这样做所带来的好处,开头虽是行政策略性的,但能成为无限财富的源泉。低声下气的股东们是能够有礼貌地并且合法地加以掠夺的;唯一的限度是,股东们不可以有那种使他们把将来的储蓄保存在长袜里的惨痛经验。

当国家取公司的地位而代之的时候,情形也没有什么根本不同之处。既然一般股东之无可奈何是由于公司组织庞大的缘故,那么,一般公民对于国家就更为无可奈何了。一艘军舰诚然是公共的财富,但如果你根据这个理由就想行使所有主的权利,那就立即有人来使你不敢越轨。当然,你也有报复的办法,那就是在下届大选中,你可以投主张缩减海军预算的候选人的票(如果你能找到这样一个候选人的话);或者你还可以在报刊上写文章正告水兵们应该对观光的人更有礼貌些。但超过这些,你就什么也不能做了。

但是有人说,这条军舰是属于资本主义国家的,如果属于工人的国家,那就一切都会不同了。在我看来,这一见解表明此人没有理解现今的经济权力是管理权力的问题,而不是所有权的问题。比如说,美国钢铁公司被美国政府接收,它仍然要有人管理;这些管理人员可能就是现在管理它的原班人马,也可能改为具备类似能力与类似见地的另外一些人。现在他们用来对待股东的态度，到那时就会拿来对待公民了。诚然，他们会服从政府，但是除非政府是民主的并且是对舆论反应迅速的，否则，政府的观点和管理人员的观点也不会有什么不同之处。

由于马克思与恩格斯的权威的作用，马克思主义者保存着许多属于上一世纪四十年代的思想方法，依然把企业看成是属于个人资本家的东西，而没有从所有权与管理权的分立中吸取教训。重要的人是掌握经济管理权的人，而不是享有一点儿所有权名义的人。英国首相并不享有唐宁街十号官邸的所有权，英国的主教们也不享有他们官邸的所有权；但如根据这一点就认为他们在居住方面不比一般工资劳动者好，那就未免荒谬了。在任何形式的社会主义之下，如果它是不民主的，掌握经济管理权的人尽管没有任何所有权，却能居住壮丽的官邸，乘坐最漂亮的汽车，享有王侯般的娱乐津贴，用公费于官员假日游乐地度假，等等，等等。为什么这般人一定会比现在当权的人更关心寻常的工人呢？除非寻常的工人能剥夺这般人的地位，此外是没有关心的理由的。再者，小投资人在现时大公司里的从属地位也说明管理人员压制民主是如何容易，即使“民主”是资本家们组成的。

因此，如果要使国家对于经济企业的所有权和管理权在某种程度上有益于一般公民，那民主就不仅是必需的，而且还需是有实效的。获得有实效的民主，在以后将比现在更加困难，这一方面是由于官吏阶级，如果不加严密的监督，将把现今政府的以及工业和金融管理人的各种权力集于一身，另一方面是由于现在鼓动反抗政府的一切手段都将由政府亲自办理，它将成为大会堂、报纸以及

宣传的其他一切必要设备的唯一所有人。

因此，把一切大型工业和金融业的所有权与管理权归于公众所有，虽然是节制权力的一种必要的条件，但远不是充分的条件。它需要有比过去有过的任何纯粹政治民主更彻底、更能周密防止官吏专横、并为宣传自由更有审慎规定的民主以为补充。

脱离民主的国家社会主义，其危险性是很大的，这已由苏联国内的事态发展所证实了。有些人以信仰宗教的态度来信仰俄国；在他们看来，哪怕是审查一下证明在俄国一切都不令人满意的证据都是不虔敬的。但是狂热者中的过来人所提供的证据，对于在这个问题上抱有理智的人却越来越有说服力量。我们在以前各章所提过的来自历史和心理方面的一些论证已经表明了期望不负责任的权力变成善良该是如何地轻率。关于权力，实际发生的情况，已经由尤金·莱昂斯归纳在下面的一段话里：

“达于极端的专制主义意味着在一个垄断一切生活手段与意见表达手段、工作与娱乐、报酬与处罚的国家里，有几十万甚至几百万的大小独裁者。集权的专制统治，必须通过一个被授权的‘人的机器’以发生作用。这个‘人的机器’就是一个等级官僚制度的金字塔。每一级的人对上级卑躬屈节，对下一级则傲慢专横。除非有控制每一个人（哪怕这个人是上帝选定的神圣的国王）的真正民主管理这种制动器和严格守法这种矫正仪，权力机器总是要变成压迫机器的。在只有一个雇主（国家）的地方，一个人如果要在经济上获得生存，首先应该服从一条法则，那就是温顺。如果同一官僚集团掌握着秘密逮捕与秘密惩罚、褫夺公权、雇用与解雇以及派定配给供应物的项目与居住面积等一系列吓人的权力，那么，只有低能儿或对殉难有反常爱好的人，才不对他们叩头。”[①]

在权力集中于一个组织——国家的情况下，如要避免产生极端专制的流弊，就必须把那个组织里面的权力广泛地分散开，并使下级组织享有大量的自治权。如果没有民主、没有地方分权、不取消法外处罚，那么，经济权与政治权的统一只会是一个新的、骇人听闻的暴政工具。在俄国，集体农庄的农民如果拿了他亲自生产的粮食的一部分，就要受死刑的处分。制定这条法律的时候，正是成百万的农民由于饥荒而死于饥饿和随之而来的疾病的时候；对于当时的饥荒，政府却有考虑地没使它有所减轻。[②]

III

现在我再讲节制权力的宣传条件。显然，公开的诉苦必须是许可的；宣传鼓动只要不嗾使人们违犯法律，必须是自由的；对于越权或滥用权力的官吏，必须有弹劾的方法。今天的政府不能靠威吓、选民登记的舞弊以及任何类似的方法，来保持自己永久的地位。对于显要人物的任何有根据的批评，都不应加以处罚，无论处罚是官方的或非官方的。这一切，在现今民主国家中，很多已通过政党政治而实现了，政党政治使当政的政治家们变成几乎全国半数人口敌对批评的对象了。这就使他们不可能犯在其他情况下容易犯的许多罪行。

① 《乌托邦任务》，第 195 页。

② 同上书，第 492 页。

上述的一切，当经济权垄断在国家手里而不归资本家掌握的时候，更加重要，因为国家手里的权力总是要大大扩张的。以公用事业中的女雇员这一具体事件为例。她们目前有不满情绪，因为她们的工资率比男子低。她们有很多合法的方法可以用来发表她们不满的意见。如果为了使用这些方法而竟对她们施加处罚，那是不妥当的。实行社会主义就必然会消灭现有的不平等现象，作这样的假定是没有任何理由的，但现在用以反对不平等现象的各种鼓动手段，除非明文规定，否则都是要消灭的。报纸和印刷厂都要属于政府，只会刊印政府规定的东西。我们能设想政府会刊印攻击它自己的政策的东西吗？如果不能这样设想，印刷品就不会是政治鼓动手段了。公开集会同样是困难的，因为会场也是政府所有的。因此，除非在保障政治自由这方面有详尽的规定，不满的情绪是没有方法发表的，而且政府一旦选出之后，就会像希特勒那样全能，在任期末尾还能很容易为自己的连续当选作好安排。民主政治将名存实亡，其真实性一点也不会多于罗马帝国时代苟延残喘的共和制度。

如果认为不负责任的权力只是因为被称为社会主义或共产主义就能奇迹似地免除过去一切专制权力的不良性质，这不过是幼稚的小儿心理：坏君主被好君主赶跑了，什么都好了。如果一个君主是值得信任的，那不是因为他“好”，而是因为“坏”是违背他的利益的。保证有这样的情况就可以使权力成为无害的；但是如果让我们认为的“好”人变成不负责任的专制君主，那就不能使权力成为无害的了。

英国广播公司是国立的机构，它表明宣传自由和政府垄断结合在一起时什么是可能做到的。必须承认,在发生总罢工之类的事时,它不再是不偏不倚的;但在平时,它还是尽可能地比例于人数而表达各种不同的观点的。在社会主义国家里,关于租借开会会场以及印行争辩性文章,也应有类似的安排,以求公平无私。这样做也许是可取的:没有代表不同观点的不同报纸,而只有一种报纸,以不同的版面分配给不同的政党。这样做的好处是使读者看到一切不同的意见,使他们易于减少思想上的片面性,不至于像现在从报纸上永远看不到自己所不同意的东西的人。

在某些领域中,例如艺术、科学以及(公共秩序所许可的)政党政治,一致性是不必要的,甚至是不可取的。这些是竞争的合法范围,群众的感情在这些问题上应该容忍各种分歧的见解,不要暴躁,这一点是很重要的。民主政治如果要成功与持久,就需要容忍的精神,而不需要太多的憎恨和对暴力太多的爱好。说到这一问题,我们就应研究一下节制权力所要求的心理条件。

IV

节制权力所需要的心理条件,在某些方面是最困难的。就权力的心理学来说,我们知道恐惧、愤怒以及各种猛烈的集体激动情绪往往使人们盲从一个领袖,而这个领袖在大多数情况下就利用人们对他的信任使自己成为暴君。因此,假如要维护民主政治,那就要消除造成群情激动的情况,同时也要进行教育,使全体居民不容易产生这种情绪,这都是重要的。在凶恶的教条主义得势的地方,任何为人们所不同意的意见,都易于引起和平的破坏。学童们往往苛待一个意见有些特别的儿童，而许多成年人并未超过学童的心理年龄。大家都有恢弘大度的情感，再带有些微怀疑主义的色彩，这就可使社会合作减少许多困难，并且相应地使自由更可能实现。

复兴运动者的狂热(例如纳粹党人的狂热)通过它所激发起来的干劲和明显的自行克己的精神，引起很多人的赞扬。集体的激动情绪引致不顾痛苦甚至不顾死亡，这在历史上并非罕见。在它存在的地方，是不可能有自由的。对于狂热的人，只能制之以强力；狂热的人不受限制，他们就会用强力来反对别人。我想起1920年在北京所遇到的一个布尔什维克。他在房间里走来走去，嘴里说得完全有道理："如果我们不杀他们，他们就要杀我们。"一方有这样的心情，当然就会引起另一方也有这样的心情，结果就要斗争到底，而在斗争过程中，一切都要服从于争取胜利。在斗争期中，政府为了军事上的原因，取得专制权力；在斗争结束以后，如果政府是胜利的一方，它将利用它的权力，首先肃清敌人的残余势力，然后继续保持它的独裁权力，对它自己的拥护者施行独裁。其结果与狂热者原有的奋斗目标完全是两回事。狂热倒能取得某些成就，可是几乎从未实现它所企求的东西。赞美集体狂热是轻率和不负责任的表现，因为它的结果是残暴、战争、死亡和奴役。

战争是专制政治的主要助长者，并且也是一个极大的障碍，阻止人们建立一种制度以尽量避免掌权而不负责任。因此，防止战争是我们问题的一个主要部分——我应该说是最主要的部分。我相信，如果世界一旦从战争的恐怖中解放出来，那么，不管在什么政体或经济制度之下，总有一天会找出办法来制止统治者的暴虐。

另一方面，一切战争，特别是现代的战争，全都助长独裁的势力，因为战争迫使懦夫追求一个领袖，并使社会上的胆大之徒结成一伙。

战争的危险引起某种群众心理，在有这种心理的地方，它又反过来增加战争的危险，像增加专制政治的可能性一样。因此，我们必须考虑要什么样的教育，以使社会最不容易发生集体的歇斯底里并且最能有效地实行民主制度。

民主政治，如要获得成功，就需要广大人民普遍具有乍看起来似乎是背道而驰的两种品质。一方面，人们必须有某种程度的自信心和诚意以坚持他们自己的见解；必须有许多人参加的见解相反的政治宣传。但在另一方面，人们也必须愿意服从那些反对他们的多数人的决定。这两方面的任何一方面都可能做不到：也许人民服从过甚，以致跟着一个精力旺盛的领袖走上独裁的道路；也许各政党过于固执己见，以致使全国陷入无政府状态。

在这个问题上教育应起的作用，可以从两方面来研究：第一，关于性格和情绪方面；第二，关于教学方面。现在先从第一个谈起。

如果要使民主有实行的可能全体居民必须尽可能消除憎恨心和破坏性，并且还要消除恐惧与奴性。这些情感可能由政治或经济环境造成，但我所要研究的乃是教育在这个问题上所起的那一部分作用。

有些家长和学校一开始就企图教儿童绝对服从，这把孩子们不是造就成奴才，就是造就成叛逆，几乎是必然的；而这两者都是民主国家所不需要的。关于严格的纪律教育的影响问题，我所抱的见解正是欧洲一切独裁者的见解。在大战后，几乎欧洲一切国家都出现了许多实行自由制度的学校，其中既无太多的纪律，也无太多的尊师礼节。但是军事独裁国家，包括苏维埃共和国在内，一个接一个地禁止了学校中的一切自由，恢复了老一套训导办法，并把教师看成为元首或领袖的缩影。我们可以推断，一切独裁者都认为学校中某种程度的自由是实行民主的专门训练，而学校中的独裁则为国家实行独裁的天然前奏。

民主国家中的每个男人和女人，既不应是奴才，也不应是叛逆，而只应是公民，即只应是不但自己有而且也容许别人有适量但并不过多的统治心理的人，在没有民主的地方，统治心理就是主人对待靠他供养的人的那种心理；而在有民主的地方，这种心理就是平等合作的心理。在平等合作中，一个人可以坚持自己的主张，但不得超过某种限度。

这就使我们接触到许多民主主义者的烦恼的根源，那就是称为“主义”的那种东西。对于大多数有关主义、自我牺牲以及英勇献身事业等言论，我们都应该多少以怀疑的态度来仔细想想。只要稍有一点心理分析，常常可以看出这些美妙词语所包含的实在是完全是不同的事情，例如自鸣得意、仇恨或要求复仇，这些都被当作高尚的理想主义形式而理想化、集体化和人格化了。一个好战的爱国者愿意或甚至于迫切希望为他的国家而战，但我们仍有理由怀疑他有一定程度的嗜杀性。仁慈的人民，即在儿童时代受过仁慈待遇、养成愉快心情，在青年时代又觉得世界是一个亲善场所的人民，是不会发展那种意味着联合起来大量屠杀人民的特殊种类的理想主义叫做爱国主义或者阶级斗争等等的。我认为儿童时代的不幸会加强一个人对残暴形式的理想主义的倾向；如果早年教育在感情上是正确的话，这种倾向是可以减弱的。狂热是部分属于感情、部分属于理智的一个缺点；必须用养成人们仁慈心情的那种幸福和养成人们科学思想习惯的那种理智来和这一缺点作斗争。

保证民主政治成功所需要的实际生活中的气质，正是理智生活中的科学气质。它是怀疑主义和教条主义之间的中途客舍。它认为真理不是完全可以获得的，也不是完全不可获得的；真理在一定程度上是可以获得的，而这必须经过一番困难。

现代式的独裁政治总是与某种信条联系在一起的：或是希特勒的信条，或是墨索里尼的信条，或是斯大林的信条。在任何实行独裁政治的地方，总要趁年轻人能独立思考之前，把一套信念灌输到他们的脑子里去。这些信念的贯注是经常而持久的，为的是希望年轻人以后永远不能摆脱早年所受的教育的催眠影响。灌输这些信念，并不靠提出任何理由来假定它们是真实的，而是依靠鹦鹉学舌式的重复述说以及群众的歇斯底里和煽动。当有两个对立的信条都必须用这种方式来灌输的时候，结果不是产生两个能进行讨论的政党，而是产生两支敌对的军队。每个着了迷的机械式的人，都认为凡是最神圣的东西都和它这一方的胜利联系在一起，而凡是表现在对方身上的东西都是最可恶的东西。这些自我盲信的派系不可能坐在国会里商讨说："让我们来看看究竟哪一方得到多数的赞成。"他们认为这样做太平凡了，因为他们的每一方都认为自己是在为一种神圣事业而挺身奋斗。如果要防止独裁发生，那就必须避免这种教条主义，避免的方法，应当列为教育内容的一个主要部分。

如果我有权执掌教育，我一定要让学生听到各党派关于每个时事问题的热烈而雄辩的演说，这些人应该通过英国广播公司向学校讲话。教师随后应请学生总结各篇演说的论点，并且要婉转地向学生暗示：雄辩和坚实的论据是成反比例的。不为雄辩所迷，对一个民主国家的公民来说，是极其重要的。

广告家借其制造不合理的信念的手法给别人带了路，现代宣传家又从广告家那里学到了这一套本领。教育应该规划成能够抵消未受教育的人生来就有的轻信和怀疑：前者是信任没有理由的强调言论，后者是对于不曾被强调的言论，即使有十足的理由也不相信。我要从幼儿园开始这种教育——拿两种糖果让孩子们选择：一种很好吃，但用冷静而正确的话介绍它的成分；另一种很难吃，但用第一流宣传家的全部本领来作介绍。稍后不久，我要再让他们在两个地方中选择一个来过乡村假日：其中美丽的地方用普通地图作介绍，而不好的地方用华丽的广告画作介绍。

讲授历史也应以类似的精神为指导。过去有许多著名的演说家和作家以极有学识的姿态辩护某些见解：巫术是真的，奴隶制是仁慈的，等等，现在没有一个人再作这样的主张了。我要让年轻人知道这些能言善辩的人，并让他们同时意识到这些人的辩才和谬见。然后我将逐渐转移到时事问题上去。作为他们历史课上的最后一口美味，我要给他们先读一段关于西班牙问题（或随便哪一个当时最有争论的问题）的《每日邮报》的评述，然后再读一段《工人日报》的评述；最后再要求他们推断事情的真相。毫无疑问，对于民主国家的公民来说，几乎没有什么比从读报中找出事实真相的本领更为有用的了。为了这个目的，把大战紧急时期报纸上的报道和以后的官方记载加以比较是可以受到教益的。并且当你的学生震惊于战争歇斯底里的狂热（为战时的报纸所披露的）而认为不可置信的时候，你就应当警告他们全体人。除非他们很注意培养自己不偏不倚和审慎将事的判断力，否则他们一接触到政府煽动恐怖和刺激战争，一夜之间就会陷入类似的狂热中。

不过，我并不愿意提倡纯粹消极的感情状态；我并不主张把一切强烈的感情都解释为破坏性的。我主张消极态度，仅仅是针对作为集体歇斯底里的基础的那些感情而言的，因为助长战争和独裁的，正是集体的歇斯底里。但智慧并不仅仅是理智的：理智可以领导和指挥但不产生引起行动的力量。力量必须从感情产生。能产生可取的社会效果的感情，并不像仇恨、愤怒、恐惧这类感情那么容易发生。培养这些感情，要多多地靠早期的儿童时代；也要多多地靠经济环境。不过在寻常的教育进程中，我们仍然可以做出一些事情来提供较好的感情赖以成长的养料，并促使人类生活借以具有价值的事物实现出来。

在过去，这一点曾经是宗教的目的之一。不过基督教会还有过其他目的，它们的教义基础还引起一些争论。对某些人，传统的宗教已经不起作用；但为这般人，还有另外的办法。有些人在音乐方面，有些人在诗歌方面，找到他们所需要的东西。对于另外一些人，天文学也有同样的作用。当我们细想星际宇宙之浩大和悠久的时候，在地球这一微不足道的行星上所发生的争论就失去了几分重要意义，我们在争辩中所用的尖刻语言，就似乎有点可笑。当我们被这种消极的情绪所解放的时候，通过音乐或诗歌，通过历史或科学，通过美感或通过痛苦，我们就更能充分地领会人类生活里真正有价值的东西是个人，而不是发生在战场上或政治斗争中的东西，也不是发生在群众向一个由外力强行规定的目标有组织地进军中的东西。社会的有组织的生活是需要的，不过是把它作为一种结构，而不是它本身是什么值得宝贵的东西。人类生活中最有价值的东西和一切伟大宗教家所曾说过的东西是更相近似的。信奉总体国家说的人主张我们最高尚的活动都是集体活动，而我却主张我们大家通过不同的道路到达我们最佳的境地，而且我主张群众的情绪一致性只能出现在一个较低的水平上。

这就是自由主义的观点与极权国家的观点之间的主要差别。前者认为国家的福利最后寄托在个人福利上，而后者则认为国家是目的，个人仅是组成国家的不可缺少的成分，其福利应该服从一个神秘的整体，这个整体其实是统治者利益的一件外衣。古代罗马有一点国家崇拜主义，可是基督教跟皇帝斗争，并且最后获得胜利。自由主义，在评价个人方面，继承基督教的传统；而自由主义的反对者，则在恢复基督教以前的某些主义。崇拜国家的人自始就认为教育是取得成功的关键。例如费希特的《对德国国民的演说》就表现了这一点。演说谈到了教育。费希特的愿望表达在下面的一段话里：

“假如一个人竟然这样说：‘教育把正当的东西指给学生，并竭力对学生推荐。不管谁，怎么还能向教育提出比这更多的要求呢？学生接受不接受推荐，那是他自己的事情。如果他不接受，那是他自己的错误。学生有自由意志，是教育所不能剥夺的。’为了把我所想象的教育的特点说得更鲜明，我应该回答，以前教育所犯的第一个错误以及所以明确地承认它之无能和空洞，正是由于承认了和依赖了学生的自由意志。教育既然承认在它起了最大的作用之后意志仍然是自由的，也就是仍然动摇在善恶两者之间，那么，它就是承认它不能，也不想塑造意志，或者说，由于意志是人的要紧的根本，从而也不改造人；它认为这是完全不可能的。与此相反，新教育则必须在自己的领域里彻底消灭意志自由。”

费希特希望创造“好”人的理由，并不是因为“好”人本身比“坏”人好；他的理由是：“德意志民族只有依靠这样的人（好人）才能存在下去；如果依靠坏人，它必定要与外国合并。”

这一切可以说跟自由主义教育家所希望达到的结果正好相反。自由主义教育家绝不“消灭意志自由”，而要加强个人的判断力；他将尽其所能地把追求知识的科学态度灌输给学生；他将尽力使信念成为试验性质的，对证据反应迅速的；他在学生面前将不装成无所不知的样子，也不借口追求什么绝对的善来向爱好权力的心理表示投降与让步。爱好权力，对教育家来说，和对政治家一样，是主要的危险；凡是可以委以教育责职的人，必须从学生本身的利益出发来关心学生，而不是把他们看作仅仅是某种主义的宣传大军潜在的士兵。费希特及继承他的理想的那些有势力的人看到孩子的时候，就想：“这些都是我所能使用的原料，我能教导他们像机器那样地动作以促进我的目的的实现；他们的生活中的乐趣，自发性、好玩的冲动以及为了发自内心而不是由外力所加的目的而生活的愿望等等，目前一时不免阻碍我的意图的实现，但过了我要规定的在学年限以后，这一切都将归于熄灭；幻想、想象、艺术、思维能力，都将为服从精神所毁灭；乐趣的熄灭将引起对于狂热的感受性；最后，我将看到我的这些人类原料将如采石场上的石头或

煤矿中的煤炭那样易于摆布。在我要领导他们参加的战争中，有些人会死亡，也有些人将继续生存；死的要耀武扬威地死，像英雄一样，活的要带着我的学校已经使他们习惯了的奴隶心理状态，依靠作我的奴隶而活下去。”在任何一个对青年有天然感情的人看来，这一切是可怕的；正如我们教导儿童要尽可能地避免为汽车所伤害一样，也应该教导他们避免为残酷的狂热所摧残。为要达到这一目的，我们应当尽力培养独立思考。这种思考要带一点怀疑态度并且要完全是科学的，此外还要尽可能地保持健康的儿童对于生活生来就有的那种本能的乐趣。自由人应受的教育的任务是：使人对于统治权以外的其他事物的价值所有理解；帮助人创造自由社会中的聪明博学的批评；并且通过公民权和个人创造自由两者的结合，使人能让人类生活发出光彩，而这种光彩已有少数人表明是能够发出来的。

译名对照表

（按中文译名的汉语拼音次序排列）

A

阿贝拉　Abélard
阿比西尼亚　Abyssinia
阿波罗　Apollo
阿布·苏富扬　Abu Sophian
阿德勒，阿尔弗雷德　Adler, Alfred
阿尔卑斯山　Alps
阿尔比派　Albigenses
阿格拉诺夫　Agranov
阿格里琴滕　Agrigentum
阿赫纳顿　Akhnaton
阿卡德　Akkard
阿尔克迈翁家族　Alcmaeonidae
阿里　Ali
阿里乌斯　Arius
阿孟霍特普四世　Amenhotep IV
阿诺德（布雷西亚的阿诺德）　Arnold (Arnold of Brescia)
阿斯特　Aster
阿斯旺　Aswan
阿提拉　Attila
阿维尼翁　Avignon
埃拉斯都，托马斯　Erastus, Thomas
爱奥尼亚人　Ionians
爱德华四世　Edward IV
爱丁堡　Edinburgh
爱吉斯也　Aegesta
艾德里安四世　Adrian IV
艾登　Eden
艾斯纳，库尔特　Eisner, Kurt
安东尼　Antony
安东尼王朝　Antonines
安妮女王　Anne, Queen
安努　Anu
安奇莫利厄斯　Anchimolius
奥尔西尼　Orsini
奥菲拉斯　Ophelas
奥古斯都　Augustus
奥赛罗　Othello
奥斯特利兹　Austerlitz

B

巴巴罗萨，弗雷德里克（即弗雷德里克一世）　Barbarossa, Frederick

C

D

E

F

G

伽利略　Galileo
盖世太保　Gestapo
甘普，萨拉　Gamp, Sarah
高卢　Gaul
哥白尼　Copernicus
哥萨克人　Cossacks
哥特人　Goths
格尔尼卡　Guernica
格拉德斯通　Gladstone
格雷，爱德华，爵士　Grey, Sir Edward
格雷哥里七世　Gregory VII
格利佛　Gulliver
格罗特　Grote
革迦撒人　Girgashtes
圭尔夫　Guelph

H

哈布斯堡王朝　Habsburgs
哈勒维，埃利　Halévy, Elie
哈列斯河　Halys
哈姆莱特　Hamlet
海地　Haiti
海涅　Heine
汉谟拉比　Hammurabi
汉尼拔　Hannibal
汉萨同盟　Hanseatic League
荷马　Homer
赫拉克利图　Heraclitus
赫梯人　Hittites
黑格尔　Hegel
亨来因　Henlein
亨利　Henry
华盛顿　Washington
霍布斯　Hobbes
霍尔斯泰因　Holstein
霍亨斯陶茱王朝　Hohenstaufens
霍亨索伦王朝　Hohenzollerns
霍普金斯，欧内斯特·杰罗姆　Hopkins, Ernest Jerome

J

吉本　Gibbon
吉伯林　Ghibelline
吉卜林　Kipling
加利福尼亚　Califonia
迦南人　Canaanites
迦太基　Carthage
剑桥　Cambridge
杰斐逊　Jefferson
居鲁士　Cyrus
君士坦丁　Constantine
君士坦丁堡　Constantinople

K

卡尔文　Calvin
卡诺沙　Canossa
凯普莱特　Capulet
恺撒，尤利乌斯　Caesar, Julius
凯瑟琳　Catherine
坎特伯雷大主教　Canterbury, Archbishop of
康德　Kant

康斯坦茨　Constance
考兴　Cottian
科尔贝　Colbert
科尔基斯　Colchis
科林斯　Corinth
科隆纳　Colonna
科摩德斯　Commodus
科西嘉　Corsica
克赖顿,M.　Creighton,M.
克兰默　Cranmer
克雷芒五世　Clement V
克留沙　Creusa
克伦威尔　Cromwell
库恩,贝拉　Kun,Béla

L

拉瓦锡　Lavoisier
莱昂斯,尤金　Lyons,Eugene
莱茵河　Rhine
劳合·乔治,戴维　Lloyd George, David
劳伦斯,D. H.　Lawrence,D. H.
勒拿　Lena
"狮心王"理查(即理查一世)　Richard Cœur de Lion
里弗斯,W. H. R.　Rivers,W. H. R.
利奥十世　Leo X
利奥那多　Leonardo
利奥帕第　Leopardi
列宁　Lenin
林白　Lindbergh
林肯,亚伯拉罕　Lincoln,Abraham
卢佛尔　Louvre
卢梭　Rousseau
路德　Luther
路易　Louis
路易斯安那　Louisiana
伦巴第　Lombardy
罗伯斯比尔　Robespierre
罗得西亚　Rhodesia
罗林森　Rawlinson
罗特席尔德　Rothschild
罗耀拉,依格内修斯　Loyola,Ignatius
罗兹,塞西尔　Rhodes,Cecil
洛本久勒　Lobengula
洛克　Locke
洛克菲勒　Rockefeller
洛林　Lorraine

M

马尔巴勒　Marlborough
马基雅维里　Machiavelli
马克思　Marx
马克孙喜厄斯　Maxentius
马克西米利安　Maximilian
马里厄斯　Marius
马伦哥　Marengo
马其顿人　Macedonians
马塔贝来兰　Matabeleland
迈努奇　Mainucci
曼彻斯特　Manchester
曼弗雷德　Manfred
梅迪奇　Medici
美狄亚　Medea

美拉尼西亚　Melanesia
美索不达米亚　Mesopotamia
门罗　Monroe
蒙斯特　Münster
蒙太古　Montague
孟德斯鸠　Montesquieu
孟他努　Montanus
弥尔顿　Milton
米底人　Medes
米恩斯　Means
米兰　Milan
密尔,约翰·斯图亚特　Mill, John Stuart
摩尔人　Moors
摩西　Moses
莫洛克　Moloch
莫卧儿　Mogul
墨索里尼,布鲁诺　Mussolni, Bruno
穆阿维叶　Moawiyah
穆罕默德　Mahomet (Mohammed)

N

拿破仑　Napoléon
纳尔逊　Nelson
南特　Nantes
内皮尔,威廉,爵士　Napier, Sir William
尼布甲尼撒　Nebuchadnezzar
尼采　Nietzsche
尼古拉二世　Nicholas II
尼禄　Nero
尼亚加拉　Niagara
牛顿　Newton
纽卡斯尔　Newcastle
诺曼人　Normans
诺思　North
诺斯替派　Gnostics

O

欧里庇得斯　Euripides

P

派西斯特拉图　Peisistratus
潘克赫斯特　Pankhurst
皮埃蒙特　Piedmont
皮特　Pitt

Q

乔治　George

R

日内瓦　Geneva

S

撒哈拉　Sahara
撒克逊　Saxon
撒母耳　Samuel
萨尔迪斯　Sardis
赛利尼　Syrene
扫罗　Saul
色拉西马克斯　Thrasymachus
塞尼山　Cenis, Mount
莎士比亚　Shakespeare
圣安布罗斯　St. Ambrose
圣奥古斯丁　St. Augustine

圣保罗　St. Paul
圣彼得　St. Peter
圣伯纳德　St. Bernard
圣芳济　St. Francis
圣路易　St. Louis
斯巴达　Sparta
斯巴达克　Spartacus
斯大林　Stalin
斯多噶学派　Stoic
斯密，亚当　Smith, Adam
斯特拉福德　Strafford
斯圈亚特王朝　Stuarts
斯威夫特　Swift
苏格拉底　Socrates
苏美尔　Sumer
苏萨　Susa
梭伦　Solon
索尔　Thor
索雷尔　Sorel

T

台伯河　Tiber
泰图　Titus
特里维廉　Trevelyan
特洛亚　Troy
忒萨利亚　Thessaly (Thessalia)
提森　Thyssen
田纳西　Tennessee
条顿人　Teutons
突尼斯　Tunis
托尔斯泰　Tolstoy
托勒密　Ptolemy
托洛茨基　Trotsky
托尼，H. R.　Tawney, H. R.
托普莱迪，奥古斯塔斯·蒙塔吉　Toplady, Augustus Montague
托斯卡纳　Tuscany

W

瓦伦蒂尼安　Valentinian
汪达尔人　Vandals
威克利夫　Wyclif
威廉二世　William II
威灵顿　Wellington
威尼斯　Venice
韦尔斯　Wells
韦伯　Webb
维多利亚　Victoria
维苏威　Vesuvius
威泰洛佐　Vitellozzo
魏玛　Weimar
温莎　Windsor
倭马亚　Ommiyah
沃波尔　Walpole
乌尔班四世　Urban IV
乌克兰　Ukraine
武尔坎　Vulcan
伍尔西　Wolsey

X

希伯，雷金纳德　Heber, Reginald
希伯来　Hebrew
希尔德布兰德　Hildebrand
希罗多德　Herodotus

希皮阿斯　Hippias
希特勒　Hitler
希未人　Hivites
西尔威斯特二世　Sylvester II
西里西亚　Cilicia
西里兹　Ceres
西西里　Sicily
昔兰尼　Cyrene
锡耶纳　Siena
萧伯纳　Shaw,George Bernard
新奥尔良　New Orleans
辛普森,F. A.　Simpson,F. A.
兴登堡　Hindenburg
休伦　Huron
休因斯,W. A. S.　Hewins,W. A. S
叙拉古　Syracuse
薛西斯　Xerxes

Y

雅各宾党人　Jacobins
雅克　Jacgues
雅利安人　Aryans
亚伽多克利斯　Agathocles
亚甲　Agag
亚卡伽突斯　Archagathus
亚里士多德　Aristotle
亚历山大六世　Alexander VI
亚历山大大帝　Alexander the Great
亚玛力人　Amalekites
亚马孙河　Amazon
亚美尼亚　Armenia
亚摩利人　Amorites
耶伯斯人　Jebusites
耶路撒冷　Jerusalem
伊阿宋　Jason
伊厄提斯　Aeetes
伊赫纳顿(亦称阿赫那顿)　Ikhnaton
伊丽莎白女王　Elizabeth,Queen
英诺森四世　Innocent IV
尤尔,D. N.　Ure,D. N.
尤提卡　Utica
犹太　Judea
幼发拉底河　Euphrates
约翰　John
约翰逊　Johnson
约克　York
约克公爵岛　Duke of York Island
约书亚　Joshua

Z

詹姆斯一世　James I
詹森派　Jansenists
张伯伦,约瑟夫　Chamberlain,Joseph
朱庇特　Jupiter

图书在版编目(CIP)数据

权力论:新社会分析/(英)伯特兰·罗素著;吴友三译.—北京:商务印书馆,2017
(汉译世界学术名著丛书:120年纪念版:珍藏本)
ISBN 978-7-100-14754-5

Ⅰ.①权… Ⅱ.①伯… ②吴… Ⅲ.①权力—研究 Ⅳ.①D033

中国版本图书馆CIP数据核字(2017)第159904号

汉译世界学术名著丛书
(120年纪念版·珍藏本)
权 力 论
新社会分析
〔英〕伯特兰·罗素 著
吴友三 译

商 务 印 书 馆 出 版
(北京王府井大街36号 邮政编码100710)
商 务 印 书 馆 发 行
北京市十月印刷有限公司印刷
ISBN 978-7-100-14754-5

2017年12月第1版 开本710×1000 1/16
2017年12月北京第1次印刷 印张16¼
定价:80.00元

河南农业大学社会治理创新研究中心系列丛书

河南省社会养老保障制度研究

李　伟　著

中国农业出版社
北　京

前　言

作为社会保障体系的最重要组成部分，社会养老保障制度体系的完善，近些年来一直是政府和学界关注的焦点。河南省社会养老保障制度体系是一个由社会养老保险制度体系和社会养老服务体系构成的完整的制度体系。长期以来，农村社会养老保险制度一直是河南社会养老保险制度体系的薄弱环节，这一状况持续到2009年得以改观。这一年，国务院正式印发了《关于开展新型农村社会养老保险试点的指导意见》，标志着新农保制度的正式启航。随后，《河南省人民政府关于开展新型农村社会养老保险试点的实施意见》出台，新农保试点工作在河南省如火如荼地开展起来。建立新农保制度是一项惠及数亿农民、造福亿万农村家庭的德政工程，是国家促进社会公平正义、破除城乡二元结构、逐步实现基本公共服务均等化的一个重大步骤。但是，作为一项新事物，新农保无论是制度设计本身还是制度的运行都存在一些亟待解决的问题，如果不注意到这些问题，将可能降低这项制度的保障效力或者导致政策目标的偏离，影响新农保制度的健康运行和可持续发展。为此，我们采用实证研究和理论分析相结合的方法，先后四次对河南省新农保试点地区进行了较大规模的实地调查，全面客观地了解了河南省新农保试点的基本状况和面临的突出问题，系统地分析了国内外农村社会养老保险制度建设的经验及启示，最终提出了近期推进河南省新农保制度发展的一系列政策建议和完善新农保制度的远期构想，以期为河南省委省政府规划指导全省新农保事业发展建言献策。

2011年，《国务院关于开展城镇居民社会养老保险试点的指导意见》正式颁布，这标志着城镇居民社会养老保险试点工作正式启动。新农保和城镇居民社会养老保险制度的确立，标志着河南省进入了“制度养老”的时代，河南省城乡居民人人老有所养的愿望在制度上最终完成。然而，与制度全覆盖相伴随的是，社会养老保障城乡二元格局、“碎片化”、待遇差距大以及可持续发展问题更加凸显，上述问题迫切需要通过推进社会养老保障城乡统筹发展来化解。推进社会养老保障的城乡统筹，是实现基本养老保障权利公平、机会公平、规则公平的重要基础，也是新形势下实现基本养老保险财务可持续、制度可持续的重要保障。我们基于城乡统筹视角，立足河南省特定的经济、社会、文化环境和人口结构特征，以河南省社会养老保障制度的历史和现实为依托，借鉴国内典型地区社会养老保障统筹发展的先进经验，提出河南省城乡居民社会养老保障统筹发展的对策建议。本书提出，要消除河南省养老保障城乡分割、杂乱无序、交叉重叠与缺漏并存的格局，就需要运用系统思维、统筹发展的方法，制定切实可行的实施方案，加强制度的优化整合，分阶段、有计划地扎实推进，才能最终得以实现。

社会养老服务体系是河南社会养老保障制度体系的重要组成部分。河南社会养老服务体系是以社区养老服务为重要依托，加快包括社区养老服务在内的整个社会养老服务体系建设是河南积极应对人口老龄化的一项长期战略任务。然而，目前河南社区养老服务的发展普遍存在政府财政支持乏力，社会资源动员能力不足，老年人居家社区养老服务需求不能满足等问题。我们尝试以福利多元主义理论、多中心治理理论、适度普惠型福利理论、基本公共服务均等化理论为指导，借鉴OECD国家老年人社区照顾的经验及启示，结合河南新乡的实地调查，首先，提出要把以老年人为本（包括尊重老年人选择意愿、满足老年人需要和确保老年人生活质量）和共同责任作为河南社区养老模式构建的基本理念；其次，提出要构建多层次的社区养老模式，重点是发展社区居家养老服务中心或机构、社区日间照料中心和“喘息服务”机构、社区小型老年养护机构、医养结合养老服务等，以较好满足老年人多样化、个性化的养老服务需求；第三，提出通过政府、市场、社会等主体的责任共担，以实现河南社区养老服务的社会化，进而推动多层次社区养老服务的可持续发展；最后，提出要创新河南社区养老模式的资源动员机制，关键是发挥市场化运作机制和社会互助机制的作用，充分调动政府、企业、社会组织、志愿者等主体参与社区养老服务的积极性，实现责任共担、多元共治。

河南社会养老保障制度体系的完善，需要一个全面的分析框架和有效的理论指导，否则政府的社会养老保障政策实践容易呈现“头痛医头、脚痛医脚”的局面，缺乏合理全面的规划。我们依据社会保障制度体系的“四维体系”理论框架，提出完善的社会养老保障制度体系应该是一个由内容体系、结构体系、层次体系和服务体系构成的“四维体系”。当下，河南社会养老保障制度的这个“四维体系”仍存在一些比较突出的问题亟须完善。河南社会养老保障制度内容体系主要存在老年人福利制度整体发展滞后、全省统一的老年津贴制度尚未建立、老年长期护理服务制度缺失等问题，需要通过加快老年人福利制度的发展、建立全省统一的城乡居民老年津贴制度、加快建立老年长期护理服务保障制度等措施得以解决；河南社会养老保障制度结构体系主要存在社会养老保障制度覆盖尚存在盲点、碎片化严重、发展不平衡等问题，需要通过扩大社会养老保障制度对不同人群的覆盖面、推进社会养老保障制度整合、完善农村社会养老保障结构体系等措施得以解决；河南社会养老保障制度层次体系主要存在国家层面基本养老保障制度仍不完善、企业层面补充性养老保障尚未建立、个人层面储蓄性养老保障发展迟滞等问题，需要通过正确处理基本养老保障与补充养老保障之间的关系、大力发展企业补充养老保障、积极发展个人储蓄性养老保险等措施得以解决；河南社会养老保障制度服务体系主要存在社会养老保障制度与社会养老保障服务没有实现无缝衔接、社会养老服务体系发展滞后、社会养老保障经办服务机构能力不足等问题，需要通过强化政府在养老服务体系建设中的主导作用、加大投入保障力度、鼓励社会力量参与养老服务体系建设、完善相关法律法规、加快社会养老保障经办服务体制的改革与发展等措施加以解决。

总之，社会养老保障制度内容体系的完善要以健全项目、提高风险预防和保障能力为重点，社会养老保障制度结构体系的完善应把实现人群全覆盖和增强公平性作为目标，社会养老保障制度层次体系完善的关键是明确政府、企业和个人之间合理的权责关系。社会养老保障制度服务体系关系着社会养老保障制度的实践效果，要将其纳入到社会养老保障制度体系中，并与社会养老保障制度协调发展。

目　　录

专题一　构建河南省农村新型养老保险制度研究

2009年9月1日，国务院以国发〔2009〕32号文正式印发了《关于开展新型农村社会养老保险试点的指导意见》，标志着新农保制度的正式启航。响应国家号召，河南省人民政府于2009年11月28日颁布了《河南省人民政府关于开展新型农村社会养老保险试点的实施意见》，新农保试点工作在河南省如火如荼地开展起来。与老农保相比，新农保实现了制度创新，最主要有两个方面：一是实行基础养老金和个人账户养老金相结合的养老待遇，国家财政全额支付最低标准基础养老金；二是实行个人缴费、集体补助、政府补贴相结合的筹资办法，地方财政对农民缴费实行补贴。新农保制度的这两个显著特点，强调了国家对农民老有所养承担的重要责任，明确了政府资金投入的原则要求，这是与老农保仅靠农民自我储蓄积累的最大区别。建立新农保制度是一项惠及数亿农民、造福亿万农村家庭的德政工程，是国家促进社会公平正义、破除城乡二元结构、逐步实现基本公共服务均等化的一个重大步骤。但是，作为一项新事物，新农保无论是制度设计本身还是制度的运行都存在一些亟待解决的问题，如果不注意到这些问题，将可能降低这项制度的保障效力或者导致政策目标的偏离，影响新农保制度的健康运行和可持续发展。为此，本课题采用实证研究和理论分析相结合的方法，先后四次对全省新农保试点地区进行了较大规模的实地调查，全面客观地了解了新农保试点的基本状况和面临的突出问题，系统地分析了国内外农村养老保险制度建设的经验及启示，最终提出了近期推进新农保制度发展的一系列政策建议和完善新农保制度的远期构想，以期为河南省委省政府规划指导新农保事业发展建言献策。

本专题由四个部分组成，包括导论部分和三个专题研究部分。本专题以社会政策为主，运用了社会学、经济学、管理学等多学科视角进行了综合性研究。导论部分阐述了课题研究的背景、国内外研究的基本状况，介绍了课题研究的目的与意义、研究思路、重难点和研究方法。

第二部分研究外国农村养老保险制度建设的一般经验及启示。课题组分别从发达国家和发展中国家选取了德国和日本、巴西和阿尔巴尼亚等国进行研究。希望通过对上述各国的研究，找到农村社会养老保险制度建设的内在机制与逻辑。具体来讲，给予我们的启示主要有四个：一是要为农村社会养老保险制度提供法律保障；二是要建立政府主导的多元化筹资渠道；三是实现农民养老保险体系的多层次；四是建立科学化的管理和监督体系。

第三部分分析了河南新型农村社会养老保险实施现状及面临的突出问题。课题组先后组织实施了四次实地调查。第一次和第二次调查集中收集了河南省新农保试点初期和中期的基本状况及其存在的突出问题。新农保极大地调动了农民参保积极性，试点地区农民的参保率很高。但是试点中面临的问题也很多，包括新农保缴费方式合理性不足、政策宣传不到位、逆向激励较为严重、中青年参保积极性不高、待遇支付发放问题多、弄虚作假情况比较严重、缺乏有效的监督管理、经办人员素质较低等。上述问题的存在会影响新农保试点工作推进的速度和质量。第三次调查主要了解新农保的需求意愿。调查结果显示，农民希望现行的新农保缴费标准更加合理、加大政府补贴力度、提高养老金待遇水平、养老金待遇支付发放要因地制宜、发挥集体养老和传统家庭养老的作用。了解农民的真实需求可以为政府制定和完善新农保政策提供重要的决策依据。第四次调查以郑州市为例，主要了解郑州市城乡居民基本养老保险试点情况。郑州市作为全国建立城乡一体化养老保险制度的少数地市之一，其在城乡基本养老保险制度一体化方面的积极探索和创新在全国具有一定的示范性、前瞻性、可行性和推广价值。课题组通过对郑州市城乡居民基本养老保险制度的发展历程、制度特征、实践情况的系统分析，总结出其对推进全省城乡一体化社会养老保险制度有价值的经验及启示。就经验而言，郑州市在组织协调、舆论宣传、制定具体实施细则和配套措施、加强经办机构能力建设方面均提供了有价值的借鉴。就启示来讲，第一，郑州市从一开始就实施了城乡一体化的基本养老保险制度；第二，充分发挥政府的主导作用；第三，高度重视制度之间的衔接与转换；第四，妥善处理公平与效率的关系。郑州市的上述经验及启示为河南省构建城乡一体化基本养老保险制度提供重要的理论参考。

第四部分提出推进河南省新型农村社会养老保险制度发展的政策性建议。在前几部分的规范性研究与实证性论证的基础上，课题组提出了推进河南省新农保制度发展的一些具有可操作性的建议和观点。首先，提出河南省新农保制度的主要模式：“最低养老金＋个人账户”的模式、新农保待遇水平：保基本＋缴费确定型、新农保基金管理模式等；其次，提出完善河南省新农保的远期构想，即新农保制度全覆盖以后，要朝着农民基本养老保险制度方向发展，并用农民基本养老保险代替“新型农村社会养老保险”，有条件的地区可提早推进农民基本养老保险制度的实施。最后，提出了近期完善和推进河南省新农保的政策建议，包括建立各级财政补贴资金的保障机制、完善财政补贴激励机制、建立合理的养老金待遇确定机制、明确地方财政补贴的资金产权问题、养老金待遇支付发放要因地制宜、加强对新农保基金的保值增值管理、建立相关制度的对接机制、建立健全新农保经办机制、建立有效的监管机制、加快农村社会养老保险的立法等十个方面。

第一节　导　　论

一、研究背景及研究状况简介

（一）研究背景

随着中国经济体制和社会管理体制的深刻变化，农村养老问题已成为影响建设社会主义新农村、构建和谐社会、加快全面建设小康社会的重要因素。根据全国第五次人口普查统计结果，中国已于2000年步入了老龄化社会，且近70％的老年人口分布在农村，农村地区养老供需矛盾日益突出，由此对中国传统的家庭养老模式造成了较大的冲击，这将直接影响到农村社会稳定。

从需求角度来讲，农村养老需求增长。一方面，人口寿命的日益延长和计划生育政策的实施，导致人口老龄化问题日益严峻。第五次人口普查结果表明，农村老年人口的数量远远高于城市，而农村老龄化的程度和速度都超过了城市。老年人口抚养比增大、老年人口高龄化加剧的现实，促使农村养老需求上升。另一方面，市场化改革和农村生产力的发展对农村养老提出了更高的要求。农村居民货币收入增加，对养老的数量和质量的要求全面提高。

从供给角度来讲，农村养老供给弱化。具体表现在两个方面：第一，农村劳动力向城镇流动直接导致农村家庭结构发生变化，形成了很多核心家庭、“空巢”家庭和隔代家庭。虽然这些流动人口可能在经济上接济父母，但他们对父母的生活照料和精神慰藉会受较大影响。另外，计划生育政策的推行促使小型化家庭和核心家庭增多，使得家庭养老功能弱化，难以满足老年人的养老需求。第二，土地的养老保障功能也逐渐弱化。由于食品消费缺乏弹性，农产品需求增长缓慢，同时受到国际竞争的压力，农产品价格增长空间很小。而农业小规模分散经营的方式使农业生产成本增加，土地收入增长乏力，土地的保障功能因此弱化。结合需求和供给来分析，农村地区老年人的养老问题日益突出，传统的家庭养老方式已经不能满足现今老年人的养老需求，寻求因地制宜的养老模式已迫在眉睫。

为了推动农村社会养老保险事业的发展，我国于 2009 年 9 月 1 日正式颁布了《国务院关于开展新型农村社会养老保险试点的指导意见》，新型农村社会养老保险（以下简称“新农保”）的试点工作在全国范围内如火如荼地开展起来。新农保制度是一项旨在促进社会公平、协调发展的战略性政策，对于缩小城乡差距、化解农村社会各种矛盾、实现全面小康和构建和谐社会具有深远的意义。新农保的实施在一定程度上缓解了农民的养老后顾之忧，使数亿农民享受实惠。然而，作为一项社会政策，《国务院关于开展新型农村社会养老保险试点的指导意见》仅仅对新农保实施的基本原则和主要政策作了规定，新农保无论是制度本身的设计还是实施都存在一些问题，需要加以完善和发展。切实可行的新型社会养老保险制度的建立与完善还需要由各省（区、市）人民政府在充分调研、多方论证、周密测算的基础上制订出来。

就河南省来说，河南省是全国第一粮食大省，第一农业大省，农民人数众多，但相比东部地区和中部某些地区经济发展还较为落后，新农保试点工作更为艰巨、复杂。据调查，全国农村全面小康标准要求农村养老保险覆盖率 60%，2004 年该项指标全国平均水平为 8.1%，而河南省农村养老保险覆盖率仅为 0.9%。

在此背景下，当务之急是加强对河南新型农村社会养老保险试点工作的研究，全面客观地了解全省新农保试点的基本情况及其存在的问题，尤其是制度设计上和制度运行过程中存在的问题，找到问题存在的症结所在，进而提出解决问题的对策建议，以期为河南新型农村社会养老保险制度的完善与创新提供现实和理论依据。

（二）国内外对农村养老保障制度的研究

1. 国外的研究状况

国外学者的相关研究主要集中在以下三个方面：①关于农村养老保障的基本状况。麦克唐纳（2002）指出，在中国农村地区，根本不存在养老制度，只有所谓的“五保”政策。德国比勒费尔德大学 Shih－Jiunn Shi（2006）认为，中国农村的养老金政策的特征具有高度的不稳定性，从养老金方案试点开始到现在的这些年中，中国政府没能建立起稳定的农村养老制度框架。②关于农村家庭养老保障面临的挑战。国外学者认为中国农村家庭养老保障面临的挑战主要来自三个方面：一是生育率的下降（D. 盖尔·约翰逊，1999）。二是土地制度的制约（D. 盖尔·约翰逊，1999）。三是子女赡养老人的压力增大（麦克唐纳，2002）。③关于农村养老保障的路径选择。D. 盖尔·约翰逊（1999）认为，不仅需要对现行的农村养老保险项目进行改革，而且需要改革目前中国农村的土地制度，使老年农民能够通过出租或转让土地得到收入，有利于弥补养老金的不足。美国学者霍尔柏林（2002）指出，中国政府应当为全体人民提供基本的养老保障，问题的关键是政府必须有一套基本的退休体系，为所有人提供最低的退休收入。麦克唐纳（2002）认为，中国需要设立一套建立在个人存款和投资上的养老体系。哈佛大学马丁·费尔德斯坦（2004）认为，中国在决定发展的定额给付和定额缴款的社会养老保障制度上十分引人注目。世界银行（2005）提出了“五支柱”的养老保障模式，五支柱模式的一个基本理念是，每个支柱都有各自的优势和风险，采取五支柱模式可以有效进行风险分散，以便更有效地提供养老保障。

2. 国内的研究状况

国内学者的研究主要集中在如下两个方面：①新农保制度缺陷研究。杨翠迎（2010）指出“国家新农保”试点方案尚未解决的关键问题有七个，即政府财政补贴资金缺乏制度保障、基础养老金替代率偏低、地方财政补贴的吸引力具有一定的局限性、提高总养老金替代率的有效机制缺失、与其他制度的转换与衔接措施地方性强、个人账户中政府补贴资金非私有性的负面影响较大、资金管理与运营模式缺乏创新。丁建定（2010）指出如何处理新农保制度与农村其他社会保障制度之间的关系是新农保试点中应当注意的突出问题。席恒（2010）指出了新农保可持续发展的关键问题有三个，即制度设计、经济支持和服务供给。赵殿国（2010）认为目前新农保试点中主要存在四个问题，即试点地区与非试点地区之间的不公平问题、农村的社会管理和公共服务平台薄弱、农村金融机构建设滞后、农村信息化建设非常薄弱。何文炯（2010）认为新农保的筹资模式值得商榷，而且新农保财政补贴的公平性问题也应当引起关注。②完善新农保制度的对策研究。刘军民（2010）指出，在当前，要贯彻保基本、广覆盖、保急需、促公平等基本要领，也要注重强化政府主导、完善体制、完善个人账户制度、加强政策配套、妥善解决新农保与其他社保政策的接续转移问题等战略重点。刘昌平、谢婷（2009）和杨翠迎（2010）都强调要明确政府责任、落实财政补贴机制、建立财务可持续的新型农村社会养老保险制度。米红、王鹏（2010）认为对于缴费型新农保，政府必须承担责任，但是政府的责任是有限的、适度的，对于将来发生的风险必须是可控的。林义（2010）认为要完善新农保制度，首先要优化制度设计；其次需要强化制度创新、机制创新、管理创新，推进新农保制度在财政补贴方式、管理体制和管理机制、农民缴费机制、制度的有效衔接机制等方面的创新；最后需要继续强化传统家庭保障制度的重要作用。

上述国内外研究成果是我们进一步研究的背景资料和理论指南。然而，尚存在一些薄弱环节：第一，关于新农保的理论探讨比较多，实证研究比较少，导致该领域研究的深度和科学性不够；第二，从新农保制度供给层面开展的研究较多，制度需求层面的研究较少，导致该领域研究缺乏全面性；第三，“碎片化”研究特征明显，城乡统筹和制度统一视角的系统研究比较匮乏；第四，已有研究大多是理论上的泛泛而谈，具体如何去做却语焉不详，可操作性比较差；第五，传统研究大都以经济学研究方法为主，而以社会政策为主的跨学科综合研究则长期处于被人忽略的境地。这些欠缺正是本研究项目的着力点。

二、研究目的与研究意义

（一）研究目的

首先，从制度设计和运行的角度，对新农保实施的基本情况、试点中出现的问题及其原因进行全面考察，重点分析制度设计本身存在的问题与缺陷，制度运行中的实施困境及来自客观现实的挑战。其次，从制度需求的角度，考察农民对新农保的认知、需要以及对政府作为的期望，从而全面了解农村养老保险的社会需求。第三，从经验借鉴的角度，分析比较国外发达国家和发展中国家农村养老保险制度实践状况及其社会经济特征，找到农村养老保险制度建设的一般规律。最后，结合河南的省情（包括经济、政治、社会和历史文化特征）、农民的需要和养老保险制度建设的规律，对新农保制度的完善与创新提供对策建议，进而为河南省新型农村社会养老保险制度的构建提供决策依据。

（二）研究意义

1. 构建河南新型农村社会养老保险制度的重要性

（1）有利于缓解农村老年人贫困问题

老年人的贫困问题是由于他们自身的一些特点而导致的，由于体力下降或丧失，老年人不能再从事农业生产劳动，失去主要收入来源，将直接影响老年人的生活水平。进入老年，各种疾病的发生率大大提高，老年人医疗、保健费用是家庭一笔较大却无法避免的开支。如果没有相应的养老保障，这些因素就易导致老年人晚年生活困难，甚至整个家庭陷入困境。

老年人在青壮年时期曾经为社会做出贡献，年老之后社会应当为其提供充分的保障，使之分享社会进步的成果。尤其现在农村中老年福利设施、服务还很不发达，水平不高，地区发展不均衡，建立、健全农村社会养老保险制度的要求就更加紧迫了。

（2）**有利于发展农村经济**

当前我国农村经济潜藏着危机：①我国尚未实现传统农业向现代农业的转换，农业劳动生产率提高缓慢，农业产业和规模经营举步维艰；②加入 WTO 以后我国农产品市场将逐步开放，政府对农产品的补贴将被限制在一定范围内，如果不转变一家一户小块土地经营的方式，会极大地影响我国农业的世界市场竞争力。然而，目前农民基本被排除在社会保障体系之外，他们大多视土地为自己的最后一道生活安全保障，宁可粗放经营甚至撂荒弃耕，也不愿放弃土地承包权，使土地的生活保障功能和生产要素功能发生严重对抗。因此，只有让农民得到相应的社会保障，尤其是养老保障，以替代由承包土地所承担的保障功能，解决农民的后顾之忧，才能为农业的进一步发展提供空间。

（3）**有利于计划生育政策的推行**

推行计划生育政策，转变农村传统生育观念，实现农村人口、资源、环境协调发展，需要建立农村社会养老保险制度。计划生育是我们必须长期坚持的基本国策，而农村计划生育公认为非常困难，因为在广大农村，养儿防老的思想根深蒂固。所以说，要解决农村人口问题以及由此而来的人地关系紧张、资源过度开发、农村环境恶化等问题，必须从养老保障入手，根本转变农村传统的“养儿防老”生育观念，这才是治本之策。

（4）**有利于城乡一体化进程的推进**

社会保障的本意是要在全社会实行统一的保障，而我国城乡的二元结构使得城乡在社会保障方面差距很大。这既有悖于社会保障的目标追求，也不利于城乡统筹发展，劳动力的自由流动，社会主义市场经济体制的建立。从这一层面讲，建立农村社会养老保险的步伐不能停，不能在国民经济迅速发展、综合国力显著增强的条件下再牺牲农民的利益，国家、社会应当担负起为农民保障的责任。

（5）**有利于劳动力的自由流动**

社会主义市场经济要求建立统一的、自由流动的劳动力市场，现在，虽然有大量的农村剩余劳动力流向城市，但是，依然有一部分农民顾虑离开土地，会使得自己的老年生活得不到保障，因而依旧固守土地。实施农村社会养老保险制度，可以让他们打消顾虑，在年轻的时候通过投保来储备养老资金，晚年即使回到农村也不用担心存在养老的忧虑，这样就有利于劳动力的流动。部分农民离开土地，留守人员可以利用进城人员无暇顾及的土地实施规模经营，有助于生产效率的提高、经济的增长。

2. 建立新型农村社会养老保险制度的必要性

（1）传统农村社会养老保险制度存在重大制度缺陷

我国农村社会养老保险制度始建于20世纪90年代初，1992年国家民政部制定下发了《县级农村社会养老保险基本方案》，农村社会养老保险工作在各地广泛开展，截至1999年底，参保人数约为8 000万。[①] 1999年，国务院开始对农村社会养老保险工作进行清理整顿，指出我国农村尚不具备普遍实行社会保险的条件，要求停止接受新业务，有条件的过渡为商业保险，至此，中国农村社会养老保险事业基本处于停滞状态。截至2006年底，全国31个省、直辖市、自治区的1 905个县（市、区、旗）不同程度地开展了农村社会养老保险工作，积累保险基金354亿元，5 374万农民参保。据统计，农村社会保障覆盖率只有3%，城乡社会保障覆盖率比例之比为22∶1，城乡人均社会保障费之比为24∶1，由此可以说我国农村缺乏真正意义上的社会养老保险制度。

总结传统农村社会养老保险制度失败的原因，可以归纳为四个方面：其一，我国绝大部分的农民是在没有任何补贴的情况下参加传统农村社会养老保险的，制度已经退化为农民的自愿储蓄制度；其二，传统农村社会养老保险待遇水平偏低，并允许从基金中提取管理费，致使制度丧失吸引力；其三，农村社会养老保险基金难以实现保值增值，基金被挤占、挪用、贪污的现象时有发生，巨大的隐性损失直接威胁到制度的财务可持续性；其四，农村社会养老保险没有专门的法规或规章，各地实施办法基本上是在《基本方案》的基础上稍做修改形成的，政策变化的随意性较大，养老保险资金来源不稳定，管理非常混乱。

（2）家庭保障功能与土地保障功能持续弱化

家庭和土地是中国农村传统保障方式赖以维系的基础，也一直是广大农民养老保障的主要方式。然而随着我国市场经济体制改革的深入，工业化、城市化进程的加快，这两类传统保障方式的功能持续弱化，由此放大了农村人口老龄化的社会风险，使许多农村老年人的保障处于艰难的境地。

中国工业化和城市化的发展引发了大规模的“乡—城”人口迁移，其结果是子女远离乡村成为城市工人，原来的扩展家庭（extended family）走向小型

---

① 劳动和社会保障部．1999年劳动和社会保障统计公报［R］．劳动保障通讯，2000年7月29日．

化——核心家庭（nuclear family），代际空间距离不断拉大，土地和家庭财产不再成为束缚子女养老的工具，传统家庭保障模式的基础正在逐渐动摇，功能正在快速走向衰弱。

20 世纪 90 年代以来，首先，受国内外经济环境变化的冲击，单位农产品成本大幅提高，农民从土地上获得的收入在其收入结构中所占比重持续下降，农民对土地的依赖性减少；其次，农村土地实行小规模经营，农产品收益率一直不高，土地集体所有制又限制了农民对土地财产变现的能力，农民土地负担沉重；再次，我国农村人多地少的矛盾一直非常突出，城市化进程的加快，大量土地被征用使我国耕地消失的速度比农业人口消失的速度更快。2006 年全国建设占用耕地 387.8 万亩，其中当年建设占用耕地 251.0 万亩，往年未变更上报的建设占用耕地 136.8 万亩。①

（3）“乡—城”人口迁移加速农村社会人口老龄化进程

改革开放以来，随着社会主义市场经济体制改革的不断深入，各种限制人口流动的政策和制度得以不断消除，人口迁移的自主性和流动性不断加强，特别是人口从农村向城镇地区的迁移，规模逐渐增大，基本进入一个持续稳定的发展过程。据预测数据显示，从 2008 年到 2052 年，中国农村向城镇迁移人口总规模累计将达到 4.69 亿人，年均迁移近 1 000 万人。其中，农村经济活动人口（15～59 岁）向城镇迁移总数将达到 2.94 亿，年均迁移 650 万人。中国农村剩余劳动力向城市大规模转移加速了农村社会人口老龄化进程。

三、研究思路、重点和难点

（一）本课题的研究思路

围绕着构建完善的新农保制度这一目标，在依靠制度的科学设计与创新的观念引导下，结合实地调查，本课题集中研究了河南省新农保试点的基本现状及面临的主要问题、农民对新农保的需求与期望、意见与建议和影响新农保试点可持续发展的因素，并借鉴国内外农村社会养老保险制度建设的先进经验，系统提出新农保制度完善的一系列对策建议，以期实现新农保制度的健康运行和可持续发展，使这一德政工程和民心工程真正惠及亿万农民。

① 国土资源部：我国耕地面积下降到只有 18.27 亿亩［OL］. http：//news.xinhuanet.com/politics/2007-04/12/content_5968006.htm，2007 年 4 月 12 日．注：亩为非法定计量单位，1 亩≈667 平方米。

（二）本课题的重点难点

第一，使新农保这一德政工程和民心工程真正惠及亿万农民，需要制度的完善与创新。制度的科学设计和相关配套措施的建立健全是完善新农保制度的关键。（重点难点）

第二，目前学术界从制度供给角度对新农保展开的研究较多，而从制度需求视角进行的研究较少。本项研究从制度供给和需求两个层面开展研究，这在一定程度上弥补了学术界现有研究的不足。（重点）

第三，当前许多研究是根据各个人群的不同特点提出单独的解决方案，缺乏从城乡统筹和制度统一的角度提出解决农村养老保险问题的整体设计，本项研究力求在此方面有所突破。（重点难点）

第四，避免理论上的泛泛而谈，力求使本项研究具有科学性、针对性和可行性。（重点难点）

第五，对研究试点地区的实地考察，力求使考察区域的资料数据具有科学性、真实性、可靠性。（难点）

四、研究方法

为了实现上述研究目的，课题组先后四次开展河南新型农村社会养老保险试点跟踪研究。第一次调查于 2009 年 10 月（即在《河南省人民政府关于开展新型农村社会养老保险试点的实施意见》颁布之前）实施并完成；第二次调查于 2010 年 2 月（即在《河南省人民政府关于开展新型农村社会养老保险试点的实施意见》颁布之后）实施并完成；第三次调查于 2010 年 7 月实施并完成。第四次调查于 2011 年 7 月实施并完成。四次调查研究的方法详细介绍如下：

（一）新型农村社会养老保险试点初期调查研究方法

1. 抽样方法

本项研究于 2009 年 10 月实施，课题组主要采用多段抽样、系统抽样与简单随机抽样相结合的方法抽取样本。根据河南省统计局发布的 18 个省辖市 2008 年 GDP 排序情况，课题组把前六名归为一类地区，把七至十二名归为二类地区，把十三至十八名归为三类地区。一类地区为经济条件较好地区，包括郑州、洛阳、南阳、平顶山、许昌、安阳；二类地区为经济条件中等地区，包括焦作、周口、新乡、商丘、信阳、驻马店；三类地区为经济条件较差地区，包括开封、濮阳、三门峡、漯河、鹤壁、济源。然后采用多段抽样与简单随机抽样相结合的方法在三类地区各选择两个调查点，一共抽取到六个地区（安阳、南阳、新乡、商丘、开封、济源），每个地区再选择四个村，每个村按照系统抽样方法随机抽取25户，这样课题组一共抽取到600个家户作为本次调查的样本。

2. 资料收集方法

本项研究主要采用问卷法收集资料。农村社会养老保险问卷主要参照国内外相关文献编制而成，并对题项的表述做适当的修改，使之适用于全省农村的实际情况。问卷内容包括农民背景变量（包括农民性别、年龄、学历、家庭经济状况、经营方式、家庭收入主要来源等）、现有老人供养情况、农民对家庭养老的认识与看法、农民对土地养老的认识与看法、农民对集体养老的认识与看法、农民对政府养老的认识与看法、农民对农村社会养老保险的认识与看法七个部分。

本次调查共发放问卷600份，回收问卷570份，有效问卷554份（安阳100份，南阳75份，新乡100份，商丘95份，开封93份，济源91份），有效问卷回收率为94.2%。

3. 资料分析方法

问卷收集回来以后，课题组组织人员对问卷进行审核、整理，剔除废卷，保留有效问卷，并对有效问卷进行编码，然后录入到计算机，使用SPSS软件进行统计分析。

4. 样本构成情况

从调查对象的构成情况看，年龄在20岁以下的占到0.9%，21～30岁的占到10.1%，31～40岁的占到25.1%，41～50岁的占到39.9%，51～60岁的占到17.7%，60岁以上的占到6.1%。其中，男性被调查者多于女性被调查者，男性402人，占72.6%；女性144人，占26%；性别缺失率为1.4%。文化程度普遍偏低，其分别为初中248人，占44.8%，高中及中专121人，占21.8%，小学105人，占19%，大专29人，占5.2%，本科及以上12人，占2.2%，没上过学的35人，占6.3%；缺失率为0.7%。从被调查者家庭人口情况看，单代户家庭占到2.9%，两代户家庭占到26.4%，三代户家庭占到63%，四代同堂的家庭占到7%，其他类型的家庭占到0.6%；缺失率为0.2%。从被调查者的家庭经营类型看，纯农户237户，占有效问卷（552份）的42.9%；农工商都做的兼业户192户，占34.8%；家里有土地但已经不种田，是完全的经营、经商、做工的非农业户 49 户，占 8.9%；土地被征用后经商、做工的非农业户为 29 户，占 5.3%；土地被征用后成为无业户的 15 户，占 2.7%。其中，纯农户和兼业农户占到了 77.7%。

（二）新型农村社会养老保险试点中期调查研究方法

2010 年 2 月，课题组选取了河南省长葛市古桥乡和官厅乡开展了实地调查。

1. 古桥乡的调查

在古桥乡，我们主要采用典型调查方法开展实地研究，试图通过深入地“解剖麻雀”，以某一典型来概括或反映总体，从特殊性中发现一般性。课题组之所以选取位于河南省中部地区的长葛市古桥乡作为调查点。其原因有三个：一是从经济方面看，该乡 2008 年土地总面积 55 平方千米，常住总人口 46 000 人，地区生产总值（GDP）11 522 万元，人均 GDP 2 504.8 元，财政收入 982 万元。该乡经济总量在长葛市位于后列。二是从产业结构看，农业是该乡的支柱产业，几乎没有什么工业，这一点更能反映许多农村的真实面貌。三是该乡新农保试点工作走在全市前列，非常具有典型性。

在收集资料方法方面，本研究主要采用无结构访谈法，由访谈员围绕新农保这一主题与被访对象进行自由、深入的交谈，以获得丰富生动的一手资料，然后通过对资料的整理分析，从中归纳和概括出一般性结论。被访对象主要是河南省长葛市古桥乡政府人力资源和社会保障所的两位所长、33 位新农保村级协管员和部分农民。

2. 官厅乡的调查

本研究主要采用无结构访谈法由访谈员围绕新农保这一主题对被访对象展开深度访谈，被访对象包括长葛市官亭乡政府中的工作人员、村组干部和农村居民。访谈内容涉及新农保实施的基本情况、新农保实施中存在的问题及其原因、农村居民对新农保的认识与评价等问题。通过访谈，课题组获得了丰富生动的一手资料，通过对资料的整理分析，从中归纳和概括出一般性结论。

（三）新型农村社会养老保险需求状况调查研究方法

本项研究于 2010 年 7 月实施，课题组采用判断抽样和随机抽样相结合的方法抽取样本。第一步，根据经济发展程度的高低从河南省 18 个省辖市中抽取了经济条件较好地区——郑州、经济条件中等地区——周口、新乡、驻马店、经济条件较差地区——济源。第二步，在上述五个地区分别抽取新农保试点地区荥阳（郑州）、扶沟（周口）、辉县（新乡）、平舆（驻马店）和济源。第三步，在抽中的五个地市各自抽取两个村作为调查点，这样一共抽取到10个村。最后，在抽中的10个村中，按照随机抽样的原则每个村抽取25个农户开展调查，本次调查一共抽取了250户农民进行调查。

在收集资料方法上，课题组采用问卷法对农民展开调查，本次调查一共发放问卷250份，回收问卷250份，有效问卷250份，有效问卷回收率为100%。

从调查对象的构成情况看，年龄在20岁以下的占21.2%，20～29岁的占25.6%，30～39岁的占13.2%，40～49岁的占14.0%，50～59岁的占10.0%，60～64岁的占7.6%，65岁及以上的占8.4%。其中，男性被调查者多于女性被调查者：男性140人，占56.0%，女性110人，占44.0%。调查对象的文化程度普遍偏低，小学及以下50人，占20.0%，初中104人，占41.6%，高中（职高、中专、技校）62人，占24.8%，大专15人，占6.0%，本科19人，占7.6%，研究生没有。

（四）郑州市城乡居民基本养老保险试点情况调查研究方法

本次调查以河南省郑州市为例，调查实施时间为2011年7月。郑州市作为全国建立城乡一体化养老保险制度的少数地市之一，其在基本养老保险制度方面城乡一体化的积极探索和创新在全国具有一定的示范性、前瞻性、可行性和推广价值。我们采用了无结构访谈法收集资料，访谈的对象包括郑州市社会保险事业管理局居民养老工作处副处长1人、郑州市五个街道办事处劳动保障事务所负责人5人、郑州市五个社区居委会的劳动保障专管员和协管员各5人、参保居民20人。访谈内容涉及城乡居民基本养老保险组织实施和政策宣传情况、经办管理服务情况、居民参保情况、政府补贴情况、养老金发放情况、监督管理情况、制度转换和衔接情况等诸多内容。

第二节　外国农村养老保险制度建设的经验及启示

建立和完善农村社会养老保险制度是当前解决“三农”问题的重要内容和突破口，也是建设和谐社会和社会主义新农村的要求。我国从1986年开始建立农村社会养老保险制度，在1992年颁布实施了《县级农村社会养老保险基本方案》，2009年颁布了《国务院关于开展新型农村社会养老保险试点的指导意见》，新型农村社会养老保险试点工作正在全国范围内如火如荼地开展起来。经过 20 多年的探索，农村社会养老保险制度得到较快发展，但是与城镇养老保险相比，农村社会养老保险仍具有水平低、覆盖面窄、缺乏制度化等特点，我国的农村养老保险的现状也基本处于以家庭养老为主的阶段。而发达国家经过长时间的探索和努力，已经建立了覆盖全体农村人口的养老保险制度，也在这个过程中积累了丰富的经验，个别发展中国家在这方面的探索和创新也值得我们去关注。如何吸收借鉴这些国家的经验，为我国的农村社会养老保险制度提供有价值的启示和参考是亟待解决的问题。该部分主要对德国、日本等发达国家以及一些发展中国家的农村养老保障体系进行了比较分析，试图寻求建立与完善农村养老保障体系的一些普遍规律，为构建新型农村养老保险制度提供对策建议。

一、发达国家农村养老保障实践

1942 年英国经济学家贝弗里奇发表了《社会保险和相关服务报告书》，即《贝弗里奇报告》，该报告提出的普遍保障思想，对工业化国家建立覆盖包括农民在内的全体国民的普遍性社会保险体系产生了重要的影响。第二次世界大战后，欧洲的德国、法国、奥地利等许多国家都建立了独立的农村养老保险制度。20 世纪 50 年代中期，亚洲的日本也开始建立农村养老保险制度，并于 1961 年全面实施国民年金制度，开始进入“国民皆年金”的时代。20 世纪 90 年代开始，面对日益严重的人口老龄化问题以及经济进入低迷状态，日本又对养老保险制度进行了一系列的改革，并取得了一定的成就，逐步形成了独具特色的多层次、多类型的保险制度。

（一）德国的农村社会养老保险模式

德国的社会保障制度有着深厚的历史渊源，是世界上实行农村社会养老保障政策历史最为悠久的国家。早在 1883 年就颁布了相关的社会保障制度，1886 年德国的农村社会保障制度开始建立，但当时的针对对象是农业中从业的雇员，而农场主（农民）并没有包括在内。直到 1957 年针对农场主这一特定群体的农村养老保险制度才开始引入，此后，经过不断的改革，使得这一制度得以完善。1889—1957 年，工人、职员、农民先后被纳入法定养老保险范围，现在全国参加法定养老保险的劳动者已达到 90％以上。[①] 1957 年，德国

---

① 吕学静．现代各国社会保障制度［M］．北京：中国劳动社会保障出版社，2006：11.

开始实施农民老年援助法，即对将农场交给继承人之后的年老农场主进行现金补贴，从此德国逐步建立一个项目齐备、结构完善的农村社会保障体系。1995年，农民老年援助更名为农民老年保障，农民被正式归入社会保险领域，其保险的赔偿范围包括康复在内的医疗、职业和家庭援助、年龄超过65岁领取的养老金、保险税款津贴、放弃财产及生产的农场主支付养老金和补偿津贴。与其他福利国家不同，德国设立了专门的、相对独立的农村养老保险体系，农民以农业劳动者的身份获取相应权益。

第一，覆盖范围。根据农村社会保障法，德国农民养老保险的对象包括所有农业和林业的企业主；农民的配偶，即有同等企业经营权的丈夫或者妻子，农业企业主和他们的配偶支付相同数额的保险费；与农民共同劳动的家庭成员或者他们的配偶，他们必须主要是在农业企业从事共同劳动，其中共同劳作的家属包括三代以内的血亲，两代以内的姻亲以及与企业主或者他们的配偶长期保持类似家庭关系，并且被企业主或者他们的配偶视为家庭成员的保姆。

第二，资金来源。大多数欧洲国家都对农村养老保险制度的建立提供强有力的财政支持。德国农村养老保险制度所需资金通过个人缴费和联邦财政资金筹措。德国农村养老保险体制实行现收现付的模式，资金部分来源于投保人缴纳的保险费，但绝大部分支出由联邦资金（联邦政府的补贴）来筹集。德国全国农村养老金每年支付总额约15亿欧元，其中收缴农民养老保险费约5亿欧元，联邦财政资金补助约10亿欧元。目前，德国有不少人认为国家将纳税人的钱投入到农村社会保障中，使农业产业结构调整得以顺利进行，同时降低这种调整带来的社会动荡，如果采取其他策略，其机会成本要高一些。[①] 德国农村养老保险实行统一保险费原则，所以农场主的缴费数额是相同的，共同劳作的家庭成员的保费由他所在企业的农场主承担，保费为该农场主保费的一半。

第三，养老金给付形式。德国农村养老保险中的养老金给付是以农场主移交农业企业为先决条件的，要求农民必须在50岁以后就开始通过继承、出售或长期租让等方式转移他的农业企业，脱离农业劳动成为农业退休者，将农场交给富有创新精神的年轻一代。这对于促进农业技术化、知识化和效率化起到了非常重要的作用。养老金支付主要是现金支付，也有实物支付。当养老保险

① 福建省农村社保模式及方案研究课题组．农村社会养老保险制度创新［M］．北京：经济管理出版社，2004：42.

的投保年限达到15年以上，丧失劳动能力养老投保年限达到5年以上时即可获得现金给付。农民享受养老金需具备以下两个基本条件：第一，年龄条件，规定男女分别年满65岁和60岁；第二，缴款条件，按规定必须交满180个月保险费者方有资格享受标准养老金待遇。从1996年7月1日起，德国已婚者获得的老年养老金最高额达到每月1 226马克。

第四，养老保险机构设置。德国的养老保险机构基本上都是按地域和行业建立的，各个机构都独立存在，自主经营，在自治管理中维护自身的经济利益。政府劳动与社会保障部的主要职能是对农民养老保险实行统一立法和管理监督，微观运作由各州专门的农民养老保险机构具体负责，实行自治管理。德国有13家农村养老保险机构，并组建了一个全国性的农村养老保险机构总联合会。它们均是受到国家的管理监督的具有自治特征的法人。农村养老保险机构的自治机关为名誉性的会员代表大会和理事会，在选举委员会成员时，独立的从业者和雇主都有相应的代表参加。无论各个农村养老保险机构，还是总联合会，都是具有自治特征的公法法人，受到国家的监督。他们的自治机关在选举委员会的成员时，要确保独立从业者和雇主都有相应人数的代表进入委员会。另外，在总联合会的理事会中也有相关联邦政府部门的代表参加，但他们只有发言权而没有表决权。

（二）日本农村社会养老保障模式

日本的社会保障制度受到欧美福利国家思想和儒家文化的双重影响，形成了独具特色的“日本型福利社会”的基本理念，日本养老保险制度又叫年金制度，1959年就颁布了首部《国民年金法》，1961年《国民养老金法》实施，从此，日本进入了“国民皆保险”“国民均年金”的福利时代。近年来，日本经济的长期低迷和老龄化等问题的挑战促使日本政府对社会保障制度进行了重大的改革。二战前，日本农村老年人主要以家庭保障为主，二战后日本逐步建立和完善了社会保障体系，现在已经是全民皆保险的福利型社会保障国家。日本在农村社会保障制度建设、发展和改革上所积累的丰富经验对中国的社会保障制度建设具有重要的借鉴意义。日本农村养老保险模式的特点表现为：

第一，国家主导、强制型的国民年金制。日本农村养老保险采用强制型和自愿型结合的双层结构年金制，不同层次的制度覆盖不同的社会群体，提供不同水平的养老保障。强制型的基础养老保险，又称国民年金。国民年金本来是向那些排除在工薪族养老保险制度以外的农民、自营业者（个体工商户）等人提供的公共年金，1986年4月开始，工薪族及其配偶也必须加入国民年金，从而使其成为全民共同的基础养老保险。这是一项与收入无关的养老保险制度，具有强制性。参保农民每月定额缴纳1.33万日元，凡加入时间在25年以上、65岁以下的参保者均可领取基础养老金，加入该制度40年的参保者，退休后每月可领取最高6.7万日元的养老金。国民年金按照责任共担原则，其资金来源是国家负担1/3，列入政府预算，其余部分由个人缴费。国家财政一直负担基本养老金费用的1/3，虽说财政日益紧张，但政府还是决定，到2009年，国库负担基础养老金的比例将从1/3逐渐上升到1/2。无论是从经济起步阶段“全民皆保险”计划的制订，还是从以后逐步提高国家对基本养老金责任来看，日本政府在农村养老保障制度建立过程中发挥了重要作用。目前，有关部门正在商讨将国家负担比例提高到1/2（2004年）。1999年统计，参加基础养老保险的农民和自雇者共计2 000万人。[①] 从给付形式看，是将当前就业群体的缴费向同一时期已退休的老年群体转移分配，体现了代际间的互济互助。

第二，强调自愿性原则的基金制度。为满足农民的不同层次的养老保险需求，日本政府在“基础养老金”制度基础上制定了“国民养老金基金”制度和“农民年金基金”等制度。这类制度强调自愿原则，政府给予税制上的优惠政策。这是日本政府向不满足于基础保险的较富裕的农户提供的一种保险方式，包括农民年金、国民养老金基金和共济年金三部分，是国民年金的重要补充。1991年开始实行国民养老金基金制。主要特点是：20周岁以上、60周岁以下的第一类被保险者，均可任意参加。加入者每月须交纳“附加保险费”，年满65岁后，除获得基础养老金外，还可获得附加养老金。农民年金制度是1971年1月建立，它对作为国民年金被保险者的农民，在支付国民年金的基础上，就经营权转让及老龄等两个因素进一步支付的年金；在日本，民间的农业相互救济协会（简称“农协”）举办的人身共济保险对农民养老及其他社会保障发挥了重要作用。这种共济保险组织属于民间团体，与商业保险有着本质区别，它不以盈利为目的，通常以市町村为单位组织建立，得到了政府的大力支持。日本农协的共济保险是一种互助性的风险共担保障机制，与农民的个人储蓄一样，是保障老年生活平安的预防措施之一，农民借此弥补老年生活需要及社会保障力量之不足。

第三，养老金计划与农业政策相结合。战后初期，为保障农业稳定发展，日本政府大力推行城市化进程。为鼓励农民离农，国民年金支付中包括了土地权益转让补偿金部分。例如，1970年5月13日，国会通过了《农业劳动者年

① 顾天安．日本农村养老保险制度探析及其启示［J］．日本研究，2005（4）．

金基金法》。该法旨在提高农村老年人福利的同时，鼓励他们离开土地进入城市。进入20世纪90年代以后，随着农村人口老龄化程度的加深，日本的农业政策从鼓励“离农”转向“返农”，养老金政策也随之调整，土地权益转让补偿金被取消。

第四，依法推行农村养老保障制度。用法律来明确政府、社会和个人的责、权、利，为政府依法给农民提供养老保险服务提供了依据，是农村养老保险良性运行的重要条件。二战后，日本在1959年首次颁布了《国民养老金法》，将原来未纳入公共养老保险制度的广大农民、个体经营者等强制纳入到国民养老金体系中。农村养老保险制度的形成和发展过程，也是相关法规不断完善、充实的过程，1985年，修改《国民养老金法》，规定从1986年4月起，工薪阶层及其配偶也必须参加国民养老保险，将国民养老保险作为全体国民共同加入的基础养老保险，原则上要求在日本国内居住的20岁以上60岁以下的居民必须参加。日本的社会保障制度先立法，后实施，使农村养老保险制度具有法制化、科学化、规范化的特征。

二、发展中国家农村养老保障经验比较

西方发达国家由于养老保险制度建立的历史比较悠久，往往已经拥有一套相对比较完善的养老保险法律和一系列的规章制度和管理法规，运行相对良好。相比之下，发展中国家的养老保险制度则明显存在差距。但是许多发展中国家在经济发展的同时，不断努力探索适合自己国情的农村养老保险模式，某些国家在这一探索过程中也为其他国家提供了可以参考的经验和教训。目前全球60岁以上的老年人口占全球人口的10%，并且据联合国预测，到2050年，这一比例将会达到19%。而当前全球有62%的老年人生活在发展中国家，到2050年时，将会有80%的老年人生活在发展中国家，因此，发展中国家农村养老保障制度的构建对于全球经济和政治的稳定将起到举足轻重的作用。并且从我们的国情出发，发展中国家在构建农村养老保险体系过程中所获得的经验和教训对我们更具有启示意义，在此我们主要选取巴西和阿尔巴尼亚两个国家进行比较分析。

（一）巴西的农村养老保险模式

20世纪以前，巴西对贫困者的社会救助并没有引起官方的重视，一直被认为是基督教的慈善行为，随着巴西社会工业化进程的推进，巴西的社会保障

体系才逐步被建立起来。20 世纪五六十年代以后，随着巴西农业部门政治力量的增强，农村贫困人口的社会保障问题才逐步受到政府社会保障部门的重视。巴西是一个新兴经济国家，农村非缴费型养老保障制度是其特色，主要包括农村年金计划与农村社会救助年金计划。

第一，农村年金计划。1971 年巴西军政府颁布的法令规定，由农村劳动者社会保障基金为农村人口及其家庭提供养老金。次年该计划的覆盖面扩大到无雇主的家庭作业的淘金者和渔夫。巴西农村年金计划主要为农村 65 岁以上的老、残、寡人口提供统一的待遇给付；资金来源包括农产品初次买卖价格 2.1%的缴费、城镇雇主缴纳 3%的工薪附加税、政府的税收和国债收入，主要资金来源是政府的税收收入和国债收入。制度建立后，由于存在一些明显的缺陷，1988 年巴西的新宪法又为社会保障制度的调整和改革提供了法律依据，根据 1988 年新宪法制定和修改的法规 1992 年开始施行，在领取年龄、领取人资格、缴费等方面作了一些调整，但主体内容仍维持原有制度安排。不过农村年金由于主要依靠财政筹资，也面临筹资困境。但总体来说它所起到的作用还是积极的。目前，该制度已经覆盖了巴西 700 万农村人口。修订后的农村年金计划提高了农民的保障水平，在减轻社会贫困、缩小城乡差距以及促进农业发展等方面都起到了明显的效果。比如以巴西南部 3 州为例，获得保障的农村家庭中仅有 14.3%生活在国家贫困线以下。若将贫困线按当地水平进行调整，则仅有 0.4%的享受计划的家庭在绝对贫困线以下，0.8%的家庭处于贫困，2.7%的家庭能满足家庭成员的基本需求，剩下 96.1%的家庭则通过年金计划明显地改善了生活质量。[①] 另一方面，农村年金也具有较强的收入再分配功能，支持了农村地区的发展，缩小了城乡差距，也提高了老年人和妇女的社会地位。

第二，社会救助年金计划。巴西社会救助年金计划由巴西军政府在 1974 年所引入，主要是针对自身无法维持生计或其家庭无法供养的残疾人以及 70 岁以上的老年人所施行的额度统一的救助。随着巴西的政局变化，社会救助年金计划的形式和具体规定也在以后的发展中发生了一些演变，1993 年通过的新的《社会救助法》对其运作的具体细节进行了规定，并于 1996 年正式实施，由联邦政府支付给 67 岁以上的农村老年人以及无法独立生活或工作的残疾人。该计划需要收入调查，只有家庭人均收入低于最低收入（法定最低工资）才能

① Helmut Schwarzer，Ana Carolina Querino，Non - contributory Pensions in Brazil：the Impact on Poverty Reduction，Geneva，International Labor Office，2002：11 - 14. 转引自林义．农村社会保障的国际比较及启示研究［M］．北京：中国劳动社会保障出版社，2006：97.

获得救助。救助资金来源于中央政府，运作完全由国家社会保障协会负责。从1995年12月到2001年8月，巴西的社会救助计划获得了快速发展，救助的领取人数大幅度增加，年均增长率达26%。社会救助年金计划的支出在巴西社会救助总体支出中占有相当的比例。以2000年为例，该救助金在整个救助开支中占75%。在提高国民的保障水平、促进经济发展、降低贫困率等方面发挥了重要作用。[①]

（二）阿尔巴尼亚的农村养老保险模式

阿尔巴尼亚曾经是欧洲最落后的农业国，由于长期遭受外来的经济渗透，特别是20世纪20年代至1944年全国解放前，几乎全部命脉都被控制在意大利资本主义的手里。1944年11月29日，阿全国人民在共产党的领导下进行了反法西斯民族解放战争夺取政权，并解放全国。20世纪90年代，阿尔巴尼亚开始从计划经济向市场经济转轨，并提出了一系列经济改革计划，推行以大规模私有化和大幅度放开物价为主要内容“休克疗法”，实施了向资本主义市场经济过渡的激进的经济政策，但经济发展一直低迷。在这些改革和私有化进程中，阿尔巴尼亚的农业逐步完成了私有化。

1972年阿尔巴尼亚通过了《农村合作社成员养老金条例》，建立了农村社会保险，该条例在1974年生效。条例规定：如果前农业合作社的成员在保险期限内满足一定的要求就可以领取生育补贴和养老金。养老金给付额以缴费者月收入为基础，并确定领取条件以及最低和最高水平。1993年5月，阿又颁布和实施了《社会保险法》。《社会保险法》规定私营农场主强制参加社会保险，其缴费标准与其他自营劳动者相同。1995年3月以后阿尔巴尼亚又在农村地区开始推行并非全国统一缴费标准的健康保险。

《社会保险法》的颁布实施在一定程度上促进了农村社会保险的发展，参保人数和缴费金额曾取得较大幅度的增长，但是由于受到阿尔巴尼亚政府更替以及经济社会问题的影响，参保人数和缴费金额具有极大的不稳定性。加上阿尔巴尼亚农村社会保险体系缺乏稳定有效地运行机制，近年来暴露出许多难以克服的弊端。比如：逃费现象严重；基于短期利益的动机，许多参保者都是过几年就符合养老金领取年龄的群体；政府在农村养老保险制度运行过程中财政

① Helmut Schwarzer，Ana Carolina Querino，Non - contributory Pensions in Brazil：the Impact on Poverty Reduction，Geneva，International Labor Office，2002：11 - 14. 转引自林义. 农村社会保障的国际比较及启示研究［M］. 北京：中国劳动社会保障出版社，2006：97.

支付压力过大。

三、国外经验对我国建立农村养老保障体系的启示

综上所述，基本上所有的发达国家和某些发展中国家都已建立了涵盖农民的社会养老保险制度，并形成了不同的模式。分析借鉴这些不同的农村社会养老保险模式，探索适合我国农村实际的农民社会养老保险制度，对于应对传统农村养老方式遇到的困难与挑战、解除农民的后顾之忧，促进农村经济的持续、稳定发展，有着十分重要的实践意义。以上发达国家和发展中国家在建立和完善自己国家的农村养老保险体系的过程中，有以下经验可供我们借鉴：

（一）为农村社会养老保险制度提供法律保障

养老保险制度的良好运行必须有完善的法律法规体系作为其前提条件。以法律的形式对农村社会养老保险制度加以规范是国际上通行的做法，先立法后实施，是西方发达国家普遍遵守的一个原则。德国是最早以立法形式建立社会保障制度的国家，其保障法规对被保险人的范围、缴纳保险费的原则、获得社会保险待遇的条件及标准有非常明确的规定，而且规定了社会保险机构的义务和责任，还规定了社会保险机构对基金的管理和监督以及为被保险人提供法律救助的职能，其保障法规对政府管理机构和被保险人都具有约束力。与发达国家相比，我国农村社会养老保险的法律制度建设明显相对滞后，没有由全国人民代表大会制定的相应基本法律，已经制定出来的农村社会养老保险政策法规中也较普遍地存在着缺乏法律责任的现象，各地的农村社会养老保险工作均带有一定的随意性。因此，我们应借鉴西方发达国家的做法，根据我国的实际情况，制定一部《农村社会养老保险法》，以法律的形式规定农村社会养老保险的原则、性质、组织结构；规定保险基金的筹集、管理和运营办法；规定乡镇企业、村级经济组织、私营企业主的法律责任；规定中央政府和地方政府扶持农村社会养老保险的方式等，以法律的形式将农民的这项合法权利确定下来。从立法角度强化农村养老保险制度的法制化程度，是我国建立和完善农村养老保险制度面临的重要问题，这需要国家立法机关、行政机关和某些具体职能部门的协调和进一步努力。

（二）建立政府主导的多元化筹资渠道

政府必须在农村社会养老保险制度建立和实施中发挥主导作用。农村社会

养老保险作为一种社会保障，需要政府的财政投入和成本支出。发达国家的农村社会养老保险是在政府主导下进行的，政府在农村社会养老保险制度建设中承担从立法、组织实施、资金投入到监督管理全过程的职责。同时，各国政府都对农村社会养老保险给予了很大的财力支持。德国政府对农村社会养老保险的补助占到70％，是农业部全部预算的2/3；法国农村养老保险金占法国政府整个农村社会保险预算的60％以上；日本政府对农村社会养老保险补贴超过43％，且逐年增长；加拿大政府补贴款项占到了农场主养老金账户总额的50％。在我国，城镇养老保险制度体系已经建立，政府应把制度建设的重点放在农村，着力构建符合中国国情的农村社会养老保险制度基本框架和制度体系。在筹措农村社会养老保险基金时要加大政府的财政投入比例。作为一个拥有八亿农民的发展中国家，政府不可能像西方国家那样为农民提供全面的、高标准的养老保险待遇，但应为广大农民提供最基本的养老保险待遇。但是针对目前我国农村生产力低下、社会养老保险基金短缺的现状，我国应该选择多元化的筹资模式，即由个人、集体、国家共同负担农民的养老保险基金。一方面加大对农村社会养老保险的宣传力度，动员有能力的农民提高其投保档次；另一方面，积极拓宽农村养老保险基金的筹集渠道，适当提高集体补助所占的比重。如规定经济实力达到标准的农村集体必须为投保人提供补贴，并根据经济实力的大小确定集体补助所占的比例。

（三）实现农民养老保险体系的多层次

在日本，农民除加入全民保险的“国民养老金”以外，还可选择性参加“国民养老金基金制度”“农民养老金基金”等形式，以满足不同层次农民的养老保险需求。中国地区差异很大，广大农村地区更是千差万别。受经济发展水平、经济承受能力、保险意识等方面的制约，不可能在短期内设计出一种能让农民普遍参加的社会养老保险制度。所以我国应建立多层次的农民养老保险体系。一方面可以在全国范围内，建立一种广覆盖、低水平的强制性的“农民基础养老金”；另一方面可以根据实际设计出其他的农村养老保险形式，以满足不同层次农民对养老保险的需要，比如鼓励和倡导农民参加特殊形式的养老储蓄和特种年金保险。

（四）建立科学化的管理和监督体系

农村社会养老保险涉及范围广泛，运行周期很长，必须有一套科学、完备的政策和严格、规范化的操作规程。目前，我国大部分县未设农村社会养老保险专门的管理机构，甚至没有安排专人负责此业务，这影响了农村社会养老保险制度建设。国外在这方面的做法通常是设立全国性的农村社会养老保险专门管理机构，下设各级经办机构，全国性机构负责基金的管理和运营，下级机构承担保险业务的开展、资金的筹集和保险费的发放。这种分级负责相互配合的管理体制不仅能够满足在比较分散的农业人口中开展养老保险业务的需要，同时也能够集中全国的农村社会养老保险基金，发挥全国性机构的信息、人才和管理优势以及资金规模效应，使保险基金最大可能的保值和增值。我国应尽快建立专门的农村养老保险管理机构、农民养老保险业务管理基金，建立农村社会养老保险基金管理公司由公司对养老保险基金进行投资管理，政府实行间接监管，而不直接参与其投资运营。在监管上，可以对基金投资比例加以规定，要求资产多样化，以避免风险，确保基金的安全性；同时提高操作透明度，实施严格的信息披露制度，由监管部门进行审查。

第三节　河南省新型农村社会养老保险实施现状及面临的问题

通过对河南农村新农保试点地区的跟踪调查，课题组全面客观地了解了河南省农村养老保险的基本现状及其存在的突出问题。

一、新型农村社会养老保险试点初期调查情况

（一）新农保参保现状

1. 不同文化程度的村民参保情况

在对文化程度和是否参加农保的交叉分析中，有效问卷535份，参加农保的占11.2%，没有参加的占88.8%。在参加农保的被调查者中，本科及以上文化程度的农民参加社会养老保险的比例最高，占该人群总数的25%，高中及中专文化程度的农民参保比例位居第二，占该人群总数的22%，初中文化程度的农民参保比例位居第三，占该人群总数的11%，没有上过学的农民参加社会养老保险的比例最低（图1-1）。由此可见，文化程度的高低对农民的保险意识有直接的影响，文化程度高的居民，对风险的认识和保险的意识相对较强，参加保险的可能性也较大；反之，文化程度低的居民，对风险的认识和保险的意识相对较弱，参加保险的可能性也较小。

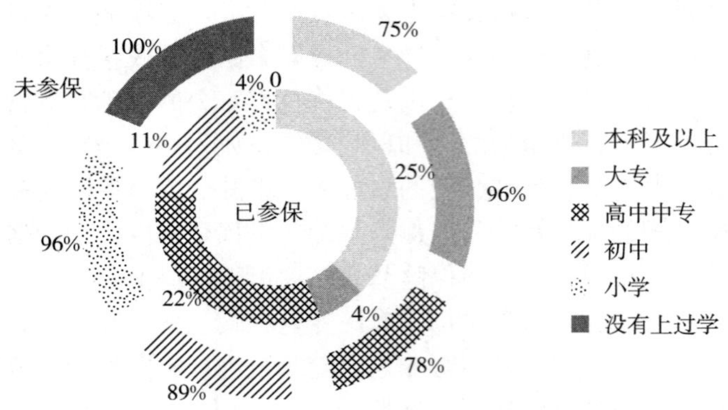

图 1 - 1　不同文化程度的被调查者参保情况

2. 不同经营类型的家庭参保情况

根据经营方式的不同，课题组将农村居民家庭分为纯粹以种田务农为生的纯农业户（简称“纯农户”）、农工商都做的兼业户（简称“兼业户”）、家里有农地但已经不种田了，是完全的经营、经商、做工的非农业户（简称“有地非农户”）、土地被征用后成为经商、做工的非农业户（简称“无地非农户”）、土地被征用后成为无业户（简称“无地无业户”）五种类型。在 554 个被调查对象中，有 535 个对该项问题做了回答。其中，“纯农户” 228 人，参加农保的占 6%；“兼业户” 188 人，参加农保的占 15%；“有地非农户” 48 人，参加农保的占 15%；“无地非农户” 28 人，参加农保的占 25%；“无地无业户” 15 人，参加农保的占 13%；其他农户 28 人，参加农保的占 3%。从图 1 - 2 中，可以明显看出，“无地非农户” 的参保比例最高，这与农村土地征用过程中，

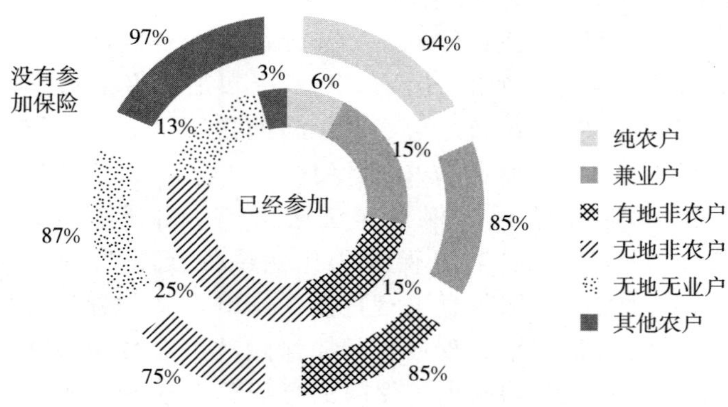

图 1 - 2　不同经营类型的家庭参保情况

政府相关鼓励和补贴政策有关；其次是“兼业户”和“有地非农户”，而“纯农户”的参保比例最低。这一情况也许说明，“纯农户”的收入相对较低，缴纳保险费的能力相对弱一些。

3. 不同现金收入与消费剩余水平的家庭参保情况

在调查设计中，为了更精确地考察收入和消费剩余与参保的关系，课题组将农村居民家庭总现金收入根据每 2 000 元和 5 000 元等差分为 9 个等级，即：①2 000 元以下；②2 001～4 000 元；③4 001～6 000 元；④6 001～8 000 元；⑤8 001～10 000 元；⑥10 001～15 000 元；⑦15 001～20 000 元；⑧20 001～30 000 元；⑨30 000 元以上。将现金消费剩余额按照 500 元和 1 000 元等差分为 8 个等级，即：① 100 元以下；② 101 ～ 500 元；③ 501 ～ 1 000 元；④1 001～2 000 元；⑤2 001～3 000 元；⑥3 001～4 000 元；⑦4 001～5 000 元；⑧5 000元以上。

（1）不同现金收入水平的家庭参保情况

总的来说，在有效回答的 536 份问卷中，参保家庭占总回答人数的 11%。其中，从 2 000 元以下至 30 000 元以上之间 9 个档次的参保比例依次为：10%、8%、16%、9%、12%、11%、7%、15%、0。年收入为 4 001～6 000 元的农民中参加社会养老保险的比例最高，占 16%，年收入为 30 000 元以上的农民中参加保险的比例最低（表 1－1）。

表 1－1　不同现金收入水平的家庭参保情况

	参加保险				总数
	有		没有		
	频数	百分比（%）	频数	百分比（%）	
2 000 元以下	2	10	18	90	20
2 001～4 000 元	3	8	35	92	38
4 001～6 000 元	16	16	86	84	102
6 001～8 000 元	11	9	109	91	120
8 001～10 000 元	14	12	105	88	119
10 001～15 000 元	8	11	67	89	75
15 001～20 000 元	2	7	25	93	27
20 001～30 000 元	4	15	23	85	27
30 000 元以上	0	0	8	100	8
总数	60	11	476	89	536

(2) 现金消费剩余水平与家庭参保的关系

根据调查统计，554个被调查对象中，有331人认为自己的家庭在2008年有现金结余。在331个有现金结余的被调查者中，11%的家庭参加了农保，其中100元以下的有40%，101～500元的没有，501～1 000元的有11%，1 001～2 000元的有9%，2 001～3 000元的有17%，3 001～4 000元的有16%，4 001～5 000元的有9%，5 000元以上的有10%（表1-2）。

表1-2　不同现金消费剩余水平的家庭参保情况

	参加保险				总数
	有		没有		
	频数	百分比（%）	频数	百分比（%）	
100元以下	2	40	3	60	5
101～500元	0	0	16	100	16
501～1 000元	4	11	31	89	35
1 001～2 000元	7	9	66	91	73
2 001～3 000元	8	17	40	83	48
3 001～4 000元	4	16	21	84	25
4 001～5 000元	4	9	41	91	45
5 000元以上	8	10	76	90	84
总数	37	11	294	89	331

一般来说，农村家庭现金收入越高，消费剩余越多，村民的购买力越强，参加农保的可能性就越大。但是，上述调查结果与这一规律并不相符，这说明影响河南省村民参保的因素是多方面的，经济因素不是唯一影响因素。

4. 村民的缴费形式和缴费水平现状

(1) 参保村民的缴费形式

从图1-3中可以看出，在65个参保对象中，67%的人采取年缴方式，17%的人采取一次性缴费，11%的人采取季缴方式，4%的人采取月缴方式。这一情况说明，绝大多数村民愿意采取年缴方式缴纳保险费，而愿意采取月缴方式的村民只占极少数。

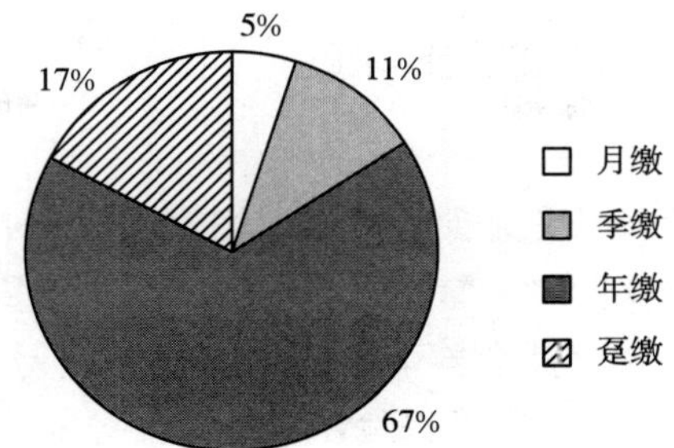

图 1－3　参保村民的缴费形式

（2）参保村民的缴费水平状况

关于缴费水平，课题组根据有关文件精神和农村实际情况，在调查问卷中设计了：2 元、4 元、6 元、8 元、10 元、11～20 元、21～30 元、31～40 元、41～50 元及 50 元以上共 10 个月缴费水平档次，对于季、年和一次性趸缴水平档次均根据月缴费水平档次计算得来。从表 1－3 可以看出目前村民的缴费水平情况。在月缴费中，村民月缴费在 50 元以上者和 11～20 元的人数最多，所占比例均是 30%。在季缴费中，缴费在 31～60 元的人数最多，所占比例为 36%，其次缴费为 6 元的人数占到 27%，缴费在 150 元以上者也占到 18%，以其他金额缴费的相对较少。在年缴费中，缴费在 121～240 元的人数最多，所占比例为 44%，其次为缴费在 600 元以上者，所占比例为 28%，也有 13% 的参保者缴费水平在 241～360 元。在一次性缴费中，720 元缴费者居多，占到 39%，其次缴费为 1 080 元的占到 18%，9 000 元以上的缴费者也占到 11%，以其他金额缴费的相对较少（表 1－3）。

表 1－3　参保村民的缴费水平状况

单位：元，%

月缴费	2	4	6	8	10	11～20	21～30	31～40	41～50	50 以上
百分比	0	20	10	10	0	30	0	0	0	30
季缴费	6	12	18	24	30	31～60	61～90	91～120	121～150	150 以上
百分比	27	9	0	0	0	36	0	9	0	18
年缴费	24	48	72	96	120	121～240	241～360	361～480	481～600	600 以上
百分比	4	4	2	0	2	44	13	2	2	28
趸缴	360	720	1 080	1 440	1 880	1 801～3 600	3 601～5 400	5 401～7 200	7 201～9 000	9 000 以上
百分比	7	39	18	7	0	4	11	4	0	11

（二）新农保实施中存在的突出问题

1. 参保率低

为了了解村民的参保情况，课题组在问卷中设计了一道题："您或家人有没有参加农村社会养老保险?"（表1-4）结果在被调查的554户居民家庭中仅有60个家庭参加了农村社会养老保险，占被调查对象总体的10.8%，有478个家庭没有参加农村社会养老保险，占被调查对象总体的86.3%。调查数据反映，目前全省农村只有少数农民参加社会养老保险，农村绝大多数家庭没有参加社会养老保险，村民对农村社会养老保险参保率极低。

表1-4　旧农村社会养老保险的参保情况

	频数	百分比（%）
参加	60	10.8
没有参加	478	86.3
缺失值	16	2.9
总数	554	100

2. 覆盖面窄

为了了解政府实施的农村社会养老保险的覆盖情况，课题组在问卷中设计了这样一道题："在您村有没有开展政府实施的农村社会养老保险?"（图1-4）调查结果显示，有35.9%的被调查对象回答没有开展政府实施的农村社会养老保险，有26.2%的被调查者回答是肯定的，另外也有35.2%的被调查者不知道有没有开展农村社会养老保险。上述结果至少反映了两个问题：一是农村社会养老保险制度在全省的覆盖面还很窄，目前全省各地参加社会养老保险的

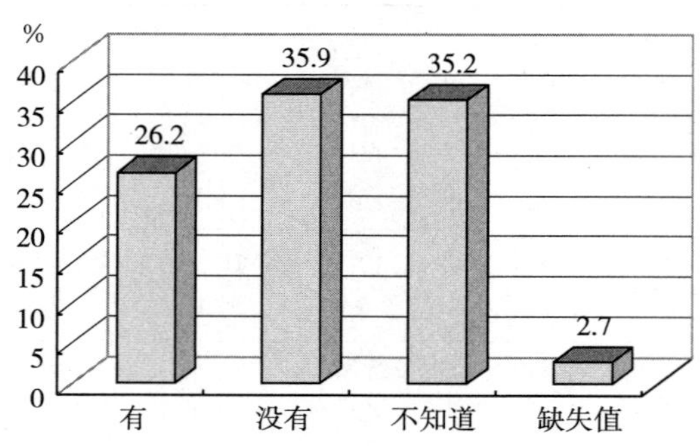

图1-4　农村社会养老保险覆盖情况

一般都是经济条件相对富裕的农民，经济不发达地区和贫困地区的农村居民没有能力投保；二是农村社会养老保险政策的宣传工作还远远不够，导致有1/3多的民众不知道自己所在的村有没有开展农村社会养老保险。

3. 无法起到保障基本生活的作用

为了了解现行的农村社会养老保险对农村老年人的保障作用，课题组在问卷中设计了两道题，第一题是“您认为现在的社会养老保险金水平能够满足您老年生活开支吗?”(图1-5)，调查结果显示，认为足够用了和基本够用的被调查者一共占到25.4%，认为勉强够用的被调查者占到40.3%，认为不够用和根本不够用的被调查者占到34.4%。

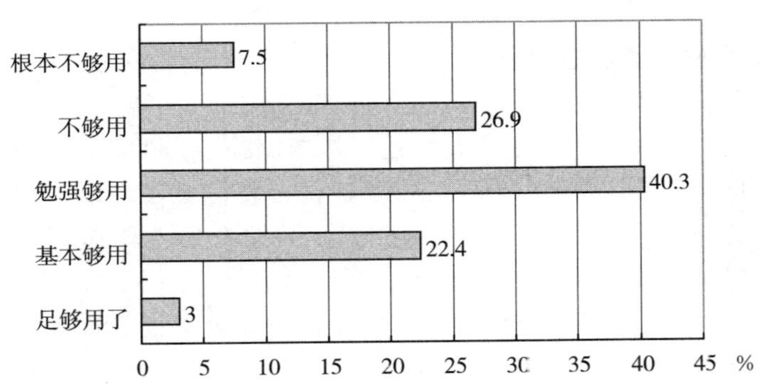

图1-5 现行的养老保险金水平满足老年生活开支情况

第二道题是“您认为农村社会养老保险在解决农村养老问题上作用大不大?”(图1-6)。从图1-6中可以看出，农民对农村社会养老保险的保障作用看法不一，认为“作用很大”和“作用较大”的被调查者一共占到38.6%，

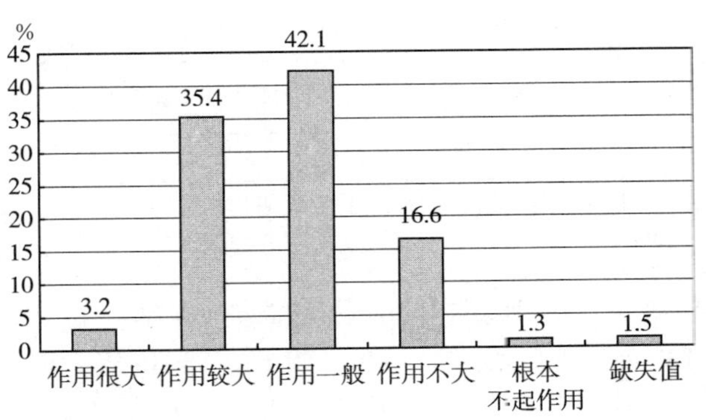

图1-6 村民对农村社会养老保险保障作用的评价

认为“作用一般”的被调查者占到42.1%，认为“作用不大”和“根本不起作用”的被调查者占到17.9%。由此可见，仅有38.6%的民众对农村社会养老保险在保障老年人基本生活方面的作用给予了充分肯定，有42.1%的民众对其作用不大看好，另有17.9%的民众持明确否定的态度。由此可见，现行农村养老保险无法充分保障老年人的基本生活，不能解决未来农村养老的根本性问题。

二、新型农村社会养老保险试点中期调查情况

（一）新农保试点情况

1. 基于古桥乡的调查数据

（1）参保率极高

根据《国务院关于开展新型农村社会养老保险试点的指导意见》（以下简称《指导意见》），凡年龄在16～59周岁，具有农村户籍，未参加城镇职工基本养老保险的农村居民均可参保。从表1-1可知，2010年初，古桥乡16～59周岁符合参保条件的人员共23 757人，实际参保人员22 926人，参保率高达96.5%（表1-5）。这组数据反映了新农保广受农民群众的欢迎，农民参保积极性很高。究其原因主要有两个：一是政府加大了财政补贴。河南省、许昌市两级财政对参保人缴费给予补贴，省财政每人每年补贴20元，许昌市财政每人每年补贴10元。二是养老金待遇比较优厚。凡年满60周岁，未享受城镇职工基本养老保险待遇的农村居民，只要其符合参保条件的子女参保缴费，均可按月领取基础养老金，基础养老金标准为每人每月60元，其中中央财政补贴55元，市财政补贴5元。上述两项措施的实施极大地调动了农民参保的积极性。

表1-5 2010年古桥乡农民参保情况

年龄范围（周岁）	符合参保人数（人）	实际参保人数（人）	参保率（%）
16～59	23 757	22 926	96.5

资料来源：古桥乡新型农村养老保险参保资金收缴情况一览表。

（2）不同档次缴费情况

根据《指导意见》，参加新农保的农民按年度缴纳养老保险费。缴费标准目前设为一年100元、200元、300元、400元、500元五个档次，参保人自主选择档次缴费，多缴多得。表1-6反映了古桥乡农民在2010年初的缴费情况，其中有96.0%的农民选择了100元标准缴费，有1.7%的农民选择了200

元标准缴费，有1.6%的农民选择了500元的标准缴费，有0.6%的农民选择了300元标准缴费，有0.1%的农民选择了400元标准缴费。上述数据反映，古桥乡绝大多数农民选择了100元的缴费标准，选择其他档次缴费的农民很少，仅占4.0%。其主要原因在于，无论农民选择哪个档次缴费，地方财政每人每年均补贴30元，在这样的财政补贴政策的激励下，选择最低档次缴费，对农民而言是最经济的选择。

表1-6　2010年古桥乡农民不同档次缴费情况

缴费档次（元）	参保人数（人）	所占比例（%）
100	22 012	96.0
200	391	1.7
300	133	0.6
400	17	0.1
500	373	1.6
总计	22 926	100.0

（3）养老金发放情况

根据《指导意见》，年满60周岁、未享受城镇职工基本养老保险待遇的农村有户籍的老年人，可以按月领取养老金，养老金待遇由基础养老金和个人账户养老金组成。2010年，古桥乡60周岁以上老人一共有6 093人享受到了养老金待遇，享受率达到99.5%。享受政府补贴的特殊群体共134人，其中烈士遗属5人，独生子女和双女户77人，持一、二级残疾证人员52人。

2. 基于官厅乡的调查数据

《国务院关于开展新型农村社会养老保险试点的指导意见》的颁布，极大地调动了广大农村居民参保的积极性，农村居民的参保率大大提高。以河南省长葛市官亭乡为例，河南省长葛市制定的2010年新农保工作的目标是，16～59周岁农村人口应参保人员参保率达到70%以上。事实上，各乡镇新农保的实际参保率要比这一数字高出许多（表1-7）。新农保的参保率之所以这么高，其原因主要有三个：一是政府加大了财政补贴。河南省、许昌市两级财政对参保人缴费给予补贴，省财政每人每年补贴20元，许昌市财政每人每年补贴10元。二是养老金待遇比较优厚。凡年满60周岁，未享受城镇职工基本养老保险待遇的农村居民，只要其符合参保条件的子女参保缴费，均可按月领取基础养老金，基础养老金标准为每人每月60元，其中中央财政补贴55元，市财政补贴5元。上述两项措施的实施极大地调动了农民参保的积极性。三是实施了“捆绑式”的缴费方式。凡年满60周岁的农村居民若要领取每月60元的基础养老金，需要具备一个基本前提，即符合参保条件的子女必须参保缴费。这一政策规定也有助于提高农村居民的参保率。

表1-7 官亭乡农村居民参保情况

年龄范围（周岁）	符合参保人数（人）	实际参保人数（人）	参保率（%）
15～16	24 701	22 656	91.70

（二）新农保试点中存在的突出问题

1. 基于古桥乡的调查数据

（1）政策宣传不到位

对广大农民来说，新农保是一个前所未闻的新事物。因此，在新农保推行之初，如何将这一制度宣传好，将对新农保试点工作的推进起着至关重要的作用。然而，据访谈员的调查情况看，长葛市古桥乡新农保政策的宣传工作仍存在不少问题。首先，集中宣传时间短，农民很难在短期内充分理解参加新农保的好处。根据长葛市《新型农村社会养老保险试点工作宣传方案》，新农保集中宣传阶段自2009年12月31日开始，到2010年1月12日结束，总共不到半个月时间，紧接着就是参保组织实施阶段。由于宣传时间比较短，许多农民对新农保政策一知半解，有些农民甚至对新农保政策一无所知，更谈不上缴费参保。其次，政策宣传缺乏经费支撑。由于资金的缺失，许多试点地区在普及宣传手段的选择、活动的开展、普及宣传所必需的设备的调集方面都存在困难。资金不足还严重制约着从事普及宣传工作的人员的保障和扩充。第三，宣传人员的业务素质不高。就古桥乡而言，进行新农保政策宣传的人员主要由包村干部、村级协管员、村干部、村小组长构成，上述人员业务素质普遍偏低，他们很难将复杂的新农保政策宣传透彻。最后，宣传方法有待创新。古桥乡主要通过张贴标语、悬挂宣传横幅、出动宣传车、发放宣传手册等方法开展宣传工作，这种传统的宣传方法固然会发挥一定的作用，但是太粗放，不够精细，很难起到良好效果。

（2）逆向激励问题突出

根据《指导意见》，新农保缴费标准目前设为每年100元、200元、300元、400元、500元共5个档次，参保人自主选择缴费档次，多缴多得。地方政府对参保人缴费应当给予补贴，补贴标准不低于每人每年 30 元，对选择较高档次标准缴费的，可给予适当鼓励，具体标准和办法由省（区、市）人民政府确定。这两项规定的初衷是为了激励更多的有经济能力的农民选择较高档次标准缴费，以扩大新农保基金规模。然而，新农保制度设计实际运行的结果很可能导致逆向激励，如表 2 所示，有 96.0%的农民选择了 100 元的缴费标准，选择 400 元和 500 元缴费标准的农民占参保人群的比例不足 2%。由此可见，新农保制度设计中的激励措施并没有实现这一政策的预期目标，相反却带来了逆向激励的后果。

（3）待遇支付发放问题多

根据人力资源和社会保障部社会保险事业管理中心组织编写的《新型农村社会养老保险经办实务手册》（以下简称《实务手册》），新农保待遇实行社会化发放。所谓社会化发放是指农保经办机构委托金融机构代发放新农保待遇的行为。经办机构与代发放金融机构需要签订新农保待遇代发放协议书，协商确定双方的权利和义务、经办流程、经办人员、信息接口规范、信息交互手段等。[①] 根据长葛市的相关规定，每个参保人员（丙方）需要跟长葛市人力资源和社会保障局（甲方）和中国农业银行股份有限公司长葛市支行签订《委托扣缴新型农村社会养老保险费　代发新型农村社会养老保险养老金协议》，以实现新农保待遇发放的社会化。这一规定本身有利于及时足额地将新农保待遇发放到每位领取人员手中，但是，这一规定也对农保经办机构、财政部门和金融机构之间的沟通和协调工作提出了较高要求。据访谈员对村级协管员的访谈结果看，中国农业银行股份有限公司长葛市支行在给参保人转账时转错、转不上的情况经常发生，已经成为一个比较突出的共性问题。这一问题容易导致养老金错发、多发或者少发、拖延发放等一系列问题的产生，引起了一些农民的不满。另外，古桥乡考虑到农村的实际情况，规定新农保养老金的领取均由村协管员代领代发，这种做法在其他新农保试点地区也比较普遍，但是这一做法与“杜绝农保经办人员和村协办员直接用现金进行发放”的规定相违背。事实证明，这种做法也会带来其他一些问题的发生：一是养老金的领取和发放均有风险。据一名村协管员的介绍，该乡一名协管员刚从中国农业银行取出的全村的养老金 1 万多元就被人抢劫了，不仅给他本人而且给全村的父老乡亲都带来了损失。不仅如此，错发养老金也是村协管员经常遇到的麻烦。二是必要的监督

---

① 人力资源和社会保障部社会保险事业管理中心．新型农村社会养老保险经办实务手册［M］．北京：中国劳动社会保障出版社，2010：190.

缺乏。由村协管员一人代领代发全村的养老金的做法会因缺乏监督而出问题，长葛市某村每人 60 元的基础养老金被村干部扣留 5 元的做法已经暴露出缺乏监督所造成的严重问题。

（4）**村级协管员待遇水平很低**

为了保证新农保试点工作的顺利开展，古桥乡所有的村都选出一名新农保村级协管员，村级协管员大多由村文书兼任。据对村协管员的访谈，村级协管员的主职责主要有五个：一是开展新农保的宣传工作。尽管包村干部、村干部和小组长都参与了新农保的宣传工作，但不可否认的是村级协管员在新农保政策宣传过程中发挥着主力军的作用，他们经常需要挨家挨户地进行政策宣传，对那些思想比较固执，没有一点现代社会养老保险意识的农民而言，村级协管员需要三番五次地登门讲解，工作琐碎而又辛苦。二是协助完成农民的参保工作。新农保参保期间，包村干部、村干部、村小组长、村级协管员都会参与其中，但村级协管员干活最多。三是代领代发新农保养老金。考虑到一些农民自己不方便到银行领取养老金的实际情况和节约成本的现实需要，古桥乡新农保养老金均由村级协管员代领代发，碰到转账转错和转不上的情况常常需要村级协管员多次奔波，时间成本很高。四是村协管员每月要到古桥乡政府开一次例会，学习领会上级政策精神，传达本村新农保实施情况。为了完成上述工作，每位协管员平均每月至少花去五天时间，按当地的平均水平计算，五天时间去打工，至少可以赚到 400 元左右。然而，他们的报酬仅有每月 70 元补贴，协管员普遍认为报酬太低，希望能够加薪。

（5）**弄虚作假情况比较严重**

根据调查员反馈的信息可知，在新农保试点地区几乎都存在一些弄虚作假的现象，概括来讲，主要有四类：一是农村中许多十六七岁甚至二十几岁的年轻人（不是学生）假冒学生名义逃避缴纳养老保险费的责任与义务，一些村干部有意隐瞒事实真相，一些乡镇工作人员也睁只眼闭只眼，听之任之。二是许多农民为了享受国家的基础养老金，常常会要求自己的儿子缴费参保，而自己符合参保条件的女儿缴费的却比较少，这一现象在农村试点地区比较普遍。三是个别不满 60 周岁的农民为了提前领取基础养老金而虚报年龄，相关政府部门不仅没有杜绝此种行为而且还为其开启方便之门。四是个别已经参加城镇职工基本养老保险的农民工为了享受基础养老金而动用各种关系网络获取农村户口进而达到参保目的的情况也时有发生。

（6）**养老金水平低**

根据长葛市农村社会养老保险待遇测算办法，一位农民如果按照 100 元的年缴费标准缴纳养老保险费，缴费年限为 5 年，那么该农民月领取养老金标准为 64.68 元，其中个人账户养老金为 4.68 元，基础养老金为 60 元；如果缴费年限为 10 年，那么该农民月领取标准为 69.35 元，其中个人账户养老金为 9.35 元，基础养老金为 60 元；如果缴费年限为 15 年，那么该农民月领取标准为 74.03 元，其中个人账户养老金为 14.03 元，基础养老金为 60 元。一位农民如果按照 500 元的年缴费标准缴纳养老保险费，缴费年限为 5 年，那么该农民月领取养老金标准为 79.06 元，其中个人账户养老金为 19.06 元，基础养老金为 60 元；如果缴费年限为 10 年，那么该农民月领取标准为 98.13 元，其中个人账户养老金为 38.13 元，基础养老金为 60 元；如果缴费年限为 15 年，那么该农民月领取标准为 117.19 元，其中个人账户养老金为 57.19 元，基础养老金为 60 元。（表 1－8）从上述数据可知，即使按照最高缴费标准 500 元，最长缴费年限 15 年计算，农民能够领取的养老金也比较少，很难满足其老年的基本生活开支，这与新农保“保基本”的政策目标相差甚远。

表 1－8　长葛市新型农村社会养老保险待遇测算

年缴费标准 / 月领取标准（元） / 缴费年限	100 元			200 元			300 元			400 元			500 元		
	合计	个人账户养老金	基础养老金	合计	个人账户养老金	基础养老金	合计	个人账户养老金	基础养老金	合计	个人账户养老金	基础养老金	合计	个人账户养老金	基础养老金
5	64.68	4.68	60.00	68.27	8.27	60.00	71.87	11.87	60.00	75.47	15.47	60.00	79.06	19.06	60.00
10	69.35	9.35	60.00	76.55	16.55	60.00	83.74	23.74	60.00	90.94	30.94	60.00	98.13	38.13	60.00
15	74.03	14.03	60.00	84.82	24.82	60.00	95.61	35.61	60.00	106.40	46.40	60.00	117.19	57.19	60.00

说明：1. 养老金待遇＝基础养老金＋个人账户养老金

2. 个人账户养老金＝［个人缴费＋财政补贴（现标准每年 30 元）＋银行利息］÷139（养老金计发系数）

3. 表中待遇测算暂不包含银行利息，实际执行中将累加利息收入。

注：表中数据均来自长葛市新型农村社会养老保险宣传手册。

2. 基于官厅乡的调查数据

（1）制度设计本身存在的问题与缺陷

一是政府的财政补贴政策值得商榷。根据《河南省人民政府关于开展新型农村社会养老保险试点的实施意见》（以下简称《实施意见》），参加新农保的农村居民按年度缴纳养老保险费。缴费标准目前设为一年 100 元、200 元、300 元、400 元、500 元五个档次，参保人自主选择档次缴费，多缴多得。在参保过程中，绝大多数农村居民选择了最低档次的缴费标准，即一年 100 元的缴费标准。以长葛市官亭乡岗李村为例，全村符合参保人数 929 人，实际参保人数 774 人，在缴费人群中，选择每年 500 元档次缴费的仅有 4 人，选择每年 200 元档次缴费的仅有 3 人，其余人员均选择每人每年 100 元的档次缴费。通过调查，课题组发现，绝大多数村民之所以选择最低档次的标准缴费，主要原因有两个：一是农村居民收入水平较低。尽管经历了 30 多年的改革开放，农村经济得到较快发展，但是作为一个庞大的群体，农民的收入水平仍然不高。二是与政府的财政补贴政策有关。按照《实施意见》，村民无论是选择 100 元档次缴费还是 500 元档次缴费，政府的财政补贴均是 30 元。这样，对农村居民而言，选择低档次标准缴费自然显得最经济划算。另外，尽管新农保的参保率很高，但是，农村中超过 45 周岁的村民补缴养老保险费的却很少。以岗李村为例，全村参保人数大概 774 人，其中仅有 1 人选择了补缴，究其原因主要是因为村民补缴部分不能够享受政府缴费补贴，由此导致村民补缴养老保险费的积极性不高。

二是新农保缴费方式具有强制性。《实施意见》中规定："新农保制度实施时，已年满 60 周岁、未享受城镇职工基本养老保险待遇的，不用缴费，可以按月领取基础养老金，但其符合参保条件的子女应当参保缴费。"农民形象地把这种缴费方式称作"捆绑式"缴费方式，不少农民认为"捆绑式"缴费方式带有强制性，违背了新农保缴费的自愿原则，容易使农民产生抵触情绪，进而影响到他们参保的积极性。通过实地调查，课题组发现，许多农村居民期望享受国家的基础养老金，但是却不愿意过多地承担缴费义务。年龄较大的农村居民常常会要求自己的年轻儿子缴费参保，而自己符合参保条件的年轻女儿缴费的却比较少，这一现象在农村试点地区表现得比较普遍。其原因主要在于许多农村居民对"捆绑式"缴费方式不理解。

三是新农保缴费的起始时间值得推敲。《实施意见》中规定："年满 16 周岁（不含在校学生）、未参加城镇职工基本养老保险的河南省农村居民，可以在户籍地自愿参加新农保。"事实上，试点地区在推行新农保制度时，常常要求年满 16 周岁的农村居民（不含在校学生）必须缴费，否则家中 60 周岁以上的老人不能按月领取基础养老金。不少村民对年满 16 周岁就开始缴费提出异议，他们认为从 16 周岁就开始缴费，缴费时间太早，而且十六七岁的年轻人也不会赚钱，他们所缴纳的养老保险费也主要是从家长那里获得的，这无疑增加了家长的负担。事实上，这一制度的强制实施会带来两个后果：一是农村中许多16～17岁甚至20几岁的年轻人（不是学生）假冒学生名义逃避缴纳养老保险费的责任与义务，一些村干部有意隐瞒事实真相，一些乡镇工作人员也对村民的这种行为睁只眼闭只眼，听之任之。二是农村子女比较多且较为贫困的家庭会因缴纳较多的养老保险费而使收入减少，这不仅会影响到农村居民的基本生活，而且也会影响到农村居民的消费能力，进而影响到农村经济的发展。

四是养老保险待遇水平较低。根据长葛市农村社会养老保险待遇测算办法：养老金待遇＝基础养老金＋个人账户养老金；个人账户养老金＝［个人缴费＋财政补贴（现标准每年30元）＋银行利息］÷139（养老金计发系数）。计算结果见表1－9、表1－10。从表中数据可知，即使按照最高缴费标准500元计算，农村居民能够领取的养老金也不能够满足其老年的基本生活开支，养老金水平低导致相当一部分农民的参保积极性不高，参保率较低。

表1－9　年缴费标准为100元时养老保险待遇水平

缴费年数（年）	个人账户养老金（元）	基础养老金（元）	养老金总额（元）
5	4.68	60	64.68
10	9.35	60	69.35
15	14.03	60	74.03

表1－10　年缴费标准为500元时养老保险待遇水平

缴费年数（年）	个人账户养老金（元）	基础养老金（元）	养老金总额（元）
5	19.06	60	79.06
10	38.13	60	98.13
15	57.19	60	117.19

（2）制度运行中存在的突出问题

一是法制建设滞后。从总体上看，中国的社会保障立法十分滞后，基本上处于一种非正常状态，从而对整个社会保障制度的最终确立与健康运行形成了一种先天不足。就农村养老保险而言，立法滞后表现得更为突出。到目前为止，仅仅在我国《婚姻法》《继承法》《老年人权益保护法》等少数几部法律的部分条款中涉及有关农村老年人养老方面的规定，而专门的《农村社会养老保险法》还没有出台。立法的滞后不仅严重影响了我国农村养老保险制度的建立与正常运行，而且使我国在农村养老保险方面取得的部分成果也很难从制度上给予巩固，会使国家政策的民众信任度降低。通过调查，课题组发现，部分民众未参保的一个重要原因就是对新农保政策有疑虑，其原因有两个：一是我国农村养老保险政策缺乏稳定性。在 1992 年，民政部颁发了《县级农村社会养老保险基本方案（试行）》，这标志着我国农村养老保险制度的正式确立。然而到 1999 年 7 月，国务院对农村社会养老保险工作做出新的规定，指出目前农村尚不具备普遍实行社会养老保险的条件，对已有的业务实行清理整顿，停止接受新业务。条件成熟地区，应逐步向商业保险过渡。我国农村养老保险政策缺乏稳定性，不仅会影响到这一制度的可持续发展，也会大大降低民众对这一政策的信任度。二是由于养老保险要到未来才受益，交了钱要到规定的年龄后才能领到养老金，这个时间差往往会使不少农民心里不踏实，害怕自己缴的钱打水漂，由于村民对政策稳定性过分担忧，导致他们在参保问题上十分谨慎、犹豫不决。课题组认为，若要解决上述问题，国家除了保持农村养老保险基本政策稳定以外，还要加强立法工作，尽快制定颁布《农村社会养老保险法》，为我国农村养老保险制度的健康运行提供法制保障。

二是舆论宣传不到位。在试点阶段，宣传工作是新农保制度得以顺利实施的关键环节。作为首批试点市之一，长葛市在推行新农保制度时，专门制定了《长葛市新型农村社会养老保险试点工作宣传方案》，对宣传工作进行了精心布置。但是，课题组发现，该地区在宣传工作方面仍然存在一些问题。首先是集中宣传时间比较短，群众不能够充分地学习、消化、领会新农保的政策本质；其次是新农保政策宣传员的素质不高，很难高质量地完成宣传任务。长葛市官亭乡在每一个村子都任命一名协保员，顾名思义，就是协助村民参保的工作人员，常常由村文书担任。上级有关新农保的政策宣传工作也主要是由新农保村级协保员和村干部承担，由于他们对新农保制度了解得不够全面深入，导致村民了解到的信息也只能是片面的，不少村民吃不透政策，不敢轻易参保，个别村民甚至把政府推行的新农保制度当成乱摊派行为，对新农保制度产生不满和抵触情绪。最后是个别基层干部责任心不强，对宣传工作敷衍了事，导致村民对新农保政策知之甚少，不能充分理解参加新农保的好处，进而影响到他们的参保行为。

三是缺乏有效的监督管理。建立高效和廉洁的社会保障机构和法制化、规范化的监督管理机制，不仅有助于实现农村养老保险基金的保值增值，而且有利于农村养老保险制度的健康运行。目前农村社会养老保险金在管理和运作上缺乏法制化和规范化，组织机构不健全，缺乏有效的监督机制，存在很大的漏洞，造成资金挪用、违规投资、违规运作、乱收管理费、乱收保险费等现象。

农村居民对资金的管理信任度低，直接影响他们的投保率。当前新农保试点过程中出现的许多问题，如符合参保条件的许多年轻女孩没有投保缴费、许多年轻人假冒学生名义逃避缴费责任与义务，以及个别农民未到60周岁而提前领取国家基础养老金等问题的出现，在很大程度上皆因缺乏有效的监督管理机制。而上述问题的存在必将破坏农村社会养老保险的公平、权利与义务相结合的基本原则，必将影响到农村社会养老保险制度的正常运转。

四是经办人员素质较低。当前我国农村社会养老保险经办机构工作人员的学历背景、知识背景参差不齐，素质普遍偏低，最为突出的是社会保障专业人才队伍十分短缺，这种现状无益于我国新型农村社会养老保险制度的高效运转。由于新农保经办机构工作人员缺乏社会保障专业知识，直接导致他们在政策宣传过程中只能开展一般性的政策解读工作，很难对政策出台的社会背景以及支撑新农保政策的理论知识背景进行深入解析。尤其是目前我国广大农民深受传统小农经济思想影响，缺乏现代的保障观念，不能充分理解“个人收入延期消费”的含义，接受互济性较强的社会统筹形式还比较困难，所以，宣传人员想要把新农保政策宣传的全面透彻，深入人心，不仅需要有高度负责的态度，而且需要具备社会保障的专业知识。新农保经办人员专业素养的提高不仅有利于新农保政策宣传工作的顺利开展，而且还有利于提高办事效率，推动新农保事业又好又快地发展。

三、新型农村社会养老保险需求状况调查分析

通过对相关文献的研读，我们发现，关于新农保制度的完善问题，理论界着重从制度供给层面所作的研究比较多，而从制度需求层面展开的研究还比较匮乏。事实上，对于新农保制度的完善，制度供给和制度需求两个层面的研究缺一不可。“一个以服务为导向的政府的目标，是满足当地公民和社区对公共产品和服务的需求。”[①] 本次调查正是从制度需求层面对农民的养老需求进行了研究，并在实证分析的基础上提出了完善新农保的政策建议。

（一）新农保的需求意愿

1. 农民的养老意愿

从制度需求层面来看，新农保能否顺利实施的关键在于广大农民是否愿意

① 世界银行东亚与太平洋地区．改善农村公共服务［M］．北京：中信出版社，2008.

接受社会养老保险这样一种模式。为了弄清楚这个问题，我们在问卷中涉及了一个题项："您是如何安排自己的养老问题?"通过实地调查，我们了解到被调查者中有43.2%人希望将来靠家庭养老，所占比例最高；有35.7%的被调查者希望靠自己的财产养老，所占比例位居第二；有12.0%的被调查者希望靠社会养老保险金养老，所占比例位居第三；有5.0%的被调查者希望将来得到农村社区（或集体）养老服务，所占比例位居第四；有1.7%的被调查者希望将来去敬老院养老，所占比例位居第五；有1.2%的被调查者希望将来通过购买商业保险公司的保险养老，所占比例最低。调查结果说明，经过30多年的改革开放，我国农民的家庭养老观念依然浓厚，社会养老保险意识仍比较淡薄。

但是，从农民对老年人获得生活费用方式的态度来看，被调查者中有41.7%的人希望像退休职工一样，每月领取社会养老保险金，有38.3%的人希望自己年轻时向银行存款，老年再从银行取，希望向儿女要钱的被调查者仅占14.9%（表1-11）。由此可见，众多农民对新农保给予了很高期望，新农保的实施有其社会基础，这是新农保能够在农村推行的基本前提。

表1-11　老年人获得生活费用的最好方式

	频数	百分比（%）
向儿女要钱	35	14.9
自己年轻时向银行存款，老年再从银行取	90	38.3
像退休职工一样，每月领取社会养老保险金	98	41.7
向社会求助	4	1.7
获得政府或集体的社会救助	7	3.0
其他	1	0.4
总数	235	100.0

2. 农民的参保能力

所谓参保能力就是指农民参加新农保，对所需要缴纳的保费能够承受的能力。通常情况下，用农民年度缴纳的保险费总额与农村居民年现金纯收入的比例来考察。通过这一指标主要考察需要农民缴纳的保险费占其个人年收入的多大比例，农民才能接受投保。为此，我们专门设计了问题项"您认为新型农村社会养老保险个人缴纳保险费部分占农村居民年人均纯收入的多大比例比较合适?"在这一问题中设计了5%～12%之间八个档次的比例让农村居民选择，其结果有205个被调查者回答了该问题。从图1－7可以看出，有38.1％的被调查者认为个人缴纳保险费部分占年人均纯收入的5％比较合适，在所有选项中位居第一；有14.6％的被调查者认为6％比较合适，位居第二；有11.7％的被调查者认为10％比较合适，位居第三。有11.2％的被调查者认为9％比较合适，位居第四；有10.7％的被调查者认为7％比较合适，位居第五；有5.4％的被调查者认为8％比较合适，位居第六；有3.9％的被调查者选择了“其他”，位居第七；有2.4％的被调查者认为11％比较合适，位居第八；有2.0％的被调查者认为12％比较合适，在所有选项中位居最后。

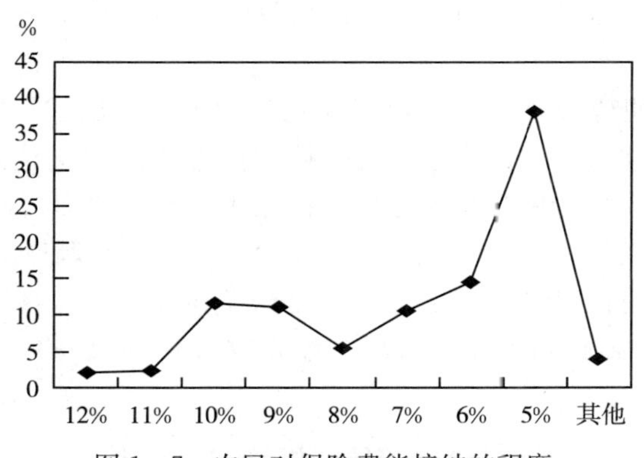

图1－7　农民对保险费能接纳的程度

另外，农民能够接受的最大缴费额度也是我们研究的重要内容。根据新农保方案及农村的实际情况，我们设计了七个缴费档次，让农民进行选择。我们设计的题目是：“新型农村社会养老保险每年缴纳的保险费，您能接受的最大额度是多少?”被调查者中，有205人回答了该问题，其中回答率较高的三个档次缴费额分别为：500元，回答率为26.8％；600元及以上，回答率为19.5％；100元，回答率为17.6％；选择200元、300元、400元的被调查者分别占到11.7％、10.7％、4.9；选择100元及其以下的被调查者占到26.4％。

3. 农民继续参保的意愿

农民是否打算继续参保直接影响着新农保试点工作能否顺利推行。为了了解2009年底已经参保的农民到2010年底是否会继续参保，我们设计了一个问题项：“今年年底，您是否将继续参加新型农村社会养老保险?”被调查者中有129人回答了该问题，其中有88.4％的人打算继续参加新农保，有11.6％的被调查者不想继续参保。这组数据说明绝大多数农民愿意继续参加新农保，但也有少数人可能会考虑退保。为了弄清楚这部分人为什么不愿意继续参保，我们在问卷中又设计了一个题项："您为什么不打算继续参加新型农村社会养老保险?"有19名被调查者回答了此问题。从回答的情况看，农民不愿意继续参保的原因很多，比如，没有钱、政府财政补贴少和养老金水平低，但是最主要的原因是担心政策有变，基础养老金能不能及时足额发放。

4. 农民对政府养老作为的期望

农民对新农保实施中政府补贴的额度到底满意不满意呢？通过调查，我们发现，被调查者中选择"一般"的占50.0%；选择"比较满意"的占43.0%；选择不满意的占7.0%。由此可见，多数农民对政府补贴的额度不太满意。

那么，农民期待的政府补贴是多少呢？为了弄清楚这个问题，我们在问卷中设计了一个题项："您认为，政府补贴保险费的比例达到多大程度比较合适?"有45.4%的被调查者认为政府补贴占总保险费的1/3比较合适；有38.5%的被调查者认为1/2比较合适；有11.2%的被调查者认为1/4比较合适；有3.9%的被调查者认为1/5比较合适；有1%的被调查者认为1/10比较合适。由此可见，多数农民希望政府补贴的力度再加大一些(表1-12)。

表1-12　农民对政府补贴的期望

	频数	百分比（%）
政府补贴占总保险费的1/2	79	38.5
政府补贴占总保险费的1/3	93	45.4
政府补贴占总保险费的1/4	23	11.2
政府补贴占总保险费的1/5	8	3.9
政府补贴占总保险费的1/10	2	1.0
总数	205	100.0

为了更全面地了解农民对政府养老作为的期望，我们又设计了一个问题项："您最希望政府在养老方面有何作为?"回答情况：被调查者中有42.4%的人最希望政府补贴养老金；有25.3%的人最希望政府提供养老服务；有19.4%的人最希望政府出台优惠政策；有12.4%的人最希望政府建立养老院；有0.6%的人选择了"其他"(表1-13)。由此可见，农民对政府的期望是多方面的。

表 1-13　农民对政府养老作为的期望

	频数	百分比（%）
补贴养老金	72	42.4
建立养老院	21	12.4
出台优惠政策	33	19.4
提供养老服务	43	25.3
其他	1	0.6
总数	170	100.0

5. 农民对集体养老作为的期望

集体补助也是新农保基金筹集的一个重要渠道。为了了解集体补助的情况，我们设计了一个问题项："村集体对您参加新型农村社会养老保险有没有补贴保险费?"被调查者中有 128 人回答了此问题．其中有 40.6%的人回答享受到集体补贴，有 59.4%的人回答没有享受到集体补贴。这组数据反映了在我国许多农村地区，集体补助缺失的确是一个不争的事实。

但是，许多农民对集体养老抱以厚望，通过调查，我们发现被调查者中有 37.8%的人希望集体能够补贴养老金；有 30.5%的人希望集体能够提供养老服务；有 17.1%的人希望集体能够建立养老院；有 14.0%的人希望集体能够出台优惠政策（图 1-8）。

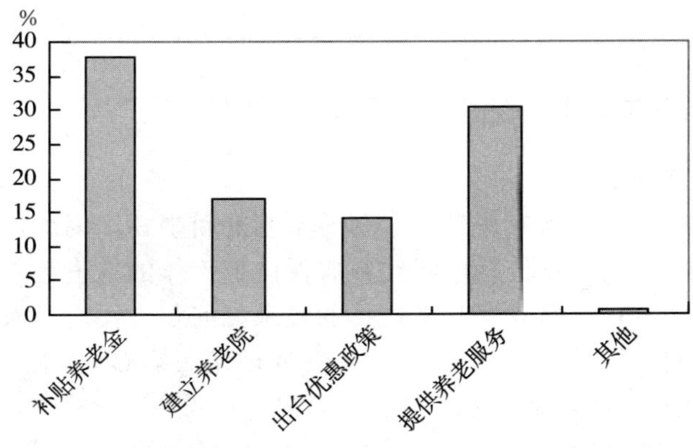

图 1-8　农民对集体养老作为的期望

6. 农民对养老金水平的期望

《指导意见》规定，中央确定的基础养老金标准为每人每月 55 元，由国家财政全额支付最低标准基础养老金，这是新农保制度的一个显著特点。然而，农民对当前的养老金待遇水平的看法如何呢？为了弄清楚这一问题，我们设计了一个题项："您认为当前的养老金待遇水平（基础养老金＋个人账户）怎么样？"被调查者中有 129 人回答了此问题，有 65.9％的人认为当前的养老金待遇水平一般，有 18.6％的人认为比较低，有 14.7％的人认为比较高，有 0.8％的人认为很低。

那么，农民期望的养老金水平是多少呢？通过调查，我们发现，有 39.2％的被调查者认为新农保待遇水平达到当地农村平均基本消费水平比较合适，有 34.8％的被调查者认为达到城市最低生活保障水平比较合适，有 16.2％的被调查者认为达到农村最低生活保障水平比较合适，有 8.8％的被调查者认为达到全省农村平均基本消费水平比较合适，有 1.0％的被调查者选择了"其他"（表 1－14）。

表 1－14　农民期望的养老金待遇水平

	频数	百分比（％）
城市最低生活保障水平	71	34.8
农村最低生活保障水平	33	16.2
全省农村平均基本消费水平	18	8.8
当地农村平均基本消费水平	80	39.2
其他	2	1.0
总数	204	100.0

（二）新农保试点中存在的突出问题

1. 政策宣传效果差

对广大农民来说，新农保是一个前所未闻的新事物，因此，在新农保推行之初，如何将这一制度宣传好，将对新农保试点工作的推进起着至关重要的作用。那么，时至今日，新农保政策宣传的效果如何？农民对新农保政策了解得怎样呢？实地调查的结果显示，有 49.5％的被调查者认为对新农保政策了解得一般，有 20.6％的被调查者认为不太了解，有 4.2％的被调查者认为很不了解，有 25.2％的被调查者认为比较了解，认为十分了解的被调查者仅占 0.5％（图 1－9）。调查结果告诉我们，新农保政策宣传的效果并不理想。进一步调查的结果显示，试点地区有 60.5％的被调查者认为当地政府部门的宣传工作一般，有 17.7％的被调查者认为不满意，有 2.3％的被调查者认为很不满意，认为比较满意和很满意的被调查者仅占19.1%和0.5%。这组数据进一步证实了新农保政策宣传效果比较差的现状。

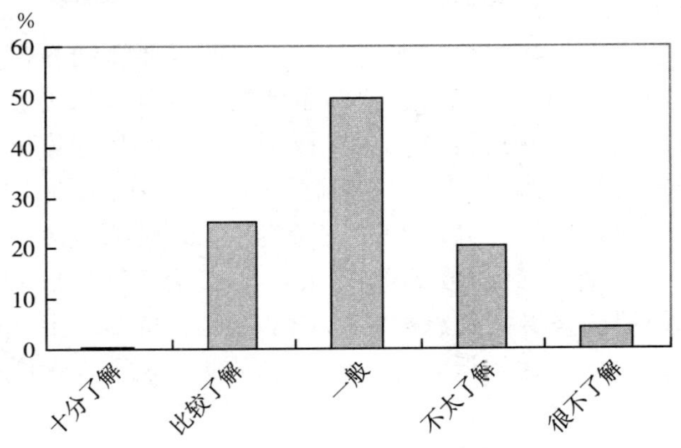

图1-9　农民对新农保政策的了解情况

2. 强迫农民参保的情况依然存在

根据《国务院关于开展新型农村社会养老保险试点的指导意见》，新农保实行农民自愿参保原则，试点时，不能搞强迫命令，不能片面追求参保率。调查结果显示，有94.4%的被调查者认为当地乡（镇）政府不存在强迫农民缴费参保的情况，但是，也有5.6%的被调查者认为当地乡（镇）政府存在强迫农民缴费参保的情况。同时，调查结果还显示，有92.5%的被调查者认为不存在村干部强迫农民参保的情况，但是也有7.5%的被调查者认为自己所在的村有村干部强迫农民参保的情况。上述调查结果反映了在国家政策明令禁止的情况下，仍有一些乡镇干部和村干部为了片面追求参保率而强迫农民参保缴费。

3. 弄虚作假情况时有发生

根据调查员反馈的信息可知，在新农保试点地区几乎都存在一些弄虚作假的现象，概括来讲，主要有四类：一是农村中许多16～17岁甚至20几岁的年轻人（不是学生）假冒学生名义逃避缴纳养老保险费的责任与义务，一些村干部有意隐瞒事实真相，一些乡镇工作人员也睁只眼闭只眼，听之任之。二是许多农民为了享受国家的基础养老金，常常会要求自己的儿子缴费参保，而自己符合参保条件的女儿缴费的却比较少，这一现象在农村试点地区表现得比较普遍。三是个别不满60周岁的农民为了提前领取基础养老金而虚报年龄，相关政府部门不仅没有杜绝此种行为而且还为其开启方便之门。四是个别已经参加城镇职工基本养老保险的农民工为了享受基础养老金而动用各种关系网络获取农村户口进而达到参保目的的情况也时有发生。

4. 农民的参保能力弱

所谓参保能力就是指农民参加新农保，对所需要缴纳的保费能够承受的能力。一般来讲，农民参保能力的强弱跟他的家庭收入水平紧密相关。为了了解农民的收入情况，我们设计了一个题项："2009 年您家庭总的现金纯收入是多少?" 调查结果显示，2009 年家庭总的现金纯收入在 10 000 元以下的被调查者占到总数的 61.2%，2009 年家庭总的现金纯收入在 10 000～30 000元的被调查者占到总数的 37.2%，2009 年家庭总的现金纯收入在30 000元以上的被调查者占到总数的 1.6%（图 1－10）。由此可见，大多数农民的年现金收入水平比较低，经济收入水平低决定了农民缴费参保的能力比较弱。

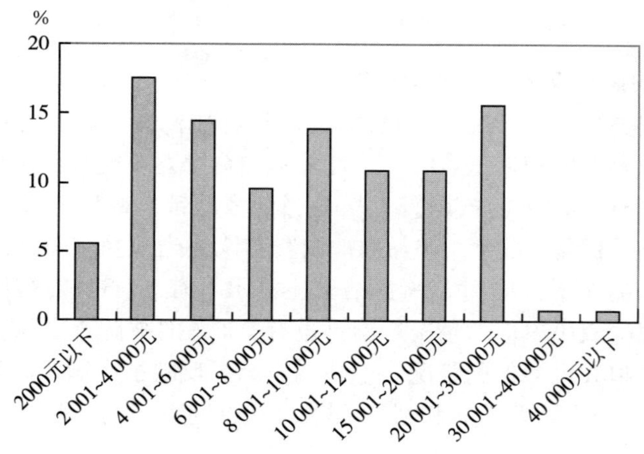

图 1－10　农民的家庭年收入情况

5. 部分农民继续参保意愿弱

农民是否打算继续参保直接影响着新农保试点工作能否顺利推进。调查结果显示，2009 年底已经参保的农民打算到 2010 年底继续参保的人数占到 88.4%，有 11.6%的被调查者不想继续参保。这组数据说明，已经参保的农民中大多数人打算继续参保，但也有少数人可能会放弃参保。通过深入访谈，调查员了解到农民不愿意继续参保的原因很多，比如，没有钱、政府财政补贴少、养老金水平低等，但是最主要的原因是担心政策有变，基础养老金能不能及时足额发放。

6. 部分地区基础养老金未能及时足额发放

为了了解新农保试点地区基础养老金发放情况，我们专门设计了两个题项，第一个是："您村 60 周岁以上的老年人（其符合参保条件的子女已经参保）是否每月都能按时领取基础养老金?"被调查者中有 128 人回答了此问题，其中 71.9％的被调查者反映自己所在的村 60 周岁以上的老年人（其符合参保条件的子女已经参保）每月都能按时领取基础养老金，但是，也有 4.7％的被调查者反映自己所在的村 60 周岁以上的老年人不能每月按时领取基础养老金。第二个是："您村 60 周岁以上的老年人（其符合参保条件的子女已经参保）是否每月都能足额领取基础养老金?"被调查者中有 127 人回答了此问题，有 66.1％的被调查者反映自己所在的村 60 周岁以上的老年人（其符合参保条件的子女已经参保）每月都能足额领取基础养老金，但是，也有 3.9％的被调查者反映自己所在的村 60 周岁以上的老年人未能每月足额领取基础养老金。

四、郑州市城乡居民基本养老保险试点情况调查分析

2011 年 6 月 7 日，《国务院关于开展城镇居民社会养老保险试点的指导意见》（以下称《意见》）正式颁布，该《意见》明确指出，我国于 2011 年 7 月 1 日启动城镇居民社会养老保险试点工作，这是继国家实施新农保方案后又一重大惠民政策。在全国城镇居民社会养老保险试点工作部署暨新农保试点经验交流会议上，温家宝总理进一步强调，两项工作要同步推进，年内覆盖面都达到 60％，在本届政府任期内基本实现制度全覆盖。新农保和城镇居民社会养老保险制度的确立，标志着我国进入了"制度养老"时代，我国城乡居民人人老有所养的愿望在制度上最终完成。然而，与制度全覆盖相伴随的是，我国城乡居民社会养老保险二元格局和"碎片化"问题也显得愈加严重。当务之急是加强对城乡居民社会养老保险制度的整合研究，通过制度整合消除社会养老保险城乡分割的局面，及时推进社会养老保险城乡一体化，这将有利于促进社会公平正义、逐步实现基本公共服务均等化和统筹城乡发展。

郑州市作为全国建立城乡一体化养老保险制度的少数地市之一，其在基本养老保险制度城乡一体化方面的积极探索和创新在全国具有一定的示范性、前瞻性、可行性和推广价值。本文试图通过对郑州市城乡居民基本养老保险的发展历程、制度特征、实践情况的系统分析，总结出其对推进全省城乡一体化社会养老保险制度有价值的经验及启示，以期为政府构建统筹城乡居民的社会养老保险体系提供理论参考。

（一）郑州市城乡居民基本养老保险制度的发展历程

按照党的十七大提出的，到2020年，“覆盖城乡居民的社会保障体系基本建立，人人享受基本生活保障”的要求，遵循“保基本、广覆盖、可持续、易衔接”的原则，在进行充分调研、测算分析、反复论证的基础上，2008年7月，郑州市出台了《郑州市城乡居民基本养老保险试行办法》（郑政〔2008〕22号），该《办法》自2008年7月1日起实施。①

城乡居民基本养老保险制度的实施是郑州市政府积极应对人口老龄化的重要举措之一。目前，郑州市人口老龄化程度已超前于经济社会发展水平，据统计，全市没有养老保障，年满16周岁不满60周岁的城乡居民有361万，年满60周岁及以上的有74万人。同时，全市人口老龄化程度迅速加快，未来15年内，将有84.9万城乡居民陆续达到60周岁。预计到2023年，郑州市没有参加基本养老保险的16～59周岁年龄段人员270万人，老年城乡居民136万人，二者比例将由目前的4.9∶1下降到2∶1。② 然而，受到城镇化、工业化、计划生育政策等的影响，传统的家庭养老、土地养老功能不断弱化。在此背景下，构建城乡一体化的养老保险制度，推动传统的家庭养老保险模式向现代社会养老保险模式转变，便成了应对人口老龄化、适应群众新期待的必然要求。

郑州市城乡居民基本养老保险试点工作于2008年8月份在全市26个乡（镇）、街道办启动，9月份全面铺开。2009年9月，国家出台了《国务院关于开展新型农村社会养老保险试点的指导意见》（国发〔2009〕32号），河南省在2009年11月份出台了《河南省人民政府关于开展新型农村社会养老保险试点的实施意见》（豫政〔2009〕94号），为了与国家、省的政策对应接续，郑州市对《郑州市城乡居民基本养老保险试行办法》进行了修订完善并于2009年12月28日出台了《郑州市城乡居民基本养老保险办法》（郑政文〔2009〕319号），本《办法》的实施，使郑州市提前10年完成了党的十七大提出的到2020年，“覆盖城乡居民的社会保障体系基本建立，人人享受基本生活保障”的目标。

（二）郑州市城乡居民基本养老保险制度主要特征

郑州市城乡居民基本养老保险从一开始就实行城乡居民养老保险的一体化，这避免了其他城市分别进行农民养老保险、农民工养老保险、城市居民养

① 郑州市城乡居民基本养老保险试行办法（郑政〔2008〕22号），2008年7月4日．

② 李柳身．在郑州市城乡居民基本养老保险电视电话会议上的讲话［Z］．2008年7月30日．

老保险等"碎片式"养老保险的分化，在社会保险体系面前人人平等。在制度设计上坚持"广覆盖、保基本、多层次、可持续"的理念，既充分考虑到不同群体、不同收入水平人员的参保需求，又较好地与本地市经济发展水平相适应，同时又坚持权利与义务相对应、公平与效率相结合的社会保险建制原则。具体来讲，该方案主要有以下几个特点：

（1）任何年满 16 周岁以上（不含在校学生）的本市城乡居民（不含行政事业单位编制管理、机关事业单位养老保险制度和城镇企业职工基本养老保险制度所保障的对象），都可以参保并缴纳养老保险费（最低标准为 100 元/年），地方政府每年给予 60 元的缴费补贴，鼓励有条件的城乡居民尽早参保缴费，为今后的养老积累资金。社会保险部门为其建立个人账户，并按照记账利率计息。年满 60 周岁的老人，有条件的可以按照规定缴费档次一次性补缴 15 年的养老保险费，对于 45～60 周岁的人员采用按期缴费与补缴相结合的办法。

（2）参保者年满 60 周岁及以上者，每月可以领取养老金直至身故。养老金由基础养老金和个人账户养老金构成，基础养老金标准为每人每月 65 元（含中央财政补贴），个人账户养老金按照个人账户累计余额除以 139 确定。同时建立自然增长机制，根据经济和社会发展情况每年适度提高养老金标准。对参保缴费满 15 年并领取养老金的参保人身故者，政府向其生前指定的受益人或法定继承人一次性支付丧葬补助费 1 000 元，其个人缴费部分由其合法继承人继承。

（3）政府财政全额出资建立统筹基金，用于应对长寿风险，即支付个人账户基金用完后需要继续支付的养老金费用。统筹基金不足支付，由政府财政兜底。由于参保者身故而未领完的个人账户中，财政补贴部分转入统筹基金。

（4）政府财政全额出资建立普惠的老年津贴制度，对于 70 周岁以上的老年人按每月 20 元的标准发给高龄老人生活补助，其中 80 周岁以上者，每月再增加 30 元，100 周岁以上者，每月再增加 50 元。这项政策具有很强的公平性。

（三）郑州市城乡居民基本养老保险试点的基本情况

郑州市城乡居民基本养老保险试点工作自 2008 年起航，截止到 2011 年 6 月 9 日，其试点的基本情况如下：

1. 参保情况

郑州市城乡居民养老保险参保人员达到 1 802 377 人，其中金水区参保人数 25 403 人，中原区 20 697 人，二七区 28 744 人，管城区 17 241 人，惠济区

25 553 人，上街区 14 838 人；新密市 197 292 人，巩义市 156 855 人，荥阳市 316 867 人，新郑市 154 543 人，登封市 379 928 人，中牟县 423 750 人；高新区 12 783 人，经开区 6 187 人，郑东新区 1 922 人，航空港区 20 274 人。全郑州市符合参保条件人数 4 350 000 人，实际参保人数 1 802 877 人，参保率约为 41.45%（表 1－15）。

表 1－15　郑州市城乡居民参保情况

年龄范围（周岁）	符合参保人数（人）	实际参保人数（人）	参保率（%）
16 周岁以上	4 350 000	1 802 877	41.45

注：数据来自郑州市社会保险事业管理局。

2. 不同年龄段居民缴费情况

参加郑州市城乡居民基本养老保险并缴费的人数共计 1 478 643 人，其中 16～45 周岁缴费人数 673 506 人，占总缴费人数的 45.55%；46～59 周岁缴费人数 371 515 人，占总缴费人数的 25.13%；60～69 周岁缴费人数 229 221 人，占总缴费人数的 15.50%；70 周岁以上缴费人数 204 401 人，占总缴费人数的 13.82%。另外，60～69 周岁年龄不缴费人数有 87 443 人，70 周岁以上不用缴费人数有 89 540 人（表 1－16）。

表 1－16　不同年龄段居民缴费情况

年龄分段	16～45 周岁	46～59 周岁	60～69 周岁	70 周岁以上	合计
缴费人数	673 506 人	371 515 人	229 221 人	204 401 人	1 478 643 人

注：数据来自郑州市社会保险事业管理局。

3. 养老金发放情况

郑州市城乡居民基本养老保险金由基础养老金和个人账户养老金组成。截止到 2011 年 6 月 9 日，郑州市已经享受居民养老保险待遇的城乡居民达到 582 988 人，其中参保缴费领取待遇人数 404 557 人，年龄不缴费领取待遇人数 178 431 人，累计征缴养老基金 21.91 亿元，基金累计支出额 14.31 亿元，基金累计结存 18.18 亿元，中央财政和地方财政累计补贴 10.04 亿元。

（四）郑州市城乡居民基本养老保险试点中存在的突出问题

1. 养老金水平低

根据郑州市城乡居民基本养老保险待遇测算办法，一位参保人即使按照最高档次 1 500 元的年缴费标准缴纳养老保险费，缴费年限为 15 年，那么该参保人月领取个人账户养老金为 161.87 元，加上基础养老金，他能够领取的养老金合计为 226.87 元（表 1－17）。许多居民认为缴费档次太低，基础养老金水平低，导致将来能够领取的养老金数额太少，参保对解决养老问题意义不大，这已经成为推进试点工作的一大障碍。

表 1－17　不同年缴费标准的个人账户养老金水平

单位：元

年缴费标准	15 年缴费总额	养老金计发月数（月）	个人账户金额（＝缴费总额/养老金计发系数）	基础养老金	养老金合计
100	1 500	139	10.79	65	75.79
200	3 000	139	21.58	65	86.58
300	4 500	139	32.37	65	97.37
400	6 000	139	43.17	65	108.17
500	7 500	139	53.96	65	118.96
700	10 500	139	75.54	65	140.54
900	13 500	139	97.12	65	162.12
1 000	15 000	139	107.91	65	172.91
1 200	18 000	139	129.50	65	194.50
1 500	22 500	139	161.87	65	226.87

2. 中青年参保积极性不高

根据实地访谈，许多中青年居民对城乡居民基本养老保险制度的参保积极性不高，在已经参保的中青年人群中，有许多人是由于“捆绑式”缴费方式[①]不得已而参保的，但是在第一次参保缴费以后中断参保的情况比较多，究其原因主要有三个：一是参保缴费标准低，根据《办法》，参保人最高缴费标准为 1 500 元/年，15 年缴费总额为 22 500 元，许多中青年希望能够设置更高的缴费档次。二是养老金待遇水平低，致使政策对中青年群体吸引力不大。三是中青年群体的地区流动性和职业流动性高，而城乡居民基本养老保险在不同地区之间的转移接续以及与其他养老保险制度之间的具体折算办法没有出台，这就制约了他们的流动，导致中青年参保积极性不高。

① 所谓“捆绑式”缴费方式是指，年满 60 周岁的城乡居民可以按月领取养老金，但其符合参保条件的子女应当参保缴费。

3. 待遇冒领问题比较严重

郑州市城乡居民基本养老保险试点中存在的一个突出问题是养老保险待遇冒领问题。这类问题集中发生在两类人群身上：一类是年龄不缴费人群，即60周岁以上符合领取养老保险待遇但没有缴费的老人，当领取养老待遇老人死亡后，报告人并没有在规定期限内报告，而是继续冒领养老保险待遇；另一类是年龄缴费人群中养老保险待遇即将领够的老年人，所谓即将领够是指领取的养老保险待遇与其缴费数额基本持平，当领取养老待遇老人死亡后，报告人宁可隐瞒死亡真相不领取1 000元的丧葬补助费①，也要继续冒领养老保险待遇。

4. 经办机构能力不足

一是管理体制没有理顺。根据《办法》，各级经办机构实行属地管理，即分别由各市、县（市、区）管理，而不是由上级经办管理机构垂直管理，居民养老保险经办机构尚不具备独立承担责任的地位、资源和能力，处于"政出多门、统筹层级低、机构分散、各自为战"的局面，这大大削弱了经办机构的服务能力。二是人员不足。按照《办法》，每万名应参保人员需要配备1名专职工作人员，然而郑州市绝大多数地区都没有达到这一要求。三是缺乏经费保障。基层工作人员工作量非常大，经常加班，但是却没有相应的活动经费作支撑，这将会制约工作人员积极性的发挥，进而影响制度实施的效果。

5. 相关制度衔接问题多

尽管郑州市人社局早在2008年10月27日就颁布了《关于郑州市城乡居民基本养老保险与其他社会养老保险之间转移接续有关问题的通知》，但是具体折算办法并没有出台，因此，该政策形同虚设。目前郑州市居民若要从城乡居民基本养老保险向城镇企业职工基本养老保险转移，唯一的办法是从前者中退保，连本带息退给本人，其中政府补贴不退，然后再重新参加城镇企业职工基本养老保险，许多居民对这一政策规定表示不满。另外，新老农保之间的衔接转换问题也十分突出。新老农保的衔接转换涉及民政部和人社部两大部门之间的对接问题。郑州市已经完成了民政部门相关工作人员编制转

---

① 《郑州市城乡居民基本养老保险办法》（郑政文〔2009〕316号）第二十一条规定：参保缴费满15年并领取养老金的参保人死亡时，其生前指定的受益人或法定继承人提出申请，所在村民组或社区应当在其死亡的次月起2个月内向经办机构办理相关手续，终止养老保险关系，政府一次性支付丧葬补助费1 000元。同时，其个人账户中的资金余额（不含政府补贴部分）一次性退还其生前指定的受益人或法定继承人。

移到人社部门的工作，但是老农保的资金债务并入新农保的接续问题，以及新老农保之间的具体折算办法等细节问题并没有政策出台，导致转移接续工作无法真正实施。

6. 部门之间协调配合难度大

城乡居民基本养老保险制度的实施是一项系统工程，它需要人社、民政、财政、公安、人事、教育、统计、审计、计生和金融等相关部门之间的密切配合才能顺利实施。然而，当前各部门之间的配合仍存在一些问题：一是人社部门和民政部门之间的配合问题。低保户能否享受基础养老金是目前两个部门之间争议最大的问题。二是计生部门和人社部门之间的衔接问题。由于两个部门之间的衔接工作没有做好，计生补贴的发放渠道并不顺畅，至今符合领取条件的参保人只是名义上享受到计生补贴，事实上并没有领到这部分钱。三是合作银行的积极性不高。由于参保人群中50周岁以上的老年人居多，他们中有许多人缴费的标准低、文化程度不高、年龄偏大、身体状况不好，导致合作银行工作人员在工作中需要付出的时间、精力等成本较高，收益却较低，所以银行在办理居民缴费参保手续以及养老待遇比对发放过程中动力不足，服务质量自然会有所下降。

（五）郑州市城乡居民基本养老保险制度实践的经验

郑州市城乡居民基本养老保险制度的实施，极大地调动了群众参保积极性，截止到2011年6月9日，郑州市城乡居民基本养老保险参保人员达到1 802 877人，实际缴费的人数共计1 478 643人，制度覆盖到全市41.45%的人口。从目前制度实施情况来看，郑州市城乡居民基本养老保险制度总体运行状况良好，这充分说明郑州市的做法是符合当地实际的。

为了确保城乡居民基本养老保险试点工作的顺利开展，郑州市着力在以下几个方面做出努力：

（1）加强组织领导。郑州市于2008年成立了由常务副市长任组长的成员包括市劳动保障局、市民政局、市公安局、市人事局、市教育局、市统计局、市财政局、市审计局等诸多部门领导的城乡居民基本养老保险工作领导小组，并将“探索城乡居民养老保险试点工作，加快建立覆盖城乡居民的养老保障体系”写进《2008年郑州市政府工作报告》，同时列入当年为民办理的十件实事之一，切实加强组织领导。

（2）制定具体实施细则和配套措施。为贯彻落实《郑州市城乡居民基本养老保险办法》，切实做好城乡居民基本养老保险各项工作，郑州市出台了《郑州市城乡居民基本养老保险办法实施细则》、《关于建立城乡居民养老保险待遇防冒领机制有关问题的通知》、《关于郑州市城乡居民基本养老保险与其他社会养老保险之间转移接续有关问题的通知》和《郑州市城乡居民基本养老保险计划生育补贴办法实施细则（试行）》的通知等具体实施细则和相关配套措施，使城乡居民基本养老保险各项工作有章可循、切实可行。

（3）做好舆论宣传工作。在城乡居民基本养老保险试点初期，搞好政策宣传工作至关重要。郑州市各级政府部门高度重视宣传发动工作，他们利用电视、报纸、宣传手册、条幅、海报、现场咨询、咨询电话和入户宣传等群众喜闻乐见的宣传形式进行深入宣传和政策解释，使城乡居民养老保险政策家喻户晓，人人皆知。

（4）加强经办机构能力建设。郑州市城乡居民基本养老保险经办模式可以用十六个字概括，“一网相通、三级经办、基金统管、业务下延。”“一网相通”是指郑州市 180 个乡、镇（街道办事处）和 16 个县（市）、区使用同一个网络、统一的经办软件。“三级经办”是指金字塔式的三级经办组织，乡（镇）、街道办事处经办机构对社区、村委会上报的各类表格输入计算机；县（市）、区经办机构对乡（镇）、街道办事处输机内容进行确认，对于数据有误的予以退回；市级经办机构对各县（市）、区的业务进行指导，按月编制发放计划，全部实行社会化发放，这种设计充分体现了政府职能部门的服务理念。“基金统管”是指基金收、支实行全市统一管理，郑州市建立起了“碎片式缴费、拉网式归集”的居民养老保险基金管理办法，在征缴、发放过程中全部委托银行进行代收、代法，所有的业务经办人员不接触现金，从源头上保证了基金的安全完整。“业务下延”是指工作重心要下移，服务窗口要前移，充分发挥基层组织服务平台的作用。

（六）郑州的实践对全省构建城乡一体化基本养老保险制度的启示

城乡一体化的基本养老保险制度是构建城乡一体化养老保障体系的一个重要步骤。郑州市的做法在全省城乡一体化基本养老保险制度进程中具有一定的示范效应。概括来讲，主要有以下几点启示：

（1）郑州市从一开始就实施了城乡一体化的基本养老保险制度。这种做法的好处有两个：一是这一做法有效避免了“一市两策”、城乡二元分治的问题出现，所有农村居民和城镇居民在基本养老保险方面享有同等的国民待遇，有利于实现社会公平正义，推进基本公共服务均等化。二是这种“制度一体化”的做法有效避免了制度“碎片化”问题的出现，减少了制度“并轨”与“整合”的环节，降低了转制成本。

（2）强化政府的主导地位。从郑州市城乡居民基本养老保险制度实践经验看，充分发挥政府的主导作用是这一制度得以顺利实施的关键。具体来讲，政府在城乡一体化基本养老保险制度建设中的作用主要有三个：一是制度的科学设计。政府一定要依据我国经济社会发展情况、历史文化传统和城乡居民的需求设计基本养老保险制度。二是财政的大力支持。基础养老金的发放、对居民缴费给予的财政补贴以及高龄老人的生活补助，都需要政府财政的大力支持，而且政府要根据经济发展和物价变动等情况，适时调整财政支持的标准。三是完善保障措施。城乡一体化基本养老保险制度的实施是一项系统工程，需要制定一系列配套措施提供制度保障。主要的配套措施涉及基本养老保险实施细则的制定、经办体制的建设、信息管理平台建设、金融网点的建设等诸多方面。

（3）高度重视制度之间的衔接与转换。郑州市在实施城乡居民基本养老保险制度之初早就颁布了《关于郑州市城乡居民基本养老保险与其他社会养老保险之间转移接续有关问题的通知》，但是该文件也仅仅是对郑州市市级统筹范围内城乡居民基本养老保险与城镇企业职工基本养老保险之间的转移和接续、城乡居民基本养老保险与机关事业单位社会养老保险之间的转移和接续、城乡居民基本养老保险和被征地农民基本生活保障之间的转移和接续等问题作了框架性规定，具体折算办法并没有出台，因此，该政策没有办法真正贯彻落实。[①] 另外，城乡居民基本养老保险与低保、计划生育家庭奖励扶助制度、社会优抚制度之间的配套衔接也是一个难题。郑州市城乡居民基本养老保险制度实施中暴露出来的这一问题从反面告诉我们，国家在城乡一体化的基本养老保险制度的构建过程中一定要制定切实可行的制度衔接办法，较好地实现城乡居民基本养老保险与其他社会养老保险以及社会救助制度之间的衔接转换。

（4）要妥善处理公平与效率的关系。构建城乡一体化基本养老保险制度，使城乡居民共享一个制度，既是我国城乡居民的渴望，也是我国基本养老保险制度将来的发展方向，这有利于实现城乡居民基本公共服务的均等化，这主要体现了我国社会养老保险制度追求的公平目标。然而在实现制度公平的同时还要在制度的管理及运行中努力提高其效率，在缴费标准的设计以及对参保缴费给予的财政补贴方面要尽量做到设计科学，既要照顾到城乡的实际又能够激励

① 关于郑州市城乡居民基本养老保险与其他社会养老保险之间转移接续有关问题的通知（郑劳社养老〔2008〕18号）．2008年10月27日．

更多的中青年积极参保和有经济能力的人选择高标准参保缴费。

第四节　推进河南省新型农村社会养老保险制度发展的政策建议

一、明确制度构建的目标、指导思想和基本原则

（一）制度构建的目标

实现人人老有所养，是党和政府向人民作出的郑重承诺，建立覆盖全体劳动者（包括从事第一产业的劳动者）的养老保险制度，是实现人人老有所养的基础性条件。养老保险作为一项面向劳动者建立老年生活保障制度，旨在解除劳动者养老后顾之忧，理应按照城乡统筹的原则面向所有劳动者。因此，现阶段应当尽快弥补制度的缺失，将养老保险覆盖到全体劳动者身上。在实现全覆盖的条件下，确保老年人的生活质量又构成了实现人人老有所养的核心目标。养老保险制度只有确保老年人的生活质量，才能够真正免除老年后顾之忧，并使老年人分享社会经济发展成果的权利得到实现。为此，应当建立多层次的养老保障体系，确保老年人收入不因其退出劳动岗位而出现陡降，为其体面的老年生活提供充足的收入保障。同时，养老保险制度也应与老年服务业相协调，使老年人能够得到专业化的社会服务，以物质保障促进服务保障的发展。

（二）制度构建的指导思想

一是河南农村新型养老保险制度建设的重点既包括对现行制度本身的完善，也包括对保证制度正常运行的相关配套机制的完善两个方面。

二是河南农村新型养老保险制度的建立与完善既要与国家确定的基本原则和主要政策相一致，又要结合河南的实际情况，因地制宜。

三是河南农村新型养老保险制度的建立与完善既要借鉴国外好的经验，又要结合河南的省情，不可照抄照搬。

四是河南农村新型养老保险制度的建立与完善既要照顾到农民的真实需要，又要遵循制度建设的一般规律。

五是河南农村新型养老保险制度的建立与完善要以构建城乡一体化养老保险制度为基本目标。

六是河南农村新型养老保险制度的建立与完善既要充分发挥政府财政支持的作用，又要考虑到制度本身的可持续发展。

（三）制度构建的基本原则

构建河南农村新型养老保险制度应当结合河南的省情，以及农村经济、社会发展的情况、人口结构等来综合考虑实施，因而需要贯彻以下原则：

1. 适度保障原则

社会保障水平的高低，必须与经济的发展水平相适应。从目前河南省农村实际看，农村地区之间经济发展极不平衡，不同地区在财政能力、农村集体和农民的经济能力上差距悬殊。因此，河南省农村社会养老保障体系的建构不可能一刀切、搞一种模式，只能立足省情、地（市）情、县（市）情，乃至乡（镇）情、村情，因地制宜，与农村区域发展水平相适应。

此外，农村社会养老保障水平不能超越经济发展的客观条件，否则不仅没有调动劳动者的积极性，促进经济发展，还会加重政府的财政负担，削弱经济发展。当然，若养老保障落后于经济发展要求，不能确保农民起码的养老需求，无法满足农民多层次的养老需求，就会导致分配不公，影响社会稳定，阻碍农民生活质量的提高，有悖社会保障的目标追求。

因此，新型农村社会养老保险待遇标准应坚持“保基本”和“低标准起步”原则。“保基本”的意义在于通过实施新型农村社会养老保险制度，实现人人享有基本生活保障、免除老年贫困的目的；“低标准起步”的意义在于政府通过整合各类支农惠农资金的使用方向和建立支持新农保建设的专项资金，用于引导、扶持和激励农民在参加“低标准”保障项目的基础上，自愿选择参加更高待遇水平的保障项目。

2. 差别性原则

（1）要根据不同地区的区域特点规划农村养老保障，在项目设置、资金渠道、工作进程等方面要体现区域特色。经济发达地区应该发挥优势，建立健全包括养老保险、社会救助、社会福利、优抚安置在内的养老保障体系；中等发达地区应该按照当地经济发展水平，建立标准适当的这四项制度，抓好养老保险制度的建设；经济欠发达地区应该有计划地分步实施，重点抓好社会救助、优抚安置制度建设。

（2）要对贫困地区适度倾斜。要把贫困地区作为特例对待，制定政策必须充分考虑他们的特殊情况，特别是在资金投入上更要注意向贫困地区适度倾斜。

（3）要在保障体系的组织实施中体现地区特色。农村社会养老保障的管理机构要求相对统一，但各地的具体组织形式应该百花齐放，特别是基层，要尊重农民群众的创造性，根据工作的实际需要和乡情村情选择最佳的组织形式，以实现工作的高效率。

（4）要区别不同年龄阶段、不同经济承受能力的农村居民，建立适应他们需要的养老保障制度。在系统建构农村社会养老保障体系的过程中，要继续保障原来制度下的保障对象，特别是那些已经无力参加社会保险的老年人，应该保障他们享受基础养老金以及社会救助、社会福利等其他保障的权利；同时提高保障水平，提供层次多样的保障设施和服务，适应具备较高经济承受能力的农民的养老需求；对于16～60岁的有能力参加社会养老保险的农民应该采取自愿为主的原则，积极引导他们参加社会养老保险。

3. 社会化原则

一是指农村社会养老保障对象的社会化。凡年满16周岁（不含在校学生）、未参加城镇职工基本养老保险的农村居民，无论何种职业、性别、年龄，都应纳入农村社会养老保障体系，让他们的养老需求都能在农村社会养老保障体系中得到满足。

二是指农村社会养老保障的主体社会化。家庭在养老保障中的地位不可取代。国家、集体的规范管理、组织实施、提供资金的作用仍需强化。为了提高保障水平，在社会主义市场经济条件下，充分发挥其他主体，如企业、社会团体、个人的积极性是一条有效途径，这不仅能弥补国家、集体经济能力的缺陷，而且有利于资源合理利用，提高效率，实现效率与公平的结合与促进。

三是农村社会养老保障管理的社会化。国家立法机关、行政机关负责社会保障的立法与执行，司法机关负责处理有关的争议及违法行为。农村社会养老保障作为一项与农民生活密切相关的政策是通过大量操作性工作来实现其目标的，比如社会保障基金的筹集、支付、运营及监督，由专业化的机构来筹集基金、运营基金可以大大增强基金的稳定性，调动社会各界监督社会保障基金的使用将使之更加符合“社会”的本性，有利于社会保障的民主化、科学化。

4. 法治化原则

首先，应制定农村社会养老保障的相关法律、行政法规及地方性法规，这是社会保障的基石。没有立法，便意味着制度缺乏法律依据，人们便无法把握国家在制度中所承担的责任和农民可以期望的安全值，政府和民间就无从进行合理分工，并充分发挥各自的积极性。当然，我国农村社会养老保障，尤其是农村养老保险，是先试点，在试点的基础上总结经验再慢慢推开的，又由于全省各地农村情况千差万别，即使推行，也是由各地根据当地情况制定相应实施细则。所以马上出台统一的农村社会养老保险方面的法规是不可能的，但是统一化是农村社会养老保险的发展趋势，因此，法治化进程不可停滞。

其次，不仅要有法律法规，更要求政府依法行政，司法机关严格执法，企事业单位、社会团体、个人依法办事。

第三，要调动全社会的力量对农村社会养老保险体系的参与和监督，参与政策制定，监督政策执行。

5. 互助共济原则

互助共济原则强调的是社会保障覆盖人群中实现互助共济，它在缴费型的社会保险及其他保障制度中表现得尤其突出，既是这一制度的重要特征，也是支撑这一制度持续发展的关键要素。

从理论和实践双重视角出发，农村社会养老保障实质上是一种加入了福利成分的风险分摊和互助供给制度，无互助即无共济，无互助也不会形成风险分担与分摊。像年老这样的特定事件，既非个人可以完全承受，亦非政府可以包办，而是需要通过社会保障制度安排，主要在制度覆盖的人口之中实现互助共济。因此，互助共济原则其实是决定农村社会养老保障本质特征的一项基本原则，其中，互助是共济的必要前提，共济是互助的当然结果，互助共济也是整个社会合作与团结的基础。强调互助共济原则，增强国民的互助共济观念，对于建立健全完备的农村社会养老保障体系至关重要。

6. 可持续发展原则

在当代世界，各国在建设或者调整自己的社会保障制度时，通常都是在维护其固有的核心价值的同时，追求这一制度的可持续发展。可持续发展日益成为各国建设与改革社会保障制度的重要原则。我国农村社会养老保障制度发展同样需要遵循这一原则。

联系到中国的现实，可持续发展原则主要应当体现在尊重制度发展客观规律的同时，重视考虑中国将长期处于社会主义初级阶段的国情及其发展进程中的重要变化，遵循从缩小不公平到实现公平的路径，在农村养老保障制度改革与建设中采取渐进、持续发展的方式，并认真考虑代际之间的公平性，适当体现出激励性。从农村社会养老保障的目标来看，应从生存型保障向发展型保障发展，最后进入到生活质量型保障。从农村社会养老保障的层次来看，应当遵从基本保障到补充保障的原则。从农村社会养老保障覆盖范围来看，应当首先建立起没有遗漏的、多元化制度体系，在实现覆盖全体国民之后，再及时推进制度整合，建立城乡一体、全国统一的社会保障制度。在农村社会养老保障制度建设中，从低水平起步，从允许差别性开始，确保人人享有低水平但又有差别的社会保障，然后再逐步缩小不同社会群体之间的社会保障差距，建立较公平的社会养老保障体系，最终通过建立完备的、生活质量型的保障体系，实现建设福利权益平等的福利社会的目标。

7. 政府主导与责任分担原则

新型农村社会养老保险制度要强化政府的财政补贴责任。传统农村社会养老保险制度坚持“个人交纳为主，集体补助为辅，国家给予政策扶持”的原则。“集体补助为辅”难以落实，“国家给予政策扶持”集中体现在乡镇企业职工参保时，集体补助部分可税前列支，而农民参保没有直接财政支持，这不仅打击了农民参保积极性，也使得传统农村社会养老保险制度完全退化为农民的自愿储蓄制度。因此，政府应重新定位在农村社会养老保险中的责任与义务，加大对农村社会养老保险的财政补贴。

农村社会养老保障是农村公共品，至少是准公共品，是市场机制失灵或者部分失灵的领域，从而只能由政府主导，这是中外社会保障制度建设与发展进程的重要特征。在中国，保障民生与改善民生是执政党的宗旨和各级政府的根本职责，而农村社会养老保障制度作为保障民生与改善民生的重要制度安排，更应当成为各级政府的重大使命。因此，无论农村社会养老保障制度如何变革，政府都不可能推卸自己的主导责任。在现阶段乃至未来一定时期，政府对农村社会养老保障制度建设还需要给予更高程度的重视、更多的财力投入和更快地推进制度建设，同时落实农村社会养老保障制度其他责任主体之间的责任分担机制，以充分调动各方积极性、动员各方资源、弥补政府力量不足，最终促使农村社会养老保障制度全面发展、可持续发展。

回顾中国社会保障制度从国家——单位保障型向国家——社会保障型的转型过程，政府责任从“全面包办”一度滑向了过度强调家庭、个人责任而回避政府承担主导责任的另一个极端，它在一定程度上造成了政府责任的缺位，进而导致了制度建设中的公平性不足、有效性不高现象。所以，当前农村社会养老保障制度建设的关键，是在进一步明确政府的主导责任的基础上，明晰各个责任主体之间的责任分担机制。只有明确政府的主导责任，才能明晰个人、市场和社会等主体的责任；只有明晰各责任主体的责任分担机制，才能有效地调动各责任主体的积极性，促使其参与农村社会养老保障事务，确保政策决策的科学性和政策运行的有效性。

二、河南省新型农村社会养老保险制度的主要模式

（一）“最低养老金＋个人账户”的模式

新中国成立以后，我国农民为国家的经济建设和社会发展作出了重要贡

献，然而农业在为国家提供巨额积累而承受重负的同时，却失去了自身的发展条件，这对广大农民来说是不公平的，政府有责任对农民多年来承受的重大损失做出补偿。传统农村社会养老保险制度失败的重要原因也正在于政府责任缺失，因此当前应通过整合各类政府支农、惠农政策落实财政补贴机制，建立可持续发展的新型农村社会养老保险制度。从“乡—城”人口迁移的角度来说，农村劳动力向城镇迁移为城镇带来了“人口红利”，缓解了城镇基本养老保险制度的财务压力。因此，政府宜重新定位在农村社会保险中的责任，建立以财政补贴为主导的新型农村社会养老保险制度。

关于新型农村社会养老保险制度模式的设计，课题组认为，河南省新型农村社会养老保险制度应实行“最低养老金＋个人账户”的模式，新农保政策要鼓励有条件的村集体、企业和其他经济组织对参保者进行补助，个人缴费和集体补助全部计入个人账户。体现收入再分配和国家责任的财政补贴，则专门为每位参保农民建立一个标准统一、非缴费型的最低养老金。将农村社会养老保险财政补贴机制与农村最低生活保障制度结合，建立一个“零支柱”① 最低养老金制度，将是我国新型农村社会养老保险制度建设的一项重要创新，其目的在于：第一，对农村老年人而言，两项制度的保障水平和目标都是以为他们提供最基本的生活保障，消除老年贫困为目标的；第二，两项制度都属于非缴费型的制度，资金来源于政府的财政收入；第三，两项制度在农村可以按照相同的计发单位发放保障金，即以单人户作为基本的计算单位，两项制度整合后，政府财政补贴可以按照人头补贴，作为人均补贴进入到最低养老金账户中，这有利于提高制度的公平性，增强农民参保积极性。

课题组认为，建立个人账户和农民缴费与集体补助记入参保农户个人账户应该是没有疑问的，而体现收入再分配和国家责任的财政补贴应如何进“账”入“户”却需要从理论与现实两个层面进行探讨。首先，从理论上看，农村社会养老保险个人账户具有完全的私人产权性质，属于私人财产范畴，将财政补贴资金直接划入农户个人账户，显然违背了其公共性的本质属性；从实践上看，没有哪一项保障制度是将财政补贴直接划入个人账户，如新型农村合作医疗制度、城镇职工基本养老保险制度和基本医疗保险制度等。其次，既然财政补贴不适合直接划入个人账户，就涉及建立统筹账户以及统筹账户的管理问

---

① 世界银行2005年在《二十一世纪老年人收入支援：关于养老金及其改革的国际观察》的报告中建议了五支柱的养老保障框架，其中第一个支柱为：提供最低限度保障的非缴费性的养老金计划（即“零支柱”）。“零支柱”中资金来自于一般性财政收入。

题。当前河南省城镇基本养老保险制度建立了统筹账户，但其统筹账户的建立方式和管理方式与农村社会养老保险有着本质不同：城镇统筹账户归集的是企业缴费，而农村统筹账户将归集财政补贴；城镇统筹账户的缴费与待遇相对较稳定，而农村统筹账户的缴费水平与待遇标准以及财政担保责任将难以测度。因此，应将农村社会养老保险财政补贴机制与农村最低生活保障制度相结合，建立一个“零支柱”最低养老金制度将是河南省新型农村社会养老保险制度建设的一项重要创新。

（二）新型农村社会养老保险待遇水平：保基本＋缴费确定型

与“最低养老金＋个人账户”的农村社会养老保险制度模式相适应，新型农村社会养老保险的待遇水平也将采取“保基本＋缴费确定型”模式。“保基本”的意义在于通过实施“最低养老金制度”，实现人人享有基本生活保障、免除老年贫困的目的，使农村社会养老保险的保障标准与我国现阶段生产力水平和国家、社会经济承受能力相适应。因此，当前政府应整合各类支农惠农资金的使用方向，采取缴费补贴、基金贴息、待遇调整、老人直补等多种补贴方式，探索各级财政直接建立用于支持农村社会养老保险制度建设的专项资金，将其主要用于引导扶持和激励农民参保。与此同时，集体经济发达的地区，也应在农户缴费和政府补贴的基础上，根据实际情况给予适当补助，从而体现地区经济发展水平与基本生活水平间的差异。

“缴费确定型”是指农村社会养老保险个人账户制度应采取的给付方式，强调养老金待遇水平与缴费水平直接关联。农民缴的越多，缴费年限越长，领取的养老金标准就越高。采取“缴费确定型”农村社会养老保险给付方式的目的在于：在强调农民缴费积累的个人产权的同时，增强农民参保的积极性，提高参保农民的养老保障待遇水平，满足不同收入群体的养老保障需求。农村社会养老保险个人账户制度一方面是为了鼓励农民自我保障责任，满足不同收入群体的养老保障需求；另一方面也是为了实现农村社会养老保险制度与城镇基本养老保险制度的衔接，为农村劳动力在城乡之间转移和迁移提供便利。

（三）新型农村社会养老保险基金管理模式的创新

基金积累制面临的最大难题就是基金的保值增值问题。选择了基金积累制就必须有相应的投资手段，治理结构与管理模式是确保基金安全的基础保障，也是基金运营监管的前提和基础。实行以个人账户为主的基金积累制模式与基金投资是一对“孪生兄弟”。从城镇企业职工基本养老保险“统账结合”的制度模式改革的过程中看，建立“实账”运行的农村社会养老保险个人账户基金在未来也将面临通货膨胀和经济增长等风险，实现基金的保值增值是建立个人账户的应有之义。对我国城镇基本养老保险个人账户养老基金进行投资运营，已成为理论界与实务界的共识。选择合理科学的基金治理结构与管理模式，对于农村社会养老保险个人账户基金的保值增值显得同样重要。

1. 推行委托投资型农村社会养老保险基金管理模式

根据国际主流趋势和我国农村社会养老保险个人账户基金的性质，农村社会养老保险个人账户基金应首选委托投资管理型基金管理方式。农村社会养老保险个人账户基金属于基本保障项目，但采取基金积累制筹资方式，各级财政不提供担保。因此，农村社会养老保险个人账户基金的治理结构应采取省级农保经办机构作为受托人和（或）账户管理人，将养老保险基金的投资管理权和托管权分别委托外部竞争性商业机构的管理模式；省级农保经办机构在不具备能力的前提下，可以将养老保险基金的账户管理权委托给商业机构。省级农保经办机构、基金管理服务机构在从事个人账户养老保险基金管理服务过程中必须接受社会保障基金监管机构和金融监管机构的监督检查。

2. 探索银行质押贷款型农村社会养老保险基金管理方式

农村社会养老保险个人账户基金委托商业银行进行质押贷款的方式是当前我国农村社会养老保险试点过程中部分地区探索的一项措施，就是由农村社会养老保险管理部门将农村社会养老保险基金委托给商业银行，再由商业银行按照委托要求将农村社会养老保险基金资产进行质押贷款。目前做得比较好的地区，有新疆呼图壁县和四川通江县。这两个县采取的方式都是：银行委托贷款的对象必须是农村社会养老保险的参保农户，质押物是农村社会养老保险证，只是出质的对象有所不同，新疆呼图壁县允许农户借证贷款，四川通江县要求必须本人持证件贷款。在当前河南省政府财政支持与金融机构小额信贷相对有限的条件下，积极探索农村社会养老保险基金质押贷款的基金管理方式具有重要的现实意义。还应看到，任何一家金融机构均不能完全满足农村金融服务需求，只有通过有效的组合，才可以实现金融服务效应的最大化。小额信贷能帮助农民生产致富，而小额保险则能保护农民努力积累起来的财富不受外来风险的吞蚀。从金融机构层面而言，小额信贷有了小额意外保险作为辅助，则可减少其信贷风险，既能增加金融机构向农户提供贷款的积极性，也可以缓解农民因意外造成的信贷困境。多种形式的农村小额人身保险作为一种农村普惠性的服务措施，对于有效解决农村养老保险基金保值增值问题，繁荣农村金融市场、促进农业生产都具有重要而独特的作用。

三、完善新型农村社会养老保险的远期构想

从当前制度设计及推行目标看，现阶段新农保是解决农村居民养老问题的过渡性措施，其远期目标应是朝着农民基本养老保险制度方向发展。根据河南省实际情况，到今年年底新农保普遍覆盖后，应逐渐向农民基本养老保险制度模式转化，并用农民基本养老保险代替“新型农村社会养老保险”，有条件的地区可提早推进农民基本养老保险制度的实施。其中，农民基本养老保险的主要内容设计如下：

（一）参保对象：农业劳动者

农民基本养老保险制度的覆盖对象是拥有承包土地，并直接从事农业生产的劳动者。

（二）制度安排：统账结合、现收现付、全省统一

建立农民基本养老保险制度的基本思路，是统账结合、现收现付、全省统一。

采取统账结合模式，是基于这一制度的激励功能，同时也与城镇职工基本养老保险制度能够对接，以适应农民向工人、市民的转化。但这种统账结合模式与城镇职工基本养老保险制度不同的是，农民的个人账户仅仅是名义账户，而不需要做实，不需要基金积累。

采取现收现付模式的原因，一方面是农民养老金待遇普遍较低，将本来不多的养老金分割成两个部分并分别运行，不仅无助于增进农民的养老保险权益，对化解这一制度未来支付风险作用不大，而且会极大地增加制度管理与运行成本；另一方面是目前河南省农村居民人数较多，对如此庞大的群体建立完全积累的个人账户制度，无论规模大小，都会形成一笔巨额资金，在社会平均投资回报率普遍偏低的情况下，如何确保这笔资金的安全与保值将成为一个极大难题。现阶段一些地方基金积累规模日益扩大而投资渠道不畅，造成基金严重贬值。同时，河南省农村居民具有较高的储蓄倾向，与其建立完全积累式的个人账户，还不如直接建立一种特种养老储蓄制度，或者适当补贴农民参与补充年金，由农民自己管理。因此，综合考虑农民缴费能力有限、养老金水平较低、个人账户下基金制管理成本偏高等因素，不宜在农民基本养老保险制度中引入完全积累型个人账户制，而主张采取名义账户制。在名义账户制下，以现

有参保人员的缴费与财政补贴，足可以满足基金支付需要。

采取全省统一的制度安排，是因为在今年年底后农村人员就业流动将大规模存在，统一制度安排，将有利于适应人员的流动情况。建议采取全省统一的制度，实行分级管理，在充分发挥互助共济功能的同时，平衡不同地区的利益格局，并且为未来进一步与职工基本养老保险制度并轨奠定基础。

（三）筹资模式：个人缴费＋财政补贴

与第二产业、第三产业劳动者具有稳定的劳动关系不同，农业劳动者在很长一段时间内仍将处于自我雇佣阶段，无法形成劳资双方缴费格局。因此，个人缴费将成为农民养老保险基金的重要来源。建议参照职工基本养老保险缴费标准，按照农民实际收入的一定比例缴纳养老保险费，同时由政府扮演农民雇主的角色，给予相应的财政补贴。

需要强调的是，随着承包土地的流转与土地集约化、农业机械化经营程度的提升，河南省农业劳动者有可能进一步分化为农场主和产业工人。一旦形成了农场主和农业工人的劳动关系，农业工人就与其他行业的工人具有了相同的性质，就可以参加到职工基本养老保险制度中，并由劳资双方共同缴费。

还需要说明的是，农村集体经济补贴可以视为农民个人缴费。同时，农民承包地与山林通过流转获得收益，以及被征地农民的土地收益，亦可以充当农民个人账户资金的财政来源。

基于上述分析，在农民基本养老保险中，将新农保中的基础养老金资金来源与地方政府不低于 30 元的财政补贴部分统一放在统筹账户中，而个人账户资金是由个人缴费、集体补贴以及其他社会资金构成。

（四）给付模式：待遇确定，财政兜底

农民基本养老保险制度应确保老年农民的基本生活水平所需。凡是满足一定年龄要求，参保缴费满足一定年限的农民，应当享受农民基本养老金待遇。养老金的待遇标准应当综合考虑当期的农民平均收入水平以及参保者的缴费情况，参保者缴费时间越长、缴费基数越高，其养老金水平就越高，农民基本养老金替代率应当控制在 50％左右。养老金水平随物价指数调整。缴费不满足年限要求的，则可以累积养老保险权益并一次性发放。

随着人口老龄化程度的不断提高，以及农民数量的持续减少，以个人缴费为基础的农民基本养老保险制度必然在未来产生基金缺口，这个缺口应当由国家财政分担，以充分体现国家财政对农民基本养老保险制度的支持。

（五）管理体制：集中、统一管理

管理体制应当服从于制度体系，农民基本养老保险制度虽然独立于其他养老保险制度，但仍然应当由省级社会保险行政主管部门统一监督管理。在经办管理上，应当充分利用职工养老保险制度的信息系统和组织机构，实施农民养老金的预算管理。在养老金的发放方面，应当充分利用市场机制，实现养老金的社会化发放，确保农民可以按时足额领取养老金。

四、完善和推进新型农村社会养老保险的政策建议

（一）建立各级财政补贴资金的保障机制

新农保制度目标的实现很大程度上依赖财政补贴资金的持续到为。各级财政补贴资金安全、稳定、及时到位是新农保方案成败的关键。中央应该时刻关注财政补贴资金到位情况，以确保新农保制度的开展。从地区财政承担能力看，东部地区由于经济比较发达，即使到了新农保全覆盖的年份，其财政每年拿出15亿～20亿元的资金，是完全有能力的。而对于中西部地区，在全覆盖年份，要拿出6亿元左右的资金，也许有一定压力，尤其是财政收支连年有缺口的省份，将存在一定的困难。因此，对于经济欠发达地区如西部地区可以采取倾斜政策以缓解其地方财政补贴的压力，以帮助其全面开展新农保，实现人人享有基本的养老保障。除此之外，政府还必须考虑到新农保的隐性财政压力。根据《指导意见》，新农保个人账户养老金的月计发标准与现行的城镇职工基本养老保险个人账户养老金计发系数相同，均为个人账户全部储存额除以139个月。这意味着农民从60岁开始领取养老金，在将近72岁时，前期积累的个人账户资金全部领取完毕。在受领人还健在的情况下，以后每年的养老金都由政府支出。“而根据精算，我国农村居民60岁时平均余命为20.62岁，72岁时平均余命为11.86岁。”① 即个人账户在将近72岁时资金全部领完的情况下，政府必须承担起支付72岁以后年份的养老金支出。也就是说，政府必须承担近12年的养老金支付。这是一笔不小的开支，将对政府财政形成较大的隐性压力。在此情况下，建立各级财政责任分担的资金保障机制，形成养老保障待遇储备基金，将为解决财政补贴资金及时到位和隐性财政压力提供较好的

① 石美遐，王丹．推进我国新型农村养老保险试点工作的建议［J］．国家行政学院学报，2010（3）：94.

制度保障。

（二）完善财政补贴激励机制

财政补贴激励效应不足是我国新农保试点过程中的一个突出问题。针对此情况，中央和地方政府部门应当制定各项政策吸引和鼓励农村居民多缴费、长缴费。从国家层面看，应当提高基础养老金补贴标准，进而提高基础养老金对农民人均纯收入的替代率，吸引广大农民积极参保。从地方角度看，各个省市要积极响应新农保政策中多缴多得的号召，建立有效的激励机制。目前我国一些新农保试点地区实施的激励措施值得学习和借鉴。如《江西省新型农村社会养老保险试点实施办法》采取出口补贴激励的方式，对于超过 15 年缴费年限的，每增加一年，每月基础养老金增加一元，以鼓励中青年农村居民积极参保。陕西西安市把基础养老金提高到每月 80 元，现在年龄已满 60 岁的农村居民在符合条件下，即可领取每月 80 元的基础养老金。同时规定市、区县政府按照缴费档次给予参保人员每年 30～50 元的财政补贴，市、区县政府灵活制定，同时采取了出口补贴和进口补贴激励的方式。[①] 湖南省长沙县采取了出口补贴激励和进口补贴激励的方式。长沙县人民政府根据当地经济水平状况，在中央全额拨款参保居民每人每月 55 元基础养老金的基础上，由县财政增加 5 元基础养老金，并根据全县新农保运行状况和人民生活水平的提高进行相应调整。对于超过 15 年缴费年限的农村居民，采取每增加一年缴费，基础养老金每月增加 0.5 元。同时对每年 30 元的财政补贴，采取对于 100 元、200 元、300 元、400 元、500 元五个缴费档次，每提高一个档次，县财政增加 5 元补贴的激励政策。[②]

（三）建立合理的养老金待遇确定机制

当前新农保试点地区基础养老金对农村居民家庭人均纯收入的替代率偏低已经成为一个不争的事实，若要彻底解决这一问题，必须加大政府财政投入力度，建立合理的养老金待遇确定机制。养老金待遇确定机制包括养老金待遇的确定及其调整两个方面。养老金待遇的确定应以维护农村老年人基本生活为原则，有效控制不同群体的养老金待遇差距。应当在充分考虑养老金替代率的基础上，与个人缴费情况适当挂钩，并处理好与其他保障标准的关系。就养老金

---

① 西安市劳动局．西安市新型农村社会养老保险试点实施办法［Z］．2009 年 11 月 3 日．

② 长沙县人民政府．长沙县新型农村社会养老保险试点实施办法［Z］．2009 年 12 月 8 日．

待遇的调整而言，应当建立财政补贴、养老金待遇水平与经济发展和物价变动相适应的动态调整机制，根据经济发展和物价变动适时调整地方财政补贴标准及基础养老金的最低标准。那么，农民期望的养老金待遇水平是多少呢？据笔者2010年对河南省五个新农保试点地区的抽样调查显示，有39.2%的农民期望新农保待遇水平达到当地农村平均基本消费水平，所占比例最高；有34.8%的农民期望养老金待遇达到城市最低生活保障水平，位居第二；有16.2%的农民期望养老金待遇达到农村最低生活保障水平比较合适，位居第三；有8.8%的农民期望养老金待遇达到全省农村平均基本消费水平比较合适，位居第四；有1.0%的农民选择了“其他”，所占比例最低。农民的需求意愿也是政府建立基础养老金待遇标准时的一个重要的参考依据。

（四）明确地方财政补贴的资金产权问题

为了避免参保人死亡后政府补贴个人账户资金的非私人特性政策规定可能带来的一系列麻烦的出现，建议重新明确地方财政补贴资金的产权属性问题。措施之一：把由个人缴费、集体补助及其他经济组织、社会公益组织、个人对参保人缴费的资助，地方政府对参保人的缴费补贴全部作为参保农民的个人资产，当参保人死亡后，其个人账户中的资金余额全部可以依法继承。措施之二：“正确处理个人账户中的财政补贴资金的使用办法，采取分类实施办法，即根据参保者缴费年限的多少给予相应的补贴和延伸福利，如参保者在未领取养老金之前死亡，可以分不同的档次给予部分的补贴或者发放相应丧葬补助金的方法。对于正在领取养老金的参保者死亡的情况，若账户仍有余额也可以根据其余额领取年份的多少给予相应的补贴或者发放相应的丧葬补助费，以让参保者在任何情况下都能实际享受到其实惠。”① 使其区别于农民个人储蓄。总之，在新农保试点阶段，对于个人账户在出现参保人死亡时仍有账户余额的情况，政府部门一定要给予足够重视，合理解决地方财政补贴资金产权问题，因为这不仅可以避免产权冲突，而且能够凸现新农保的福利性特征，吸引农民积极参保。

（五）养老金待遇支付发放要因地制宜

国家规定的新农保待遇支付发放方式在金融机构网点覆盖面广、交通便

① 石美遐，王丹．推进我国新型农村养老保险试点工作的建议［J］．国家行政学院学报，2010(3)：95.

利、农民受教育程度较高的地区实行比较容易，相反，在金融机构网点覆盖面窄、交通不便、农民受教育程度较低的地区实行起来困难较大。而且身体状况不好的老人也不方便亲自到指定金融机构领取养老金。在此情况下，我们建议新农保养老金待遇支付发放方式要因地制宜，条件具备的地区可以按照国家规定办法严格执行，条件不具备的地区可以由村级协管员代领代发，充分发挥村级协管员的作用。根据实地调查反馈的信息，许多新农保试点地区正是采用了此种办法发放养老金的。但是这种做法也存在一些问题。一是养老金的领取存在不安全因素。二是养老金的发放也存在一定风险。一方面错发养老金的情况时有发生；另一方面村民的养老金被部分截留的不法情况也偶尔会发生。就第一个问题而言，我们建议村协管员领取养老金时结伴而行，增加安全系数。针对第二个问题，我们建议建立高效的监管机制，加强对基层工作人员的监督管理，确保养老金待遇及时足额的支付发放。

（六）加强对新农保基金的保值增值管理

基金的保值增值是实现新农保制度健康、可持续发展的关键。一是尽快出台新农保基金投资管理指导意见或条例。明确基金投资管理的原则、运营机制、投资管理决策、投资运营渠道、投资监管的办法和责任，确保基金的保值增值。二是划分中央、省、县三级政府在新农保基金投资管理中的责任。县级政府主要担负新农保基金收缴与发放职责；省级政府承担新农保基金投资受托人职责，建立省级新农保基金投资运营管理机构，负责组织基金的投资运营，并集中统一管理全省新农保基金；中央政府承担新农保基金的投资管理决策职能。三是开辟新的投资渠道，提高基金保值增值水平。除了银行存款和购买国债两条渠道之外，建议探索一些新的投资渠道。其中将农民个人账户养老金总额的一部分交由投资运营丰富的全国社会保障基金理事会投资运营不失为一条重要的投资渠道。四是加强投资监管。建立与社会保险基金监管融为一体的监管机制，纳入中央和省级人大社会保障资金监管委员会的监管范围，接受人大代表的质询，并通过网络、媒体向全社会公布新农保基金的收支与投资运营情况，主动接受公众和社会的监督；政府财政、审计、监察等部门要履行职责，定期对新农保基金收支和投资运营情况进行监督检查，确保新农保基金的安全。①

① 杨良初．农村养老保险制度改革的若干问题［EB/OL］．http：//www.chinareform.org.cn/Economy/Agriculture/Forward/201011/t20101130_53233.htm．（2010－11－29）．

（七）建立相关制度的对接机制

首先，要建立新老农保对接机制。实现新老农保之间在养老模式、筹资方式、经办机构、管理信息系统等方面尤其是在缴费及待遇发放方面的有效衔接、平稳过渡。其次需要建立新农保与城镇职工基本养老保险制度的对接机制。有关部门应尽快出台相关政策，以确保制度间转换的规范化，维护转换制度者的利益，尽可能减少其因制度衔接转换而出现的损失。最后，要建立新农保与其他养老保障制度的对接机制。实现新农保和农村“五保”制度的整合需要做好两个方面的工作：一方面，应大力发展农村社会服务事业，将农村“五保”制度为其覆盖对象所提供的服务整合入农村社会服务体系；另一方面，应该规定，参加新农保制度的生活没有依靠的老年人仅享受新农保制度所提供的养老金，而不再享受农村“五保”待遇。[①] 考虑到新农保与现有计划生育家庭奖励扶助制度在功能上具有交叉性，可将农村计划生育家庭奖励扶助制度整合入新农保制度，为符合奖励扶助条件的农村居民支付较高水平的养老金。此外，在新农保实施过程中，要充分考察新农保与家庭养老之间的动态关系，使二者协调发展。

（八）建立健全新农保经办机制

新农保经办机制是新农保制度得以运行的组织基础。当前健全新农保经办机制应把着力点放在以下三个方面：一是加快新农保经办机构建设。要在人保局内设置新农保管理机构，整合现有社保管理力量，将新农保管理纳入城乡社会保障管理体系。特别要把乡、村两级社会保障管理机构建设好，在乡镇设立社保所专司与农民有关的社会保障资金收缴和发放工作，在村级设立专职社保管理员，承担涉农社保的基础管理工作，切实维护农民的正当社保利益。[②] 二是加强新农保信息系统建设，为新农保经办管理提供重要技术支撑。首先，中央和省两级人保部门要结合“金保工程”和新农保管理要求，抓紧开发新农保管理软件，统一全国新农保管理信息系统；其次，建立健全新农保数据库，以加强对新农保收缴对象和发放对象等基础数据的管理。最后，充分利用好数据

---

① 丁建定．我国新型农村社会养老保险制度实施中应注意的几个问题［EB/OL］．http：//society.people.com.cn/GB/11069601.html.（2010－03－04）.

② 杨良初．农村养老保险制度改革的若干问题［EB/OL］．http：//www.chinareform.org.cn/Economy/Agriculture/Forward/201011/t20101130_53233.htm.（2010－11－29）.

信息系统，为完善新农保制度和加强基金管理提供真实可靠依据。三是加强对经办人员的培训与考核。加强和改进经办机构工作人员的培训工作，增强培训工作的系统性、计划性和目标性，努力培养适应新农保事业发展要求的干部队伍。同时，为了提高培训的效果，更好地进行管理，必须加强考核。对新农保经办机构工作人员的考核，要按照不同的职级制定相应的考核标准。

（九）建立有效的监管机制

在推行新农保制度过程中，“关键措施之一就是构建行政、司法、社会监督三位一体的监督管理体系。”[①] 行政监管是农村养老保险监管体制的核心，要搞好行政监管，就必须加强各监管机构间的协调，用集中管理取代多头参与的分散管理，最终整合管理职责。司法监督负责对新农保制度运行过程中的违法犯罪行为进行相应的刑事处罚与民事处罚，发挥其威慑作用，当务之急是尽快改变司法机关缺位状态，各级法院需要配备熟悉社会保障事务的法官，并积极探索设置专门的社会保障法庭，这是矫治社会保障领域违法犯罪现象和维护这一制度健康运行的必要举措。除此之外，还要加强社会监督，新农保县级经办机构应会同乡镇事务所和村协办员在行政村范围内，对参保人缴费和待遇领取情况进行公示，接受社会监督。新农保经办机构应公开公布举报电话和监督电话，及时受理举报，并对举报情况及时组织力量进行稽核，并按国家相关规定对当事人和相关责任人进行处理。

（十）加快农村社会养老保险的立法

建立健全新农保制度需要遵循“立法先行”的原则和规律。通过立法的形式保障老年人的合法权益，使广大老年人过上有尊严、有保障的生活，是社会文明进步和现代化发展的必然要求。因此，我们建议，在《中华人民共和国社会保险法》的基础上加快制定并颁布《农村社会养老保险法》。首先，要通过立法来明确新农保的法律地位。以法律形式来确立新农保在国家社会经济生活中的地位。其次，要利用有利时机推进农村社会养老保险法制建设。要在现行《宪法》和《社会保险法》等相关法律制度框架内，尽快制定旨在保障农村老年人基本生活与合法权益的《农村社会养老保险法》，这样可以增强民众对新农保政策的信任度，进而提高他们参保的积极性。最后，要强化对农村社会养老保险的法律监督机制。“农村养老保障基金的运营与管理是否规范，直接关

① 郑功成．中国社会保障 30 年［M］．北京：人民出版社，2008：370.

系到养老保险基金的风险大小以及能否通过合理有效的途径保值增值。”因此，加强新农保的法律监督机制，也是加强新农保法制建设的一项重要内容。

参考文献

[1] 安增龙．中国农村社会养老保险制度研究 [M]．北京：农业出版社，2006.

[2] 蔡昉．中国劳动与社会保障体制改革30年研究 [M]．北京：经济管理出版社，2008.

[3] 曹文献．新型农村社会养老保险的财力保障研究 [J]．经济研究导刊，2009 (25).

[4] 曹云清．和谐社会下新型农村养老保险制度的思考 [J]．经济与管理，2009 (3).

[5] 陈美．推进新型农村社会养老保险的制约因素分析 [J]．经济视角（下），2009 (10).

[6] 陈美．制约新型农村社会养老保险基金筹集的因素分析 [J]．经济研究导刊，2009 (32).

[7] 陈淑君．黑龙江新型农村社会养老保险试点状况分析研究 [J]．理论探讨，2009 (5).

[8] 陈心德，苑立波．养老保险：政策与实务 [M]．北京：北京大学出版社，2008.

[9] 陈之楚．中国社会养老保障制度研究 [M]．北京：中国金融出版社，2010.

[10] 仇建国．完善我国新型农村社会养老保险制度 [J]．中国劳动，2009 (11).

[11] 崔力夫．建立健全农村社会保障体系势在必行——吉林省农村社会保障调研分析报告 [J]．劳动保障世界，2009 (1).

[12] 戴卫东．中国农村社会养老保险制度研究述评 [J]．中国农村观察，2007 (1).

[13] 邓大松．改革开放30年：中国社会保障制度改革回顾、评估与展望 [M]．北京：中国社会科学出版社，2009.

[14] 邓大松，林毓铭，谢圣远．社会保障理论与实践发展研究 [M]．北京：人民出版社，2007.

[15] 邓大松，刘昌平．新农村社会保障体系研究 [M]．北京：人民出版社，2007.

[16] 邓大松，刘昌平．中国社会保障改革与发展报告 [M]．北京：人民出版社，2008.

[17] 邓大松，向运华．社会保障问题研究 [M]．北京：人民出版社，2009.

[18] 杜广庆．欠发达地区新型农村养老保险制度建设问题探讨——基于江苏省东海县的实证分析 [J]．湖南行政学院学报，2008 (4).

[19] 杜龙涛．关于建立我国农村计划生育家庭新型养老保险制度的思考 [J]．安徽农业科学，2009 (26).

[20] 段家喜．养老保险制度中的政府行为 [M]．北京：社会科学文献出版社，2007.

[21] 范亮亮．关于构建我国新型农村养老保障制度的思考 [J]．劳动保障世界，2009 (9).

[22] 高和荣．中国农村社会养老保险方案难以实施的经济社会学原因探析 [J]．吉林师范大学学报（人文社会科学版），2003 (3).

[23] 高明．农村社会养老保险制度改革发展方向初探 [J]．经营管理者，2008 (15).

[24] 耿永志．新型农村养老保险试点工作需处理好的三个关系 [J]．中国劳动，2009 (10).

[25] 公维才．中国农民养老保障论［M］．北京：社会科学文献出版社，2007.
[26] 郭金丰，和丕禅．城市化对农村养老保障的影响分析［J］．商业研究，2004（2）.
[27] 韩俊江，韩烨．吉林省新型农村社会养老保险制度研究［J］．税务与经济，2009（4）.
[28] 韩俊江，韩烨．建立新型农村社会养老保险制度的思考［J］．东北师范大学学报（哲学社会科学版），2009（3）.
[29] 韩俊江．推进新型农村社会养老保险制度的几点建议［J］．中国发展观察，2009（3）.
[30] 韩央迪．农民社会保障的制度实践与发展困境——基于北京市三区县的实证研究［J］．人口与经济，2009（1）.
[31] 何宝龙．河南罗山县实行新型养老保险制度［J］．人口与计划生育，2009（8）.
[32] 金刚．新型农村养老保险制度：政策创新与发展思路［J］．知识经济，2009（16）.
[33] 孔祥智，涂圣伟．我国现阶段农民养老意愿探讨——基于福建省水安、邵武、光泽二县（市）抽样调查的实证研究［J］．中国人民大学学报，2007（3）.
[34] 李春根．探索建立江西省新型农村养老保险制度［J］．求实，2008（7）.
[35] 李剑阁．农村新型养老保险制度的发展方向与重点［J］．决策咨询通讯，2007（6）.
[36] 李迎生．构建城乡衔接的社会保障体系——以北京市为例［J］．中国人民大学学报，2008（6）.
[37] 梁鸿．人口老龄化与中国农村养老保障制度［M］．上海：上海人民出版社，2008.
[38] 刘昌平，谢婷．财政补贴型新型农村社会养老保险制度研究［J］．东北大学学报（社会科学版），2009（5）.
[39] 刘昌平，殷宝明，谢婷．中国新型农村社会养老保险制度研究［M］．北京：中国社会科学出版社，2008.
[40] 刘昌平．中国新型农村社会养老保险制度研究［J］．保险研究，2008（10）.
[41] 刘翠霄．天大的事：中国农民社会保障制度研究［M］．北京：法律出版社，2006.
[42] 刘豪兴．农村社会学［M］．北京：中国人民大学出版社，2008.
[43] 刘家庆．稳步推进新型农村社会养老保险制度的思考［J］．财会研究，2009（21）.
[44] 刘书鹤，刘广新．农村老年保障体系的理论与实践［M］．北京：中国社会科学出版社，2005.
[45] 刘晓梅．中国农村社会养老保险理论与实务研究［M］．北京：科学出版社，2010.
[46] 刘玉娟．广西新型农村养老保险制度建设探析［J］．陕西农业科学，2009（6）.
[47] 刘子兰．中国农村养老社会保险制度反思与重构［J］．管理世界，2003（8）.
[48] 龙朝阳．中国公共养老金制度模式研究［M］．北京：知识产权出版社，2009.
[49] 龙方．论农村家庭养老模式的完善［J］．农村经济，2007（5）.
[50] 卢海元．和谐社会的基石：中国特色新型养老保险制度研究［M］．北京：群众出版社，2009.

[51] 卢海元．中国农村社会养老保险制度建立条件分析［J］．经济学家，2003（5）．
[52] 吕凯波．政府在新型农村社会养老保险中的最优行为分析——一个财政支持力度的动态均衡模型［J］．南京审计学院学报，2009（3）．
[53] 孟芳．基于政策分析的新型农村社会养老保险的实践与思考［J］．农村经济，2008（10）．
[54] 米红．农村社会养老保障理论、方法与制度设计［M］．杭州：浙江大学出版社，2007.
[55] 米红，杨翠迎．农村社会养老保障制度基础理论框架研究［M］．北京：光明日报出版社，2008.
[56] 明磊．对欠发达地区探索“老有所养”特色之路的思考——基于江苏省东海县建设新型农村社会养老保险制度的实证分析［J］．安徽农业科学，2009（17）．
[57] 穆怀中．发展中国家社会保障制度的建立和完善［M］．北京：人民出版社，2008.
[58] 宋绪男．新旧制度并行下农村社会养老制度发展摭探［J］．社会保障研究，2009（3）．
[59] 苏保忠．中国农村养老问题研究［M］．北京：清华大学出版社，2009.
[60] 孙陆军．中国涉老政策文件汇编［M］．北京：中国社会出版社，2009.
[61] 孙涛，黄光明．农村社会养老保险运行模式构建及创新研究［J］．农业经济问题，2007（1）．
[62] 谭克俭．农村养老保障体系构建研究［M］．北京：中国社会出版社，2009.
[63] 屠彦娟．论我国新型农村社会保障制度的建构［J］．法制与社会，2009（13）．
[64] 王石泉．中国老年社会保障制度与服务体系的重建［M］．上海：上海社会科学院出版社，2008.
[65] 王章华．关于新型农村社会养老保险模式的思考［J］．南昌大学学报（人文社会科学版），2009（2）．
[66] 温家宝．开展新型农村社会养老保险试点工作　逐步推进基本公共服务均等化——在全国新型农村社会养老保险试点工作会议上的讲话［J］．农村财政与财务，2009（10）．
[67] 吴航．新型农村社会养老保险制度的筹资机制创新探讨［J］．深圳大学学报（人文社会科学版），2009（3）．
[68] 吴晓东．中国农村养老的经济分析——博士文库［M］．成都：西南财经大学出版社，2005.
[69] 徐清照．山东加快新型农村社会养老保险制度建设的必要性和可能性分析［J］．东方论坛，2009（1）．
[70] 徐清照．山东新型农村社会养老保险发展的现状、问题与对策研究［J］．东岳论丛，2009（4）．
[71] 徐清照．现阶段新型农村社会养老保险制度的优点与缺陷分析［J］．山东经济，2009（3）．

[72] 杨翠迎．农村基本养老保险制度理论与政策研究 [M]. 杭州：浙江大学出版社，2007.
[73] 杨复兴．中国农村养老保障模式创新研究——基于制度文化的分析 [M]. 昆明：云南人民出版社，2007.
[74] 杨军．新型农村社会养老保险的发展模式研究——以陕西省宝鸡市为例 [J]. 西部财会，2009 (9).
[75] 杨俊．中国公共养老保险制度宏观经济学分析 [M]. 北京：中国劳动社会保障出版社，2009.
[76] 杨燕绥，阎中兴．政府与社会保障——关于政府社会保障责任的思考 [M]. 北京：中国劳动社会保障出版社，2007.
[77] 尹慧敏．社会保障制度创新研究 [M]. 北京：经济科学出版社，2009.
[78] 袁莉．中国农村养老保障的现实与挑战——基于新型农村合作医疗的经验 [J]. 改革与战略，2008 (3).
[79] 岳花艳．农民分化背景下的新型农村社会养老保险模式探析 [J]. 现代农业，2009 (11).
[80] 张德民．建立新型农村社会养老保险制度的思考 [J]. 理论研究，2009 (5).
[81] 张芙蓉．陕西农村社会养老保险现状与对策 [J]. 西安社会科学，2009 (2).
[82] 张恺悌，郭平．中国人口老龄化与老年人状况蓝皮书 [M]. 北京：中国社会出版社，2010.
[83] 张腊梅．新型的农村社会养老保险制度应该借鉴国外经验 [J]. 经济研究参考，2009 (12).
[84] 张修现．浅析我国农村社会养老保险制度 [J]. 黑河学刊，2007 (3).
[85] 张运刚．人口老龄化背景下的中国养老保险制度 [M]. 成都：西南财经大学出版社，2005.
[86] 赵建国．农村养老保险制度的反思与创新 [J]. 法学杂志，2004 (4).
[87] 赵意焕．构建新型农村社会养老保险制度若干思考 [J]. 经济研究导刊，2009 (32).
[88] 郑秉文，和春雷．社会保障分析导论 [M]. 北京：法律出版社，2001.
[89] 郑功成．社会保障概论 [M]. 上海：复旦大学出版社，2007.
[90] 郑功成．中国社会保障 30 年 [M]. 北京：人民出版社，2008.
[91] 郑功成．中国社会保障改革与发展战略——理念、目标与行动方案 [M]. 北京：人民出版社，2008.
[92] 郑功成．中国社会保障改革与发展战略（养老保险卷） [M]. 北京：人民出版社，2011.
[93] 郑功成．中国社会保障改革与发展战略（总论卷）[M]. 北京：人民出版社，2011.
[94] 郅玉玲．农村老年人养老支持力研究及社会政策建议——以浙江省为例 [J]. 人口与发展，2009 (5).

[95] 中国经济改革研究基金会，中国经济体制改革研究会联合专家组．中国社会养老保险体制改革 [M]. 上海：上海远东出版社，2006.

[96] 周莹．新型农村社会养老保险制度的推进策略 [J]. 南京社会科学，2009 (9).

[97] 邹涛．加快建立新型农村社会养老保险制度之我见 [J]. 山东劳动保障，2008 (12).

[98] D. Gale Johnson. 中国农村老年人的社会保障 [J]. 中国人口科学，1999 (5).

[99] Shih - Jiunn Shi. Left to Market and Family—Again? Ideas and the Development of the Rural Pension Policy in China [M]. Blackwell Publishing Ltd，2006.

专题二　河南省城乡社会养老保障统筹发展研究

2009 年 9 月 1 日，国务院以国发〔2009〕32 号文正式印发了《关于开展新型农村社会养老保险试点的指导意见》，标志着新农保制度的正式启航。响应国家号召，河南省人民政府于 2009 年 11 月 28 日颁布了《河南省人民政府关于开展新型农村社会养老保险试点的实施意见》，新农保试点工作在河南省如火如荼地开展起来。2011 年 6 月 7 日，《国务院关于开展城镇居民社会养老保险试点的指导意见》正式颁布，该《意见》明确指出，我国于 2011 年 7 月 1 日启动城镇居民社会养老保险试点工作，这是继国家实施新农保方案后又一重大惠民政策。新农保和城镇居民社会养老保险制度的确立，标志着河南省进入了“制度养老”时代，河南省城乡居民人人老有所养的愿望在制度上最终完成。然而，与制度全覆盖相伴随的是，社会养老保障城乡二元格局、“碎片化”、待遇差距大以及可持续发展问题更加凸显，上述问题迫切需要通过推进养老保障城乡统筹发展来化解。党的十八大报告提出，“加紧建设对保障社会公平正义具有重大作用的制度，逐步建立以权利公平、机会公平、规则公平为主要内容的社会保障体系”。推进社会养老保障的城乡统筹，正是实现基本养老保障权利公平、机会公平、规则公平的重要基础，也是新形势下实现基本养老保险财务可持续、制度可持续的重要保障。

本专题基于城乡统筹视角，立足河南省特定的经济、社会、文化环境和人口结构特征，以河南省社会养老保障制度的历史和现实为依托，借鉴国内部分地区社会养老保障统筹发展的实践经验，探索符合河南实际的社会养老保障发展道路，以期为河南省委省政府规划指导全省养老保障事业发展建言献策。

概括来讲，本专题由六个部分组成，包括导论部分和五个专题研究部分。本专题以社会政策为主，运用了社会学、经济学、管理学、人口学等多学科视角进行了综合性研究。导论部分阐述了专题研究的背景和意义、国内外研究的基本状况，介绍了专题研究的方法、创新之处和研究思路。

第二部分是河南省城乡居民社会养老保障制度的历史变迁。将社会养老保障制度的历史变迁分为城市和农村两个部分进行梳理。总体而言，河南省社会养老保障制度是基于我国经济社会基础发展起来的，随着经济体制改革的进程而不断变革。在不同时期、不同阶段，河南省按照国家部署，结合自身实际，构建了不同的养老保障模式，历经曲折的发展过程。

第三部分是河南省城乡居民社会养老保障统筹发展的现状及其经验。目前河南省已构建以机关事业单位养老保险、城镇职工基本养老保险、新型农村社会养老保险和城镇居民社会养老保险为主要内容的社会养老保障体系，城乡居民人人老有所养的愿望在制度上最终完成。在该部分，重点对机关事业单位养老保险制度改革情况、城镇职工基本养老保险制度扩面情况、城乡居民社会养老保险制度实施情况进行了客观描述，并概括出全省城乡居民社会养老保障统筹发展的基本经验——坚持民生为本的发展理念、坚持“保基本、广覆盖、有弹性、可持续”方针、坚持公平普惠，统筹城乡发展、坚持试点先行，典型引路、坚持扶贫帮困，更多关注弱势群体等。

第四部分是河南省城乡居民社会养老保障统筹发展面临的主要障碍，分制度内和制度外两个方面分别进行分析。制度内的障碍主要体现在两个方面：一是养老保障制度“碎片化”十分严重；二是不同群体的养老待遇水平差距巨大。制度外的障碍主要有四个：一是已往改革形成的路径依赖阻碍着养老保险制度改革的深化；二是城乡发展不平衡制约养老保险制度的统一；三是户籍制度的制约；四是观念的制约。上述因素均对全省统筹城乡社会养老保障产生了较大的负面影响。

第五部分是我国部分地区统筹城乡居民社会养老保障的经验借鉴。分别对广东东莞、陕西、重庆、河南郑州等四种模式的主要特征和实践经验进行了详细阐述，尤其是对郑州市统筹城乡居民基本养老保险制度试点情况进行了较为系统的分析，总结出对全省社会养老保障城乡统筹发展有价值的经验借鉴。

第六部分是河南省城乡居民社会养老保障统筹发展的对策建议。结合上面的理论分析和实证研究，该部分首先明确提出社会养老保障城乡统筹发展必须坚持公平、正义、共享的价值理念，并用该理念指导社会养老保障制度设计及技术方案的选择；其次，提出要把实现“人人享有公平的养老保障”作为城乡社会养老保障统筹发展的目标；第三，研究提出河南省城乡社会养老保障统筹发展要走渐进统一道路，即首先要真正实现制度全覆盖和人群全覆盖，然后要加快各种社会养老保险制度的优化整合，最后通过制度优化整合实现城乡社会养老保障一体化目标；第四，提出了河南省城乡社会养老保障统筹发展应当坚持的五个基本原则：从基本省情出发、政府主导与责任分担原则、可持续原则、以人为本原则和弹性原则；第五，提出了城乡社会养老保障统筹发展的

“三步走”战略；最后，除了制度的科学设计之外，还要重视搞好相关配套措施，如搞好养老保险经办机构建设、加强信息系统建设、建立社会保障预算等。

总之，要消除养老保障城乡分割、杂乱无序、交叉重叠与缺漏并存的格局，就需要运用系统思维、统筹发展的方法，制定切实可行的实施方案，加强制度的优化整合，分阶段、有计划地扎实推进才能最终得以实现。

第一节　导　　论

一、研究背景和研究意义

（一）研究背景

养老是每一个人都必须面对的问题，养老保障制度是现代社会保障体系中最重要的组成部分，它往往决定着一国社会保障体系建设的成败。我国在 20 世纪末已经进入了老龄化社会，进入 21 世纪后，人口老龄化进程明显加快。伴随着人口老龄化、少子化和家庭结构小型化，传统的家庭养老保障功能必然急剧弱化，国民对社会化的养老保险及相关服务的需求会骤然提升，人们的养老后顾之忧会日益加重。对此，党的十七大明确提出要实现让全体人民“老有所养”的目标，建设覆盖城乡居民的养老保障体系，已经成为我国社会保障体系建设中的一项紧迫任务。党的十八大报告提出，“加紧建设对保障社会公平正义具有重大作用的制度，逐步建立以权利公平、机会公平、规则公平为主要内容的社会保障体系”。推进社会养老保障的城乡统筹，正是实现基本养老保障权利公平、机会公平、规则公平的重要基础，也是新形势下实现基本养老保险财务可持续、制度可持续的重要保障。

作为全国人口大省和农业大省，河南省人口老龄化形势更加严峻。根据第六次全国人口普查数据，河南省 60 岁以上的老年人口占人口总数的 12.72%，即不到 8 个人中就有 1 位老人；其中 65 岁以上的人口占到了 8.36%，比重上升 1.4 个百分点。随着 1949—1958 年第一次生育高峰出生人口相继进入老年，到 2015 年，全省 60 岁及以上老年人口将达到 1 579 万人，占常住人口的 15.7%。在人口老龄化程度日益加深的背景下，大规模农村劳动力向城镇流动，这在弱化农村家庭养老功能的同时，也在一定程度上加速了农村的老龄化进程，农村社会养老形势更加严峻。与此同时，劳动力的自由流动要求有一体化的劳动力市场，一体化的劳动力市场又要求建立起城乡一体化的社会保障制度，这更加凸现了统筹城乡养老保障发展的重要性。2009 年 9 月 1 日，国务院以国发〔2009〕32 号文正式印发了《关于开展新型农村社会养老保险试点的指导意见》，标志着新农保制度的正式启航。响应国家号召，河南省人民政府于 2009 年 11 月 28 日颁布了《河南省人民政府关于开展新型农村社会养老保险试点的实施意见》，新农保试点工作在河南省如火如荼地开展起来。2011 年 6 月 7 日，《国务院关于开展城镇居民社会养老保险试点的指导意见》正式颁布，该《意见》明确指出，我国于 2011 年 7 月 1 日启动城镇居民社会养老保险试点工作，这是继国家实施新农保方案后又一重大惠民政策。新农保和城镇居民社会养老保险制度的确立，标志着河南省进入了“制度养老”时代，城乡居民人人老有所养的愿望在制度上最终完成。然而，与制度全覆盖相伴随的是，社会养老保障城乡二元格局、“碎片化”、待遇差距大以及可持续发展问题更加凸显，上述问题迫切需要通过推进养老保障城乡统筹发展来化解。为此，本课题采用实证研究和理论分析相结合的方法，全面客观地了解了河南省城乡社会养老保障试点与改革情况，以及面临的突出问题，提出了统筹城乡居民社会养老保障的一系列政策建议，以期为河南省委省政府规划指导全省养老保障事业发展建言献策。

（二）研究意义

1. 加快城乡居民社会养老保障统筹发展，是实现人人享有公平养老保障的必然要求

受计划经济体制的影响，我国社会保障城乡二元结构特征十分明显。农村社会保障未被纳入国家社会保障体系，大部分社会保障的内容将整个农村人口排挤在制度之外，农民不能享受基本的保障待遇，这是社会极大的不公。长期以来，我国养老保障制度城乡分割的发展路径导致城乡社会养老保障发展不平衡、不同养老保障制度之间待遇水平差距大问题十分凸现，上述问题迫切要求通过城乡社会养老保障统筹发展来化解。

2. 加快城乡居民社会养老保障统筹发展，是城市化进程和人口流动加速的必然要求

推进新型城镇化建设，充分发挥新型城镇化的引领作用，是推进“三化”协调发展的一项中心任务。外出务工已经成为农村人口重要的生活和脱贫策略。当前，在河南省城乡之间、不同城市之间、不同企业之间以及不同行业之间均存在着较大规模的人口流动。城市化进程和人口流动加速，迫切要求加快统筹城乡居民的社会养老保障体系的构建，以解决流动人口的养老后顾之忧。

3. 加快城乡居民社会养老保障统筹发展，是有效应对人口老龄化，提高老年生活水平的迫切要求

与城市相比，河南省农村人口老龄化水平高于城镇。而且，随着农村大量青壮年流入城市，农村老年人的经济支持和精神慰藉等基本社会养老资源供给严重匮乏。因此，政府必须构建统筹城乡居民的社会养老保障制度，为全体老年居民提供养老保障，积极应对人口老龄化带来的严峻挑战。

4. 加快城乡居民社会养老保障统筹发展，是统筹城乡发展，实现基本公共服务均等化的重要内容

统筹城乡发展、推进城乡一体化，事关河南经济社会发展全局。河南经济社会的发展迫切要求进一步打破城乡二元状态，养老保障作为面向全民的公共品和现代社会保障体系中最重要的制度安排，无疑应扮演先行者的角色，并为全面推进城乡统筹发展创造条件。

5. 加快城乡居民社会养老保障统筹发展，是扩大内需，促进经济持续快速健康发展的有效途径

近几年，河南省城乡居民消费水平差距进一步拉大，2010 年城乡消费比达到 3.01∶1。城乡社会养老保障制度发展不均衡已经成为城乡居民消费差异日益扩大的重要原因之一。2010 年城镇居民人均年基本养老保险待遇支付已达 16 741 元，而同年农村人均年基本养老保险待遇支付仅为 699 元，城镇水平约为农村水平的 23.96 倍。[①] 因此，政府必须加快城乡社会养老保障制度统筹发展，努力将广大农村居民纳入制度养老范围，消除城乡居民消费的后顾之忧，推动河南省内需型经济增长方式的顺利转变。

二、国内外研究综述

（一）国外研究现状述评

大多数西方发达国家并无城乡二元经济困境，实行的是城乡一体化的社会养老保障制度，也有少数国家在城市与农村实行了制度统一、内容有异的社会养老保障制度，城乡差别、工农差别很小，因而农民的养老保障问题往往是被纳入到整个社会养老保障体系中进行的。近年来，发展中国家关于城乡社会养老保障的研究主要集中在社会养老金制度的建立和推行。例如，印度建立了以救助型社会养老金为核心的养老保障制度，该制度建立之初就将农村地区纳入

① 根据《2010 年度人力资源和社会保障事业发展统计公报》相关数据整理计算得到。

进来，因此印度NOAPS不存在城乡二元分割问题。南非建立的是由社会养老金和私营养老金组成的养老保障体系。巴西实行城乡有别的社会养老金项目，包括针对农村居民设立的非缴费型农村养老金（PR计划）和针对城乡居民设立的救助养老金（BPC计划）。国外经验表明，一国选择何种模式的养老保障制度通常是由本国的社会、经济、政治和文化制度条件所决定。

（二）国内研究现状述评

目前，国内学界一致认为，城乡社会养老保障统筹发展是缩小城乡差距、体现社会公平、维护社会稳定的必然要求。但是在城乡统筹的内涵、障碍因素、发展路径等方面，学界的观点却不同。

1. 社会养老保障城乡统筹的内涵

学界有两种截然对立的观点。一种观点以胡鞍钢（2002）、郑功成（2003）、宋晓梧（2005）、童星（2009）、黄英君（2010）等为代表，他们认为，统筹主要是强调统一，因此应建立城乡统一的社会养老保障制度。与此相对立的观点以陈平（2002）、景天魁（2006）、高平（2009）、袁文全（2010）等为代表，他们认为城乡统筹不是城乡划一，而是建立整体的保障体系，实行不同的保障水平，灵活的保障方式，多样化的保障模式。

2. 统筹城乡社会养老保障的阻碍因素

从外部因素看，学界普遍指出，我国城乡社会养老保障发展的差距源于土地市场、劳动力市场的城乡分割，源于城乡二元户籍制度，源于公共财政对农村投入的不足。从内部因素看，张彦军（2010）、吴君槐（2011）、仇雨临（2009）等认为，政府责任不明晰、制度间不衔接、筹资机制与补偿机制不科学对统筹城乡社会养老保障也起到一定的阻碍作用。

3. 城乡养老保障统筹发展的路径分析

目前学界主要有三种观点：一是主张走城乡一体化的发展道路，持这一观点的有童广印（2007）、王碧峰（2004）、郑功成（2011）等；二是主张建立“多支柱”的城乡养老保险模式，持这一观点的有吴湘玲、叶汉雄（2005）、郭影帆、高平、郭熙（2009）、王国军（2000）等；三是主张“多样化”的城乡养老保险改革与发展，持这一观点的有吴文燕（2009）、樊小钢（2004）、杨翠迎（2004）、彭凤萍、靳环宇（2009）、蔡昉（2004）、杨立雄（2003）、李迎生（2006）等。此外，就统筹城乡养老保障的步骤而言，一些学者如张秋，何立胜（2010）、孟续铎（2009）、林闽钢（2011）等主张“两步走”观点，另一些学者如方菲（2009）、王延中，张时飞（2008）、郑功成（2011）提出“三步走”观点。

上述国内外研究成果是我们进一步研究的背景资料和理论指南。然而，尚存在一些薄弱环节：①现有研究大多关注于城乡社会养老保障运行机制的操作层面的研究，而较少注重历史传统、观念文化等理念层面的深入剖析；②偏重从经济学角度进行分析，缺乏以社会政策为主的跨学科、多角度的综合性研究；③一些研究经常将西方国家的养老保障理论直接搬过来使用，而对其前提假设不加审视，忽略了国外的经验与中国传统福利文化的融会；④理论界对此课题的系统、深入研究仍较为缺乏，社会养老保障理论创新的成果也相当滞后，难以解决我国社会养老保障体系改革进程中的深层次矛盾。已有研究的不足恰恰是本项研究的着力点。

三、研究方法与创新之处

（一）研究方法

1. 实证调查

本项研究的一大特点是以深入的实地调查为基础，辅以定量分析，对不同地区的城乡居民社会养老保障统筹发展现状及问题进行扎实的实证研究。

2. 比较研究

对陕西、重庆、广东东莞、河南郑州四种模式进行比较研究，从而从整体上把握社会养老保障城乡统筹发展的内在机制与逻辑。

3. 跨学科研究方法

本课题运用经济学、社会学、人口学、管理学、法学等多学科方法进行综合研究，这对破解我国社会养老保障改革进程中的诸多难题是十分有利的。

4. 历史研究方法

本课题运用历史研究法对河南社会养老保障制度演变过程进行分析，其目的在于透过养老保障制度的历史演化，把握制度变迁的某些万变不离其宗的规律。

（二）创新之处

1. 研究内容上的创新

本课题强调统筹城乡社会养老保障体系构建的战略构想，重视长期制度建设，注重政策建议的综合性、预见性，注重将统筹城乡社会养老保障体系构建与建制理念、制度设计、综合配套等方面进行有机结合，立足河南实际，借鉴国内部分地区社会养老保障实践的先进经验，探索符合国情和省情的社会养老保障发展道路。

2. 研究方法上的创新

本课题在注重实证研究的同时，也强调历史研究、比较分析和跨学科研究方法的综合运用，唯有如此，才有助于对我国统筹城乡社会养老保障体系进行质性判断和整体把握，才有助于实现统筹城乡社会养老保障体系的理论创新。

四、研究思路

1. 全面调查，掌握实际情况

通过抽样调查，了解和掌握不同地区城乡居民社会养老保障统筹发展的基本状况及其面临的突出问题，从而为提出富有针对性的政策建议打下扎实的基础。

2. 比较研究，解剖内在机制

比较广东东莞、陕西、重庆、河南郑州四种模式的异同，寻找统筹城乡社会养老保障与经济社会的关系，从而从整体上把握统筹城乡社会养老保障制度建设的内在机制与逻辑。

3. 深入分析，提出具体对策

在全面调查和比较研究的基础上，分析河南省城乡居民社会养老保障统筹发展的主要障碍，依据内在机制与逻辑，提出切实有效的政策建议和理论体系。

第二节　河南省城乡社会养老保障制度的变迁

新中国成立以来，我国社会养老保障制度是基于中国经济社会基础发展起来的，随着经济体制改革的进程而不断变革。

新中国成立初期，由于我国工业基础薄弱，所以政府采取统购包销、计划经济来限制自由交易，获取廉价的农业剩余，从而有效地建立了较为完整的现代工业体系，强化了城乡二元经济结构，使得第一产业和第二产业发展失衡，农业为工业化的发展提供了大量原材料的同时，工业化并未惠及农民，农民收入低、生活水平差、购买力不足。这种情况，对于人口众多的河南省而言，尤为严重。在不同时期、不同阶段，河南省按照国家部署，结合自身实际，随着河南省经济、人口结构及多方面因素的变化，构建了不同的养老保障模式，历经曲折的发展过程，特将社会养老保障制度的历史变迁分为城市和农村两个部分进行梳理。

一、城市社会养老保障制度的变迁

60多年来，我国城市社会养老保障制度是伴随着经济社会的发展而发展，在经历了新中国成立初期、“文化大革命”、改革开放、全面建设小康社会，走出了一条创建、挫折、恢复发展和重建的曲折之路。

新中国成立后，为了尽快实现工业化、调动工人积极性，政府于1951年颁布施行《中华人民共和国劳动保险条例》，建立保险费用社会统筹的企业职工退休养老制度，企业缴费作为养老保险的资金来源，因此，该项养老保障制度仅限于企业退休职工，并未覆盖农村居民。随后，政府颁发的《关于国家机关工作人员退休处理暂行办法》将政府机关和事业单位的工作人员也纳入到退休制度，三年后又将机关事业单位干部和企业职工退休制度统一起来，至此，我国早期的养老保险制度基本形成，唯有农村被排除在制度之外。此阶段的社会养老保障制度的确立和实施，有效地保障了国民经济的恢复、发展和社会秩序的稳定。然而，十年“文化大革命”促使养老保障制度的开展停滞，甚至出现了倒退，全国总工会停工，社会保险管理机构被撤。1969年，国家财政部规定国企停止提取工人劳动保险金，具体操作由各劳动部门自主管理，至此，在“文化大革命”结束之前，已经成型的社会化劳动保险由社会保险退化成企业保险，走了回头路，造成企业之间负担不均衡。“文化大革命”结束初期，国务院颁发《关于安置老弱病残干部的暂行办法》和《国务院关于工人退休、退职的暂行办法》，恢复了城镇养老保险制度，根据企业自身经济条件，在所得税前提取一定数额的社会保险金，逐步建立社会保险制度，解决职工年老退休、丧失劳动能力的生活保障问题。同时，养老保障的实施范围有所扩大，城镇企业职工有了基本的养老保障。

改革开放初期，随着商品经济的开展、市场化的快速发展，政府在全民所有制企业建立了退休费用社会统筹试点，市县级国企根据以支定收、略有结余的原则，实行养老金统一收缴、发放和对职工养老问题的统一管理。1986年，根据国务院颁布的《国营企业职工待业保险的暂行规定》和《国营企业实行劳动合同制的暂行规定》，在国企中建立了待业保险管理制度，企业职工的养老金则由缴纳年限的长短和退休前工资收入的数额决定，按月领取。1991年，城镇居民的养老保障制度较之以前出现较大变革，实行基本养老保险、企业补充养老保险和职工个人储蓄性养老保险相结合的养老保险制度，养老费由国家、企业、个人共同负担，在一定程度上缓解了不同国企间负担不均的问题。

党的十四大之后，在我国由以前的计划经济体制转变为社会主义市场经济体制的过程中，针对当时存在的问题，如基本养老保险制度不统一、统筹层次较低、管理制度不健全等种种问题，国务院第一次明确提出深化社会保障制度改革，统一了养老保险费的缴费比例、计发办法和领取条件，建立了个人账户，社会保障制度成为社会主义市场经济体制建立的基本框架内容，标志着我国城市养老保障制度进入新阶段。1998 年，国务院在进行政府机构改革时，将养老、医疗、失业保险统一为劳动与社会保障部，既避免了政出多门，又有利于统一开展工作，同时，将铁路、电力、金融等 11 个行业的养老统筹移交地方管理，养老保障制度由原有的市县两级统筹改为省级统筹，养老金的差额缴拨改为全额缴拨，实现养老金社会化发放、退休人员社区化管理，提高了社会保障“社会安全网”的承受能力。与此相配套，1999 年国务院颁布《社会保险费征缴暂行条例》，规定“社会保险费的征收机构由省、自治区、直辖市人民政府决定，可以由税务机关征收，也可以由劳动保障行政部门按照国务院规定设立的社会保险经办机构征收”。① 这是我国首部关于养老保险改革的行政法规，标志着养老保险制度开始走上法制化轨道。

然而，随着时间的推移，改革进入深化阶段，城镇居民养老保障制度的一些隐患逐渐凸显，于是，在 2002 年召开的党的十六大报告中，明确指出“深化分配制度改革，健全社会保障体系”是我党在新世纪全面建设小康社会的目标之一，国务院提出完善城镇社会保障体系试点方案，将东北三省列为试点，其后，河南省也建立起与经济社会发展水平相适应的资金来源多渠道保障方式，逐步实现多层次、管理与服务规范化的城市社会保障体系。截止到 2002 年底，全省离退休人员共 192.15 万人，全年发放离退休费约 156.53 亿元，全年人均离退休费 8 365 元。城镇职工基本养老保险覆盖面继续扩大，河南省共有 520.33 万职工和 149.05 万离退休人员参加了城镇企业基本养老保险社会统筹，离退休人员的基本养老金全部按时足额发放，社会化发放率达 100%。这一时期凸显的原国企下岗职工的社会养老保障问题也得到进一步缓解，为确保下岗职工的基本生活，河南省企业再就业服务中心积极筹措资金，通过财政安排、企业自筹、社会筹集等多种方式，共筹集资金 9.54 亿元，用于发放下岗

① 张松．中国人口老龄化背景下的养老保险研究［D］．长春：吉林大学，2009．

职工生活费、缴纳养老保险费、医疗保险费、失业保险费。截至 2002 年底，全省近 25 万进入再就业服务中心的国企下岗职工全部足额领取基本生活费和代缴社会保险费。全省社区劳动保障平台建设进一步加强，在郑州、洛阳、开封、安阳多地建立了较为完备的劳动力市场职业供求状况分析和预测制度，劳动力市场信息网络初步建成，全省在 323 个街道建立了 203 个劳动保障机构，2 125 个社区中建立了 1 299 个劳动保障工作机构，还专门配备了相应的工作人员，为城镇居民社会养老保障制度开辟了新路径，完善了城镇居民社会养老保障制度。

从 2005 年开始，河南省结合国家政策，提出“按个人缴费工资的 8%做实基本养老保险个人账户，用人单位 20%的缴费比例不变，但不再划入个人账户，而是全部形成社会统筹”，将养老保险制度覆盖范围扩大到城镇各类企业职工、民营企业中的从业人员及个体户，制定了不同人员的缴费标准、改革了养老金计发方法。

经过 60 多年的实践与探索，按照城镇居民社会养老保障发展的基本规律，河南省城镇居民实行的是由基本养老保险、企业补充养老保险和个人储蓄性养老保险三个层次共同组成的多层次养老保障体系，“老有所养、老有所医、老有所教、老有所学、老有所为、老有所乐”是老龄事业发展的目标，也是现阶段城镇居民社会养老保障的基本目标。按照《河南省人民政府关于开展城乡居民社会养老保险试点的实施意见》豫政〔2011〕58 号文件精神，“城乡居民社会养老保险制度实施时，已年满 60 周岁、未享受职工基本养老保险待遇以及国家规定的其他养老待遇的，不用缴费，可按月领取基础养老金。”

总之，在全面建设小康社会的进程中，河南省根据自己的省情特点正在努力进一步完善与经济社会发展相适应的城镇居民社会养老保障体系。

二、农村社会养老保障制度的变迁

马克思历史唯物主义指出“经济基础决定上层建筑，上层建筑对经济基础起能动的反作用”，作为社会上层建筑的社会保障，其变化发展显然是伴随经济基础的变化而变化，因此，经济基础较为薄弱的农村地区社会保障制度的变迁就必然经历了与城镇居民社会养老保障制度不同的历程，即决定于经济基础，同时又受到政治制度、经济社会发展等多种因素的有力制约。

新中国成立初期，政府为缓解由于连年战乱带来的工业基础薄弱、农业生产力水平低下的状况，迅速恢复国民经济，采取了一系列措施稳定社会秩序、促进国民经济增长，将绝大多数资源配置到城市，通过农产品和工业品的不等价交换，从农业获取经济剩余，由于社会养老保障和就业相结合，在城镇企业职工建立早期社会养老保险制度的同时，并未将农民纳入社会养老保障体系，但根据当时我国宪法中“劳动者在年老、疾病或者丧失劳动能力的时候，有获得物资帮助的权利”的规定，在农村地区逐步建立了包括困难补助、社会救济、优抚工作和“五保户”供养制度，相应地建立了敬老院、合作医疗和赤脚医生等简易的社会保障组织。这段时期，政社合一的人民公社制度利用对生产资料的所有权和所得产品的支配权，使原有的自给自足的农村家庭保障功能迅速退回，新的以集体为主导的社会保障形式形成。“文化大革命”期间，已经基本社会化的城镇社会保障体系遭到破坏，刚刚起步的农村社会保障更是丧失基本功能，此时的农村绝大多数农民都被游离于社会保障体系之外，城镇居民享有的就业、医疗、住房、退休金等种种福利农民均无权享受。社会养老保障制度的城乡区别对待造成了城乡社会断裂和鸿沟，为社会养老保障制度埋下了隐患。

改革开放之后，城镇社会养老保障制度扩大的同时，绝大部分企业职工有了基本养老保险，但仍未将农民纳入社会养老保障体系中，农民仍采用传统的“养儿防老、家庭养老”模式。

随着有计划的商品经济开展，我国在农村开始实行家庭联产承包制，家庭经济取代集体经济与当时经济社会条件转变相一致，农村社会养老保障制度开始了又一次的变迁。1986 年，民政部提出《关于探索建立农村社会保障制度的报告》，率先在江浙地区的农村建立以社区为单位的养老基金。在总结试点经验的基础上，民政部于 1992 年正式下发《县级农村社会养老保险基本方案》，规定“实行个人账户积累制，资金筹集以农民个人交纳为主、集体补助为辅、国家给予相应的政策扶持”，并逐步在全国范围内推广农村社会养老保险制度。1995 年 10 月，国务院转发《关于进一步做好农村社会养老保险工作的意见》，指出养老保险基金主要通过购买国债和存入银行增值，强调各级政府要重视农村养老保险基金的监管。该意见是国务院对于农村社会养老保险工作下发的专门文件，为今后的工作指明了方向。1995—1997 年，全国 2 900 个县中有 2 123 个县先后引进了农村养老保险制度，参保率达 9.47%。[①]

1998 年，为实现社会保险统一管理，政府将原来由民政部管理的农村社会保险划归劳动与社会保障部，规范了社会保险制度的管理机制。同期，全国

① 李晓婷．论我国城乡一体化养老保险制度的构建［D］．成都．西南财经大学，2011。

大部分农村出现参保人数下降、基金运行困难，农村社保进入整顿和规范阶段。随后，国务院要求在农村停止接收新业务，有条件的可以逐步过渡为商业保险，劳动和社会保障部也先后出台两套方案，指出对农村养老保障要根据情况，区别对待、分类指导，在确定政策之后，进行市场化运营。河南省在原民政工作基础上就建立农村养老社会保障制度做出了一些探索。最早开始于1992年，首先在省会郑州市的周边县市进行试点工作，截至2004年底，全省仅有三分之一的县（市、区）开展农村养老保险，主要原因是因为河南省农村大多较为贫困，养老保险未能在全省得到推广，约80多万农民参保。

总之，在党的十六大之前，由于河南省城市化进程相对较慢，约70%的人口居于农村，城镇人口只占全省总人口的28.9%。城镇居民社会养老保障制度逐步完善的同时，省委省政府也在积极探索农村社会养老保障体系的建设。但较之发达省区，在农村建立社会养老保障制度难度系数相对较高，我国社会养老保障的覆盖面为30%，只占国际小康标准60%覆盖面的一半左右，其中，覆盖的也主要是城镇居民，城镇安全网比例达90%以上，而农业人口的覆盖面仅占2.7%，97%左右的农村人口被排除在社会安全网之外。作为农业大省和人口大省的河南，不建立适应经济发展的农村社会保障体系，就很难保证社会的安定团结。因此，河南省积极探索、努力完善在农村建立与社会经济发展水平相适应的社会养老保障体系。

党的十六大之后，针对农村社会养老保障，中央明确提出“在有条件的地方探索建立农村社会养老保险制度”，各地相应出台了一些办法。作为全国第一农业大省的河南省，农业人口位居全国第一。随着河南省经济的发展、农村人口老龄化时代的到来，以家庭养老和土地养老为主的农村养老制度已不能满足农村居民养老的需求，建立新型农村社会养老保障制度迫在眉睫。如何妥善处理农民的养老问题，统筹城乡经济社会一体化发展，对于完善河南省的社会养老保障体系的构建、实现和谐社会目标至关重要。

河南省依据人力资源和社会保障部下发的相关文件，结合本省实际，出台了《河南省人民政府关于开展新型农村社会养老保险试点的实施意见》（豫政〔2009〕94号），遵循“保基本、广覆盖、有弹性、可持续”的基本原则，坚持从农村实际出发，低水平起步，筹资标准和待遇标准应与经济发展及各方面承受能力相适应；坚持个人（家庭）、集体、政府合理分担责任，做到权利与义务相对应；坚持政府主导和农村居民自愿相结合，积极引导农村居民普遍参保；坚持对参保农村居民实行属地管理。按照《河南省人民政府关于开展城乡居民社会养老保险试点的实施意见》豫政〔2011〕58号文件精神，“城乡居民社会养老保险制度实施时，已年满60周岁、未享受职工基本养老保险待遇以及国家规定的其他养老待遇的，不用缴费，可按月领取基础养老金，但农村居民符合参保条件的子女应当参保缴费。”其中“符合参保条件的子女”是指与老人共同生活的儿子，儿媳、女儿、女婿等，现实执行中已经出嫁的未与老人共同生活的女儿不列入。自2009年和2011年开始，河南省在全省部分县（市、区）开展“新农保”“城镇居民养老保险”试点工作，截止到2011年，两项制度试点县（市、区）已达100余个，全省参保人数已突破1 500万、领取待遇人数超过330万。根据国务院部署，河南省将两项试点工作统筹实施，惠及全省居民的城乡居民养老保险制度框架基本形成。

截至2012年7月底，人口近亿、其中农村人口6 000多万的河南省，提前实现了城乡居民养老保险制度的全覆盖，1 000多万名年满60岁的老人每月开始领取养老金。作为一项自愿参保的社会保障制度，主要面向农村未参加职工基本养老保险的适龄居民，以及城镇不符合职工基本养老保险参保条件的适龄非就业居民。目前河南所有的县（市、区）都已经开展了这项工作，各级财政补贴资金已经到位，符合领取待遇条件的城乡居民养老金均已发放到位。由此，河南省率先在全国建立了城乡居民社会养老保障制度，在制度设计上打破了传统的城乡二元分割，标志着河南进入制度性、全民养老的新阶段。

第三节　河南省城乡社会养老保障统筹发展的现状及经验

针对原有计划经济模式下形成的城市居民靠国家、单位、集体的传统保障和农村居民以家庭为主、社区扶持的方式，改革开放之后，随着计划经济体制被市场经济体制所取代，重塑社会化的保障新观念得以逐步实施。近年来，河南省按照国家部署，并结合自身实际，将新型农村社会养老保险和城镇居民养老保险两项制度合并实施，统一为城乡居民社会养老保险制度，从制度层面上确立了政策模式、个人义务、政府责任、待遇标准和管理服务城乡一致，为城乡居民一视同仁地享受养老保障提供了可靠保证，对于促进社会公平、统筹城乡发展具有重要意义。

一、城乡社会养老保障统筹发展现状

作为全国第一人口大省的河南省，对于中央重要工作之一的城乡居民社会

养老保险制度全覆盖制度的实现具有举足轻重的地位。随着城乡居民社会养老保障制度的全覆盖，所有居民初步实现了“老有所养、老有所依”，河南省参保居民将达 5 000 万人左右，领取待遇人数达 1 000 万人左右，各级财政每年投入将达 90 亿元，这对于更好地改善民生意义重大。

目前，河南省城乡居民社会养老保险参保人数已突破 3 400 万，河南试点县（市、区）数、参保人数、领取待遇人数三项指标均居全国第一，2012 年实现全覆盖后，河南省参保居民达 5 000 万人左右。朝着“全民老有所养”的目标，河南省已迈出坚实步伐。[①]

据统计，河南省在城乡居民社会养老保障统筹发展方面所做的工作有三项指标位居全国第一。从 2009 年开始，河南省全面启动城乡居民社会养老保险试点工作，使城乡居民养老保险制度经历了从无到有、试点范围由小到大，使越来越多的居民享受到了养老保险政策带来的实惠。

三年来，河南省先后有三批共 101 个县（市、区）纳入全国试点范围，数量全国第一。同时还有 21 个自费开展试点的县（市、区），总数达 122 个，占全省县（市、区）总数的 77%，覆盖城乡居民达到 80%，超过全国平均水平。2012 年 7 月底，河南省实现了城乡居民养老保险制度的全覆盖，1 000 多万名年满 60 岁的老人每月开始领取养老金。

为了使符合条件的城乡居民都可享受到政府补贴，河南省政府鼓励城乡居民参保，三年共补贴资金 69.6 亿元，具体的补助标准是：中央财政对 60 岁以上参保对象每人每月补助基础养老金 55 元，县财政对 60 岁以上参保对象每人每月补助基础养老金不低于 5 元；省财政对 16～59 周岁参保对象每人每年补贴 20 元，市财政对 16～59 周岁参保对象每人每年补贴不低于 10 元。为了确保补贴到位，各级财政都调整预算，足额安排了补助资金。财政部门提供的报告显示，三年来各级财政累计拨付城乡居民养老保险补助资金 69.6 亿元，其中中央财政补助河南省 48.1 亿元，省级财政补助 8.4 亿元。

根据河南省人力资源和社会保障厅公布的全省社保“十二五”规划实施意见：到 2015 年，全省城乡居民社会养老保险制度实现全覆盖，参保人数达到 4 300 万人，城镇职工基本养老保险参保人数达到 1 227 万人。在养老保障范围扩大的同时，河南省将确保企业退休人员基本养老金稳定增长，60 岁以上农村居民和城镇非就业居民普遍享受政府提供的基础养老金待遇，并逐步提高待遇水平，努力构建养老、遗属、病残三位一体的养老保险待遇支付政策

① 中国养老金网. http://www.taikang.com/tab1225/info210265.htm，2012-04-23.

体系。

河南省现行的养老保险制度主要分为机关事业单位职工基本养老保险制度、企业职工基本养老保险制度、城乡居民基本养老保险制度等几种类型。

(一)机关事业单位养老保险制度现状

我国机关事业单位养老保险制度起源于1955年,期间历经改革,2008年2月28日,国务院常务会议原则通过了《事业单位工作人员养老保险制度改革试点方案》,确定在山西、上海、浙江、广东、重庆5省市先期试点事业单位养老保险制度和职工基本养老保险制度并轨,但迄今为止试点省份没有一个出台具体的实施办法,直到2011年7月1日开始实施的《社会保险法》仍未将机关事业单位养老保险制度纳入国家法律法规,河南省按照行政职能与经营性质对事业单位进行分类,具有行政职能的事业单位纳入公务员劳动保障体系;具有经营性质的事业单位,则参照企业职工养老保险制度进行改革,实行与企业职工相同的社会养老保险制度,确保公务员和企业职工在养老金缴纳、享受上实行相同的制度,使养老"双轨制"走向并轨,具体制度的内容包括以下几个方面:

首先,在养老保险运行模式方面,就目前机关事业单位养老保险的现状来看,实行了社会统账结合的方式,根据不同退休年龄段的职工,采取不同的政策。"老人"老办法,仍按国家原有发放养老金的方式——现收现付制;"新人"则根据新政策的规定,养老金由社会账户和个人账户相结合的方式发放;对于"中人",政府则在个人账户和基础养老保险金的基础上,视情况而定发放过渡性养老金。

其次,关于机关事业单位的养老保险基金来源,机关单位的养老金一般是由税收负担,除了教师的养老金是全额由财政拨款之外,其他职工的养老金主要是由单位和个人共同承担的。根据国家有关规定,单位负责缴纳的养老保险金比例不得超过职工工资总额的30%,个人负责缴纳养老保险费用的比例范围是上月工资总额的3%~8%。

再次,机关事业单位职工的养老保险基金待遇支付随着河南省基本养老保险制度由现收现付制向部分积累制转轨,养老保险的隐性债务逐渐显性化,为了预防个人账户空账规模扩大,提高参保职工缴费激励机制,相应地调整了基本养老保险基金的计发办法。在参照企业养老金发放办法之后,对于缴费满15年的职工,退休后以基础养老金和个人账户领取标准按月领取基本养老金。

最后,对于机关事业单位的养老保险基金管理模式,严格按照"收支两条线”的规定管理事业单位养老保险基金，参保单位有专人负责，凡收缴的个人部分和单位列支的养老保险费按时缴到社保经办机构，社保经办机构征缴的基金及时存入了财政专户，财政部门也加强养老保险基金的管理，确保养老保险基金安全运营、保值增值和专款专用。任何单位和个人不得截留、挪用基金。[①]

总之，机关事业单位现行退休养老制度已实行60多年，从以往的经验看，对这类“老制度”进行彻底改革，必须是循序渐进的，才能实现制度的平稳过渡，减少社会震荡。所以，所谓的“并轨”，并不是简单地把机关事业单位退休制度“并入”企业养老保险制度，而是朝着一个共同的方向改革和推进，最终取消“双轨制”。

（二）企业职工养老保险制度现状

企业职工养老保险制度包括了城乡各类企业职工和民办非企业从业人员，以及自由职业者、个体户和私营企业主。河南省于2007年启动了企业职工的省级统筹改革，其中，具体实行的是社会统筹与个人账户相结合的模式，体现了国家、单位、个人共同负担的原则。由以前的单位人，逐渐转变为社会人，个人账户养老金取决于缴费积累和投资收益，体现了个人缴费与养老待遇间的平衡关系；社会统筹基金实行现收现付制，提供的养老金水平与社会平均工资挂钩，实现收入的再分配。当然，根据各地区统筹老龄化程度的不同，缴费的比例也不同。

根据中国社会科学院世界社保研究中心发布的《中国养老金发展报告2012》显示，2011年城镇职工养老金收不抵支省份达14个，收支缺口达767亿元，高于2010年。其中，河南省作为城镇职工养老金收不抵支的省份，缺口高达10亿～50亿元，这说明河南省城镇企业职工养老基金收不抵支的现象正在蔓延和加剧，养老金制度正面临严峻挑战。尤其要注意的是，企业部门缴费人数占参保职工人数的比例不断下滑，2006年为89.98%，2011年已经下降至85.22%，一共下降了4.76个百分点。虽然这种下降的趋势在很大程度上是受到了扩面、宏观经济环境波动等因素的影响，但它还意味着征缴力度需要进一步加强。特别是，中断缴费问题日趋严重，必须引起高度重视，在今后的扩面工作中应该更加重视扩面质量，同时要解决好中断缴费人员续保问题。同时，尽管我国养老金制度按照国际上通行的多支柱理念建立起来，但是企业

① 高薇．我国事业单位养老保险制度研究［D］．北京：财政部财政科学研究所，2012。

年金的覆盖面一直非常有限，税收优惠激励不足和针对中小企业而设计的计划发展滞后，是导致企业年金发展过慢的两个重要原因。这也造成了我国养老金制度必须高度依赖基本养老金的尴尬现象，在人口老龄化日益严重的情况下，这无疑给未来的政府财政带来巨大的压力，如果没有大的政策出台，很难指望企业年金在人口老龄化越来越严重的未来几十年中担负构建多支柱养老保障体系的重任。

目前，河南省积极响应国家政策，采取多种措施，积极推动养老“双轨制”所导致的不合理差距问题的解决，具体措施包括：一方面，从2005年开始，连续9年提高企业退休人员基本养老金水平。对反映差别较大的企业退休高级职称科技人员，在这几年调整待遇的过程中一直给予倾斜。同时，对退休早、养老金偏低的高龄退休人员，也一直给予适当照顾，并已形成一定机制；另一方面，加快推进企业年金、职业年金等补充养老保险制度发展，进一步提高职工在退休后的生活水平，积极完善城镇企业职工养老保险制度，解除企业职工养老保障的后顾之忧。

（三）城乡居民社会养老保险制度现状

农村社会养老保险是针对从事第一产业的劳动者。城乡居民津贴则是在以上三种制度中都无法获取保障的人群，如低保户、五保户等。

自2009年11月第一批新农保试点启动，至2011年5月底，河南省共有43个县（市、区）列入国家试点范围，试点地区覆盖农村居民约2 580万人，占全省农村居民总数的29.24%。2011年，河南省又启动了58个县（市、区）新农保试点，98个县（市、区）城镇居民社会养老保险试点，覆盖农村居民3 500万人、城镇居民1 160万人，共计4 660万人。到2012年基本实现全省城乡居民社会养老保险制度全覆盖。凡年满16周岁（不含在校学生），未参加职工基本养老保险的农村居民和不符合职工基本养老保险参保条件的城镇非就业居民，均可以在户籍地自愿参加城乡居民社会养老保险。城乡居民社会养老保险基金主要由个人缴费、政府补贴、集体补助或其他经济组织、社会组织、个人对参保人缴费提供资助共同构成。目前河南省个人缴费标准设为每年100元、200元、300元、400元、500元、600元、700元、800元、900元、1 000元等十个档次，参保人可自主选择档次缴费，多缴多得。省、省辖市两级财政对参保人缴费给予补贴，省财政每人每年补贴20元，省辖市财政每人每年补贴不低于10元。对重度残疾人等缴费困难群体，各试点县（市、区）政府为其代缴最低标准的养老保险费。

2012 年度河南省城乡居民社会养老保险试点工作稳步推进，效果显著，用不到三年时间走过了制度从无到有、再到全覆盖的发展历程，使城乡居民在“种粮不交税、看病不算贵”之后，又提前实现了“养老不犯愁”，截至 2012 年 11 月底河南省城乡居民社会养老保险参保人数达到 4 693 万人，领取待遇人数达到 1 129 万，居全国第一；参保率达到 92.4%，高出全国平均水平 10 个百分点；各级财政补助、个人缴费收入合计达到 90.62 亿元，已发放养老金 63.68 亿元。

二、城乡社会养老保障统筹发展的基本经验

建立和实施城乡居民养老保障制度，是党和政府推出的重大惠民政策，是全面建设小康社会的重要目标。

河南省各级人力资源和社会保障部门坚决按照党中央、国务院、省委、省政府各项重大决策部署，认真贯彻落实国家政策，坚持以“民生为本、人才优先”工作主线，紧紧围绕服务中原经济区建设，务实重干，取得了新成效，开创了新局面。三年来，河南省城乡居民养老保险跨越三大步：2009 年，建立了新农保制度，养老保险从城镇延伸到农村，这是河南省社会保障体系建设的历史性突破；2011 年，国务院决定开展城镇居民养老保险试点，河南省将新农保和城镇居民养老保险两项制度合并实施，建立了统筹城乡的居民养老保险制度，确立了社会保障体系的基本框架和主要制度，这是社会保障体系建设的重大成果；以此次首发仪式为标志，河南省实现了城乡居民养老保险制度全覆盖，这是社会保障体系建设的重大进展。在全覆盖工作中，以焦作市为例，经过精心组织、扎实推进，焦作市成为河南省第一个新增试点老年居民发放养老金的省辖市。焦作市在实施新农保和城居保的过程中，引导群众积极参保并自觉利用政策维护自身权益；大力提升经办管理服务能力，按照“记录一生、保障一生、跟踪一生、服务一生”的要求，为城乡居民提供贴心、便捷的优质服务；落实试点政策，确保养老金逐月按时发放，实现和维护好参保居民的切身利益，确保试点工作持续健康开展。

自 2009 年国家第一批试点启动至今，河南省已实现农村居民养老保险制度全覆盖，完成了由“养儿防老”到“社会养老”的历史性转变。

据表 2－1 可知，城乡居民养老保险主要面向农村未参加职工基本养老保险的适龄居民和城镇不符合职工基本养老保险参保条件的适龄非就业居民。河南省 16～59 岁之间符合参加城乡居民养老保险的人数有 5 100 多万人。2012

年河南省全面推进城乡居民养老保险工作，将此前尚未启动试点的58个县（市、区）全部纳入试点范围，提前实现了养老保险对城乡居民的全覆盖和省、市、县、乡四级联网，做到了参保人员个人账户维护、领取待遇人员信息提取、养老保险关系转移等业务全程信息化，标志着河南省进入了制度性全民养老的新阶段。

表2-1 河南省居民社会养老保险发展比较

类型	城镇企事业职工社会养老保障	城乡居民社会养老保障
保障方式	社会统筹与个人账户相结合	家庭为主、社区扶持
保障对象	城镇劳动者	有条件地区实行
资金来源	国家、企业、个人共同承担	个人缴纳为主、集体为辅、国家政策扶持
统筹范围	全省	全县
保障性质	强制性	自愿性
资金运行	现收现付转向半资金积累制	个人储蓄积累制
改革后	至2012年12月底，全省城乡居民社会养老保险参保人数已达4 719万人，参保率92%，高出全国平均水平约10个百分点；年满60岁开始领取养老金待遇的人数为1 100万人，城乡居民社会养老保险参保人数、领取养老金人数在全国均居第一位	

河南省统筹城乡居民社会养老保障的具体做法和经验包括：

（一）坚持民生为本的发展理念

河南省坚决贯彻中央政策，始终牢固树立民生为本的发展理念，坚持把保障和改善民生作为一切工作的出发点和落脚点，坚持发展成果由人民共享。试点之初，考虑到农村情况千差万别和工作的复杂性、艰巨性，曾设想用10年时间实现制度全覆盖。但首批试点开局良好，农民群众对新农保制度积极拥护，没有试点的地方迫切要求试点。对此，政府及时调整工作部署，加强财力保障，三次扩大新农保试点，2011年又启动城居保试点，与新农保试点同步推进，并决定2012年实现两项制度全覆盖。在认真落实中央部署，坚持政府主导，加大财政投入，创新政策机制，强化宣传引导的基础上，河南省于2012年7月提前实现了城乡居民养老保险制度的全覆盖，取得了可喜的成绩。

（二）坚持“保基本、广覆盖、有弹性、可持续”方针

首先是低水平起步。根据现阶段农村居民的收入水平、消费水平和财政承受能力，结合中央确定的55元最低标准基础养老金和经济发展、物价变动等

情况，适时调整最低标准基础养老金，为今后逐步提高标准预留空间。其次是千方百计扩大覆盖面。通过设计 100 元最低缴费档次、国家财政全额支付最低标准基础养老金、地方财政对居民缴费实行不少于每年 30 元补贴等优惠政策，增强制度吸引力；实施强有力的宣传引导，增强政策感召力，把尽可能多的城乡居民吸纳到制度保障之中。再次是实行有弹性的缴费政策。国家层面确定了 100～1 000 元 10 个缴费档次（新农保是 100～500 元 5 个缴费档次），并允许地方各级政府结合实际向上增设缴费档次，保证了县（市、区）的自主权和参保居民的选择权。实践证明，这个指导方针是两项保险制度得以顺利推进的基本保障。

（三）坚持公平普惠，统筹城乡发展

在制度建设上，与当前调节收入分配和推进城乡基本公共服务均等化的要求相统一，保持新农保和城居保主要政策框架的基本一致，实现了城乡居民养老保险的制度平等。在待遇领取条件上，不分男女，不分城乡，一律确定为年满 60 周岁，并对未享受国家规定的养老待遇的城乡居民，不设补缴“门槛”，直接享受国家发放的普惠性基础养老金。在确定最低标准基础养老金上，无论城乡，统一确定为 55 元，并全部由政府财政支付。

（四）坚持试点先行，典型引路

试点中始终坚持“先行试点、总结经验、典型引路、稳步推进”的工作思路来推动工作。2009 年按照“经济发展好中差兼顾、人口规模大中小搭配”的原则，精心选择部分县市开展试点，每个地市至少 1 个试点县，并及时总结典型经验；2011 年总结交流新农保试点经验，部署开展城居保试点工作，同步推动两项制度试点。各地结合实际大胆探索，创造出许多行之有效的经验，比如，财政“补入口”的补贴资金依缴费额递增，鼓励群众多缴费；“出口”采取长缴多得的激励措施；积极整合推进城乡一体化的居民养老保险；充分发挥“三支一扶”、大学生“村官”等骨干作用，充实基层经办服务力量；探索先富起来的群体资助贫困村民参保缴费，拓宽筹资渠道。正是有了先行试点的示范引路，才能在短短的三年时间内顺利实现两项制度全覆盖。

（五）坚持扶贫帮困，更多关注弱势群体

始终把贫困地区和弱势群体作为政策倾斜的着力点。在政策设计上，对于重度残疾人等缴费困难群体，由政府为其代缴部分或全部最低标准的养老保险

费。试点部署上，着重将党的惠民政策优先普及到最需要帮助的贫困地区，对国家贫困县进行重点倾斜，使贫困地区和弱势群体更早享受到党和政府的阳光雨露。在制度推进中，按照只叠加、不扣减、不冲销并兼顾现行政策的原则做好与低保、五保和优抚政策的衔接，确保其现有待遇水平不降低。这些实实在在的扶贫帮困措施，顺应民意，深得民心，也保证了试点顺利推进。①

第四节　河南省城乡社会养老保障统筹发展面临的主要障碍

河南省城乡社会养老保障统筹发展面临着许多障碍，概括来讲主要表现在制度内和制度外两大方面。

一、制度内障碍

（一）养老保障制度“碎片化”十分严重

目前，河南省的养老保障制度不仅包括机关事业单位养老保险制度、城镇企业职工基本养老保险、新型农村社会养老保险、城镇居民社会养老保险等（上述养老保险制度归人力资源和社会保障部门管理），而且包括高龄津贴、养老服务等（归民政部门管理），还包括计划生育奖励扶助政策（归计生部门管理）。另外，还有针对失地农民和农民工的社会保障制度。这种分别针对不同群体设置不同的养老保障制度的做法不仅加剧了养老保障制度的“碎片化”和发展不平衡问题，而且还因制度模式的不同导致制度之间的衔接转化十分困难，阻碍了统一劳动力市场的形成。不仅如此，河南省社会养老保险基金的统筹层次较低，限制了养老保障制度互助共济功能的充分发挥，从而极大地阻碍了城乡统筹养老保险体系的构建。

在课题组对郑州市随机抽取的202位城市居民的调查中发现，在参保人群中，参加城镇职工基本养老保险的占到54%，参加新型农村社会养老保险的占到2%，参加城镇居民基本养老保险的占到14%，参加机关事业单位养老保险的占到22%，参加商业养老保险的占到5%，参加其他养老保险制度的占到2%。在对新乡获嘉县随机抽取的253位农村居民的调查中发现，在参保人群

① 农保司．巩固、完善、提高、推动城乡居民养老保险工作再上新台阶［OL］．http：//www.mohrss.gov.cn/ncshbxs/NCSHBXSgongzuodongtai/201305/t20130531_104217.htm，2013-05-13.

中，参加城镇职工基本养老保险的占到32%，参加新型农村社会养老保险的占到44%，参加城镇居民基本养老保险的占到4%，参加机关事业单位养老保险的占到12%，参加商业养老保险的占到8%，参加其他养老保险制度的没有。过度分割的现实格局造成了养老保险制度的碎片化现象，加大了制度整合和统筹发展的难度（图2-1）。

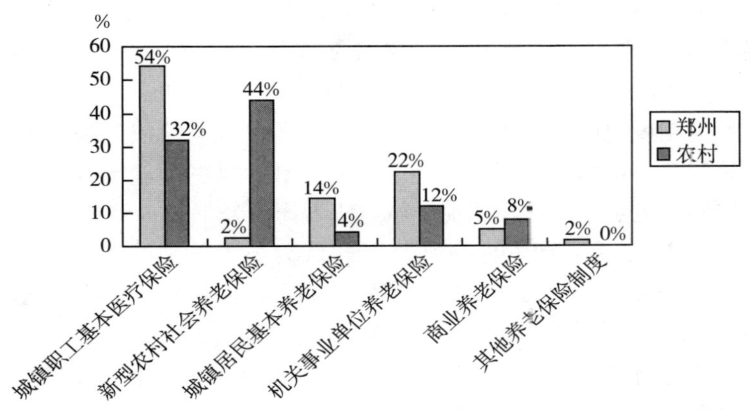

图2-1　居民参加养老保险制度的类型

（二）不同群体的养老待遇水平差距巨大

不同群体养老待遇不公平是一个普遍存在的问题，这一问题在河南也很突出。在城市，由于企业退休人员的养老金与机关事业单位退休人员的养老金待遇增长机制的不同，导致二者待遇差距在持续扩大。其中，机关事业单位退休人员养老金与在职工作人员的工资增长直接挂钩，保持了较高速度的增长，而企业退休人员的养老金却缺乏合理的增长机制，导致两者之间的差距越来越大，成为社会矛盾的重要来源。在农村，参加新农保的农村居民领取的养老金水平之低甚至只有象征意义。以河南省新农保试点之一的长葛市为例（实际上其他大多数试点地区也是如此），根据长葛市农村社会养老保险待遇测算办法，一位农民如果按照100元的年缴费标准缴纳养老保险费，缴费年限为5年，那么该农民月领取养老金标准为64.68元，其中个人账户养老金为4.68元，基础养老金为60元；如果缴费年限为10年，那么该农民月领取标准为69.35元，其中个人账户养老金为9.35元，基础养老金为60元；如果缴费年限为15年，那么该农民月领取标准为74.03元，其中个人账户养老金为14.03元，基础养老金为60元。一位农民如果按照500元的年缴费标准缴纳养老保险费，缴费年限为5年，那么该农民月领取养老金标准为79.06元，其中个人账户养老金为19.06元，基础养老金为60元；如果缴费年限为10年，那么该农民月领取标准为98.13元，其中个人账户养老金为38.13元，基础养老金为60元；如果缴费年限为15年，那么该农民月领取标准为117.19元，其中个人账户养老金为57.19元，基础养老金为60元。[①] 从上述数据可知，即使按照最高缴费标准500元，最长缴费年限15年计算，农民能够领取的养老金也比较少，很难满足其老年的基本生活开支，这与新农保“保基本”的政策目标相差甚远。

由于不同制度之间的待遇水平差距过大，不同社会阶层对现行养老保障制度的公平感较差。根据课题组对郑州市和新乡获嘉县的问卷调查结果，城市居民认为领取的养老金很公平的占到4％，认为比较公平的占到25％，认为一般的占到29％，认为不太公平的占到18％，认为很不公平的占到7％，另外还有18％的被调查者说不清楚。农村居民认为很公平的没有，认为比较公平的占到11％，认为一般的占到44％，认为不太公平的占到33％，认为很不公平的占到11％，说不清楚的没有（图2－2）。通过城市和农村的数据比较可知，农村居民对领取的养老金的公平感低于城市。

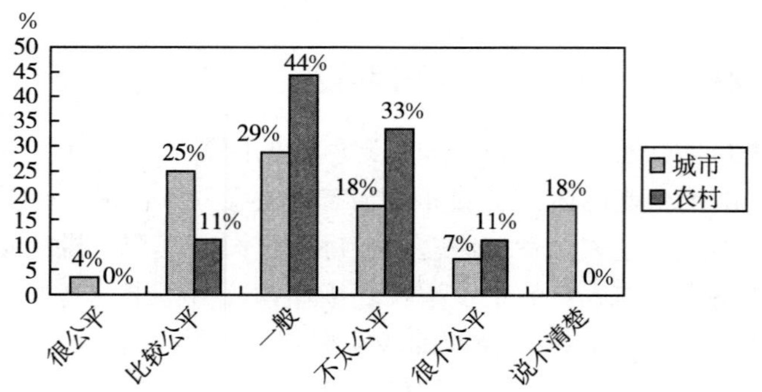

图2－2　城乡居民对养老金公平性的评价

另外，我们在调研中也发现，城乡居民普遍认为，现有的待遇水平不能保障其基本的生活需求，都希望能够提高待遇。再加上与企业职工养老保险对比后产生的攀比效应，城乡居民养老保险待遇调整的压力不容小觑。由此可见，制度分割及待遇增长机制的差异，确实带来了养老金待遇的悬殊，如果此问题

①　长葛市新型农村社会养老保险管理中心．长葛市新型农村社会养老保险宣传手册［E］．2009年12月．

不能合理解决，那么不同群体成员养老保障权益的不公平感就会日益加深，这将很可能引发严重的社会危机。

二、制度外障碍

（一）已往改革形成的路径依赖阻碍着养老保险制度改革的深化

中国的对内改革遵循“试点先行—逐渐推广—全面实施”的模式。许多改革均采取“摸着石头过河”的方式，先拟订改革方案，然后选取部分地区进行试点，试点成功后，新制度才普遍推开。与社会转型相似，养老保险制度改革亦如此。“渐进改革、试点先行，不仅是中国养老保险制度改革和发展的主要方式，更是其取得的一项特色经验。”[①] 然而，我国许多养老保险制度改革都是在否定中改革，再在改革中否定，形成了对“摸着石头过河”的改革方式的路径依赖。当一些不成熟、不理性的改革方案被允许与各地实际相结合而在各地试点后，这种不成熟、不理性就被继承并沉积下来，而且打上深深的地方特色的烙印，久而久之就会形成新的地方利益和既得利益群体，这样就增加了该制度改革的成本与代价，进而极大地延缓制度改革的历史进程。

（二）城乡发展不平衡制约养老保险制度的统一

改革开放30多年来，中国经济发展取得巨大成就，但是城乡之间经济社会发展不平衡问题亦十分突出。从城乡来看，城市的社会经济发展水平明显高于农村，城乡居民之间的收入差距亦在持续扩大，这严重影响了农村居民参加社会养老保险的缴费能力，使农村社会养老保险制度缺乏可持续发展的经济基础。不仅如此，城乡之间在人口结构方面亦存在较大差别。基于城乡发展不平衡的现实，河南省现阶段还不可能建立高度统一的基本养老保险制度，城乡养老保险制度之间的差距仍将存在。因此，在制定养老保险制度时，我们必须要兼顾发达的城市地区与欠发达的农村地区养老保险需求差异，要将基本养老保险制度全省统一与允许地方建立特色性的补充养老保险制度有机结合起来，在实现基本养老保障公平的基础上，再逐渐缩小城乡之间的养老金待遇差别。

（三）户籍制度的制约

统筹城乡养老保险就要打破城乡二元格局，而户籍制度是造成城乡隔离的

① 郑功成．中国社会保障30年［M］．北京：人民出版社，2008：85.

最重要原因。在中国计划经济体制下形成的户籍制度曾经发挥过重要作用。但是，随着改革开放的深入发展，户籍制度对社会经济发展的制约作用越来越明显。近些年来，虽然我们在某些方面进行了户籍制度改革，但是由于户籍制度改革牵涉到的方面太多，所以效果并不理想。如果户籍制度改革不彻底，城乡壁垒就会依然存在，那么社会保障制度改革就难以取得根本性突破，养老保障制度改革也是如此。“首先，户籍制度是决定一个人是否享有地方性社会福利等待遇的前提条件，如果一个居民因户籍而享受不到这些待遇的话，那么他们流动的欲望必将大打折扣。另外，对于农民而言，在现行的农村社会保障制度下，由于户籍是其享有土地的依据，所以当农民放弃土地进入城市变为市民而没有固定工作的时候，会使其面临的风险加大而使生活没有保障，最终不愿意放弃农业户口。在当前户籍制度和社会保障制度改革不彻底的情况下，很多地区出于本地区利益的考虑，还是把户籍作为是否享有该地社会保障待遇的条件，其结果是导致各地社会保障的隔绝和不衔接。”①

（四）观念的制约

长期的二元经济结构背景，对很多人的思想观念产生了重要的影响。在讨论中国的城乡差别和农民的社会保障问题时，学术界出现了这样一种观点：农民“有土地就有保障”“土地即保障”，进而认为农民建立社会保障制度不但没有条件，也没有必要。然而，事实是，由于工农业产品价格剪刀差的存在，农村的土地保障功能正在弱化，农民的养老、失业、疾病等风险正在高速积累，农民有土地并不等于就有保障。还有一种观点认为，国家并未对农村居民有过社会保障承诺，从而也不应当像对城镇居民那样建立社会保障制度。这种观点实际上把社会保障看做是城市居民的专利品，而忽视了农村居民应当享有公平的社会保障权利。上述关于农民社会保障问题的争论，“其实并非是社会保障制度建设之争，而是社会保障制度继续异化成为城市人的专利还是矫正成包括农村居民在内的全体国民共享发展成果的制度安排之争。”②

这种观念思潮的存在，势必对我国农村养老保险制度的城乡统筹发展带来影响，并且在政府官员业绩考核体系并不健全的情况下，也给各级政府部门逃避和推脱责任寻找了借口。因此，这样的观念如果不改变，真正实现城乡养老保险制度的统筹发展可以说是相当困难的。

---

① 陈水生．城乡基本养老保险制度衔接研究［D］．南昌：南昌大学，2010．

② 郑功成．社会保障学［M］．北京：中国劳动社会保障出版社，2011：37．

第五节　我国部分地区统筹城乡社会养老保障的经验借鉴

在我国不同地区社会养老保障统筹发展过程中涌现出一些具有代表性的模式，该部分分别选取东部地区的广东东莞、中部地区的河南郑州和西部地区的陕西和重庆，对上述地区统筹城乡居民社会养老保障的宝贵经验进行总结，以期从整体上把握社会养老保障城乡统筹的内在机制与逻辑。

一、东莞模式

东莞养老保障制度改革遵循城乡统一原则，其改革经历了以下三个阶段：

第一阶段，新型农村社会养老保险试点阶段。东莞新农保试点始于 2001 年 1 月 1 日，比国家新农保方案早八年多时间，东莞新农保制度规定年满 20 周岁且具有当地户籍的农村居民均可参加新农保。居民参保缴费以该市职工最低工资为缴费基数（当时执行 400 元/月/人），且规定缴费基数每年递增 2.5%；同时确定 11%的缴费比例，每 5 年增加 1%；缴费比例中，个人缴费 5%，集体经济组织缴纳 6%，个人账户规模为 8%。

就政府补贴而言，东莞采取既补“进口”又补“出口”的补贴模式，对参保人员进行缴费基数 6%的缴费补贴，在基础养老金发放方面，2001 年，东莞就出台了“男年满 60 周岁、女年满 55 周岁，可每月领取基础养老金 150 元，但其直系亲属应参保”的政策。在参保扶持方面，东莞规定符合条件的村委会可借款缴费参保，东莞市实施的新农保政策与 2009 年国家出台的新农保方案比较相似。

第二阶段，城乡居民社会养老保险试点阶段。继 2001 年启动新农保试点之后，2006 年 7 月 1 日，东莞将城镇无养老保障居民纳入新农保覆盖范围，启动城乡居民养老保险。该时期政策框架与前一阶段基本一致，但由于参保人群覆盖到城镇居民，因此，在政策方面也作了适当更新。一是调整了缴费比例。由之前的 11%调整到 12%，单位①和个人各自负担 6%；且规定单位费率

① “单位”是指“村（社区）”等集体组织。2006 年 7 月 1 日，东莞市启动实施“农保”并入“城保”，规定“全市农保参保人”（含正享受“农保”基本养老金人员）应当以村（社区）为单位并入“城保”；“农保”基金同时全部并入“城保”基金。2009 年 6 月 30 日前基本完成并入。

每年增加1%，直至与全市“城保”费率统一，个人费率每两年增加1%，直至调整到8%（与个人账户规模8%相匹配）。可见，这一时期的政策调整已经为下一阶段的制度并轨做好了准备。另外，东莞在该时期十分注重对缴费居民的政策激励。政策规定，“累计缴费满15年的，发放300元/月/人的基础养老金；不满15年且不补缴、延缴或已退休者，按原农保标准计发，即200元/月/人”。

第三阶段，城乡一体化社会养老保险制度阶段。2010年1月1日，东莞城乡居民社会养老保险试点政策最终与“城镇职工基本养老保险”制度并轨[①]。城乡居民依据本市职工最低工资的16%缴费，单位和个人各负担8%；城镇职工则以本市职工最低工资及上年度在岗职工月平均工资的300%为缴费基数的上下限，单位缴费11%，个人缴纳8%。城乡居民的单位缴费部分实际上由当地政府承担。制度并轨后，基础养老金的发放仍然以定额制为标准，基本养老金最低金额为430元/月/人，未达到缴费年限的则只能降低领取额，即300元/月/人。此外，东莞城乡一体的社会养老保险制度还规定了养老普惠办法，给予从未缴费的符合领取养老金条件的农村居民200元/月的养老金以及6 180元的终老抚恤金和丧葬费。

二、陕西模式

2009年9月，陕西出台新型农村社会养老保险政策后，就开始着手城乡居民养老保险制度的并轨工作，其具体步骤为：

第一步，相继出台新农保和城镇居民社会养老保险试点方案。继新农保之后，2010年7月1日，陕西省人民政府出台《关于开展城镇居民社会养老保险试点的指导意见》[②]，决定在全省范围内启动城镇居民社会养老保险试点工作。陕西省城镇居民社会养老保险试点工作比国家开展城镇居民社会养老保险试点提前整整一年。陕西省城镇居民社会养老保险的政策框架与新农保一致，仅在缴费档次和缴费补贴方面有所不同。办法规定，参保居民可在每人每年200～1 500元不等的6个档次中选择缴费，政府按照所选档次的不同对参保人员给予每人每年60～100元不等的缴费补贴。同时，陕西省采取了“基础养老

① 东莞市人民政府：关于建立全市城乡一体社会养老保险制度的通知（东府〔2009〕132号）. http://xxgk.dg.gov.cn.

② 陕西省人民政府．关于开展城镇居民社会养老保险试点的指导意见（陕政发〔2010〕28号）. http://www.knews.shaanxi.gov.cn/0/103/7708.htm.

金+个人账户养老金”制度模式，对领取待遇人员发放每人每月不低于100元的基础养老金。年满60周岁以上的老人，不缴费即可领取基础养老金。

第二步，推进城镇和农村居民社会养老保险制度并轨。2011年7月1日，陕西省人民政府出台《关于实施城乡居民社会养老保险制度全覆盖的意见》[①]，规定有条件的市区可将新农保和城镇居民社会养老保险合并实施，为了实现城乡一体的养老保险制度，陕西省将缴费档次城乡统一，设定了100～1 500元不等的11个档次，且缴费补贴随缴费档次梯度递增，最高水平不超过80元。这对我国新农保制度的走势具有重要的借鉴意义，为我国新农保制度与城镇居民社会养老保险制度的衔接并轨奠定了基础。

三、重庆模式

2009年1月，国务院颁发了《关于推进重庆市统筹城乡改革和发展的若干意见》，将重庆市的改革发展上升为国家战略。重庆市成为全国统筹城乡综合配套改革试验区之后，社会保障的城乡统筹建设成为政府的重要工作之一。

按照重庆市提出的社会保障城乡一体化发展目标，当前主要以弥补社会保障制度空白为重点。“以农民工养老保险制度为突破口，建立以城镇职工基本养老保险、机关事业单位养老保险、农民工养老保险、农村社会养老保险为主体，多层次、相互衔接转移的城乡居民养老保险体系，解决好征地农转非人员养老保险问题。”[②] 概括来讲，重庆市城乡居民社会养老保险统筹发展具有以下几个特征：

（一）将农民工视为实现社会养老保障城乡一体化的重要突破口

2007年5月，《重庆市农民工养老保险试行办法》被重庆市政府常务会审议并通过，由此，重庆市建立了以个人账户、完全积累、用人单位和农民工共同缴费为特征的农民工养老保险制度，该制度注意与城镇职工基本养老保险和农村社会养老保险相互衔接，保险关系和待遇能够转移接续。重庆市农民工养老保险坚持低费率、广覆盖、可转移的原则。企业缴费比例由工资总额的20%降为10%，个人缴费比例由本人工资的8%降为5%，降低企业和个人的

① 陕西省人民政府．关于实施城乡居民社会养老保险制度全覆盖的意见（陕政发〔2011〕28号）．http：//www.shaanxi.gov.cn/0/103/8373.htm.

② 郑功成．中国社会保障改革与发展战略（总论卷）［M］．北京：人民出版社，2011：86.

负担。加大农民工个人账户，农民工个人缴费全部记入个人账户，单位缴费部分的9%记入个人账户，剩余的1%作为共济基金。农民工养老保险基金实行全市统筹，农民工可以在全市范围内流动就业和参保。到外地就业的农民工，其个人账户资金由社会保险经办机构暂予保管，并按规定计算利息，待国家确定跨省转移办法后，按规定执行。以后农民工留在城镇则转入城镇社会保险，回到农村则转入农村社会保险，并享受相应待遇。①

（二）推行城乡居民社会养老保险，实现养老保险制度全覆盖

2000年，重庆市修订并颁布《重庆市企业职工基本养老保险实施办法》，重庆市建立了统一的城镇企业职工基本养老保险制度。与此同时，在农村社会养老保险试点的基础上，整顿和规范了全市农村社会养老保险工作。2009年又颁布《城乡居民社会养老保险试点工作指导意见》，建立了城乡居民统一的基本养老保险制度，这标志着重庆市提前实现了养老保险制度全覆盖。“按照城乡居民社会养老保险有关规定，凡具有重庆户籍，年满16周岁以上的农村居民和城镇灵活就业人员，城镇年满60周岁以上没有享受基本养老保险待遇或退休待遇的人员，可自愿参保。”② 另外，针对不同的群体，城乡居民社会养老保险设置了不同的缴费档次，其中，青年人员和中年人员的年缴费档次相同，为100元、200元、400元、600元、900元五个档次（全国为100元、200元、300元、400元、500元五个档次）。在个人缴费的基础上，国家给予补贴，中央和地方按不同的比例分担。

（三）完善城镇职工基本养老保险制度

2006年，重庆市人民政府颁布实施《关于贯彻国务院完善企业职工基本养老保险制度决定的实施意见》，在养老保险的年龄限制和用人单位性质限制方面取得重大突破。妥善解决了城镇困难群体（如失业职工、已破产、解体、关闭的企业职工）和制度外群体（如灵活就业人员、城镇个体工商户雇工）的养老保障问题。同时，以2007年底为界，重庆市把被征地农转非人员分为“新征地人员”和“原征地人员”两大类，分别制定办法解决其养老保障问题，促进其再就业。

---

① 参见重庆市劳动与社会保障局．重庆市推进农民工养老保险和大病医疗保险制度的主要做法和成效［OL］．国家发展与改革委员会网站，http：//tgs.ndrc.gov.cn/dfgg/t20080317_197794.html.

② 郑功成．中国社会保障改革与发展战略（总论卷）［M］．北京：人民出版社，2011：86－87.

四、郑州模式

郑州市作为全国建立城乡一体化养老保险制度的少数地市之一，其在基本养老保险制度方面城乡一体化的积极探索和创新在全国具有一定的示范性、前瞻性、可行性和推广价值。本课题试图通过对郑州市城乡居民基本养老保险的发展历程、制度特征、实践情况的系统分析，总结出其对推进河南省统筹城乡社会养老保障制度有价值的经验及启示，以期为政府构建统筹城乡居民的社会养老保障体系提供理论参考。

（一）郑州市城乡居民基本养老保险制度的发展历程

按照党的十七大提出的到2020年，“覆盖城乡居民的社会保障体系基本建立，人人享受基本生活保障”的要求，遵循“保基本、广覆盖、可持续、易衔接”的原则，在进行充分调研、测算分析、反复论证的基础上，2008年7月，郑州市出台了《郑州市城乡居民基本养老保险试行办法》（郑政〔2008〕22号），该《办法》自2008年7月1日起实施。[①]

城乡居民基本养老保险制度的实施是郑州市政府积极应对人口老龄化的重要举措之一。目前，郑州市人口老龄化程度已超前于经济社会发展水平，据统计，全市没有养老保障，年满16周岁不满60周岁的城乡居民有361万，年满60周岁及以上的有74万人。同时，全市人口老龄化程度迅速加快，未来15年内，将有84.9万城乡居民陆续达到60周岁。预计到2023年，郑州市没有参加基本养老保险的16～59周岁年龄段人员270万人，老年城乡居民136万人，二者比例将由目前的4.9∶1下降到2∶1。[②] 然而，受到城镇化、工业化、计划生育政策等的影响，传统的家庭养老、土地养老功能将会不断弱化。在此背景下，构建城乡一体化的养老保险制度，推动传统的家庭养老保险模式向现代社会养老保险模式转变，便成了应对人口老龄化、适应群众新期待的必然要求。

郑州市城乡居民基本养老保险试点工作于2008年8月在全市26个乡（镇）、街道办启动，9月份全面铺开。2009年9月，国家出台了《国务院关于开展新型农村社会养老保险试点的指导意见》（国发〔2009〕32号），河南省

① 郑州市城乡居民基本养老保险试行办法郑政〔2008〕22号.2008年7月4日.

② 李柳身.在郑州市城乡居民基本养老保险电视电话会议上的讲话.2008年7月30日.

在2009年11月出台了《河南省人民政府关于开展新型农村社会养老保险试点的实施意见》（豫政〔2009〕94号），为了与国家、省的政策对应接续，郑州市对《郑州市城乡居民基本养老保险试行办法》进行了修订完善并于2009年12月28日出台了《郑州市城乡居民基本养老保险办法》（郑政文〔2009〕319号），本《办法》的实施，使郑州市提前10年完成了党的十七大提出的到2020年，“覆盖城乡居民的社会保障体系基本建立，人人享受基本生活保障”的目标。

（二）郑州市城乡居民基本养老保险制度主要特征

郑州市城乡居民基本养老保险从一开始就实行城乡居民养老保险的一体化，这避免了其他城市分别进行农民养老保险、农民工养老保险、城市居民养老保险等“碎片式”养老保险的分化，在社会保险体系面前人人平等。在制度设计上坚持“广覆盖、保基本、多层次、可持续”的理念，既充分考虑到不同群体、不同收入水平人员的参保需求，又较好地与本地市经济发展水平相适应，同时又坚持权利与义务相对应、公平与效率相结合的社会保险建制原则。具体来讲，该方案主要有以下几个特点：

（1）任何年满16周岁以上（不含在校学生）的本市城乡居民（不含行政事业单位编制管理、机关事业单位养老保险制度和城镇企业职工基本养老保险制度所保障的对象），都可以参保并缴纳养老保险费（最低标准为100元/年），地方政府每年给予60元的缴费补贴，鼓励有条件的城乡居民尽早参保缴费，为今后的养老积累资金。社会保险部门为其建立个人账户，并按照记账利率计息。年满60周岁的老人，有条件的可以按照规定缴费档次一次性补缴15年的养老保险费，对于45～60周岁的人员采用按期缴费与补缴相结合的办法。

（2）参保者年满60周岁及以上者，每月可以领取养老金直至身故。养老金由基础养老金和个人账户养老金构成，基础养老金标准为每人每月65元（含中央财政补贴），个人账户养老金按照个人账户累计余额除以139确定。同时建立自然增长机制，根据经济和社会发展情况每年适度提高养老金标准。对参保缴费满15年并领取养老金的参保人身故者，政府向其生前指定的受益人或法定继承人一次性支付丧葬补助费1 000元，其个人缴费部分由其合法继承人继承。

（3）政府财政全额出资建立统筹基金，用于应对长寿风险，即支付个人账户基金用完后需要继续支付的养老金费用。统筹基金不足支付，由政府财政兜底。由于参保者身故而未领完的个人账户中，财政补贴部分转入统筹基金。

(4) 政府财政全额出资建立普惠的老年津贴制度，对于70周岁以上的老年人按每月20元的标准发给高龄老人生活补助，其中80周岁以上者，每月再增加30元，100周岁以上者，每月再增加50元。这项政策具有很强的公平性。

(三) 郑州市统筹城乡居民基本养老保险制度的实践经验

郑州市城乡居民基本养老保险制度的实施，极大地调动了群众参保积极性，截止到2011年6月9日，郑州市城乡居民基本养老保险参保人员达到1 802 877人，实际缴费的人数共计1 478 643人，制度覆盖到全市41.45%的人口。从目前制度实施情况来看，郑州市城乡居民基本养老保险制度总体运行状况良好，这充分说明郑州市的做法是符合当地实际的。

为了确保城乡居民基本养老保险试点工作的顺利开展，郑州市着力在以下几个方面做出努力：

(1) 加强组织领导。郑州市于2008年成立了由常务副市长任组长的成员包括市劳动保障局、市民政局、市公安局、市人事局、市教育局、市统计局、市财政局、市审计局等诸多部门领导的城乡居民基本养老保险工作领导小组，并将“探索城乡居民养老保险试点工作，加快建立覆盖城乡居民的养老保障体系”写进《2008年郑州市政府工作报告》，同时列入当年为民办理的十件实事之一，切实加强组织领导。

(2) 制定具体实施细则和配套措施。为贯彻落实《郑州市城乡居民基本养老保险办法》，切实做好城乡居民基本养老保险各项工作，郑州市出台了《郑州市城乡居民基本养老保险办法实施细则》《关于建立城乡居民养老保险待遇防冒领机制有关问题的通知》《关于郑州市城乡居民基本养老保险与其他社会养老保险之间转移接续有关问题的通知》《郑州市城乡居民基本养老保险计划生育补贴办法实施细则（试行）》的通知等具体实施细则和相关配套措施，使城乡居民基本养老保险各项工作有章可循、切实可行。

(3) 做好舆论宣传工作。在城乡居民基本养老保险试点初期，搞好政策宣传工作至关重要。郑州市各级政府部门高度重视宣传发动工作，他们利用电视、报纸、宣传手册、条幅、海报、现场咨询、咨询电话和入户宣传等群众喜闻乐见的宣传形式进行深入宣传和政策解释，使城乡居民养老保险政策家喻户晓，人人皆知。

(4) 加强经办机构能力建设。郑州市城乡居民基本养老保险经办模式可以用十六个字概括，“一网相通、三级经办、基金统管、业务下延”。“一网相通”

是指郑州市 180 个乡、镇（街道办事处）和 16 个县（市）、区使用同一个网络、统一的经办软件；“三级经办”是指金字塔式的三级经办组织，乡（镇）、街道办事处经办机构对社区、村委会上报的各类表格输入计算机；县（市）、区经办机构对乡（镇）、街道办事处输机内容进行确认，对于数据有误的予以退回；市级经办机构对各县（市）、区的业务进行指导，按月编制发放计划，全部实行社会化发放，这种设计充分体现了政府职能部门的服务理念。“基金统管”是指基金收、支实行全市统一管理，郑州市建立起了“碎片式缴费、拉网式归集”的居民养老保险基金管理办法，在征缴、发放过程中全部委托银行进行代收、代法，所有的业务经办人员不接触现金，从源头上保证了基金的安全完整；“业务下延”是指工作重心要下移，服务窗口要前移，充分发挥基层组织服务平台的作用。

（四）郑州市统筹城乡居民基本养老保险制度存在的主要问题

1. 养老金水平低

根据郑州市城乡居民基本养老保险待遇测算办法，一位参保人即使按照最高档次 1 500 元的年缴费标准缴纳养老保险费，缴费年限为 15 年，那么该参保人月领取个人账户养老金为 161. 87 元，加上基础养老金，他能够领取的养老金合计为 226. 87 元（表 2－2）。许多居民认为缴费档次太低，基础养老金水平低，导致将来能够领取的养老金数额太少，参保对解决养老问题意义不大，这已经成为推进试点工作的一大障碍。

表 2－2　不同年缴费标准的个人账户养老金水平

单位：元

年缴费标准	15 年缴费总额	养老金计发月数	个人账户金额（＝缴费总额/养老金计发系数）	基础养老金	养老金合计
100	1 500	139	10. 79	65	75. 79
200	3 000	139	21. 58	65	86. 58
300	4 500	139	32. 37	65	97. 37
400	6 000	139	43. 17	65	108. 17
500	7 500	139	53. 96	65	118. 96
700	10 500	139	75. 54	65	140. 54
900	13 500	139	97. 12	65	162. 12
1 000	15 000	139	107. 91	65	172. 91
1 200	18 000	139	129. 50	65	194. 50
1 500	22 500	139	161. 87	65	226. 87

2. 中青年参保积极性不高

根据实地访谈，许多中青年居民对城乡居民基本养老保险制度的参保积极性不高，在已经参保的中青年人群中，有许多人是由于“捆绑式”缴费方式[①]不得已而参保的，但是在第一次参保缴费以后中断参保的情况比较多，究其原因主要有三个：一是参保缴费标准低，根据《办法》，参保人最高缴费标准为1 500元/年，15年缴费总额为22 500元，许多中青年希望能够设置更高的缴费档次。二是养老金待遇水平低，致使政策对中青年群体吸引力不大。三是中青年群体的地区流动性和职业流动性高，而城乡居民基本养老保险在不同地区之间的转移接续以及与其他养老保险制度之间的具体折算办法没有出台，这就制约了他们的流动，导致中青年参保积极性不高。

3. 待遇冒领问题比较严重

郑州市城乡居民基本养老保险试点中存在的一个突出问题是养老保险待遇冒领问题。这类问题集中发生在两类人群身上：一类是达龄不缴费人群，即60周岁以上符合领取养老保险待遇但没有缴费的老人，当领取养老待遇老人死亡后，报告人并没有在规定期限内报告，而是继续冒领养老保险待遇；另一类是达龄缴费人群中养老保险待遇即将领够的老年人，所谓即将领够是指领取的养老保险待遇与其缴费数额基本持平，当领取养老待遇老人死亡后，报告人宁可隐瞒死亡真相不领取1 000元的丧葬补助费[②]，也要继续冒领养老保险待遇。

4. 经办机构能力不足

一是管理体制没有理顺。根据《办法》，各级经办机构实行属地管理，即分别由各市、县（市、区）管理，而不是由上级经办管理机构垂直管理，居民养老保险经办机构尚不具备独立承担责任的地位、资源和能力，处于“政出多门、统筹层级低、机构分散、各自为战”的局面，这大大削弱了经办机构的服务能力。[③] 二是人员不足。按照《办法》，每万名应参保人员需要配备1名专

---

① 所谓“捆绑式”缴费方式是指，年满60周岁的城乡居民可以按月领取养老金，但其符合参保条件的子女应当参保缴费。

② 《郑州市城乡居民基本养老保险办法》（郑政文〔2009〕316号）第二十一条规定：参保缴费满15年并领取养老金的参保人死亡时，其生前指定的受益人或法定继承人提出申请，所在村民组或社区应当在其死亡的次月起2个月内向经办机构办理相关手续，终止养老保险关系，政府一次性支付丧葬补助费1 000元。同时，其个人账户中的资金余额（不含政府补贴部分）一次性退还其生前指定的受益人或法定继承人。

③ 郑功成主编．中国社会保障改革与发展战略（总论卷）[M]. 北京：人民出版社，2011：184.

职工作人员，然而郑州市绝大多数地区都没有达到这一要求。三是缺乏经费保障。基层工作人员工作量非常大，经常加班，但是却没有相应的活动经费作支撑，这将会制约工作人员积极性的发挥，进而影响制度实施的效果。

5. 相关制度衔接问题多

尽管郑州市人社局早在2008年10月27日就颁布了《关于郑州市城乡居民基本养老保险与其他社会养老保险之间转移接续有关问题的通知》，但是具体折算办法并没有出台，因此，该政策形同虚设。[①] 目前郑州市居民若要从城乡居民基本养老保险向城镇企业职工基本养老保险转移，唯一的办法是从前者中退保，连本带息退给本人，其中政府补贴不退，然后再重新参加城镇企业职工基本养老保险，许多居民对这一政策规定表示不满。另外，新老农保之间的衔接转换问题也十分突出。新老农保的衔接转换涉及民政部和人社部两大部门之间的对接问题。郑州市已经完成了民政部门相关工作人员编制转移到人社部门的工作，但是老农保的资金债务并入新农保的接续问题，以及新老农保之间的具体折算办法等细节问题并没有政策出台，导致转移接续工作无法真正实施。

6. 部门之间协调配合难度大

城乡居民基本养老保险制度的实施是一项系统工程，它需要人社、民政、财政、公安、人事、教育、统计、审计、计生和金融等相关部门之间的密切配合才能顺利实施。然而，当前各部门之间的配合仍存在一些问题：一是人社部门和民政部门之间的配合问题。低保户能否享受基础养老金是目前两个部门之间争议最大的问题。二是计生部门和人社部门之间的衔接问题。由于两个部门之间的衔接工作没有做好，计生补贴的发放渠道并不顺畅，至今符合领取条件的参保人只是名义上享受到计生补贴，事实上并没有领到这部分钱。[②] 三是合作银行的积极性不高。由于参保人群中50周岁以上的老年人居多，他们中有许多人缴费的标准低、文化程度不高、年龄偏大、身体状况不好，导致合作银行工作人员在工作中需要付出的时间、精力等成本较高，收益却较低，所以银行在办理居民缴费参保手续以及养老待遇比对发放过程中动力不足，服务质量自然会有所下降。

---

① 关于郑州市城乡居民基本养老保险与其他社会养老保险之间转移接续有关问题的通知（郑劳社养老〔2008〕18号）. 2008年10月27日.

② 郑州市城乡居民基本养老保险计划生育补贴办法实施细则（试行）（郑人口〔2010〕117号）. 2010年12月14日.

（五）解决问题的对策建议

基于上述实证分析，我们对完善城乡居民基本养老保险制度提出以下几点建议：

1. 加大政府财政补贴力度，提高养老金待遇水平

现行的政府补贴政策和养老金待遇水平不能满足城乡居民的需要，也很难起到“保基本”的作用。因此，要完善城乡居民基本养老保险制度，必须加大政府的政策扶持力度和资金投入，逐步建立财政补贴居民参保的增长机制和养老金待遇与经济发展相适应的自然调整机制，让广大城乡居民共同分享经济社会发展的成果。①

2. 增设高档次缴费标准

目前郑州市城乡居民基本养老保险制度设定的最低缴费标准为100元/年，这一标准照顾到了许多低收入人群的参保需求，但是作为一项基本养老保险制度，我们应当考虑到不同群体、不同收入水平人员的参保需求。目前关于缴费标准意见最大的是中青年群体和具有较高收入水平的人员，他们希望增设较高档次的缴费标准，以便将来能够获取较多的养老金。

3. 处理好制度衔接问题

作为一个解决城乡居民带有诸多不确定因素群体的养老保险办法，应特别注意处理好与其他现行基本养老保险制度的关系，同时还要解决好与低保、计划生育家庭奖励扶助制度、社会优抚制度和老农保之间的关系。既要考虑与现行制度的衔接，又要前瞻未来，考虑与将来制度的对接，为制度的完善留有必要的空间。有关部门应尽快出台政策，以确保制度间转换的规范化，维护转换制度者的利益，尽可能减少其因制度衔接转换而出现的损失。

4. 增强经办机构能力

城乡居民基本养老保险涉及城乡居民参保登记、缴费核定、账户建立和转移、对账、待遇发放等工作，且城乡居民数量庞大。特别是劳动年龄段的城乡居民职业流动、地区流动比较频繁，其信息流资金流的记录、转移工作量巨大，这些都对经办管理服务提出了很高的要求。因此，我们要加强社会保险经办机构建设，增加人员编制，重视培养会精算、懂操作的技术人员，解决经费保障和提供必要的工作条件，确保经办工作顺利开展。

---

① 黄晶．对完善我国新型农村社会养老保险制度的探讨［J］．宁夏社会科学，2010（3）：83.

5. 加强监督管理

在推行城乡居民基本养老保险制度过程中，关键措施之一就是构建行政、司法、社会监督三位一体的监督管理体系。行政监管是监管体制的核心，在当前形势下，理顺养老保险监管体制的关键，是用集中管理取代多头参与的分散管理，最终整合管理职责，设置统一的监管机构。不仅如此，还应当维护主管部门的权威并切实推行问责制。司法监督负责对城乡居民基本养老保险制度运行中的违法犯罪行为进行相应的刑事处罚与民事处罚，发挥其威慑作用，当务之急是尽快改变司法机关缺位状态，各级法院需要配备熟悉社会保障事务的法官，并积极探索设置专门的社会保障法庭，这是矫治社会保障领域违法犯罪现象和维护这一制度健康运行的必要举措。除此之外，还应当尽快落实不同社会阶层与群体参与社会监督的权利，以促进城乡居民基本养老保险制度的正常运行。①

6. 要做好组织协调工作

城乡居民基本养老保险制度的顺利实施离不开各相关部门之间的协调配合，因此，地方各级人民政府要切实加强组织领导，明确各部门的职责，做好城乡居民基本养老保险制度的统筹规划、政策制定、统一管理、综合协调工作。② 各部门之间要加强协调配合，相互支持，形成合力。最为关键的是要建立问责制，形成制度约束，做到谁牵头，谁负责，避免相互推诿、扯皮，推卸责任的情况出现。

（六）郑州实践对河南省统筹城乡社会养老保障的启示

城乡一体化的基本养老保险制度是构建城乡一体化养老保障体系的一个重要步骤。作为我国中部一个城乡二元结构比较明显、人口众多的省会城市，郑州市的做法在全国城乡一体化基本养老保险制度进程中具有一定的示范效应。概括来讲，其启示主要有以下几点：

1. 郑州市从一开始就实施了城乡一体化的基本养老保险制度

这种做法的好处有两个：一是这一做法有效避免了“一市两策”、城乡二元分治的问题出现，所有农村居民和城镇居民在基本养老保险方面享有同等的国民待遇，有利于实现社会公平正义，推进基本公共服务均等化。二是这种“制度一体化”的做法有效避免了制度“碎片化”问题的出现，减少了制度

---

① 郑功成．中国社会保障30年［M］．北京：人民出版社，2008：370.

② 国务院关于开展城镇居民社会养老保险试点的指导意见（国发〔2011〕18号），2011年6月7日．

“并轨”与“整合”的环节，降低了转制成本。

2. 强化政府的主导地位

从郑州市城乡居民基本养老保险制度实践经验看，充分发挥政府的主导作用是这一制度得以顺利实施的关键。具体来讲，政府在城乡一体化基本养老保险制度建设中的作用主要有三个：一是制度的科学设计。政府一定要依据我国经济社会发展情况、历史文化传统和城乡居民的需求设计基本养老保险制度。二是财政的大力支持。基础养老金的发放、对居民缴费给予的财政补贴以及高龄老人的生活补助，都需要政府财政的大力支持，而且政府要根据经济发展和物价变动等情况，适时调整财政支持的标准。三是完善保障措施。城乡一体化基本养老保险制度的实施是一项系统工程，需要制定一系列配套措施提供制度保障。主要的配套措施涉及基本养老保险实施细则的制定、经办体制的建设、信息管理平台建设、金融网点的建设等诸多方面。

3. 高度重视制度之间的衔接与转换

郑州市在实施城乡居民基本养老保险制度之初旦就颁布了《关于郑州市城乡居民基本养老保险与其他社会养老保险之间转移接续有关问题的通知》，但是该文件也仅仅是对郑州市市级统筹范围内城乡居民基本养老保险与城镇企业职工基本养老保险之间的转移和接续、城乡居民基本养老保险与机关事业单位社会养老保险之间的转移和接续、城乡居民基本养老保险和被征地农民基本生活保障之间的转移和接续等问题作了框架性规定，具体折算办法并没有出台，因此，该政策没有办法真正贯彻落实。① 另外，城乡居民基本养老保险与低保、计划生育家庭奖励扶助制度、社会优抚制度之间的配套衔接也是一个难题。郑州市城乡居民基本养老保险制度实施中暴露出来的这一问题从反面告诉我们，政府在城乡一体化的基本养老保险制度的构建过程中一定要制定切实可行的制度衔接办法，较好地实现城乡居民基本养老保险与其他社会养老保险以及社会救助制度之间的衔接转换。

4. 要妥善处理公平与效率的关系

构建城乡一体化基本养老保险制度，使城乡居民共享一个制度，既是我国城乡居民的渴望，也是我国基本养老保险制度将来的发展方向，这有利于实现城乡居民基本公共服务的均等化，这主要体现了我国社会养老保险制度追求的公平目标。然而在实现制度公平的同时还要在制度的管理及运行中努力提高其

---

① 关于郑州市城乡居民基本养老保险与其他社会养老保险之间转移接续有关问题的通知（郑劳社养老〔2008〕18号），2008年10月27日.

效率，在缴费标准的设计以及对参保缴费给予的财政补贴方面要尽量做到设计科学，既要照顾到城乡的实际又能够激励更多的中青年积极参保和有经济能力的人选择高标准参保缴费。

第六节 河南省城乡社会养老保障统筹发展的对策建议

一、秉持公平、正义、共享的理念

在养老保障制度建设中，建设制度的理念是否科学，往往决定社会养老保障制度设计的优劣，而制度设计的好坏又决定着技术方案有效性的高低，尽管后者对前者会产生相应的影响，但科学理念的确立优于制度的设计，合理的制度设计优于技术方案的选择，又确实是建设社会养老保障体系的一条基本逻辑。[①] 因此，在河南省城乡社会养老保障统筹发展过程中，确立科学的社会养老保障理念，并用以指导社会养老保障制度设计及技术方案的选择，显然具有十分重要的意义。

公平、正义、共享是社会养老保障制度的核心价值理念。公平理念的基本内涵是指所有国民，不论身份、性别、民族、地域等，均应当享受公平的养老保障权益，这就需要将不同群体、不同地区之间的养老保险待遇控制在合理范围内，实现代际之间责任的公平分配。“正义的理念要求养老保险制度发挥收入再分配功能以实现分配正义，要求相关利益主体充分参与到养老保险制度的监管过程中，以实现程序正义。共享的理念则要求养老保险待遇与经济增长合理挂钩，在提高养老保险经济待遇的同时，重视老年人服务保障和精神慰藉，以实现老年人对经济社会发展成果的共享。”[②] 因此，应当将“公平、正义、共享”的理念作为城乡社会养老保障统筹发展的重要标准。

二、城乡社会养老保障统筹发展的目标与路径

（一）城乡养老保障统筹发展的目标

建立覆盖城乡居民的养老保障制度，真正做到制度全覆盖和人群全覆盖，

---

① 郑功成．中国离福利时代还有多远［N］．解放日报，2007-10-20.

② 郑功成．中国社会保障30年［M］. 北京：人民出版社，2008：93.

在此基础上，实现“人人享有养老保障”目标；逐步加大对新农保和城居保的投入，缩小城镇职工与城乡居民的养老保障差距，提高养老保障水平，确保老年人生活质量。

（二）城乡养老保障统筹发展的路径

河南省城乡社会养老保障统筹发展应当走从城乡二元分化到制度全覆盖，以实现城乡居民人人享有，最终走上城乡一体化的统筹之路。当然，统筹城乡社会养老保障，需要以河南省的现实为起点，本着逐步缩小差距的原则，采取渐进改革方式、有步骤分阶段进行。

第一，要弥补制度残缺，健全制度体系，真正实现城乡居民养老保障制度全覆盖。要使所有城乡居民，不论身份、年龄、职业、民族等，都能通过养老保障实现制度全覆盖，确保底线公平。

第二，要不断完善制度体系，实现城乡人人享有养老保障。这需要做好两方面工作：一是要继续扩大基本养老保险制度的覆盖面，让更多的城乡居民享有养老保障。要不断扩大城镇企业职工基本养老保险的覆盖面，推进机关事业单位参加基本养老保险，将劳动年龄内的被征地农民全部纳入基本养老保险，通过强化劳动保障监察执法，强制用人单位为稳定就业的农民工参加基本养老保险，鼓励农民以灵活就业者身份参加基本养老保险。全面推进新型农村社会养老保险和城镇居民社会养老保险，使农民和城市居民一样能够享受政府的财政补贴。二是要打通城乡居民养老保险制度衔接通道，使居民在城乡之间流动时，可以顺畅地实现养老保险制度的关系转移和接续，而不会丧失其原有的养老保障权益。

最后，随着统筹城乡经济社会发展和城乡一体化进程的推进，城乡差距的逐步缩小和消除，最终实现城乡社会养老保障的一体化，这是城乡社会养老保障统筹发展的终极目标。

三、城乡社会养老保障统筹发展的基本原则

（一）从基本省情出发

河南省的基本省情有：一是人口基数大，农村人口多；二是农业大省，经济不发达，不同地区差异悬殊；三是工业化不够发达，城乡差距大。在此情况下，社会养老保障城乡统筹发展必须立足上述基本省情，坚持低水平、广覆盖、多层次、城乡有别、循序渐进，在保障底线公平的前提下，逐步缩小城乡

差距，而不能超越经济社会发展阶段，搞社会养老保障“大跃进”，盲目提高养老保障待遇水平和短期内实现制度一体化。

（二）政府主导与责任分担原则

统筹城乡社会养老保障必须坚持政府主导的原则。这是因为：一方面，社会养老保障是公共品或至少是准公共品，是市场机制失灵或者部分失灵的领域，从而只能由政府主导；另一方面，统筹城乡社会养老保障的基本目标是使城乡居民享有公平的养老保障权利，推进城乡基本公共服务均等化，而政府主导是实现上述目标的根本保证。“政府主导的具体体现包括：一是政府通过立法，主导基本养老保障制度体系的建立和改革完善的进程，世界各国莫不如此；二是基本保障制度由政府（政府委托市场）经办；三是政府通过财政投入，承担兜底养老保障（新农保和城镇居民养老保险的基础养老金）的筹资责任，承担基本养老保险的补助和财务托底责任，特别是要加大对农村养老保障的投入，资助农村养老保险制度的建立和运行；四是要保障底线公平，实现基本养老保障不分城乡、人人享有”。① 在强调政府主导的同时，政府也要合理确定市场、企业、社会组织、家庭和个人在社会养老保障中的责任定位与责任分担机制，以有效调动各责任主体的积极性，充分发挥正式制度安排与非正式制度安排的作用。

（三）可持续原则

缺乏长期制度设计、可持续性差是河南省养老保障制度面临的突出问题之一，因此，河南省城乡社会养老保障统筹发展一定要重视制度的可持续发展问题。实现城乡社会养老保障可持续发展要求做到以下几个方面：一是要实现城乡居民享有基本社会养老保障的权利平等，建立覆盖城乡居民的基本社会养老保障体系，让全体居民均能够分享经济社会发展的成果；二是合理控制社会养老保障的资金成本，明确各方主体的缴费责任，科学确定缴费和给付水平，力求实现财务可持续性；三是要提高城乡社会养老保障制度自身的运行效率，降低管理成本；四是统筹城乡的社会养老保障应与我国社会经济的可持续发展之间形成良性互动，包括与我国经济增长方式转变、社会管理方式转变、城乡就业结构、就业方式转变形成良性互动。

---

① 华迎放．新型农村社会养老保险制度建设研究［M］．北京：中国劳动社会保障出版社，2012：75－76.

（四）以人为本原则

以人为本就是以人的需要为本。统筹城乡社会养老保障应遵循以人为本的原则，具体体现在两个方面：一是城乡社会养老保障的制度设计和安排应以满足城乡居民的基本需要为本，以实现并维护城乡居民的基本养老保障权利；二是尊重个体的自由和全面发展。基于个体的禀赋差异，人的需要具有多层次性、多样性。“以人为本的原则，就是要求社会保障制度建设应尊重个体的自由和全面发展，通过多层次、多元化的制度设计和安排，允许社会成员在满足基本保障的需要之上，有机会亦有渠道获得有差异的保障。”①

（五）弹性原则

社会养老保障制度是政府主导下的一项正式制度安排，其制度设计一旦确定便会在相当长时期内保持相对稳定性，这就要求政策制定者以发展的眼光、前瞻性的视角来规划设计社会养老保障制度，使社会养老保障制度具有一定的制度弹性和动态可调整性。统筹城乡社会养老保障制度应遵循弹性原则，具体体现在三个方面：一是社会养老保障制度不能成为固化社会等级、妨碍社会流动的因素，当城乡居民身份发生改变时，其社会养老保障权利以及已积累的养老保障权益并不因身份的改变而丧失，其养老保险关系能够顺畅地进行衔接和转化；二是社会养老保障制度要能够为居民留有自由选择的空间；三是社会养老保障制度设计和安排应当能够随着经济社会运行情况的变化而作出相应的调整，并在一定程度上纠正宏观经济运行的非常态偏离，使之回到正常的轨道上来。

四、城乡社会养老保障统筹发展的实施方案

河南省城乡居民社会养老保障统筹发展是一项系统工程，不能急于求成，更不能急功近利，要走渐进统一道路。

第一步：到2013年底，建立并完善多元社会养老保障制度体系，真正实现制度全覆盖和人群全覆盖

1. 完善新型农村社会养老保险制度

根据中央要求，新农保从2009年开始全国范围内试点，到2012年底，基本实现制度全覆盖。新农保是继取消农业税、农业直补、新型农村合作医疗等

① 林义．统筹城乡社会保障制度建设研究［M］．北京：社会科学文献出版社，2013：276.

政策之后的又一项重大惠农政策。但是，这项惠及数亿农村人口的政策，无论是制度设计本身还是制度的运行都存在一些亟待解决的问题，如果不注意到这些问题，将可能降低这项制度的保障效力或者导致政策目标的偏离，影响新农保制度的健康运行和可持续发展。根据我们对河南省新农保试点的跟踪研究，发现国家新农保方案实施中存在以下突出问题：财政补贴个人账户缴费对参保的激励效果不足、“捆绑式”强制参保有失以人为本的精神、政府财政补贴的可持续性缺乏制度保障、制度对中青年缺乏吸引力、基金缺乏有效运营与管理、基层管理服务平台脆弱、相关制度衔接问题多、养老金水平低、法制建设滞后等，上述问题需要通过加强制度本身的科学设计和完善相关配套措施才能得以有效解决。

2. 完善城镇居民社会养老保险制度

根据《国务院关于开展城镇居民社会养老保险试点的指导意见》，河南省于2011年7月1日正式启动城镇居民社会养老保险试点工作，这是继国家实施新农保方案后又一重大惠民政策。在全国城镇居民社会养老保险试点工作部署暨新农保试点经验交流会议上，温家宝总理进一步强调，两项工作要同步推进，2012年内覆盖面都达到60%，在本届政府任期内基本实现制度全覆盖。新农保和城居保两项制度的确立，标志着我国进入了“制度养老”时代，我国城乡居民人人“老有所养”的愿望在制度上最终完成。但是，城镇居民社会养老保险制度的参保对象不清、中青年参保积极性不高等问题依然存在，迫切需要通过制度完善得以化解。

3. 全面推进职工基本养老保险制度的扩面

职工基本养老保险制度应在城镇企业职工基本养老保险制度的基础上继续扩面，打破身份和地域限制，将各类企业职工、社会团体从业人员、民办非企业单位从业人员、其他劳动合同制下的劳动者强制纳入到制度覆盖范围内，对个体工商户、私营企业主以及自我雇佣者等人员可以鼓励参加。扩面可以分为两个阶段：一是将所有正规就业的劳动者与在一定规模企业就业的劳动者纳为保障对象；二是再扩大覆盖范围到其他就业者，最终将覆盖80%以上的劳动者。

4. 建立城乡居民老年津贴制度

“国内外的发展实践表明，以缴费性为主体的基本养老保险制度无论多么发达，无论覆盖面如何广，都不可能真正实现无一遗漏地全覆盖。因为总会有人由于各种原因被遗漏或者被排斥在制度之外。”① 因此，在我国现阶段也是如此，无论怎样完善养老保障制度，都会有人被漏在网外。对于这样一些人，

① 郑功成．中国社会保障改革与发展战略（养老保险卷）[M]．北京：人民出版社，2011：38.

我们需要建立城乡居民老年津贴制度，以保障被现行养老保障制度遗漏然而又对养老保障有特殊需求的老年人的老年生活。我们要依据财政的可承受能力，确定老年津贴享受者的年龄和津贴水平。

第二步：2014—2020年，实现多元制度的优化整合

1. 实现农村养老保障制度的优化整合

将农村五保户制度、计划生育户、双女户的老年人奖励扶助制度、针对老年人的相关抚恤安置制度向新农保制度或城乡居民老年津贴制度转轨。

2. 整合新农保制度和城居保制度为城乡居民社会养老保险制度

凡年满16周岁（不含在校学生）、不符合职工基本养老保险参保条件的城镇非从业居民和农村居民，均可以在户籍地自愿参加城乡居民社会养老保险。关于这一点，郑州市城乡居民基本养老保险一体化的做法值得借鉴。概括来讲，"郑州模式"的经验可总结为4个方面：①政府高度重视，充分发挥主导作用。具体来讲，政府在城乡基本养老保险制度一体化建设中的作用主要有3个：一是制度的科学设计。政府一定要依据我国经济社会发展情况、历史文化传统和城乡居民的需求设计基本养老保险制度。二是财政的大力支持。基础养老金的发放、对居民缴费给予的财政补贴以及高龄老人的生活补助，都需要政府财政的大力支持，而且政府要根据经济发展和物价变动等情况，适时调整财政支持的标准。三是制定一系列配套措施。包括：经办体制的建设、信息管理平台建设、金融网点的建设等诸多方面。②做好舆论宣传工作。郑州市各级政府部门高度重视宣传发动工作，他们充分利用电视、报纸、宣传手册、条幅、海报、现场咨询、电话咨询和入户宣传等群众喜闻乐见的宣传形式进行深入宣传和政策解释，使城乡居民养老保险政策家喻户晓。③制定具体实施细则。为贯彻落实《郑州市城乡居民基本养老保险办法》，切实做好城乡居民基本养老保险试点工作，郑州市出台了《郑州市城乡居民基本养老保险办法实施细则》《关于建立城乡居民养老保险待遇防冒领机制有关问题的通知》《关于郑州市城乡居民基本养老保险与其他社会养老保险之间转移接续有关问题的通知》《郑州市城乡居民基本养老保险计划生育补贴办法实施细则（试行）》等，使城乡居民基本养老保险各项工作有章可循、切实可行。④加强经办机构能力建设。郑州市城乡居民基本养老保险经办模式可以用十六个字概括，"一网相通、三级经办、基金统管、业务下延"。

3. 扩大职工基本养老保险制度的覆盖面

职工基本养老保险是整个养老保险制度的主体，通过扩大城镇职工基本养老保险制度的覆盖范围，使处于流动状态的非农劳动者进入"统账结合"的城镇企业职工基本养老保险制度。同时取消农民工、失地农民养老保险制度，并入职工基本养老保险制度。

4. 加快推进公职人员养老保障制度改革

我国自20世纪90年代就开始了公职人员养老保险制度试点改革，但一直没有取得实质性进展，各试点地区自行制定改革方案和政策，制度“碎片化”现象比较突出。因此，以往的传统的自下而上的、各地区各部门分散试点的改革方式应当立即停止，代之以统一的改革方案及战略部署。公职人员养老保险制度改革应当由中央设计一元化的改革方案，为全体公职人员建立统一的养老金制度，然后统一覆盖、同步执行。同时要加快推进相关配套改革，为改革的顺利实施创造条件。一是要加快事业单位的分类改革，明确将事业单位划分为公立机构和非公立机构，从而明确公职人员养老保障制度的实施范围。凡公立事业单位应当参照公务员管理，纳入公职人员养老金制度覆盖范围，而非公立事业单位则参照企业管理，直接纳入企业职工基本养老保险制度。二是要规范公职人员收入，明确工资水平及其调整机制，同时推行阳光工资制，避免使财政为养老金支出承担不必要的负担。另外，可适时推行公职人员劳动合同制，将劳动合同制下的公职人员分流到城镇企业职工基本养老保险制度中。

经过该阶段的优化整合，形成城镇职工基本养老保险制度、公职人员养老保险制度和城乡居民社会养老保险制度为主要内容的养老保障制度体系。

第三步：2021—2049年，将城乡居民社会养老保险制度、城镇职工基本养老保险制度、公职人员养老保险制度并轨形成国民基本养老保险制度

国民基本养老保险制度的保障对象为全体城乡居民；资金来源以征收社会保障税来获得；采用现收现付的财务模式，原公职人员的基本养老保险制度、城乡居民社会养老保险制度和职工基本养老保险制度的个人账户纳入补充养老保障体系，或和原有的补充养老保险账户合并，或形成个人储蓄养老保险，或购买商业保险。

国民基本养老金的发放采用均一制，发放标准随着经济发展水平和人们收入水平的提高而不断提高，各种补充养老保险获得充分发展。同时，整个社会公共服务十分发达，养老服务产业获得充分发展，养老服务质量不断提高，老年人能够享有体面的老年生活。

与此同时，在国力强大的基础上，还要继续扩大城乡老年津贴制度覆盖面，不断提高老年津贴待遇水平。“还要加强老年服务保障、精神保障方面的机制建设，扩大长期护理保险制度试点并趋定型，让所有老年人都享有体面、尊严的晚年生活。在基本养老保险制度之外，国家还要给企业年金和商业储蓄养老保险留出发展空间，给予税收政策优惠，整体上提高养老金的替代率。”①

五、搞好相关配套措施

在实施三步走战略时还应注意做好以下五个方面的具体工作：

第一，在2015年之前，城乡居民社会养老保险制度和职工基本养老保险制度要做好转接工作。一是参加城乡居民社会养老保险制度的参保人员，如具备参加职工基本养老保险条件的，可直接转入职工基本社会养老保险，参保人员个人账户全部按实际转移，缴费年限减半计算，也可补缴，补缴应缴部分及规定利息后，缴费年限按实际年限计算。二是对参加职工基本社会养老保险的人员，由于各种原因不在企业工作的，要继续按城镇企业职工社会养老保险的标准缴纳企业职工养老保险费，可以享受财政对农民的同样补贴，达到养老年龄时，享受企业职工的退休养老金。

第二，在2015年之前实现职工基本养老保险全国统筹的基础上，全国应设置统一的基本养老保险经办机构，包括统一机构名称、职责，实行中央与省两级管理，地方经办机构直接对中央经办机构负责。

第三，明确基本养老保险统筹账户部分由中央层级的养老保险经办机构统一集中管理，并接受中央主管部门的行政监督；个人账户基金由省级经办机构管理，并可以在全国范围内进行委托投资，实行有一定限制性的市场化运营，形成银行代征的一元征收体制。

第四，加强信息系统建设。争取5年内建立全省统一的社会保障信息网络，建立全省养老保险数据中心，实现参保人员基本信息和基本养老保险业务信息全省集中管理，并延伸到所有社会保险经办窗口，增强对社会保险关系携带和转移的服务能力，实现“一卡通”。

第五，建立社会保障预算。在经常性预算和建设性预算之外，增设社会保障预算，为社会保障提供财力支持。“由人力资源社会保障主管部门提出财政投入需求，会同财政部门编制社会保障预算，报经政府同意后，报请同级人民代表大会审议。严格预决算制度，明确各级财政的责任和权益，提高基金效率，确保基金安全，接受公众与社会监督，推动社会保障制度健康运行。”②

综上所述，要消除养老保障城乡分割、杂乱无序、交叉重叠与缺漏并存的

① 戴卫东．统筹城乡基本养老保险制度的步骤规划［J］．经济研究参考，2009（60）．

② 华迎放．新型农村社会养老保险制度建设研究［M］．北京：中国劳动社会保障出版社，2012：87．

格局，就需要运用系统思维、统筹发展的方法，制定切实可行的实施方案，加强制度的优化整合，分阶段、有计划地扎实推进才能最终得以实现。

参考文献

[1] 安增龙．中国农村社会养老保险制度研究［M］．北京：农业出版社，2006．

[2] 蔡昉．中国劳动与社会保障体制改革30年研究［M］．北京：经济管理出版社，2008．

[3] 曹文献．新型农村社会养老保险的财力保障研究［J］．经济研究导刊，2009（25）．

[4] 曹云清．和谐社会下新型农村养老保险制度的思考［J］．经济与管理，2009（3）．

[5] 陈美．推进新型农村社会养老保险的制约因素分析［J］．经济视角（下），2009（10）．

[6] 陈美．制约新型农村社会养老保险基金筹集的因素分析［J］．经济研究导刊，2009（32）．

[7] 陈敏．城乡统筹视角下的我国农村社会养老保险研究［J］．哈尔滨商业大学学报（社会科学版），2011（1）．

[8] 陈淑君．黑龙江新型农村社会养老保险试点状况分析研究［J］．理论探讨，2009（5）．

[9] 陈水生．城乡基本养老保险制度衔接研究［D］．南昌：南昌大学，2010．

[10] 陈心德，苑立波．养老保险：政策与实务［M］．北京：北京大学出版社，2008．

[11] 陈之楚．中国社会养老保障制度研究［M］．北京：中国金融出版社，2010．

[12] 仇建国．完善我国新型农村社会养老保险制度［J］．中国劳动，2009（11）．

[13] 崔力夫．建立健全农村社会保障体系势在必行——吉林省农村社会保障调研分析报告［J］．劳动保障世界，2009（1）．

[14] 戴卫东．统筹城乡基本养老保险制度的步骤规划［J］．经济研究参考，2009（60）．

[15] 戴卫东．中国农村社会养老保险制度研究述评［J］．中国农村观察，2007（1）．

[16] 邓大松．改革开放30年：中国社会保障制度改革回顾、评估与展望［M］．北京：中国社会科学出版社，2009．

[17] 邓大松，林毓铭，谢圣远．社会保障理论与实践发展研究［M］．北京：人民出版社，2007．

[18] 邓大松，刘昌平．新农村社会保障体系研究［M］．北京：人民出版社，2007．

[19] 邓大松，刘昌平．中国社会保障改革与发展报告［M］．北京：人民出版社，2008．

[20] 邓大松，向运华．社会保障问题研究［M］．北京：人民出版社，2009．

[21] 杜广庆．欠发达地区新型农村养老保险制度建设问题探讨——基于江苏省东海县的实证分析［J］．湖南行政学院学报，2008（4）．

[22] 杜龙涛．关于建立我国农村计划生育家庭新型养老保险制度的思考［J］．安徽农业科学，2009（26）．

[23] 段家喜．养老保险制度中的政府行为［M］．北京：社会科学文献出版社，2007．

[24] 樊小钢，陈薇．公共政策：统筹城乡社会保障［M］．北京：经济管理出版社，2009．

[25] 范亮亮．关于构建我国新型农村养老保障制度的思考［J］．劳动保障世界，2009

(9).
[26] 高明．农村社会养老保险制度改革发展方向初探 [J]. 经营管理者，2008 (15).
[27] 高庆鹏．城乡统筹进程中的农村养老保险发展 [J]. 农业经济，2012 (12).
[28] 耿永志．新型农村养老保险试点工作需处理好的三个关系 [J]. 中国劳动，2009 (10).
[29] 公维才．中国农民养老保障论 [M]. 北京：社会科学文献出版社，2007.
[30] 韩俊江，韩烨．吉林省新型农村社会养老保险制度研究 [J]. 税务与经济，2009 (4).
[31] 韩俊江，韩烨．建立新型农村社会养老保险制度的思考 [J]. 东北师范大学学报（哲学社会科学版），2009 (3).
[32] 韩俊江．推进新型农村社会养老保险制度的几点建议 [J]. 中国发展观察，2009 (3).
[33] 韩央迪．农民社会保障的制度实践与发展困境——基于北京市三区县的实证研究 [J]. 人口与经济，2009 (1).
[34] 何宝龙．河南罗山县实行新型养老保险制度 [J]. 人口与计划生育，2009 (8).
[35] 华迎放．新型农村社会养老保险制度建设研究 [M]. 北京：中国劳动社会保障出版社，2012.
[36] 黄晶．对完善我国新型农村社会养老保险制度的探讨 [J]. 宁夏社会科学，2010 (3).
[37] 黄开腾．论城乡统筹视野中的社会保障均衡发展 [J]. 郑州航空工业管理学院学报，2011 (4).
[38] 金刚．新型农村养老保险制度：政策创新与发展思路 [J]. 知识经济，2009 (16).
[39] 李春根．探索建立江西省新型农村养老保险制度 [J]. 求实，2008 (7).
[40] 李剑阁．农村新型养老保险制度的发展方向与重点 [J]. 决策咨询通讯，2007 (6).
[41] 李伟．城乡居民基本养老保险试点实证研究 [J]. 开放导报，2011 (5).
[42] 李伟．统筹城乡居民基本养老保险制度研究——以河南省郑州市为例 [J]. 社会保障研究，2011 (6).
[43] 李晓婷．论我国城乡一体化养老保险制度的构建 [D]. 成都：西南财经大学，2011.
[44] 李迎生．构建城乡衔接的社会保障体系——以北京市为例 [J]. 中国人民大学学报，2008 (6).
[45] 梁鸿．人口老龄化与中国农村养老保障制度 [M]. 上海：上海人民出版社，2008.
[46] 林义．统筹城乡社会保障制度建设研究 [M]. 北京：社会科学文献出版社，2013.
[47] 刘昌平．社会养老保险制度城乡统筹之路探索 [J]. 社会保障研究，2009 (2).
[48] 刘昌平，谢婷．财政补贴型新型农村社会养老保险制度研究 [J]. 东北大学学报（社会科学版），2009 (5).
[49] 刘昌平，殷宝明，谢婷．中国新型农村社会养老保险制度研究 [M]. 北京：中国社

会科学出版社，2008.
[50] 刘昌平．中国新型农村社会养老保险制度研究 [J]. 保险研究，2008 (10).
[51] 刘翠霄．天大的事：中国农民社会保障制度研究 [M]. 北京：法律出版社，2006.
[52] 刘豪兴．农村社会学 [M]. 北京：中国人民大学出版社，2008.
[53] 刘家庆．稳步推进新型农村社会养老保险制度的思考 [J]. 财会研究，2009 (21).
[54] 刘蕾．城乡社会养老保险均等化研究 [M]. 北京：经济科学出版社，2010.
[55] 刘苓玲．中国社会保障制度城乡衔接理论与政策研究 [M]. 北京：经济科学出版社，2008.
[56] 刘书鹤，刘广新．农村老年保障体系的理论与实践 [M]. 北京：中国社会科学出版社，2005.
[57] 刘晓梅．中国农村社会养老保险理论与实务研究 [M]. 北京：科学出版社，2010.
[58] 刘玉娟．广西新型农村养老保险制度建设探析 [J]. 陕西农业科学，2009 (6).
[59] 刘振杰．综合发展账户：社会保障城乡统筹发展之路 [J]. 人文杂志，2011 (5).
[60] 龙朝阳．中国公共养老金制度模式研究 [M]. 北京：知识产权出版社，2009.
[61] 卢海元．和谐社会的基石：中国特色新型养老保险制度研究 [M]. 北京：群众出版社，2009.
[62] 吕凯波．政府在新型农村社会养老保险中的最优行为分析——一个财政支持力度的动态均衡模型 [J]. 南京审计学院学报，2009 (3).
[63] 毛学群．城乡统筹视角下的我国农村社会养老保险制度探析 [J]. 晋中学院学报，2012 (4).
[64] 孟芳．基于政策分析的新型农村社会养老保险的实践与思考 [J]. 农村经济，2008 (10).
[65] 孟颖颖，邓大松．发展与民生兼顾：构建“两圈一带”战略视野下的湖北省城乡统筹社会保障体系 [J]. 社会保障研究，2010 (6).
[66] 米红．农村社会养老保障理论、方法与制度设计 [M]. 杭州：浙江大学出版社，2007.
[67] 米红，杨翠迎．农村社会养老保障制度基础理论框架研究 [M]. 北京：光明日报出版社，2008.
[68] 明磊．对欠发达地区探索“老有所养”特色之路的思考——基于江苏省东海县建设新型农村社会养老保险制度的实证分析 [J]. 安徽农业科学，2009 (17).
[69] 穆怀中．发展中国家社会保障制度的建立和完善 [M]. 北京：人民出版社，2008.
[70] 牛桂敏．建立城乡统筹养老保险制度的分析与思考 [J]. 天津大学学报（社会科学版），2010 (1).
[71] 任丽新．与城镇职工平等的权利：农民工社会保障制度的根本目标 [J]. 宁夏社会科学，2010 (9).
[72] 宋绪男．新旧制度并行下农村社会养老制度发展摭探 [J]. 社会保障研究，2009

(3).
[73] 苏保忠．中国农村养老问题研究 [M]. 北京：清华大学出版社，2009.
[74] 苏胜强．城乡社会保障统筹研究：历史的路径依赖与现实选择——浙江省的实证分析 [J]. 农村经济，2009 (1).
[75] 孙陆军．中国涉老政策文件汇编 [M]. 北京：中国社会出版社，2009.
[76] 孙涛，黄光明．农村社会养老保险运行模式构建及创新研究 [J]. 农业经济问题，2007 (1).
[77] 谭克俭．农村养老保障体系构建研究 [M]. 北京：中国社会出版社，2009.
[78] 谭丽，吴中宇．土地流转制度下农村流动人口的社会保障权实现：以城乡统筹为视角 [J]. 兰州学刊，2012 (4).
[79] 田穗．城乡统筹发展下社会保障制度完善 [J]. 商业时代，2013 (2).
[80] 屠彦娟．论我国新型农村社会保障制度的建构 [J]. 法制与社会，2009 (13).
[81] 王宁．城乡社会保障均衡发展的制度设计及路径选择 [J]. 商业时代，2013 (1).
[82] 王石泉．中国老年社会保障制度与服务体系的重建 [M]. 上海：上海社会科学院出版社，2008.
[83] 王晓东．公共财政视角下社会保障城乡统筹研究：国外经验与本土借鉴 [J]. 行政管理改革，2012 (9).
[84] 王晓东．社会养老保险城乡统筹研究的争议与展望 [J]. 社会保障研究，2013 (1).
[85] 王晓东．社会养老保险制度城乡统筹的路径研究——以内蒙古为例 [J]. 电子科技大学学报（社科版），2012 (2).
[86] 王筱欣．基于城乡统筹视角的社会保障差距与对策 [J]. 重庆理工大学学报（社会科学版），2012 (10).
[87] 王章华．关于新型农村社会养老保险模式的思考 [J]. 南昌大学学报（人文社会科学版），2009 (2).
[88] 温家宝．开展新型农村社会养老保险试点工作 逐步推进基本公共服务均等化——在全国新型农村社会养老保险试点工作会议上的讲话 [J]. 农村财政与财务，2009 (10).
[89] 吴航．新型农村社会养老保险制度的筹资机制创新探讨 [J]. 深圳大学学报（人文社会科学版），2009 (3).
[90] 吴利明．统筹城乡养老保险制度的差异现状及实现路径 [J]. 商业时代，2011 (11).
[91] 吴晓东．中国农村养老的经济分析——博士文库 [M]. 成都：西南财经大学出版社，2005.
[92] 谢广英．廊坊市统筹城乡基本养老保险一体化发展研究 [J]. 廊坊师范学院学报（社会科学版），2012 (6).
[93] 徐清照．山东加快新型农村社会养老保险制度建设的必要性和可能性分析 [J]. 东方论坛，2009 (1).

[94] 徐清照．山东新型农村社会养老保险发展的现状、问题与对策研究 [J]. 东岳论丛，2009 (4).

[95] 徐清照．现阶段新型农村社会养老保险制度的优点与缺陷分析 [J]. 山东经济，2009 (3).

[96] 徐昭锟．我国统筹城乡养老保障制度的探讨 [J]. 劳动保障世界，2013 (1).

[97] 杨翠迎．农村基本养老保险制度理论与政策研究 [M]. 杭州：浙江大学出版社，2007.

[98] 杨复兴．中国农村养老保障模式创新研究——基于制度文化的分析 [M]. 昆明：云南人民出版社，2007.

[99] 杨军．新型农村社会养老保险的发展模式研究——以陕西省宝鸡市为例 [J]. 西部财会，2009 (9).

[100] 杨俊．中国公共养老保险制度宏观经济学分析 [M]. 北京：中国劳动社会保障出版社，2009.

[101] 杨礼琼．城乡统筹背景下中国特色农村养老保障路径选择 [J]. 理论探讨，2011 (3).

[102] 杨睿．城乡统筹背景下失地农民社会保障模式探新 [J]. 重庆科技学院学报（社会科学版），2010 (7).

[103] 杨燕绥，阎中兴．政府与社会保障——关于政府社会保障责任的思考 [M]. 北京：中国劳动社会保障出版社，2007.

[104] 尹慧敏．社会保障制度创新研究 [M]. 北京：经济科学出版社，2009.

[105] 于兰华．我国城乡统筹社会养老保险制度设计和运行模式研究综述 [J]. 安徽农业科学，2011 (39).

[106] 俞燕锋．覆盖城乡的居民社会养老保险制度建设——以嘉兴市为分析个案 [J]. 中共浙江省委党校学报，2011 (4).

[107] 袁莉．中国农村养老保障的现实与挑战——基于新型农村合作医疗的经验 [J]. 改革与战略，2008 (3).

[108] 袁文全．覆盖城乡居民的社会保障体系建设的路径选择——乡居民的社会保障体系建设的路径选择以重庆市统筹城乡社会保障为视角 [J]. 社会科学家，2010 (4).

[109] 袁文全．统筹城乡社会保障体系建设的经验启示与实践向度 [J]. 学海，2010 (6).

[110] 岳花艳．农民分化背景下的新型农村社会养老保险模式探析 [J]. 现代农业，2009 (11).

[111] 张德民．建立新型农村社会养老保险制度的思考 [J]. 理论研究，2009 (5).

[112] 张芙蓉．陕西农村社会养老保险现状与对策 [J]. 西安社会科学，2009 (2).

[113] 张恺梯，郭平．中国人口老龄化与老年人状况蓝皮书 [M]. 北京：中国社会出版社，2010.

[114] 张腊梅．新型的农村社会养老保险制度应该借鉴国外经验 [J]. 经济研究参考，

2009（12）.

[115] 张萌．社会养老保障制度城乡一体化路径探析［J］．广西经济管理干部学院学报，2012（3）.

[116] 张松．中国人口老龄化背景下的养老保险研究［D］．长春：吉林大学，2009.

[117] 张运刚．人口老龄化背景下的中国养老保险制度［M］．成都：西南财经大学出版社，2005.

[118] 赵曼，吕国营．城乡养老保障模式比较研究［M］．北京：中国劳动社会保障出版社，2010.

[119] 赵意焕．构建新型农村社会养老保险制度若干思考［J］．经济研究导刊，2009（32）.

[120] 郑秉文，和春雷．社会保障分析导论［M］．北京：法律出版社，2001.

[121] 郑秉文．中国社保“碎片化制度”危害与“碎片化冲动”探源［J］．甘肃社会科学，2009（3）.

[122] 郑功成．社会保障概论［M］．上海：复旦大学出版社，2007.

[123] 郑功成．社会保障学［M］．北京：中国劳动社会保障出版社，2011.

[124] 郑功成．中国社会保障30年［M］．北京：人民出版社，2008.

[125] 郑功成．中国社会保障改革与发展战略（救助与福利卷）［M］．北京：人民出版社，2011.

[126] 郑功成．中国社会保障改革与发展战略——理念、目标与行动方案［M］．北京：人民出版社，2008.

[127] 郑功成．中国社会保障改革与发展战略（养老保险卷）［M］．北京：人民出版社，2011.

[128] 郑功成．中国社会保障改革与发展战略（总论卷）［M］．北京：人民出版社，2011.

[129] 郑造桓．社会保障：统筹、协调、持续发展［M］．杭州：浙江大学出版社，2012.

[130] 郅玉玲．农村老年人养老支持力研究及社会政策建议——以浙江省为例［J］．人口与发展，2009（5）.

[131] 中国经济改革研究基金会，中国经济体制改革研究会联合专家组．中国社会养老保险体制改革［M］．上海：上海远东出版社，2006.

[132] 周毕芬．社会养老保险城乡统筹：实践与理念［J］．重庆理工大学学报（社会科学），2012（3）.

[133] 周莹．新型农村社会养老保险制度的推进策略［J］．南京社会科学，2009（9）.

[134] 邹涛．加快建立新型农村社会养老保险制度之我见［J］．山东劳动保障，2008（12）.

专题三　河南省社区养老模式研究

加强社会养老服务体系建设是河南应对人口老龄化的一项长期战略任务。河南社会养老服务体系建设是以居家为基础、社区为依托、机构为补充的，大力发展居家养老服务符合河南的省情、历史传统和文化习俗，河南社会养老服务体系建设应以居家养老服务为主。但是居家养老服务需要完备的社区养老服务设施作为依托，也需要专业化、规范化的社区养老服务机构作为补充，从而形成健全的居家养老服务支持体系。因此，河南居家养老服务发展应把加强居家社区养老服务设施和机构建设作为各项工作的重中之重。

然而，目前河南城市社区养老服务的发展普遍存在政府财政支持乏力，社会资源动员能力不足，老年人居家社区养老服务需求不能满足等问题，如何解决上述问题，构建符合河南实际的城市社区养老模式，推动河南城市社区养老服务又好又快发展，便成为摆在政府和学界面前亟待解答的一道难题。

本专题研究尝试以福利多元主义理论、多中心治理理论、适度普惠型福利理论、基本公共服务均等化理论为指导，借鉴 OECD 国家老年人社区照顾的经验及启示，结合河南新乡的实地调查，研究河南省社区养老问题。首先，提出要把以老年人为本（包括尊重老年人选择意愿、满足老年人需要和确保老年人生活质量）和共同责任作为河南城市社区养老模式构建的基本理念；其次，提出要构建多层次的城市社区养老模式，重点是发展社区居家养老服务中心或机构、社区日间照料中心和“喘息服务”机构、社区小型老年养护机构、医养结合养老服务等，以较好满足老年人多样化、个性化的养老服务需求；第三，提出通过政府、市场、社会等主体的责任共担，以实现河南城市社区养老服务的社会化，进而推动多层次社区养老服务的可持续发展；第四，提出要创新河南城市社区养老模式的资源动员机制，关键是发挥积分养老制这一市场化运作机制和志愿助老服务公益积分制这一社会互助机制的作用，充分调动政府、企业、社会组织、志愿者等主体参与社区养老服务的积极性，实现责任共担、多元治理。

第一节　导　　论

一、研究背景

（一）现实背景

我国人口老龄化发展态势迅猛，形势严峻。国家统计局最新公布的全国第六次人口普查数据（2011）表明，国家统计局最新公布的全国第六次人口普查数据表明，大陆人口中60岁及以上人口占13.26%，65岁及以上人口占8.87%。与2000年第五次全国人口普查相比，60岁及以上人口的比重上升2.93个百分点，65岁及以上人口的比重上升1.91个百分比。有预测表明，全国60岁以上老年人口比例2020年为17.8%，2030年25.3%，2040年30.2%，2050年34.1%，2054年，老龄化水平达到峰值34.9%，之后直到21世纪末，老龄化水平仍将在33.5%上下浮动。其中，我国80岁以上高龄老年人口规模将在2020年占老年人口的11.5%；2030年占老年人口的11.7%；2040年占老年人口的15.4%；2050年占老年人口的22.5%；2072年将达到峰值，占老年人口的33.0%。与此同时，需要照料的失能、半失能老人数量也在剧增，据全国老龄工作委员会和中国老龄科学研究中心的调查数据显示：截至2010年末，我国部分失能和完全失能老人约为3 300万人，占老年人口的19%。2015年我国部分失能和完全失能老年人达到4 000万人，占总体老年人口的19.5%左右，其中完全失能老年人口达到1 239.7万人。预计到2050年，全国失能老年人口将达到近1亿人，同时还将有7 900多万临终无子女的老年人，他们将面临突出的护理问题。

河南省统计局公布，到2015年底，河南户籍人口有10 722万人，仍是全国第一人口大省。从年龄结构来看，60岁及以上人口达到1 500万人，占15.82%；65岁及以上人口达到913万人，占9.63%。按照国际标准，65岁及以上人口占总人口的比例达到7%，意味着人口进入老年型社会，这样河南从2000年就进入了老龄化社会，且人口老龄化呈加速发展的态势。2015年人口总抚养比达到44.61%，7年连续攀升。人口老龄化、高龄化、失能化的快速发展，使加快包括社区养老在内的整个社会养老服务体系的建设显得格外紧迫和重要。

（二）政策背景

加快社会养老服务体系建设是国家应对人口老龄化的一项长期战略任务。

国务院办公厅印发的《社会养老服务体系建设规划（2011—2015年）》（国办发〔2011〕60号）和《国务院关于加快发展养老服务业的若干意见》（国发〔2013〕35号）均指出，我国社会养老服务体系建设应以居家为基础、社区为依托、机构为支撑。《中共中央关于制定国民经济和社会发展第十三个五年规划的建议》和《中华人民共和国国民经济和社会发展第十三个五年规划纲要》均提出，要建设以居家为基础、社区为依托、机构为补充的多层次养老服务体系。《国务院关于印发"十三五"国家老龄事业发展和养老服务体系建设规划的通知》（国发〔2017〕13号）明确提出要使"居家为基础、社区为依托、机构为补充、医养相结合的养老服务体系更加健全"，通过"大力发展居家社区养老服务"和"加强社区养老服务设施建设"以"夯实居家社区养老服务"。

以国家相关政策为依据，河南省出台了相应的政策文件，如《河南省人民政府办公厅关于印发河南省社会养老服务体系建设规划（2011—2015）的通知》和《河南省人民政府关于加快发展养老服务业的意见》强调，社区养老服务是居家养老服务的重要支撑，拥有社区日间照料和居家养老支持功能，要加快发展社区养老服务。《河南省"十三五"养老服务体系建设规划》进一步强调，到"十三五"末，全省基本建成以居家为基础、社区为依托、机构为补充、医养结合的多层次养老服务体系，全省居家社区养老服务设施将覆盖所有城市社区。同时，河南省将通过新建、购置、置换、租赁等方式打造200个示范型城市社区养老服务中心，建设城市社区15分钟养老服务圈。由此可见，加快发展社区养老服务已成为河南省社会养老服务体系建设的一项重要战略任务。

（三）学界研究

社区养老是当前学界研究的热点领域之一。概括来讲，国内研究主要集中在两个方面：一是社区养老服务发展模式。李珺、李艳忠（2013）主张发展我国以养老机构为依托的社区照顾养老模式。尹银（2009）主张建立以家庭养老为中心、以社区老年服务为补充的老年服务模式。徐祖荣（2008）主张建立多层次、多形式、多渠道的社区照顾模式。何雨、王振卯（2009）主张建立"四三二"立体化城市"社区照顾"养老模式。陈辉、丁艳秋（2014）建议大力发展和完善以健康互助型养老为主导，以社区养老服务资源为依托，以培育专业化的养老服务队伍为依靠的城市社区养老模式。二是社区养老服务发展路径。陈友华（2002）认为应该充分利用现代信息网络技术，加强城市社区老年服务网络建设。王辅贤（2004）建议社区养老助老服务必须走社会化、产业化、专业化的道路。桂世勋（2004）主张通过观念创新、体制创新和机制创新搞好社区为老服务的资源整合。李卫华（2012）主张确立“官办民助”、“政府主导”的指导思想来解决社区养老服务的发展困境。钱宁（2013）主张，走以社区照顾为基础的中国老年人福利发展路径。景天魁（2015）主张创建和发展社区综合养老服务体系。由此可见，我国学界就如何发展社区养老仍存较大争议。

综合来看，尽管国内外学界在社区养老模式的研究上取得了一定的理论进展和实践效果，但仍存在一些不足：如研究视域过于狭窄单一、研究对象过于偏重供方、研究内容缺乏系统性、研究方法不够科学、研究旨趣缺乏指导理念等。本项目拟突破传统社会政策、管理学研究视角，以社会学研究方法为主进行多视角观察和综合性研究，对试行社区养老的典型区域进行深入调研，对推行社区照顾政策的典型国家进行深入考察，积极探索适合河南省情的社区养老制度模式。

二、研究价值

（一）学术价值

本项目以福利混合经济思想为指导，借鉴OECD国家老年人社区照顾的经验，结合河南新乡的实地调查，首先，提出要构建多层次河南社区养老模式，以较好满足老年人多样化、个性化社区养老服务需求；其次，提出要构建责任共担的河南社区养老模式，以确保多层次社区养老服务设施与机构的建设、管理和运营；第三，着重从积分养老制这一市场化运作机制和志愿助老服务这一社会互助机制两个方面，分析建立责任共担社区养老模式的资源动员机制。

（二）应用价值

本项研究为当前河南社区养老服务普遍存在的资源动员能力不足、社区养老服务可持续发展困难等问题提供了切实可行的破解之道，这不仅契合了党的十九大报告提出的“积极应对人口老龄化”、“加快老龄事业和产业发展”和《“十三五”国家老龄事业发展和养老体系建设规划》提出的“大力发展居家社区养老服务”“加强社区养老服务设施建设”等新思想和新论断，而且积极回应了基层社区养老服务中备受关注的重大现实问题，具有较强的应用和实践价值。

三、研究方法

（一）调查点的选取

我们选择以河南新乡为例进行深入的个案研究，主要原因有三：一是，新乡市在地方经济不发达、财政支持力度较小的情况下，没有实施政府购买养老服务的制度，而是走市场化运作道路，调动了各类企事业单位参与的积极性，充分发挥政府、非营利组织、企业、老年人等多元主体的作用，使社区养老服务不仅运转起来，而且还呈现出可持续发展态势，为破解社区养老服务普遍存在的可持续发展难题提供了一种新的思路。二是，新乡市老龄办主任对我们的调查给予了大力支持，他是新乡市社区养老服务的积极参与者、指导者、规划者，也很愿意和我们分享新乡社区养老服务的发展历程，为顺利完成调查任务提供了重要保障。三是，新乡社区养老服务的发展方式是公办民营，在政府支持下，新乡市居家养老管理服务中心卢世欣总经理积极探索、大胆创新，为新乡社区养老服务的发展开辟了一条新路，他本人及其团队的创业历程有许多耐人寻味的故事，他对我们的访谈调查也给予了积极配合，这使我们有信心收集足够生动翔实的一手资料，以满足研究的需要。

（二）调查点基本情况介绍

新乡市位于河南省北部，全市总面积 8 249 平方千米，市区建成区面积 110 平方千米，辖八县（市）、四区、一个城市示范区和两个国家级开发区。截至 2016 年末，总人口达到 610.82 万，常住人口为 574.30 万人，市区人口为 106 万，城市规模居河南省第三位。2016 年全市生产总值达到 2 140.73 亿元，同比增长 8.3%。全年实现公共财政预算收入 148.06 亿元，同比增长 4.1%，全年完成公共财政预算支出 324.92 亿元，同比增长 4.2%，其中，教育支出 66.45 亿元，同比增长 1.2%；社会保障和就业支出 38.10 亿元，同比增长 18.5%；医疗卫生与计划生育支出 39.02 亿元，增长 4.5%；住房保障支出 11.69 亿元，同比下降 2.7%。全年全市城镇居民人均可支配收入 26 893 元，同比增长 6.1%；农村居民人均可支配收入 12 679 元，同比增长 7.7%。全年城镇居民人均消费性支出 18 520 元，农村居民人均消费性支出 7 921 元。全市全年享受最低生活保障人数 3.0 万人，全年发放城镇居民最低生活保障金 12 943.5 万元。农村享受最低保障人数 10.3 万人，全年发放农村最低生活保障金 21 771.6 万元；发放城镇医疗救助资金 3 444 万元，接受城乡医疗救助人数 11.6 万人。全市有各种社会福利机构 167 个，床位数 1.4 万个，收养人数 9 529 人；全年（不含长垣）社会销售福利彩票 29 581 万元，筹集社会福利资金 1 398 万元；需要救济人口（不含长垣）5.7 万人，已安排救济款 735 万元。

（三）半结构访谈与参与式观察

本项目采用半结构访谈法收集资料，访谈以面对面的个案访谈为主，辅之以座谈会的方式。项目组先后于 2016 年 4 月 21 日至 28 日、2016 年 5 月 12 日至 21 日、2017 年 1 月 9 日至 20 日、2017 年 4 月 9 日至 17 日、2017 年 5 月 18 日至 25 日、2018 年 1 月 20 日至 28 日共六次对河南新乡进行专题调研，访谈对象涉及参与社区养老服务的各方主体，包括市、区各级老龄委、民政部门、街道办、社区居委会的主管领导；企业或民办非营利组织的相关管理人员及派驻社区居家养老服务中心、社区日间照料中心或社区养老服务中心的工作人员；老年人及其子女等。在访谈进行之后，要求访谈员进入社区居家养老服务中心、社区日间照料中心或社区养老服务中心观察基础设施建设情况，还要求访谈员在征得各方同意的情况下，全程参与观察工作人员的服务输送过程，以期从不同角度客观分析社区养老服务的发展状况、存在的困难与问题。

在撰写过程中，项目组还多次向新乡市老龄办胡解冰主任、参与社区养老服务的民办非营利组织的法人代表卢世欣主任及新乡市居家养老管理服务中心原总经理李艳等当事人进行电话访谈，一两个小时的电话访谈是经常发生的事情。他们对笔者的访谈基本上是“知无不言、言无不尽”，给予了积极配合，本文收集到的许多一手资料来自他们。

（四）文献研究法

搜集调查点有关社区养老服务的地方性法规和政策文件、官员讲话、相关部门的工作总结、工作报告、媒体的相关报道和国内外各类研究文献，作为本项目研究的辅助性和印证性材料。

第二节　理论基础

一、建立社区养老模式的必要性和可行性

“银发浪潮”形象地描述了全球老龄化日益严重的趋势，我国的老年人口数量居于世界首位，未富先老的国情使我国的老龄化问题更为严重和复杂。老

年人口比重的日益攀升对于社会的政治、经济、健康管理等各个维度都带来了严峻的挑战，老年人的养老问题成为社会各界关注的热点问题。一方面，家庭机构的小型化、子女数量的减少、代际支持成本的提升、“空巢”家庭的增多等给传统的家庭养老模式带来了严重冲击；另一方面，我国养老机构的发展尚且存在数量不够、质量不高的问题，而且机构养老自身存在着社会隔离、成本过高等弊端。为了满足老年人生活照顾和精神慰藉等方面的需求。社区作为城市养老服务的重要载体开始日益发挥显著的作用。老年人继续生活中熟悉的家庭和社区环境中，既能接受家庭成员的照顾，又能获取社区提供的各种社会化服务，这是社区养老服务的基本形态。发展社区养老服务体系对老年人、家庭和社会都是最优的选择，其与居家养老相配合形成一个最普遍、最有生命力的体系。

河南省是我国的人口大省，2010 年 7 月，河南省总人口达到 1 亿人，成为中国首个人口过亿省份，目前我国老龄人口超过 1 亿人，其中约有 1 千多万居住在河南省，河南省人口老龄化问题的解决对于应对我国老龄化带来的挑战具有重要的现实意义。河南省老龄化呈现老年人口规模大、老龄化程度快、空巢老人、失能老人数量多等特点，以家庭养老为主要模式的养老服务供给体系难以满足老年人的养老服务需求。因此，在这样的背景下，建立适应河南省情和人口发展特征的社区养老服务模式显得尤为迫切和必要。

（一）河南省人口老龄化发展态势严峻，养老服务面临巨大挑战

据最新统计数据显示，河南省 60 岁及以上人口为 1 500 万人，占 15.82%，65 岁及以上人口为 913 万人，占 9.63%。河南省老龄化总体形势严峻，呈现以下特征。

首先，老龄化速度快，压力大。根据国际人口年龄结构标准，65 岁及以上人口超过总人口的 7%以上就进入老年型社会。2000 年河南省进入老年型社会，其后呈现老龄化程度逐年加深的态势：2000 年 7.1%，2006 年 8.1%，2015 年 9.9%。据预测，到 2030 年，河南省 65 岁以上老年人口比重将达到 16.12%，2050 年，增至 24.89%，河南省将进入“超高老龄化”阶段。河南省老龄化进程快，养老服务事业面临巨大挑战。其次，河南省老龄人口高龄化趋势明显。据河南省统计局数据显示，自 1990 年以来，80 岁以上的高龄老年人口以每年 6%的速度增长，预计到 2020 年将达到 1 455 万人。高领老人失能的风险远远高于其他人群，其对于养老服务的需求将不断攀升。再次，老龄化与经济发展水平的适应程度低于全国水平，未富先老态势严重。虽然河南省国

民生产总值在全国位居前列，但是河南省人口基数大，人均国民生产总值远远低于全国水平。发达国家人口老龄化是在工业化和城市化之后出现的，他们进入老年型社会时人均国民生产总值一般在 3 000 美元以上。我国进入老龄化时人均国民生产总值仅为 800 美元，河南进入老龄化时，人均国民生产总值还达不到 800 美元，老龄化压力更为沉重。河南省老龄化呈现的特征给养老服务事业提出了巨大挑战，养老问题已经成为牵涉面最广且公众反映日益强烈的重大民生问题。

（二）家庭养老功能弱化，机构养老不能完全满足老年人养老服务需求

家庭养老是我国传统的养老模式，然而随着时代的变迁和社会结构转型，家庭养老模式正面临巨大的冲击。由于家庭结构的小型化、子代跨地域就业流动的增加、生活方式和价值观的改变、计划生育政策导致的少子化等因素的影响，传统的代际支持模式发生了改变。家庭养老缺乏足够的人力照顾资源，子代的养老支持成本也大为增加，而且家庭照顾也很难满足老年人专业护理的需求。传统的家庭养老模式难以为继，养老问题已经成为社会问题。

机构养老能够提供较为专业的生活照料、医疗护理等服务，老年人集中居住便于服务和管理。然而，随着机构养老的发展，其弊端也日益显现。养老机构提供的服务具有普遍性和单一性的特点，难以呼应不同老年人的个性化需求。养老机构使老年人与家庭和社会隔离，老年人缺乏与家庭成员的联系和与社会的互动，无法满足其精神慰藉和社会参与的需求，实际上，大多数老年人希望居住在温馨的家庭、熟悉的社区中。因此，机构养老并不能满足所有老年人的养老服务需求。而且我国目前的机构养老发展还存在种种问题，养老机构数量少、服务质量和专业性有待提升、民办养老机构发展相对滞后等。未富先老情况下进入老龄化社会，大多数老年人无法负担机构养老的费用。河南省郑州市的养老机构，针对生活基本自理老人的收费标准是，条件较好的机构每月近 1 万元，较差的每月 3 000 元，这样的收费标准使大多数老年人只能“望洋兴叹”。

因此寻求一种弥补家庭养老与机构养老不足的养老方式迫在眉睫。作为一种新型的养老方式，社区养老能够为老年人的晚年生活提供最理想的活动场所和交往空间，能够更好地满足老年人的需求。

（三）社区养老具有显著优势

社区养老是“以家庭养老为主，社区机构养老为辅，在为居家老人照料服

务方面，又以上门服务为主，托老服务为辅的整合社会各方力量的养老模式”。社区养老以社区这一平台为基础，将机构服务和居家服务串联起来，能够提供既专业化又社会化的养老服务。

与传统的家庭养老相比，健全的社区养老服务具有专业优势。社区养老服务由专业的社区养老服务人员提供，他们掌握老年学、护理学等专业知识，经过专门的养老服务培训，具备服务老年人群的专业技能，能够为老年人提供更专业化、个性化的养老服务。尤其是居家的高龄、失能老人，他们对专业性的护理服务需求较高，家庭照顾很难满足，社区养老服务能够很好地弥补家庭照顾的不足。与机构养老相比，健全的社区养老服务更适应老年人的心理需求，具有便利性和成本低廉的优势。社区养老使老年人留在温馨的家庭和熟悉的社区环境中，适应大多数老年人的心理需求，是一种符合人性的养老方式。社区养老模式使老年人居住在家中即可享受到专业性的照顾服务，免于在家庭和机构之间奔波，老年人原有的物质资源，如住房、家具、生活设施等都可以得到充分利用，大大降低了接受服务的费用和成本。社区养老相对机构养老具有投资少、成本低、服务广、收费低、效果明显的特点，能够有效弥补机构养老的缺陷和不足。

（四）河南省社区服务体系建设有利于社区养老服务的开展

作为人们居住和生活的日常领域，社区与人们的现实生活息息相关。20世纪90年代以来我国城市社区服务与建设运动不断推进，我国的城市社区服务体系建设已初具规模并不断完善。城市社区服务体系通过政府和各级单位、社区、街道之间的分工和协作，为满足社区居民的生活需求、提升生活质量而提供多元化综合服务。河南省积极落实国家有关社区服务体系建设的政策，2009年制定实施《河南省人民政府关于加强和改进社区服务工作的意见》，2012年制定实施《河南省社区服务体系建设规划（2011—2015年）》，2014年出台《关于加强新形势下城市社区建设的意见》，城市社区服务体系建设取得了显著效果，逐步建立了较为健全的社区服务体系，为开展社区养老服务奠定了良好的基础。

（五）相关政策文件的出台为社区养老模式的发展营造了良好的政策环境

河南省政府重视居家和社区养老服务模式的发展，2016年河南省民政厅出台《关于进一步做好居家和社区养老服务工作的通知》，明确了省、市、县三级居家和社区养老服务体系建设任务指标，提出河南省各级相关部门要以城乡社区养老服务设施为依托，以满足老年人的生活需求为重点，逐步形成以公共服务为基础、社区服务为依托、市场服务为支持的居家养老服务体系。2017年8月河南民政厅、发改委共同制定《河南省“十三五”养老服务体系建设规划》，对河南省未来几年养老服务业的发展作了全面部署。根据规划，到“十三五”末，河南省要基本建成以居家为基础、社区为依托、机构为补充、医养相结合、多方参与、功能完善、服务优良、监管到位的多层次养老服务体系。到2020年，居家社区养老服务设施覆盖所有城市社区，要依托社区服务中心（站）、社区日间照料中心、卫生服务中心等资源，为社区老年人提供各项服务。在硬件设施上，河南省要在当地养老服务发展计划中纳入居家养老服务的基础设施建设，打造200个示范型城市社区养老服务中心，建设城市社区15分钟养老服务圈。这充分说明政府对于社区养老模式的肯定和重视，为社区养老模式的发展营造了良好的政策环境。

二、相关理论依据

（一）福利多元主义理论

作为社会政策的一个宏观分析范式，福利多元主义也被称为“混合福利经济”。1978年英国主张把志愿组织纳入福利的供给者行列，在社会政策实践中践行福利多元主义，福利多元主义的概念由此开始。后来罗斯、约翰逊、伊瓦斯、吉尔伯特等从不同角度对福利多元主义进行了理论建构。

20世纪70年代以来，福利多元主义在社会政策领域中发挥着日益重要的作用。在西方社会政策领域中，福利多元主义指福利的规则、筹资额提供由不同的部门共同负责、共同完成，涉及了具体制度安排、价值、社会原则、组织形式等内容。由于经济环境、意识形态不同，福利多元主义在西方国家的福利政策实践中有所差别。在倡导自由主义的福利国家模式中，更多强调市场介入社会福利的供给；在保守主义的福利国家中主张传统家庭的价值，只有家庭能力枯竭时政府才能介入；而民主社会主义福利国家则强调国家的福利责任和承诺，公民享有较高水平的福利。

福利多元主义是在西方福利国家出现危机的背景下产生的，主要观点是建构在对福利国家批判的基础上，同时也延续了福利危机之前的一些理论观点。福利多元主义的核心概念包括：多元化、分权/分散化和参与。

多元化是指减少中央政府或国家在福利服务输送上的角色，而将服务的责任由中央/地方政府，下放到较小的地区或组织。重视政府之外其他社会部门在福利供给中的地位和作用是应对福利国家危机的应有之策，应引入市场、家庭、志愿组织、商业部门和其他非正式部门。分权/分散化是指政府承担的福利服务供给责任进行转移，更多由私有市场来承担，同时中央政府的职权下放，相关资源分散至地方的社区邻里和社会组织，实质上是强调社会福利和服务的地方化、社区化及消费者的参与和选择。参与是指福利提供者和福利消费者一起参与相关福利服务的政策建设和服务供给过程，如服务提供者可以根据机构、社区属性设计提供服务内容的权利。

福利多元化主义的理论视角为我们研究社区养老模式提供了理论支持。社区养老服务的供给需要多方主体参与，应当重视并支持志愿部门、商业部门及非政府组织参与社区养老服务，以提高养老服务供给效率，更好地满足日益高涨的养老服务需求。这里更多强调政府角色作用的转变，并非要推脱政府对福利的主导责任，政府从社区养老服务的直接参与和供给，转变为监督、评估、支持、协调和规制等角色作用，提高社区养老的供给效率，更好地发挥政府的职能作用，提升政府养老服务的主导责任。

（二）适度普惠型福利理论

适度普惠型社会福利是由政府和社会基于本国（或当地）的经济和社会状况，向全体国民（居民）提供的、涵盖其基本生活主要方面的社会福利。这种社会福利具有如下一些基本特征：它是针对全体国民（或者某一较大地区的居民）的，因而在某种程度上来说是普惠的。1958 年，威伦斯基和勒博把社会福利划分为“补缺型”和“制度型”两类。“补缺型”社会福利强调家庭和市场的作用，国家和政府只能在家庭和市场难以提供个人所需福利时才会承担相应的责任。“制度型”社会福利强调国家和政府对个人福利的责任，主要政府构建相对完善的制度体系以满足个人福利需求。

长期以来，由于我国经济和财力有限，且人口数量多、社会同质性差，这种底线公平的“补缺型”福利保障模式一直居于主导地位。当前我国社会经济已经进入全新的发展阶段，经济实力不断增强，为建设福利社会奠定了坚实的物质基础，同时，社会建设追求公平正义的价值目标，突破补缺型福利模式已经成为各方的共识。即便如此，福利国家的教训依然不能忘记，再加上我国发展中国家的国情，所以普惠型福利的提出必然带有某些限制性特征，既要坚持“普惠”的福利目标定位，也要兼顾“补缺”的一些理念和特征。

2006 年民政部副部长窦玉沛发表讲话提出，积极推动社会福利事业从补缺型向适度普惠型转变，政府方面首次提出“适度普惠”社会福利的概念。此后，我国学术界展开对“适度普惠”社会福利思想展开研究。

在适度普惠型社会福利模式的指导下，城市社区养老模式的构建应当使养老服务惠及全部老年人，在最基本的养老服务需求满足上实现“应保尽保”，同时发展多层次的养老服务供给，满足不同老年群体多元化的养老服务需求。

（三）基本公共服务均等化理论

最早提出基本公共服务概念的学者是19世纪后半叶的德国社会政治政策学派代表瓦格纳，他指出政府有增强社会文化和福利的职能，公共支出具有生产性，从而初步提出了公共服务这一概念。随后，法国学者狄骥（Duguit）明确提出公共服务的定义：“任何因其与社会团结的实现与促进不可分割，而必须由政府来加以规范和控制的活动，就是一项公共服务”。公共服务主要提供公共产品，包括基础设施建设、社会保障、文教卫生等公共事业。我国政府于1998年九届全国人大一次会议《关于国务院机构改革方案的说明》的报告中最早提出“公共服务”是政府职能转变的目标之一。

基本公共服务属于公共服务内涵的一部分，由于国家财力有限，社会发展的不同阶级提供的公共服务既要保证公民基本的生活需求，又不能超出国家的财政能力范围。国内学界对于基本公共服务并没有达成一致的认识。2006年通过的《中共中央关于构建社会主义和谐社会若干重大问题的决定》提出，进一步完善基本公共服务体系是2020年构建社会主义和谐社会的目标和任务之一。2012年《国家基本公共服务体系“十二五”规划》进一步明确我国基本公共服务建设的任务和方向，规划首次界定基本公共服务的概念，基本公共服务和公共服务的区别在于基本性上，并提出政府有提供基本公共服务的责任，公民有享有基本公共服务的权利。

基本公共服务均等化是指政府要为社会公众提供基本的，社会不同发展阶段具有不同标准的、符合公平正义原则的、最终大致均等的公共物品和公共服务。“基本公共服务均等化”强调的是“均等化”，也就是说，要尽可能地满足人们生存和发展的最基本的需求和条件，使公众都能享有均等的权利。具体而言，“均等化”并非要求绝对的相等，这里的均等是保证人们获取大致相等的基本公共服务，在此基础上，还要体现地区差异带来的不同影响以及要尊重某些社会成员自由选择的权利。因此，政府提供均等化的基本公共服务实质是“底线均等”，不同地区、不同群体间的差别是不能忽视的，在此前提下，政府保障全体民众都享有一定标准的基本公共服务的权利。

基本养老服务是我国基本公共服务的重要组成部分，2009民政部《基本养老服务体系建设试点方案》中首次提出基本养老服务的概念，是政府通过财政支出，向全体老年人提供基本的生活照顾、卫生保健、精神文化等服务，同时要优先保障孤老优抚对象及低收入的高龄、失能、独居等困难老人的需求，兼顾全体老年人的服务需求。就我国社区养老服务而言，政府应当满足社区的全部老年人的基本养老服务需求，也应考虑不同老年群体之间的差异，提供具有差异性的不同服务标准和服务水平的社区养老服务。

（四）多中心治理理论

多中心治理理论是在公共管理研究领域出现的一种新的理论，是人们对解决社会问题进行探寻时认识的重要转折，突破了社会管理领域的传统认识，形成了一种新型的国家与社会关系范式。

英国学者迈克尔·博兰尼首先提出了“多中心”的概念，“多中心”意味着“有许多在形式上相互独立的决策中心……它们在竞争关系中相互重视对方的存在，相互签订各种各样的合约，并从事合作性活动，或者利用新机制来解决冲突”。多中心理论扩展了社会治理的公共性，多个权力中心或服务中心可以并存，他们相互合作共同提供更多的选择和更好的服务，尽量避免“公地的悲剧”和“集体行动的困境”。自主治理是多中心理论的基础，“多中心”是其理论核心。奥斯特罗姆在深刻理论分析和丰富实证研究的基础上深入发展了多中心治理理论。

奥斯特罗姆在深刻理论分析和丰富实证研究的基础上发展了多中心治理理论。多中心治理的目标是实现公民利益的最大化和满足公民多样化的需求，主体是包括政府、企业、非营利组织、社会组织等多方的复合主体，方式是通过网络型的结构和“合作—竞争—合作”的治理方式来实现。所谓的多中心治理，就是行为主体既自由独立地追求自身利益，又相互协调合作，都具有有限但独立的地位，没有任何主体可以作为全能的权威凌驾于法律之上。这样，传统的只有一个最高权威的单中心政治体制被打破，出现了一个多个权力中心组成的治理网络。多中心治理理论“主张因地制宜，采取分级、分层、分段的多样性制度安排，主张政府、市场和社区的协调与合作”。随着社会的不断发展进步，传统的单中心政府治理模式无法满足公众日益增长与多元化的需求，以支持“权力分散、管理交叠和政府市场社会多元共治”为特征的多中心治理理论就成为满足民众需求、提高服务质量和效率的理想模式。

多中心治理理论为非政府组织参与社会治理提供了理论支持。公共服务由政府完全提供转向其他多元主体共同参与提供并实行责任分担，引入竞争机制能够提高服务供给的效率，更好地满足服务对象的需求，真正实现公共服务的社会化。在养老服务方面引入多中心治理理论，实现养老服务的社会化和多中心治理，由多元主体参与养老服务的供给，避免由政府单一提供的低效，为服务对象提供更多选择。社区养老模式的构建应采取多元供给的合作机制，构建多主体参与、多层次协同的社区居家养老服务模式。

第三节　典型调查——以河南省新乡市为例

一、新乡市发展社区养老服务的起因

自21世纪初，新乡市进入老龄化社会以来，人口老龄化便呈现快速发展态势。截至2011年底，全市60岁以上老年人已达到69.82万人，占常住人口的12.39%，其中65岁以上老年人44.8万人，占常住人口的7.95%。据预测，到“十二五”末，全市60岁以上老年人将达到76万人，占常住人口的15.38%；到2020年，60岁以上老年人将达到86万人，占常住人口的16.65%，80岁以上老年人每年以3.63%的速度递增。新乡市人口老龄化呈现出规模大、增长速度快、高龄化趋势明显、空巢老年人和失能老年人多的突出特点。

伴随着人口老龄化、空巢化、高龄化，以及失能、半失能老年人数量的不断增加，老年人日常照料和护理问题日益凸显。与此同时，与工业化、城市化相伴随的是，人口流动加速，家庭规模不断缩小，家庭结构趋向核心化，致使家庭养老功能不断弱化，传统的家庭养老模式难以为继，社会养老服务需求与日俱增，社会养老服务体系建设已迫在眉睫。为了积极应对人口老龄化，新乡市老龄办胡主任委托河南师范大学一位博士，让其围绕“新乡市老年人的养老服务需求状况”开展调查。结果显示，大多数老年人选择居家养老。通过深入社区调研，胡主任发现绝大多数老人还是愿意在家里养老。大力发展居家养老服务，符合中国基本国情、历史传统和文化习俗。

社会养老服务体系建设应以居家养老服务为主，但居家养老服务需要社区养老服务作为重要依托，缺失了社区养老服务，居家养老服务和传统的家庭养老就没有了本质区别。大力发展社区养老服务，为居家老人提供良好的社区养老服务设施与机构，是新乡居家养老服务发展的一个重要特色。

二、新乡市社区养老服务的发展状况

如前所述，发展社区养老服务是发展居家养老服务的题中应有之义。2012

年，新乡市居家养老服务采取了“公办民营”方式进行，即新乡市民政局委托新乡市小保姆床业有限公司来建设、管理、运营居家养老服务。所谓“公办民营指的是政府委托民间来经管自己以公共权力兴办的设施和事业。”即社区居家养老服务设施或事业的产权主体是政府，而不是民间机构或组织。关于“公办民营”，新乡市老龄办胡主任有着自己的理解：“养老服务是一个公益性、半福利性的事业，政府不能不管，必须由政府公办。但是对新乡市政府而言，既没人力也没财力来搞社区居家养老服务，所以必须依靠市场化运作，由市场合作搞民营。政府主要是免费提供社区居家养老服务用房供卢总使用，以减轻民间力量运营社区居家养老服务的成本。”新乡市居家养老管理服务中心原总经理李艳的话进一步印证了胡主任的说法，她告诉我们：“因为这个 12349 是全国性的，公众的这样一个热线，像这个 120、110，它不是说是个人的，它是公办的。但是国家也没这个人力，也没这个精力。另外呢，说白了，也投不起这样一个财力。所以要找一个企业去做这个事儿，就是公办民营嘛。”居家养老服务既需要社区养老服务设施作为依托，又需要专业化的养老服务机构作为支撑，新乡的居家养老服务特别重视加强社区养老服务设施和机构的建设，增强社区养老服务能力。

（一）打造 12349 居家养老网络服务平台

作为新乡市居家养老服务的受托人，新乡市小保姆床业有限公司总经理卢世欣干的第一件事就是，帮助政府建立 12349 居家养老网络服务平台，这是一个居家养老服务供给与需求的交互平台。

第一，场地由政府免费提供。建立新乡市 12349 居家养老网络服务平台，场地供应是难题。新乡市老龄办胡主任认为，居家养老服务属于基本公共服务，政府理应发挥主导作用。但是新乡市政府压根就没有“居家养老”这一概念，自然没有实施政府购买居家养老服务的制度，资金支持力度也较小。在此情况下，胡主任希望政府能够免费提供场地。他曾经骑着自行车到处找房子，试图为卢世欣免费提供场地，却无果而终。于是，卢总下决心自己出钱租房，租房也找不着合适的。无可奈何之下，新乡市老龄办胡主任含泪给新乡市高新技术产业开发区（简称高新区）书记写了一封感人肺腑的信，重点讲述了建立 12349 居家养老网络服务平台和各个社区居家养老服务网点，发展社区居家养老服务对应对人口老龄化以及对高新区的重要意义。被胡主任的真情实感打动，高新区政府终于同意免费提供桂竹花园小区一部分公共用房用作 12349 居家养老网络服务平台的场地。

第二，资金由民营企业提供。建立 12349 居家养老网络服务中心之初，地方政府没有任何财政支持，建设费用完全由新乡市小保姆床业有限公司的卢世欣总经理承担。卢世欣告诉我："就是为了这个电话号码（12349），桂竹花园的地方，装修投了 200 多万，去做这个 12349，政府没给过一分钱。政府说谁做？你做吧，给我多少钱？政府说没钱。遇到我了，我说我做，我有钱，就是这样做的。"

第三，软件由民营企业自主研发。最初，新乡市 12349 居家养老网络服务中心所使用的软件是从河南省老年公寓引进来的，该款软件看上去很完美，但不实用，因为这些软件都是设计者想象出来的，是先设计好软件，然后需要各个地方去适应这个软件，这个设计理念就是错误的。于是，卢世欣带领自己的小保姆床业有限公司的研究团队，历时一年半，耗资一百多万元，自主研发了"12349 居家养老管理系统软件"。新软件的设计立足新乡实际，使用起来得心应手。积分养老制实施后，凡是参与积分养老的老人、各类企事业单位均共用这一个软件系统。老年人可以在合作单位的任一网点入网参加积分养老，入网时需要登记个人及家庭的一些真实信息，然后这些信息可传输到 12349 居家养老网络服务中心平台。这相当于为每位参加积分养老的老人建立了一个电子档案，当老人拨打 12349 时，中心平台的接话员会及时看到老人的健康状况、家庭情况等相关信息，进而为老人就近提供便捷的居家养老服务。

第四，为老年人建电子档案。新乡市 12349 居家养老网络服务中心的一个主要职责是，负责老人电子信息入库管理与建档工作。为了完成这项工作，卢世欣与中国联通新乡分公司、中国银行新乡分行等企业合作实施积分养老，即老年人办理中国联通或中国银行的业务，在享受物美价廉的产品与服务的同时，还可以获取养老积分并享受用积分兑换的产品与服务。不仅如此，老年人在中国联通、中国银行的各个网点办理业务时，需要登记个人及其家庭成员的有关信息，并由网点工作人员录入到"12349 居家养老管理系统"中，数据会及时传输到新乡市 12349 居家养老网络服务中心平台。这种建档方式不仅可以节省大量的人力、物力、财力、时间，而且保证了录入信息的真实性、有用性，起到了事半功倍的效果。

（二）成立新乡市居家养老管理服务中心

2012 年，在卢世欣注册新乡市 12349 居家养老网络服务中心时，新乡市老龄办胡主任就指导和帮助他注册了另外一个非营利组织——新乡市居家养老管理服务中心，两个中心共用一个场地——桂竹花园的社区养老服务用房，法人代表均为卢世欣。新乡市居家养老管理服务中心的注册具有前瞻性，2014年新乡实施积分养老制后，与各类企事业单位签订合作协议的正是以卢世欣为法人代表的新乡市居家养老管理服务中心。该中心的主要职责有四个：一是负责以卢世欣为法人代表的30多个社区居家养老服务网点的管理与运营；二是负责落实新乡市居家养老服务方面的一些政策，提供无偿、低偿、有偿服务与管理；三是负责对全市居家养老护理人员、社区志愿者等为养老服务人员进行岗前培训，培训结束后可参加由国家认可的机构组织的考核考试，经考核考试合格者，颁发由国家认定的“养老护理员”上岗证书，已具有“养老护理员”资格证书者，可参加“养老护理师”资格考试，办理上岗资质证书费用由个人支付；四是负责为其他的社区居家养老服务举办者提供指导与帮助，发挥示范作用。

（三）建立多种类型的社区居家养老服务网点

除了成立新乡市12349居家养老网络服务中心和新乡市居家养老管理服务中心之外，卢世欣又相继建立了30多个社区养老服务网点，为社区老人打造“10分钟生活圈”，这些网点的法人代表均为卢世欣。尽管各家社区养老服务网点叫法不同，但是从功能上看，可分为三类：生活照料型网点、文体娱乐型网点和康复护理型网点。

1. 生活照料型网点

生活照料型网点，顾名思义，是指为居家老人提供家政服务及社区日间照料服务的网点，这类网点包括新乡市红旗区宝龙日间照料中心、红旗区世纪村日间照料中心、高新区启明日间照料中心、高新区振兴社区日间照料中心、卫滨区翰林国际日间照料中心、牧野区东郡日间照料中心、新乡市12349家政服务中心等均属于此种类型。下面仅以新乡市红旗区世纪村日间照料中心为例进行介绍，其他的网点与此类似。

新乡市红旗区世纪村日间照料中心是河南省养老服务的示范单位，新乡市和省上的领导多次前来参观考察，较具典型性。该中心原为新乡市12349配餐服务中心，主要为本社区和附近社区老人提供送餐服务，每餐收取费用10元。雇一个厨师工资为3 000元/月，一个帮厨为2 000元/月，一个送餐的为3 000元/月，支出较大，而在新乡有此需求的老年人却较少，收不抵支，目前的配餐服务已经停止。

新乡市红旗区世纪村日间照料中心由两套房组合而成，面积约200多平方米，场地是政府免费提供的社区养老服务用房，免交物业费，其内部装修、硬件设施的配备等费用均由法人代表卢世欣承担。该中心包括一间厨房，一间储物室，一间沐浴室，两间休息室，一个大客厅和一个小餐厅，配有电视、空调、地暖等硬件设备，同时还配有消防栓、灭火器、安全门等标准消防设施。两间休息室分别放置了 3 张和 6 张床，另外在客厅还放置了 5 张床位，一共 14 张床位。老人所用的多功能护理床皆由卢世欣的小保姆床业有限公司提供。

该中心共有 5 名工作人员，护工 4 人（包括院长在内），厨师 1 人。杨院长以前曾在其他养老院当过院长，从事护理工作多年，有一定的护理经验，在照顾老人的同时负责管理日间照料中心的大小事务和接待参观人员，也负责接待一些有意将父母送来养老的家长，并与其签订协约，明确双方责任。在日常的护理中，杨院长是个“全能型”护理人员，不仅做些平常的护理工作，老人的理发也由她负责。焦护工属于“4050”人员，是政府购买的公益岗位，在周末和节假日不用上班。焦护工会使用电脑，负责录入老人的信息。其余两名护工来自新乡市附近的农村，每天的工作量较大，张护工主要负责换洗老人的衣物和为老人洗澡，任护工因上夜班每天有 10 元的加餐费（变相的加班费），比白班的张护工每月工资多 300 元。郭厨师曾在卢总的其他社区居家养老服务机构工作过，在老人饮食方面有着丰富的经验，熟悉老人的身体特征，能够合理地搭配老人的餐饮。郭厨师也负责买菜，根据他的需要，卢世欣每月支付世纪村日间照料中心 3 000 多元的伙食费（表 3-1）。

表 3-1　新乡市红旗区世纪村日间照料中心工作人员构成情况

人员	性别	年龄（岁）	工资（元）	工龄	文化水平	主要工作
杨院长	女	61	2 000 多	近 3 年	中学	管理事务和护理
焦护工	女	49	1 400	近 3 年	中学	输入信息和护理
任护工	女	46	2 400	半年多	小学	夜班护理
张护工	女	63	2 100	两个多月	小学	白班护理
郭厨师	男	62	2 000 多	近一年	小学	做饭

注：护理人员没有严格的劳动分工，她们在一些工作上互相帮忙，共同完成。

新乡市红旗区世纪村日间照料中心共入住老人 11 位，6 位女性，5 位男性，老人的年龄参差不齐，50～100 岁不等。年龄最小的 51 岁，是一位因病未退休的铁路工人，年龄最高的 102 岁，是一位来自郑州的老太太。老人入住的时间也各有不同，一年以内的 4 人，一年以上的 7 人，有的刚来不到一个月，有的住了将近三年。11 位老人中在日间照料中心长期居住的有 10 人，日托 1 人。入住的老人不同程度地患有疾病，并且老人的自理能力差异大，其中失能老人 4 人，半失能老人 5 人，能自理老人 2 人。11 位老人中 6 人有退休工资；1 人未退休，因病长期住在该地，原单位给予照顾，仍继续支付其工资；4 人无退休工资。老人收费没有硬性标准，能自理老人收费 1 800 元/月，半失能老人收费 2 200 元/月，失能老人收费 2 700 元/月，日托老人（偏瘫坐轮椅，不能说话）每天收费 60 元，收取费用用于老人的日常生活需要，医药费、冷暖气费等另算。另外，每位老人在入住前需要交纳 1 000 元保证金，以用于急时之需，如老人因紧急状况而住院，家属不在，便拿保证金先为其垫付，并且老人家属要和日间照料中心签有协议，明确双方责任。日间照料中心入住的老人大部分是新乡市人，其中家属在日间照料中心所在小区的有 5 人，另有一部分新乡市农村的老人和少数外地人。经常来该中心探望老人的家属大多是本社区居民，也有一些在附近社区居住。实地调查发现，像新乡市红旗区世纪村日间照料中心这样的社区小型养老机构因为设在社区，方便子女探望，入住老人少，便于人性化服务，所以深受老年人的好评。

2. 文体娱乐型网点

文体娱乐型网点的主要功能是满足社区老年人的精神慰藉需求，这类网点包括新乡市高新区老年大学、新乡市红旗区老年大学、高新区居家养老服务中心和各个社区日间照料中心等。下面重点介绍较具代表性的两个网点的情况。

（1）新乡市高新区老年大学

新乡市高新区老年大学位于奥园康城小区，创建于 2014 年 9 月 1 日，共有 1 200 平方米，场地由高新区政府无偿提供，但是装修费用和购买设施器材的费用均由卢总承担，共计约 100 多万。老年大学分为上下三层：第一层有两间屋，一间是老年人学习大小提琴、葫芦丝和二胡的教室，里面主要摆放一些乐器架子和黑板，主要的乐器还需要老人从家里带过来，另一间是老人理发足疗地方，里面有三台电动足浴缸和一台跑步机、一台仰卧起坐器械，还有一台办公电脑，还有两张床用于老人生物治疗；第二层是声乐室、办公室和电脑室。声乐室是老人上课学习音乐的教室，大概有 100 张桌子，200 多个板凳，通常由懂音乐的退休老人志愿教大家唱歌；第三层是老人跳舞、走秀和举办活动的地方，还有一个区域是爱心捐助站，负责整理社区居民捐助的衣物。

高新区老年大学的工作人员固定的有三个，还有三个流动人员。王姐主要是负责一楼积分资料的输入和办理移动送话费的业务，李姐和杨姐主要是在二楼，其职责是给老人开门、打扫卫生、维持课堂秩序、介绍积分养老、组织老人旅游、代收费等。她们的工作积极性高，与老人的关系融洽，老人们称她们为“娘家人”。她们都是下岗职工，大概50岁左右，其工资是新乡市最低工资，1 000多点，有“五险”。老年大学的开课时间与学生一样，有寒暑假，上午8点30分上课，下午2点30分上课，周末休息。老年大学教师都是义务授课，没有具体的物质报酬，只是每节课可以获得50个养老积分（老年大学的课程见表3－2、表3－3、表3－4）。

表3－2　高新区老年大学一楼教室的课程表

上课时间	课程	教师
周一上午	电子琴一班	胡建婷
周一下午	葫芦丝中级	王泽源
周二上午	葫芦丝初级	王泽源
周二下午	无	
周三上午	无	
周三下午	无	
周四上午	大提琴	李宏生
周四下午	小提琴	李宏生
周五上午	二胡	李宏生
周五下午	太极拳	高新区太极拳协会

注：声乐教室：大小提琴、葫芦丝、二胡在一楼，电子琴在二楼。

表3－3　高新区老年大学二楼教室的课程表

上课时间	课程	教师
周一上午	手工制作串珠	张素姣
周一下午	刮痧初级	张连瑞
周二上午	刮痧中级	张连瑞
周二下午	中医推拿保健	杨高甫
周三上午	动画制作	国凤清
周三下午	豫剧	姢祥梅
周四上午	声乐一班	胡建婷
周四下午	易经	闫太峰
周五上午	声乐二班	三玉荣
周五下午	影像制作	王海滨，李存兴

表 3-4　高新区老年大学三楼教室的课程表

上课时间	课程	教师
周一上午	拉丁舞	仇新平，杨旗
周一下午	时装 1	卢湘霞
周二上午	交谊舞	杨旗，邹玉琴
周二下午	形体	张丽荣
周三上午	国标舞	李世久，路开莉
周三下午	时装 1	卢湘霞
周四上午	古典舞	缑光霞
周四下午	时装 2	贾玉枝
周五上午	国标舞	李世久，路开莉
周五下午	古典舞	缑光霞

老年大学有自己的规章制度：一是 75 岁以上老人参加学习者，须身体健康，凭医院体检证明，能坚持正常学习，并征求家属同意后方可报名；二是学员在校学习期间，要注意安全和自身财产保管，发生安全事故或财产遗失、损坏，责任自负；三是上课期间，遇到下雨等恶劣天气，影响出行安全的，课程暂停，学时顺延，若有其他调整，由班长负责通知；四是因校方原因不能开班，全额退款，学员因自身原因退班，在开学一周内办理退学手续，可以退回学费，开学一周后一律不办理退学手续；五是学员须遵守老年大学章程及学员守则。

(2) 新乡市高新区居家养老服务中心

新乡市高新区居家养老服务中心建于 2012 年，房子由高新区政府免费提供，面积约 400 平方米，分上下两层。其中一楼的主要功能是工作人员的行政工作区，包括前台接待、居民来访、居民刷积分卡签到、居民办积分卡和居民信息录入等。一楼左侧空间放有一台可以洗 25 千克衣服的大型洗衣机和一台大型烘干机。由放洗衣机的地方再向里走，有一间理发室，室内墙上挂着两块理发镜和一台吹风机，镜子对面放有两把理发椅和一些杂物。据该中心赵主任介绍，这里是 12349 的洗衣中心，洗衣机是各个网点中最大的一台，由卢世欣出资购买。老人只需将要清洗的衣物送到最近的社区居家养老服务网点，网点的工作人员会将衣物统一送往这个洗衣中心，清洗完毕后，工作人员会按照标签将衣物送回各个网点，然后由老人到最近的网点取回。清洗衣物有固定的价格，如衬衣、短裤、T 恤、牛仔裤、长裤，每件单价 3 元，使用 2.2 个积分，付 0.8 元现金。清洗费用的支付一般采取“现金＋养老积分”的形式，老人只需交少量的现金即可，其余的用养老积分兑换。

中心二楼主要是为社区居民提供文体娱乐活动和休息的地方，共有 6 个房间，分别是日间照料室、图书阅览室（四点半课堂学校）、文体娱乐室（技能培训室、老年远程教育）、摄影室、敬老助餐室、心理咨询室。日间照料室里放有四张床、两张可以躺下的沙发椅，日间照料室的主要功能是让来此活动、不想或者不方便回家的老年人中午在这里休息。据赵主任介绍，一般在较冷和较热的天气会有老人在这里休息，一般床位会占满。

图书阅览室里放有两个宽约 1 米、高 2 米的书架，书架上的书种类混杂，共约 200 本，有关历史的书籍居多。此外，该图书阅览室也是高新区老年大学的唯一一个设在其他地方的上课点，目前开设有书法课和国画课。教室外的大厅里设有一张专供练习书法的桌子以及相应的书法用品，大厅的墙上挂有书法老师的书法作品。

文体娱乐室的面积是六个房间里最大的，目前的主要作用是供老年人在此学习瑜伽课。房间的门在西墙，东墙是一排几乎落地的窗户，所以房间里非常明亮。房间里的东南角落放有一台电脑，南墙上挂有一台液晶电视，下面设有台机，台机上放有一台 DVD 播放器和一个直立话筒，两边是两台音箱。天花板上吊有一台投影仪，北墙上挂有一个可升降的幕布，西墙上挂有一块几乎与墙一样大小的镜子，这个镜子的作用是供老人练习瑜伽时矫正姿势。每周三下午会有老师在此志愿上瑜伽课，瑜伽课是所有课程中上课人数最多的，非常受女性老人的欢迎。此外，房间的东北角设有一张方桌和四把椅子，供老人们休息时使用。此房间也叫技能培训室和老年远程教育室，老年远程教育主要是教授老年人怎样使用电脑（表 3－5）。

表 3－5 新乡市高新区居家养老服务中心的课表

上课时间	课程	教师
周一上午		
周一下午	立体摄影	畅玉柱
周二上午	书法和英语	常继忠，陈黎
周二下午	古典文学	闫太峰
周三上午	瑜伽中级	陈黎
周三下午	国画山水	李晓牧
周四上午	无人机航模	尚德丰
周四下午	瑜伽练习	陈黎
周五上午	空竹	冯宝钢
周五下午	金色奥园	门面三楼

摄影室里有两个摄影用的照明灯、蓝色背景布。据摄影老师介绍，摄影室的背景布是由几名摄影爱好者自发组织购买的，由12349的家政服务人员安装。敬老助餐室里餐饮设备齐全，有微波炉、高压锅、抽油烟机、灶台、一张方形的餐桌和四把餐椅、一台双开门的冰箱。据赵主任介绍，这个房间主要的功能是为上门送餐的老人做饭的，老年人在家里只需打个电话，中心便会做好饭菜送到老人家里，一般是包子、汤和青菜，并且会注重营养搭配，收费标准10元，8元现金+2个积分。来这里活动的老年人如果中午不回去也可以在这里吃饭，标准和送餐标准一样。

心理咨询室是为老年人做心理咨询的，室内设有一张弧形的长桌，桌上放有一台电脑，桌子里外各设有一把椅子，以供咨询师和咨询者使用。在桌子东面的墙边放有一个档案柜，用来存放资料和来访者的相关信息。

此外，该中心还设有一个爱心超市——捐赠处，主要是用来收集社区居民不用的衣物或生活用品，居民捐赠物品会得到相应的积分。这些被捐赠的东西会经工作人员清理之后存放在爱心超市里，再发送给有需要的人。爱心超市在二楼的大厅里，设有三个储物架，其中一个储物架上存放的是衣服，另外两个主要存放其他生活用品。中心开展的各项娱乐活动均是由老年人自发组织的，中心主要是为他们提供了一个活动场所。

高新区居家养老服务中心目前有两名专职人员和三名流动人员，三名流动人员也是12349的家政服务员，周一至周五在中心等待家政工作，没有家政工作的时候在中心帮忙，有家政工作的时候上门提供家政服务，周六周日在家等待家政工作。五名工作人员皆为“4050”人员，均是政府设置的公益岗位。

3. 康复护理型网点

康复护理型网点侧重为老年人提供康复、保健、护理、健康检查等服务，包括新乡市小保姆居家养老护理服务中心、新乡市居家养老服务体检中心、12349绿地康复服务中心等。

（1）*新乡市小保姆居家养老护理服务中心*

新乡市小保姆居家养老护理服务中心于2008年成立，注册的是民办非企业单位，场地由卢总私人购置，大约130平方米，摆放有28张床位。硬件设施包括1台洗衣机，1台热水器，4台空调，2台电视。厨房里除了锅碗瓢盆之外，还有消毒柜、豆浆机、微波炉各1台。该中心有8名员工，其中院长1名，为医专毕业，之前在新乡市中心医院上班，老人的日常用药、测量血压血糖之类的基础检查和感冒、发烧、上火等小病，均由院长负责治疗。院长处理不了的疾病，再由家属将老人送往医院，医院离这里很近，看病较方便。护工白班4名，夜班2名，厨师1名，除厨师和1名男护工以外，其余均为女性。该中心收住老人19位，男性14人，占老人总数的73.7%，女性5人，占老人总数的26.3%；年龄最大的95岁，最小的60岁，平均年龄为78岁；入住时间最长的将近五年，最短的不到1个月；有退休金的老人14人，约占老人总数的73.7%，农民5人，约占26.3%，主要是随迁老人，无退休金；入住老人均不能自理。访谈得知，新乡市小保姆居家养老护理服务中心深受失能半失能老人及其家属喜爱的一个主要原因是，有专业医生指导与提供护理服务，既重视“养”——基本生活照料，又重视“护”——专业护理服务。

(2) 新乡市居家养老服务体检中心

2016年，卢总在新乡市12349居家养老网络服务中心、新乡市居家养老管理服务中心所在地，又斥资400多万元购置健康检测理疗设备，建立了一个体检中心，主要是为老年人提供一系列的体检服务，包括测量身高、体重、血压、血糖、尿常规、肺功能、体温、心电图、微量元素分析、动脉硬化检测、红外乳腺检查、体质辨识等，老年人可以全部使用积分兑换体检费用，而无需交纳现金。体检方式有两种：一种是组织老年人定期到体检中心体检；另一种是派车拉着健康检测理疗设备深入社区在老人家门口为老年人体检。然后，中心将老年人体检的数据信息传输给合作医院的专家，专家再将诊断结果、治疗方案及预防保健等建议反馈给体检中心，体检中心再及时告知老人。

正如卢总所讲：“在那个呼叫中心（和体检中心共用一个场地）进了很多设备，老人可以凭积分体检。你可以知道自己的血管硬化到什么程度了，你知道自己的脂肪肝标准是什么程度了，你知道你的骨质疏松到什么程度了，你知道你的身体缺什么元素了，你可以知道自己的血压、胆固醇、心电图等，你自己心里有一个数。有数以后，我们会给你制定一个合理的饮食计划，那么就是说，吃什么啊，运动啊，就是说把生命收藏在春天里，这话说得有一点文化味了啊，就是说，把你有限的生命争取健康快乐地活着。好，我活了89岁，我床上躺了10年，那个情况下，意义就不是很大了，这就是尽量地压缩在床上躺着的时间，这就是说，要未病先治，天气可以预报，我们的健康也可以预报，我们在做这个事。”

(3) 12349绿地康复服务中心

卢总在新乡市卫滨区建有12349绿地康复服务中心，该中心面积约1 000

多平方米，中心摆满了各种为老年人提供康复理疗服务的设备，包括光波康复理疗仪、智能治疗仪、耦合治疗仪、中低频红外电磁热振治疗仪（软组织）、变频电刺激磁针动力治疗仪（胃）、变频电磁脉冲定向治疗仪（肝）、超声肌电反射治疗仪、股创伤治疗仪、骨质疏松治疗仪、前列腺治疗仪、经颅磁刺激仪、DDS生物电按摩器、四肢联动康复训练器、磁脉冲治疗仪、脑循环功能障碍治疗仪等。老年人可以在此接受理疗服务，费用可以用“现金＋养老积分”的方式支付，大大减轻了老人的经济成本。正如卢总所言：“就是（老人有）一个小毛病啊，风湿什么啊，我们这些设备就可以做康复。就是说让一些小毛病，风湿，类风湿，关节炎啊，提前的解决，减少痛苦。”

除此之外，以卢总为法人代表的网点还包括新乡市高新区隆基花园服务中心、新乡市卫滨区老年生活服务中心、新乡市牧野区老年生活服务中心、新乡市太空路老年生活服务中心、新乡市卫滨区恒大雅苑老年服务中心、新乡市滨河湾老年服务中心等市区内的社区居家养老服务网点，以及新乡县老年生活服务中心、卫辉市居家养老服务中心、延津县居家养老服务中心、原阳县居家养老服务中心等几个市区之外的网点。所有的社区养老服务网点都要为社区老年人提供入网（12349居家养老管理系统）、刷卡积分、代缴水电费、燃气费、数字电视费、居家养老服务预订以及老年人旅游等方面的服务，以全面满足老年人的多样化、个性化居家养老服务需求。由此，新乡市多层次社区居家养老服务的框架基本搭建起来，这一框架基本能够覆盖老年人的生活照料、医疗护理、康复保健、家政服务、精神慰藉等方面的需求，未来需要的是不断开辟新的社区养老服务网点，使新乡市的社区养老服务能够覆盖到更多的老年人群。

第四节　OECD国家老年人社区照顾的经验及启示

社区照顾作为一种社会福利实践模式，最早起源于英国，随后迅速在西方国家发展起来。本章通过分析英国、美国、日本、瑞典等OECD国家社区照顾的发展背景、运行机制、主要内容及特点，总结出这些国家社区照顾的模式、经验及对中国城市社区养老模式构建所带来的启示。

一、英国的老年人社区照顾

英国作为世界上最早实行社区照顾的福利国家，在经历了较长时间的发展历程后，建立了完善的社区照顾架构与内容，针对不同需求的老年人群体提供具有针对性的照顾服务。但是，随着英国老龄化程度的加深和福利体系给财政带来的巨大压力，自20世纪50年代以来社区照顾经历了发展与调整的过程，并形成了当前的英国老年人社区照顾模式。许多国家和地区纷纷效仿英国建立起了符合本国和地区实际的社区照顾体系。近年来中国也逐渐推行社区居家养老，因此分析英国的社区照顾经验，对中国社区居家养老服务的发展将大有裨益。

（一）英国社区照顾的发展背景

1. 反院舍运动的兴起

20世纪50年代初期，院舍照顾产生的非人性化后果日益显露，在英国及一些西方国家掀起的“反院舍”化运动是社区照顾兴起的直接原因。英国政府通过兴办大型福利院舍集中照顾老人的模式虽然给予老人较好的照顾，但由于脱离了受助老人生活的社区，缺乏同正常人的交往，逐渐失去了适应社会、进行正常生活的能力；缺乏人情味、冷漠、服务水平差、成本高、设施不全也是院舍照顾的弊端。在这一背景下，反院舍运动提出了应该在社区内而不是在院舍内为老人们提供服务。

2. 福利国家的困境

二战结束，迅猛发展的经济为英国推行高水平的社会福利政策提供了有力的经济保障，英国逐步建立了“从摇篮到坟墓”的社会福利体系。虽然英国的福利国家政策在相当程度上消灭了贫困和疾病，实现了社会公平，但是福利国家的弊端愈发突出，英国政府的财政负担不断加重。20世纪70年代以来，高成本的社会福利制度使英国面临着巨大的财政压力，福利国家发展过程中的内在问题日益突出，发展面临巨大困境。20世纪80年代后，英国政府在社区照顾服务提供方面，开始尝试减轻地方政府提供正规服务的压力，鼓励非正规服务和私有化服务的发展。1998年5月，安东尼·吉登斯的《第三条道路—社会民主主义的复兴》明确提出改革社会福利国家的新设想，他认为要最大限度地培养人的潜力，通过培养个人对自己负责的精神和独立的意识，使社会组织和机构在社会福利体系中起到更重要的作用。

3. 社会现实的需要

自20世纪70年代以来，英国逐渐走进老龄化社会。随着人口死亡率和出生率的不断下降，人口老龄化速度不断加快，老年人在人口中的比重不断上升。人口老龄化带来了养老需求的急剧增长，而养老需求的增长给现有的社会保障体系带来了极大的挑战和危机，客观上要求更多的服务主体和更多的社会资源介入养老服务，从而推动社区照顾的产生与发展。因此，20 世纪 90 年代以来，对那些生活不能自理的老年人进行关心和照顾的问题，在英国已经逐渐成为一项主要的社会政策议题，并受到越来越多的关注。

（二）英国社区照顾的运行机制

图 3－1 展示了英国社区照顾的运行机制。从图中可以看出，英国更强调地方政府在社区照顾中的责任。通过评估、照顾管理、协调和质量保证这四个重要环节，确保社区照顾的正常运行。通过这一运行机制以实现为照顾者提供更多的服务选择，鼓励第三部门提供更多的居家养老服务，发展以需求为导向的服务等目的。

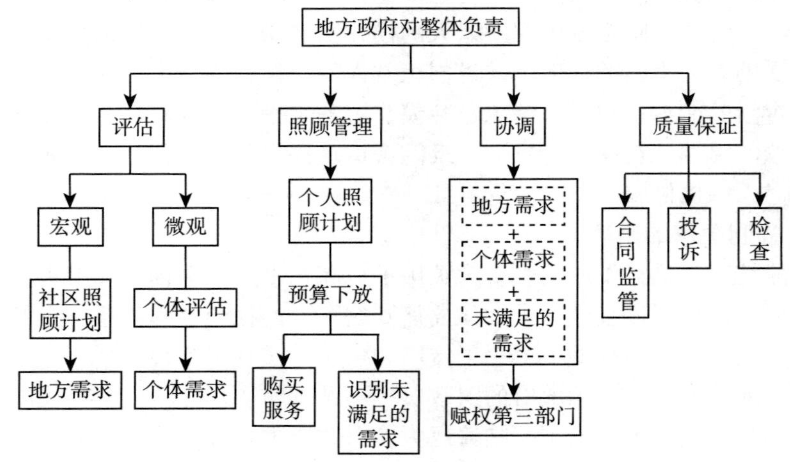

图 3－1　英国社区照顾的运行机制

资料来源：休斯．老年人与社区照顾［M］．谢立黎，等，译．长沙：湖南教育出版社，2016：14.

第一，地方政府需要从“宏观”和“微观”两个层面对地方和个人的需求进行评估，这是社区照顾计划实施的基础。在宏观层面，通过掌握成年人口的现状和未来可能出现的需求，据此制定相应的社区照顾计划，指明服务发展的方向；在微观层面，需求评估应考虑服务对象及其照顾者的需求，需考虑到照顾者的能力，并且应尽可能让服务对象和照顾者参与到社区照顾计划的制定中来。

第二，照顾管理是指按照照顾计划提供服务，尽可能满足评估中识别出的照顾者的需求。这一环节发生在微观层面，具体包括照顾管理者需要在一定的资金数量条件下进行购买服务，以及核对服务对象需求未被满足的原因。

第三，地方政府通过协调，将公共部门、私营部门和第三部门联系起来，以推动发展多元化筹资模式的社区照顾。地方政府作为协调者的角色，通过财政拨款等方式推动非政府机构发展社区照顾服务以满足当地的需求。当地的需求包括了地方政府需求、个体需求和未满足的需求。为满足这些需求，掌管着财政大权的地方政府需要赋予购买者一定的权力，由他们来决定社区照顾服务的市场供给、服务质量和服务价格。

第四，确保社区照顾正常运转的最后一个环节是由政府或者服务机构来确保服务的质量。服务质量保证的机制包括投诉、检查和合同监管。所有的政府机构都要求建立并公布可供服务对象投诉的途径和方式，但是这并不能保证服务对象能获得满意的处理结果，因为很多投诉的内容都是关于服务水平或服务价格太高，而这些都只能通过政府改变政策来解决。有专门成立的检查机构负责检查并对地方政府和养老机构的工作进行汇报，监督和评估是合同监管中非常重要的组成部分，但是政府并没有足够的资源来实施这一项职能，因为制定监管规范和监管的过程所花费的成本很高。

（三）英国社区照顾的主要模式

英国的社区照顾主要有“社区内照顾”和“由社区照顾”两种模式。“社区内照顾”，最早被认为是仅帮助弱能人士走出机构照顾的模式，现在是指通过政府直接干预并且伴有制度保障和法律规范的一种制度性的养老照顾。“社区内照顾”一般由政府、公益机构等正式组织提供，照顾者都是经过相关机构培训的专业或半专业服务人员，在社区内的养老服务机构接受专业工作人员的照顾。一般来说，生活基本不能自理的老人是社区内照顾的主要服务对象。“由社区照顾”是指通过血缘关系或道德维系的没有政府直接干预的非规范性养老照料。提供“由社区照顾”服务的人员一般包括家庭成员、亲属和非亲属三种，具体包括子女、兄弟姐妹、朋友、邻居等。一般来说，有一定自我生活照顾能力的老年人是“由社区照顾”的主要服务对象。它虽然是一种非正式、民间的自我照顾方式，但却能弥补机构照顾的不足，甚至代替机构照顾的许多功能。表3-6对英国的“社区内照顾”和“由社区照顾”两种照顾模式的差异及共同点进行了比较。

表 3－6　社区内照顾与由社区照顾的比较

社区照顾模式		社区内照顾	由社区照顾
差异	服务方式	政府干预、法律规范	血缘关系道德关系维系
	服务对象	生活不能自理的老人	有一定生活自理能力的老人
	服务人员	专业或半专业服务人员	子女、亲属、朋友慈善机构、非营利组织等
	服务地点	社区内养老服务机构	家庭
	照顾出发点	预防性、发展性	补救性
相同点		满足老年人从低龄到高龄直至生命最后阶段不同层面的不同需要	

（四）英国社区照顾的特点

1. 社区化

社区化（也称之为“去机构化”）是针对以前的机构照顾而提出的。面对20世纪60年代反院舍运动的兴起和对机构照顾存在的种种问题，社区照顾这一模式开始发展起来。“社区化”强调以社区为依托，需要照顾的老人住在社区的家中或位于社区内的机构里，从而使得政府也将各种服务设施建立在社区中，服务人员也在社区中工作。社区照顾的这一“去机构化”特点强调非机构取向以此取代院舍照顾，即便是机构照顾也尽量规避全控机构形式，提供开放性、弹性灵活的照顾服务，以彰显人性。

2. 多样化

英国的社区照顾主要涵盖了生活照顾、心理支持、整体关怀和物质援助四项基本服务项目。这些项目都是为满足老年人的不同需要而制定的，考虑了老年人所需的生活、心理、整体、物质等方方面面。每个老年人由于自身差异，对社区照顾的需求存在着很大差异。英国的社区照顾能够结合老年人自身的情况制定了多样化的服务项目，不仅能够满足老年人的多样化需求，而且能够提高资源利用的效率。

3. 官办民助

英国政府在社区照顾在社区照顾中发挥着主导作用。首先，在社区照顾建设之初制定了相关的基本原则和立法制度；其次，政府制定了许多有关社区照顾的具体政策措施，并在社区设置新的机构去执行和实施这些政策措施；再次，政府通过购买服务的方式为由社区和家庭承担的社区照顾服务提供财政支持；最后，政府对由民间机构提供的社区照顾服务的服务质量和资金运用进行全方位的监督和检查。

4. 以需求为导向

以需求为导向是英国社区照顾的又一突出特点。首先，政府在制定社区照顾计划阶段就从宏观层面和微观层面把当地的需求和个人的需求考虑进来；其次，在社区照顾实施阶段管理者还尽可能去识别老年人未被满足的需求，并分析需求未被满足的原因。这种强调“以人为本”的价值理念具体体现在许多为老年人提供服务的设施和地点都就近就便，方便实用，功能齐全，周到细致，适用于所有的老年人，而且在为老年人提供服务时，都要充分征求老人自己的意见，不强迫老年人接受既定的服务和安排。

二、美国的老年人社区照顾

（一）美国社区照顾的发展背景

1. 受到英国的影响

由于英国的社区照顾在缓解老龄化问题和减轻政府财政负担等方面取得了较好的成果，这给许多国家和地区提供了很好的借鉴。美国同样面临着老龄化、政府财政压力等问题，因此也在立足自己国情的基础上，开始借鉴英国的社区照顾模式，发展了具有自身特色的社区照顾模式。

2. 人口老龄化的迅速发展

美国经济的迅速发展伴随着人口老龄化速度的不断加快。美国养老服务的提供主要基于市场化和福利制度的双重体系。但是，随着医疗技术的不断进步而来的预期寿命的提高，使得美国老龄化趋势不断加强。老年人对于在社区养老的意愿很强烈，不愿意与熟悉的社区过早分别而进入机构养老。此外，养老护理机构（nursing home）已经给美国财政带来了沉重的负担，因此从政府的意愿上也希望积极发展社区养老服务体系。

3. 传统的机构养老存在弊端

传统的机构养老不仅给政府财政带来了沉重的压力，还致使在机构养老的老年人逐渐与社会脱节，失去适应社会的能力，甚至还会出现老年人遭受虐待、冷处理等非人道的对待。此外，传统的机构养老还会滋生官僚主义和腐败问题。随着经济的发展与社会的进步，社会对养老提出了更高的要求，在这种情况下，美国的社区照顾开始逐渐发展起来。

（二）美国社区照顾的内容

美国通过制定一系列的法律规范，逐步确定了社区照顾的内容，形成了自身独有的社区照顾模式。2000年美国出台了《美国老人法》，这一法规对与老人相关的家庭照顾进行了规定，如对于在家照顾生病或残疾老人的家庭成员、看护儿童的老人的工作内容和补助计划进行了规定。在美国，由社区福利供给集团提供社区养老服务的人员和服务，其行政隶属于州高龄化政策室和社区高龄化事务所；居民自己组织起来，通过非营利组织的形式保护自己的权利，以此来避免福利服务过度市场化而侵害到老年人的权益，由此形成了由社区主导、居民积极主动参与、自下而上发展的社区自治模式。

美国提供社区养老服务的机构主要由非营利组织和私营机构构成，具体包括养老院、托老所、食品供应所、收容所、暂住处、公营住所、服务性公寓、护士护理公寓等。美国政府主要通过向这些机构购买服务的方式来为居民提供社区养老服务。此外，社区志愿者也参与到社区养老服务中，增加了社区的活力和凝聚力。

（三）美国社区照顾的模式

经过数十年的发展，美国的老年人社区照顾模式不断调整并得以完善。目前，美国的社区照顾模式主要是自下而上的管理模式，表现为在社区主导下居民主动参与社区照顾事务，政府并不直接干预，只提供政策和财政支持。在这一模式下，由于老年人居住方式的不同，以及社区照顾提供机构的不同，从而形成了多样化的老年人居住服务体系。

1. 独立居住社区

如果老年人喜欢自己独立生活并乐意同其他老人居住在一起，就可以选择具有较高安全性的独立居住社区。独立居住社区的特点是在老人还不需要住院照顾的前提下，能够使老人在社区内安全地、独立地生活。独立居住社区不仅能够让老人在生活上保持相对较大的独立性，而且在老人需要的时候能够提供一定的帮助。

2. 护理居住社区

如果老年人患病在身，比如患有慢性病、丧失一定的日常生活能力、需要医疗康复等，就可以选择能够提供医疗和护理服务的护理居住社区。这类社区内有专业的护士和管理人员，为老年人提供专门的医疗和护理服务。对于生活不能自理的老年人来说，护理居住社区是比较合适的选择。

3. 生活协助社区

如果老年人不需要固定的医疗照顾，但是又需要日常生活的协助，那么就可以选择生活协助社区。这类社区主要向希望能够独立居住的老年人提供日常生活协助，主要提供包括餐饮、洗衣、保洁、维修、定期体检、短途交通等日常生活协助服务。

4. 活跃长者社区

如果老年人比较活跃，爱好参加体育活动和各类社会活动，则可以选择专门为这一人群建立的活跃长者社区。活跃的老人多希望居住在有很多体育设施和娱乐活动场所的社区中，而活跃长者社区能够满足这一人群的需求。活跃长者社区面积较大，公共设施比较齐全，住宅建筑面积也比较大，甚至是有别墅、联排公寓等。

三、日本的护理保险制度

2000 年以前，日本的社区照顾主要以支援居家服务为主，目的是去院舍化。随着老龄化程度的加重，现有的社区照顾服务已经不能满足社会的需求。在这一现实背景下下，日本开始发展护理保险制度。日本护理保险制度除了包含支援居家服务之外，还包括地区综合照顾。日本在社区照顾方面的这一发展使得社区照顾服务的运作方式进一步走向市场化。日本的护理保险制度被界定为是针对瘫痪在床、痴呆等高龄者的日益增加，以全社会相互扶持为目的，设有访问护理、定期入所护理、短期入所护理等服务的保险制度。

（一）日本社区照顾的背景

随着生活水平的日益提高和医疗水平的日益进步，日本人的平均寿命长期在世界上排名第一，这使得日本的老龄化水平相比其他发达国家一直处于很高水平；此外，由于日本年轻人工作压力越来越大和生育观念发生了很大变化，少子化问题在日本也极为严重。日本老龄化速度不断加快，一方面，失去自理能力的老年人口不断增加，另一方面，老年痴呆患者的数量也在不断加剧。人口的老龄化和少子化增大了家庭的养老压力，进入工业时代以来，社会工业化使得日本的家庭规模和结构发生了变化，家庭养老功能退化。

20 世纪 70 年代以来，日本经济增长速度开始放缓，税收也随之减少，但是日本的福利支出却越来越多，政府的福利支出负担不断加重。在原有的福利体系下，老年人个人承担的医疗费用较低，医疗机构简单的手续以及宽松的给付条件，使“社会性入院”现象凸显，政府的福利支出负担不断加重，老人的照顾问题逐渐从家庭问题发展为社会问题。日本经济发展问题和人口老龄化问题要求日本社区照顾必须进行制度上的创新以此来满足经济和社会发展的需要。在这一背景下日本政府通过制定了一系列政策法规，如《老人福利法》《老人保健法》，从而推动了社区老年服务的发展。其中具有改革代表性的就是2000年开始实行的护理保险制度。这一系列规章制度从社会福利、社会保险、健康保健等方面为老年人享有社区养老服务提供了全面的制度保证。

（二）日本社区照顾的内容与特点

依据社区养老服务的相关政策规定，日本的社区开展了多样化的老年服务，包括上门服务、日托服务、短期托付服务、长期服务、老年保健和咨询服务等多种形式，老年人可以根据自己的意愿选择适合自己的服务类型，享受全方位的护理。

自2000年以来，日本的社区照顾制度主要表现为护理保险制度。在日本护理保险制度的运行中，社区照顾是指为了让社区居民在自己熟悉的社区中安心地、有尊严地持续日常生活，而为其提供的综合服务；在享受护理保险制度的各项服务的同时，让服务利用者能够活用各种正式的和非正式的社会资源，为社区居民生活提供综合、持续的支援。日本的护理保险制度由以下几个特点：

1. 组织结构完善

日本的社区组织由政府机构、民间组织、志愿者和提供社区养老服务的企业等四种组织构成。政府机构提供社区养老服务的经费来源主要是政府拨款；民间组织的经费主要来自于政府资助和通过提供服务收取的费用；主要由家庭主妇、大学生和健康老人组成的志愿者为老年人免费提供服务；提供社区养老服务的企业资金主要来源于老年人的保险。完善的组织结构能够为有需要的老年人提供多样化的服务。

2. 政府参与，规范运行

日本的老年社区服务工作由政府设立的社会部全面负责，在相关政策和法规的保障下，社区充分利用社会资金、资源、人才、汇集各方力量，向老年人提供福利、保障、医疗等综合性服务，以适应不同身体状况的老年人的需要，帮助老年人健康地度过晚年生活。同时，在福利事业领域，国家也开始分权，尽可能解放国家控制。

四、瑞典的社区照顾

瑞典是一个典型的高福利国家，在社区照顾上也体现出了这样的特点。政府承担了社区照顾的主要责任，制定了健全的社区照顾制度体系，形成了一套完善的社区照顾组织结构。瑞典的社区照顾制度涵盖了养老保障制度，由政府、社区组织、志愿者等构成的社区养老服务网络以及由企业进行商业化经营的老年护理机构。

（一）瑞典老年服务管理机构的模式

瑞典的老年服务管理机构分为国家级、地区级和县级三个级别，在国家级部门设置了三个部长，分别管理社会保险、生活照料、医疗公共卫生等老年事务；在地区和县级也设置相应的机构和管理人员。

（二）瑞典老年服务的特点

1. 建立了健全的福利保障制度

在养老保障方面，瑞典已经建立了能够保障每一个社会成员的养老保障制度。每个社会成员退休后的养老金主要包括企业年金和附加年金，这能够保障老年人维持不错的生活水平。其中对于收入较低的老年人，政府会提供一定的资金补贴。在医疗保障方面，政府作为主要的医疗保障提供者，为老年人提供优质的、全方位的医疗服务、健康检查、长期护理等服务。

2. 政府提供公共养老服务

瑞典政府开展社区服务、定点定期上门服务以及远程服务等公共养老服务，使老年人在家里也可以最大限度地享受养老服务，切实解决了老年人养老方面的需求。政府通过发达的社区养老服务网络为老年人提供短期照料、家政服务、住房维修等养老服务项目，由市级政府提供养老服务保障。

3. 形成了完整的社区养老服务体系

瑞典社区养老服务体系主要有老年公寓、老年护理、医疗保健和临终关怀四个方面。老年公寓有齐全的家居设施，会定期安排专业的护理人员对老年人进行健康检查，还会定期举办各种娱乐休闲活动。老年人退休后就可以申请入住这一养老服务机构。在社区设有医疗保健中心和医疗保健服务点，为老年人提供专业的老年护理、医疗保健和临终关怀项目。同时，瑞典政府还鼓励老年护理机构的公益化运作和商业化运作，提倡在各社区建立非营利的老年护理机构和私营的老年护理机构。政府的这一做法不仅能够通过竞争提供老年服务的质量和效率，还能够在一定程度上降低政府的财政负担。

4. 建立了较为完善的老年人住房福利制度

瑞典为老年人建立了较为完善的住房福利制度。在普通住宅中，设立有老年人住宅单元，根据老年人的特点提供适合老年人居住的老年公寓，并配备管理人员、公共食堂、医务室和报警系统、图书馆和健身房等。此外，针对收入较低的退休老年人，政府有专门的住房福利政策，包括提供一定数量的住房补贴、修葺已有房屋以及直接建造适合老年人居住的房屋等。

五、国外社区照顾的经验及启示

虽然各个国家的社区照顾模式差异较大，但是OECD国家普遍建立了适合本国国情的、比较完善的社区照顾体系。通过研究这些国家社区照顾的发展经验，对于我国当前老龄化背景下社区养老模式的建立具有重要的借鉴意义。

（一）进一步发挥政府在社区养老中的主导作用

发达国家社区照顾的经验表明，政府在社区照顾中扮演着不可替代的作用。借鉴这些国家社区照顾的经验，我国的社区养老服务发展首先应该充分发挥政府的主导作用。一是，应强化政府对社区养老的宏观指导，为社区养老提供必要的支持，采取各种措施解决社区养老服务运行过程中遇到的各种问题；二是，政府完善对社区养老的政策支持，制定相关的法律政策以及相关的监督制度，为社区养老的开展提供法律和政策依据；三是，加大对社区养老的资金支持力度，建立多元化的资金投入渠道，对社区养老服务项目实行税收、贷款等方面的优惠政策，确保社区养老的开展有充分的资金支持。

（二）加强社区养老服务队伍的专业化建设

与英美等发达国家的社区照顾相比，我国的社区养老缺乏专业队伍与专业人才。推动我国社区养老服务的发展，必须走专业化道路。首先，应大力发展社会工作教育，加强较高层次人才的培养，大力培养从事社区养老服务的专业人才；其次，建立对从事社区养老服务人员的培训机制，提高服务人员的专业性；最后，制定衡量社区养老服务水平的指标体系，使居家养老服务走上科学、规范的发展道路。

（三）培育和发展社会服务组织

发达国家社区照顾的一个共同特点是充分发挥了非政府组织的作用。非政府组织在社区照顾的资金支持、服务提供、志愿者服务等方面发挥了巨大作用。在我国非政府组织发展相对落后的情况下，需要加快培育和发展社会服务组织，政府要给予充分的政策支持，不断挖掘已有社会服务组织的养老资源，从而促进社会服务组织在我国社区养老发展中的重要作用。此外，还需要不断提升社会服务组织自身的管理和服务水平，建立优秀的志愿者团队，为社区养老提供优质的服务保障。

（四）建立多层次的社会化资金筹措渠道

发达国家社区照顾的经验显示，官办民助、多元化的资金来源渠道是各国社区照顾持续、健康发展的重要保障。同样，我国发展社区养老模式，不能只依靠政府有限的资金投入，这是远远不够的。发展社区养老需要各类营利和非营利组织的积极介入，以弥补政府力量的不足。因此，政府要制定相关的保障措施，鼓励社会各方积极投入社区养老的发展，构建政府、社会、企业、个人等多元化资金筹措渠道，为社区养老模式的建立提供充分的资金保障。

（五）以老年人需求为导向

从发达国家社区照顾的发展历程可以看出，各国的社区照顾逐渐形成了以老年人需求为导向的社区照顾体系，社区照顾的项目设计主要从老年人的需求出发。我国社区养老模式的建立，同样需要从老年人的实际需求出发，设计符合老年人需求的、切实可行的养老服务项目，以确保能够基本满足老年人的日常需求。此外，政府还需要结合当地的实际情况从宏观层面收集相关信息，以掌握当地老年人的现状以及未来可能出现的需求，从而能够确立社区养老服务发展的方向。

（六）充分发扬中华民族“孝”文化传统

家庭照顾是英国社区照顾的一个主要内容，在英国社区照顾的推行中发挥着至关重要的作用。我国发展社区养老，需要立足于中华民族的优秀文化传统。我国有着上千年历史的优秀传统文化，扶危济贫、尊老爱幼、助人为乐等良好的社会美德影响着一代又一代人。尤其是中华民族“百善孝为先”的优良品德和子女赡养父母的光荣传统为居家养老提供了条件。发扬中华民族优秀的“孝”文化传统，首先，要制定相应的法律法规对不赡养父母的行为进行惩治；其次，要大力宣传友好相处、互帮互助的社会风尚，营造社区内居民间的和谐友好氛围；第三，政府要对在家居住、接受家庭照顾的老人给予一定的财政补助，鼓励居家养老。

第五节 制度构建

一、正确认识社区养老、居家养老和机构养老的功能

目前，许多地方政府颁布了关于社会养老服务的政策文件，如上海的养老服务发展目标是“9073”，北京是“9064”，武汉是“9055”，河南提出了“9073”的养老服务发展目标。“但仔细分析相关政策条文，就可以发现，其主要是针对机构养老的，社区养老服务体系建设缺乏力度，90%居家自理养老的老年人更无具体的政策支持。”重机构养老轻居家养老、不切实际地片面追求政绩的问题依然十分严重。具体表现在以下三个方面：

一是片面追求养老床位数发展目标。《国务院办公厅关于印发社会养老服务体系建设规划（2011—2015年）的通知》（国办发〔2011〕60号）提出，到2015年，“每千名老年人拥有养老床位数达到30张”。2016年1月25日，民政部社会福利中心副主任甄炳亮声称，“十三五”期间，每千名老年人口拥有的养老床位数将提升至35～40张，其中护理型床位比例不低于30%。新乡市老龄办胡主任告诉我：“现在不能盲目地制定养老规划的目标，我说的盲目，像床位，‘十二五’每千名老人必须达到30张床，‘十三五’又提出每千名老人必须达到35～40张床，现在还在提出这个问题，其实不是床的问题。比如，去年省里让我们每隔半个月报告一下养老床位增加的数量，为了完成‘十二五’的任务，没有也得报。你说政府不补助，让社会力量办，老龄办就两个人，你说我咋去让他们增加床位。再一个，报上去养老问题就解决了？所以啊大量的资金还是往居家养老服务方面投。”新乡市红旗区民政局马宇涛副局长说：“这个怎么说呢，上面要求要达到多少张床位，定期的要上报床位数，就是这。我们也不够30‰的要求。另一方面养老院住不满，一味地追求床位数有意义吗？颐和源600张床位就住了100多位（老人）。”

二是建大型养老院不切实际、劳民伤财。新乡市老龄办胡主任告诉我们：“今年李亚（副）省长（河南省主管民政工作的副省长）说抓大老龄产业，要重点搞两个产业园区，搞养老产业，时髦得很啊，我觉得非常不中用。像我们新乡投资1个亿建大型养老院（新乡市颐和源老年公寓），只能容纳600张床位，政府还觉得亏死了，建那么大的养老院，花了那么多钱，到现在才住了126个人。这浪费啊，整个国家就这样，没必要建那么大的产业园区，现在还在搞形式主义。政府搞政绩，太气派了，高大上，谁去住！”

政府搞养老产业园区、建大型养老院，是与中国基本国情、老年人的养老观念和养老需求相违背的，政府这样做的主要动力源于片面追求政绩工程。正如胡主任所讲："（养老机构）入住率低，一个是不符合中国国情，老人第一离家难舍，不愿意离开家人的特别多，我站在我自己的角度，子女送，怕送走了说是不孝顺，关键怕街坊邻居说闲话。养老服务，像着火了，虐待老人了，谁敢把自己的父母送到那儿去。95%的老人还是愿意在家里养老，你把居家养老好好抓一抓，每个社区有两间房，两个工作人员，就是类似于护工的那种，老人有需求，打个电话，十分钟就到，多现实，多简单，多朴实啊，能投多少钱啊，要得着政府几百万的往里投吗？有的老年人说院（养老院）门一关，在里面就等着熬天了。养老院接收的基本上以失能老人为主，因为子女没时间照顾，身边又不能离开人，基本是这么个情况。所以说大力发展居家养老，让老人不出远门，不出家门，不出社区，就能够在这养老。说句实在话，你拿出1 000万元，整个市区的社区小型养老院都铺满了，居家养老点才花多少钱啊，只要有了场地，五六十万就拿下来了。社区居家养老服务投入几十万块钱，给点阳光它就灿烂，它就能顾及多少个老年人。为啥搞大健康、大老龄产业，一句话说完，不能拍着脑袋决策。我只希望您回去给省老龄委李本谦、张处汇报，实事求是地讲一讲。李老师你回去一定要和省里的领导多汇报，一定要实事求是。"

三是养老机构牵制老龄办过多的精力、时间。目前新乡市老龄办是一个科级单位，在编工作人员一共3人，工作量却特别大。新乡市老龄办科员杨玲告诉我："养老院它只是老龄事业里边很小的一部分，应该占很小一部分，但是现在反了（颠倒了），现在养老院牵涉了我们70%的精力，就是这样的。你看我们印的这个养老机构安全管理手册，也就是自查财账，包括我们的督查财账，它现在牵扯了我们百分之七十的精力，现在我们成了一个养老院的管理机构了，就成这了。自查，每天都查，每天都填，有问题及时报告及时整改。督查就是，现如今民政上也算是，定期下去检查，等于是从发生火灾（河南平顶山'5·25'特别重大火灾事故）到现在吧，基本上算是一周一检查。"新乡市老龄办胡主任也告诉我们："省老龄处还是基本上都是养老院管理处，满脑子都是养老院，今天床位增加多少，明天养老院可不敢着火。老龄办的工作，其实多了啊，老年维权，老年教育，老年大学，对不对呀？老年人需求，老年人旅游，老有所为，老年人才交流，多了啊。现在把它狭隘了，成天就养老院，成天就老年人咋管理咋管理的，成天关注这个了。养老院里头才多少人，养老院里的占全部老年人口的3%，97%的老人都不在那里头，97%的老人谁来管啊，对不对呀?”

我国的社会养老服务体系是以居家为基础、社区为依托、机构为补充的。

(一) 社会养老服务体系建设应以居家为基础

居家养老强调养老的地点在家中，这与中国人“安土重迁”的思想观念相吻合，迎合了老年人习惯在家中养老、享受子女绕膝等天伦之乐的愿望，在发挥传统家庭养老优势的同时，又与社会养老相结合，既强调老年人自我养老、子女赡养老人的重要性，又强调政府、市场、社会组织等主体提供的社会化养老服务。而家庭养老侧重强调的是家庭成员尤其是子女赡养老人的责任，而居家养老在强调家庭成员责任的同时，还强调政府、市场、社会等多元主体的责任共担，是福利多元主义思想的集中体现。居家养老的支持系统为社会关系，责任主体为家庭、社会、政府，家庭养老的支持系统为血缘关系，责任主体为家庭或宗亲，工业化、城市化和人口老龄化及家庭核心化的快速发展，客观要求我国的养老服务应当从家庭养老转向居家养老。大力发展居家养老服务与中国的现实国情、历史传统和文化习俗相符合。因此，中国的社会养老服务体系应当以居家养老服务为基础和核心。

(二) 社区养老服务是居家养老服务的重要依托

居家养老服务是社会养老服务体系建设的基础，但居家养老服务离不开社区养老服务这一重要依托，社区养老服务发展的好坏决定着居家养老服务能否发挥其应有的作用。“社区养老服务的本质目的是服务于居家养老服务，是实现居家养老服务的必要条件，社区养老服务不仅为居家养老提供服务支持，而且对居家养老服务提供短期的设施支持。因此，发展居家养老服务需要完善社区养老服务设施，发展社区养老照顾，应该‘本着就近、就便和实用的原则，开展全托、日托、临托等多种形式的老年社区照料服务’。”

(三) 机构养老服务是居家养老服务的重要补充

发展居家养老服务既需要完善的社区养老服务设施作为依托，又需要专业化、规范化的养老服务机构作为补充。中国绝大多数老年人喜欢在家中和熟悉的社区环境中养老，“机构养老仅是居家养老和社区养老的必要补充”。发展机构养老服务也是发展社区养老服务的题中应有之义，因为发展社区养老服务不仅需要发挥社区文化、卫生、老年教育等基础性养老服务设施和社区老年活动中心的作用，还要重视发挥社区日间照料中心、短期入住机构和社区小型养老服务机构的功能。

从国际经验看，国外养老服务经历了从机构化到去机构化进而走向社区照顾的过程。所谓的社区照顾主要包括“在社区照顾”和“由社区照顾”两个层次，其中“在社区照顾”，着力“强调运用法定资源使得老人在社区中心或者家庭接受照顾和服务，主要以政府公共部门或者非政府组织等在社区内设立的小型、专业化的服务机构为主要照顾场域，由社区中的这些机构进行集中照顾或者由专业人士提供上门护理。”由此可见，建立专业化、规范化的社区养老服务机构也是社区照顾的应有之义。

此外，20 世纪初在欧美国家发起的声势浩大的去机构化运动也给中国的养老服务发展带来了重要启示，即“去机构化并非是不要机构照顾，而是要去掉政府包办的条件和服务质量较差的大型福利机构，去掉传统机构福利服务中存在的不够人性化、缺乏隐私保护、与社会隔离等弊端，防止不必要的机构服务，在保证机构照顾专业化、规范化的同时，要尽量做到机构照顾的人性化、正常化和社会融合化。”结合欧美国家“社区照顾”和“去机构化”的政策实践，我们可以得出如下结论：应当将发展社区小型养老机构作为社区养老服务发展的一个重点，因为发展社区小型养老机构与中国人“安土重迁”的传统观念相吻合，能够较好满足老年人在熟悉的社区环境中养老的愿望，便于子女探望老人。同时因其规模不大，便于为老年人提供多样化、人性化的服务而深受老年人的喜欢。

综上所述，中国的社会养老服务体系建设应当以居家养老服务为基础和核心，居家养老服务应当以社区养老服务为重要依托和以机构养老服务为重要补充。社区养老服务发展的重点既包括一系列社区养老服务设施的建设，又包括各种类型的社区养老服务机构的发展。

二、构建河南省社区养老模式的基本理念

（一）要坚持以人为本的建制理念

所谓的“‘以人为本’指的是人们处理和解决一个问题时的态度、方式、方法，即指人们抱着以人为根本的态度、方式、方法来处理问题，而所谓根本就是最后的根据或最高的出发点与最后的落脚点。”我国社区养老服务的发展坚持以人为本的价值理念，就是要以老年人为根本的态度、方式、方法来发展社区养老服务。就河南城市社区养老模式的构建而言，“以人为本”包含了以下三层含义：

一是要把尊重老年人选择意愿作为构建河南社区养老模式的基本理念之一。是否尊重老年人选择意愿，是衡量子女是否孝顺老人的一个重要评判标准，它直接影响到老年人的生活质量。老年人的选择意愿包含多个方面，“《中华人民共和国老年人权益保障法》对老年人在选择养老方式、住所、签订赡养协议、婚姻、财产处置等方面的选择权做出了明确规定。例如，‘老年人养老以居家为基础，家庭成员应当关心和照料老年人’‘赡养人应当履行对老年人经济上供养、生活上照料和精神上慰藉的义务，照顾老年人的特殊需要’‘对生活不能自理的老年人，赡养人应当承担照料责任。不能亲自照料的，可以按照老年人的意愿，委托他人或者养老机构照料。”构建河南社区养老模式必须充分尊重老年人的选择意愿。

二是要把满足老年人的需要作为构建河南社区养老模式的基本理念之二。社会需要理论告诉我们，社会福利制度是为了满足人类的需要而存在的，其基本功能就是回应和满足人类基本需要，社会需要是社会福利制度发展的基本动力，社会福利制度是满足社会需要的手段，社会福利政策就是如何提供最好服务以满足基本需要的问题。通过国家提供社会福利去满足社会成员的需要，是社会成员公民权实现的表现。西方发达国家发展社会保障的经验告诉我们，“正确把握老人福利需求，正确选择老人福利政策是决定社会保障发展是否能够取得成功的关键。”我国社区养老服务的发展要以不断满足老年人与日俱增的养老服务需要为目标。当然，老年人的“需要本身并不取决于个人的思想意识和心里感觉，而是取决于自然的、社会的、历史的、经济的和文化的等等客观条件。”老年人的需要具有多样性，但主要涉及生活照料、健康医疗、精神服务三个方面。我国发展社区养老服务的最终目标是为了较好满足老年人对生活照料、健康医疗、精神服务方面的需要，提升其生活质量。

三是要把确保老年人生活质量作为构建河南社区养老模式的基本理念之三。要把确保老年人的生活质量作为构建河南社区养老模式的根本出发点和最后落脚点。“确保老年人的生活质量不仅包括确保物质生活质量，还包括确保精神慰藉、社会参与、权益维护、价值尊严等精神生活质量。特别需要强调的是，在资源稀缺和财力有限的情况下，以老年人为本的理念应该突出地体现在对‘三无’、‘五保’、高龄失能、贫困和残疾老年人等特殊困难老年人的保障和服务上，凸显弱者优先的理念。”

（二）要坚持共同责任理念

社区养老服务属于基本公共服务，是市场机制容易失灵的领域，因此需要政府主导，政府对社区养老服务的发展应给予更高程度的重视、更多的财力投入和政策支持。但是政府主导并非讲政府是社区养老服务的唯一责任主体，事实上，政府也无力包揽社区养老服务。老年人的社区养老服务需求主要是由国家、市场、社会和家庭等多元主体共同提供的。当前社区养老服务发展的关键，“是在进一步明确政府主导责任的基础上，明晰各个责任主体之间的责任分担机制。”首先要明确政府的主导责任，在此基础上，才能界定市场、社会和家庭的责任，这样才能有效调动各责任主体的积极性，动员各方面的资源，弥补政府力量的不足，最终实现社区养老服务事业的全面发展和可持续发展。

三、构建多层次的社区养老模式

河南省应该构建多层次的社区养老模式，为居家养老发挥重要依托功能，较好满足社区老年人多层次、个性化的养老服务需求。所谓的多层次是指建立健全多层次的社区养老服务设施或社区养老服务机构。借鉴 OECD 国家老年人社区照顾的经验，结合新乡的实地调查，我们认为，应当将社区居家养老服务中心（机构）、社区日间照料中心、社区养老服务机构尤其是社区小型老年养护机构、社区康复服务中心作为社区养老服务体系建设的重点给予大力发展，其缘由主要有三：一是上述设施与机构均设在社区，满足了老年人喜欢在熟悉的社区环境中养老的愿望；二是上述设施与机构能够较好满足社区老年人对心理咨询、法律维权、老年教育、文体娱乐、康复保健、养护服务、上门服务等需求；三是上述设施与机构建设成本低，比较实用，深受老年人喜欢。

（一）大力发展社区居家养老服务中心（机构）

“提供社区居家养老服务是我国社区养老的主要功能之一。”为此，需要大力发展社区居家养老服务中心（机构），因为社区居家养老服务中心（机构）是专门为居家老人提供社区养老服务的中心（机构）。当然，社区居家养老服务中心（机构）的设立有一定标准，在此方面，新乡市的经验值得借鉴。首先，《新乡市居家养老服务管理办法（暂行）》对社区居家养老服务中心（机构）的面积进行了规定，即“县（市）、区级居家养老机构（中心）建筑面积一般在 200～300 平方米。社区（村）级的居家养老服务机构（站）原则由街道建设，面积在 50～100 平方米。”；其次，《新乡市居家养老服务管理办法（暂行）》对社区居家养老服务中心（机构）的功能区域进行了规定，即“居家养老服务机构应根据老年人特点设置‘六室一场一厨’，即服务咨询室、日间照料室、多功能活动室、医务室、健身康复室、图书阅览室、室外活动场所和厨房（配餐间）。”服务咨询室不少于10平方米，要按养老需求联系专业服务队伍和志愿者队伍，为居家老人提供心理咨询、法律权益维护等相关服务咨询；日间照料室不少于50平方米，应至少配有5张日间托老床位及必要的生活起居用品；多功能活动室不少于40平方米，应合理配备音响、影像器材、棋牌等文化、教育、娱乐设施和用品；医务室不少于10平方米，应配备有专（兼）职医生和必备的药品器械、提供应急医疗服务；健身康复室不少于20平方米，应配备老年人安全使用的健身康复器械和设备，配备健康咨询指导员，建立健全老年人健康档案资料；图书阅览室不少于20平方米，应配有桌椅、书架和适合老年人阅读的图书、报刊、杂志；室外活动场所应充分利用社区公共场所，适合辖区老人特点开展各具特色的文娱活动；厨房（配餐间）不少于15平方米，不仅应配备基本炊具和餐具，而且还应配备必要的卫生防疫、消防、防火装置，厨房和餐厅相对分开，符合《中华人民共和国食品卫生法》等规定。此外，居家养老服务中心的水、电、气、电话、饮水、空调等设施和设备应配备齐全并保证其处于正常状态。

事实上，一个社区居家养老服务中心（机构）的各个功能区域的划分也不是一成不变的，应根据本社区老年人需要适当做出调整。如新乡市高新区居家养老服务中心一共有6个功能区域，分别是日间照料室、图书阅览室（包括四点半课堂学校）、文体娱乐室（技能培训室、老年远程教育）、摄影室、敬老助餐室、心理咨询室。

日间照料室里放有四张床、两张可以躺下的沙发椅，其功能主要是让来此活动、不想或者不方便回家的老年人中午在这里休息。一般在较冷和较热的天气会有老人在这里休息，床位会占满。

图书阅览室里图书种类混杂，约200本，有关历史的书籍居多。室内摆有几排桌椅，用作社区老年人上老年大学的教室，目前开设有书法课和国画课。

文体娱乐室的面积最大，目前主要供老年人在此上瑜伽课。房间非常明亮，摆放有电脑、液晶电视、DVD播放器、投影仪、幕布、直立话筒及其音箱。有一面墙上挂满了镜子，供老人练习瑜伽时矫正姿势。每周三下午会有老师在此志愿上瑜伽课，瑜伽课是所有课程中上课人数最多的，特别深受女性老人的喜欢。此房间也叫技能培训室和老年远程教育室，老年远程教育主要是教授老年人如何使用电脑。

摄影室里有供摄影用的照明灯、背景布，主要供有摄影爱好的老年人使用。敬老助餐室里餐饮设备齐全，有微波炉、高压锅、抽油烟机、灶台、冰箱、餐桌和椅子，一方面可以为社区老人提供送餐服务，另一方面也可以为来此活动不回家的老人提供午餐服务。

心理咨询室的功能是为老年人提供心理疏导服务，室内摆有桌椅、电脑等，以供咨询师和咨询者使用。还设有一个档案柜，用来存放资料和来访者的相关信息。

该中心还设有一个爱心超市，即捐赠处，主要用来收集社区居民不用的衣物或生活用品，这些被捐赠的东西会经工作人员清理后存放在爱心超市里，再送给有需要的人。

此外，在该中心配备有两名专职、三名流动服务人员，可以为有家政服务需求的居家老人提供上门服务，这五名工作人员皆为“4050”人员，均是政府设置的公益岗位。社区居家养老服务中心（机构）资金投入少，各个功能区域“麻雀虽小，五脏俱全”，使老年人不出社区就能够基本满足多样化的服务需求，深受老年人的喜欢。

（二）加快发展社区日间照料中心和“喘息服务”机构

所谓的社区日间照料中心是指为社区内自理、半自理老年人提供膳食供应、个人照料、保健康复、精神文化、休闲娱乐、教育咨询等日间服务的养老服务设施。“社区日间照料中心可以为家庭日间暂时无人或者无力照护的老年人提供日间照料服务。”依据民政部颁发的《社区老年人日间照料中心建设标准》：“社区老年人日间照料中心房屋建筑应根据实际需要，合理设置老年人的生活服务、保健康复、娱乐及辅助用房。其中：老年人生活服务用房可包括休息室、沐浴间（含理发室）和餐厅（含配餐间）；老年人保健康复用房可包括医疗保健室、康复训练室和心理疏导室；老年人娱乐用房可包括阅览室（含书画室）、网络室和多功能活动室；辅助用房可包括办公室、厨房、洗衣房、公共卫生间和其他用房（含库房等）。”

社区老年人日间照料中心的功能分为两个方面：一是基本服务，包括就餐服务、精神文化、休闲娱乐服务、午间休息服务、协助如厕服务等；二是适宜服务，包括个人照护服务（如助浴、理发、衣物洗涤、提示或者协助老年人按时服用自带药品、测量血压、血糖及体温等）、助残服务（如上门送餐、上门做饭等）、教育咨询服务（如老年营养、保健养生、常见疾病预防、康复、法律、安全教育等）、心理慰藉服务（如沟通、情绪疏导、心理咨询、危机干预等）、保健康复服务（如按摩、肌力训练、中医传统保健等）、其他服务（结合实际，根据老年人需求提供相应服务）。

社区开办的“喘息服务”机构可以为因家庭成员有事外出、度假等而临时不能受到照顾的居家养老的老年人提供短期入住服务。目前，我国绝大多数老年人选择了居家养老服务方式，居家养老首要的还是要发挥配偶及其子女的照顾作用，但是，配偶或者子女长期照顾重病或者身体失能老人，会出现身心疲惫甚至抑郁倾向。“喘息服务”被视为近年来发达国家减轻老年人照顾者负担的最有效、最可行的辅助方法。“给居家照顾老人的配偶或者子女提供一点‘喘息’时间，防止其产生情绪上及生理上的耗竭。喘息服务具有计划性、短暂性或周期性等特点。”

加快发展上述两类社区养老服务机构，充分发挥其作用，不仅可以延缓老年人因家中无人照料而入住养老机构的时间，有效缓解养老机构床位不足困境，而且，这两类机构的建设和运营成本低、见效快，又因设在老年人熟悉的社区环境，距离老人长期生活的家庭很近，因而深受老年人的青睐。

从新乡的实地调研看，各个社区日间照料中心接收的家庭日间暂时无人或者无力照护的老年人均比较少，在此情况下，社区日间照料中心如果仅仅局限于为半自理老人提供日托服务，那么势必会造成社区养老服务资源的极大浪费。因此，社区日间照料中心在满足半自理老年人日间照料服务的同时，还应面向所有社区老年人提供膳食供应、个人照料、保健康复、精神文化、休闲娱乐、教育咨询等服务，以最大限度地发挥社区日间照料中心这一基本公共服务的功能。

（三）重点发展社区小型老年养护机构

据国家统计局公布的数据，截至 2014 年底，全国各类提供住宿的社会服务机构 3.7 万个（其中登记注册为事业单位机构 1.6 万个）；床位 551.4 万张，每千人口（60 岁以上）平均拥有社会服务机构床位 26 张。仅就床位数来讲，仅占老年人总数的 2.6%，远远低于发达国家的 5%～7%的水平，也未达到一般发展中国家（如巴西、罗马尼亚）的 2%～3%的水平。因此，机构养老服务在我国不是要不要发展，而是如何更好更快地发展。但是从政策实践看，大型养老机构受到了各级地方政府的普遍青睐并给予优先发展。《河南省人民政府关于加快推进社会养老服务体系建设的意见》（豫政〔2011〕80 号）也强调：“各省辖市、县（市、区）要加强供养型和护养型养老服务机构建设，至少建成一所政府主办、以养老服务为主的综合性社会福利机构……各省辖市、县（市、区）要结合当地实际，推进示范性养老服务机构建设，建成一所集多种功能于一体，床位规模适当，具有示范作用的大型综合性养老服务机构。”

从新乡的实地调查得知，河南省主管民政工作的副省长强调，要抓大老龄产业，搞养老产业园区，并斥巨资在新乡建大型养老机构——新乡市颐和源老年公寓。该老年公寓一共能够容纳600张床位，到现在才入住126个人，正常运行陷入困境。这种搞大型养老产业、建大型养老机构的做法在中国许多地方蔚然成风。

事实上，许多公办或者民办大型养老机构往往建在郊区，规模很大、档次很高、入住率却很低，既劳民伤财又不受老年人喜欢。这种现象已经引起了一些地方政府的反思，如北京市民政局决定，2014—2015年，重点支持社区养老中心和养老院的建设，北京市各街道都将建成一所街道级的养老中心。分析人士表示，由于受“安土重迁”传统观念的影响，居住在中心城区的老人既不愿意去郊区的养老院养老，又无法实现居家养老，而条件好的社区养老院床位不过几十张，供不应求。但中心城区寸土寸金，不可能建设大型养老院，因此社区养老已成为中心城区老年人养老的一个重要途径。北京市民政局制定出台相关扶持政策，把养老机构建设的重点转向支持社区养老机构的建设，以此带动社区养老服务，解决中心城区市民养老的难题。

发展社区养老机构与中国人“安土重迁”的传统观念相吻合，较好满足了老年人在熟悉的社区环境中养老的愿望，便于子女探望老人。同时因其规模不大，便于为老年人提供多样化、人性化的服务。因此，我们应当将社区养老机构作为未来机构养老服务发展的一个重点。更准确地讲，在各种类型的社区养老机构中，小型老年养护机构是最应该得到优先发展的一类。因为中国的老年人只有在身体失能或者半失能状况、家人无力照料的情况下，才会选择机构养老。对于失能或者半失能老年人而言，在病情稳定以后并不需要长期住在医院接受护理和照料服务，一是我国医疗资源比较短缺，应该将有限的资源提供给最需要的人；二是长期使用医疗资源的经济成本很高，许多家庭难以承受；三是医院的环境也并非是老人护理与养老的理想场所。社区小型老年养护机构恰恰可以发挥其独特优势：从位置上看，社区小型老年养护机构建在社区，迎合了老年人在熟悉社区环境中养老的愿望，家庭成员看望老人也十分方便，紧急救援时，送往大医院救治也很便利；从功能上看，与一般养老院仅有“养”的功能不同，社区小型老年养护机构还特别注重“护”的功能，它所聘请的负责人多由正规医疗卫生机构的退休医生担任，具备专业的医疗护理知识和临床经验，老人身体有什么不良反应，得了感冒、发烧、拉肚子之类的小病，负责人一般都能及时发现并给予药物治疗，这些恰恰是家庭照料难以做到的；从规模上看，社区小型老年养护机构从十几张床到二十几张床不等，规模较小，服务的老年人数量少，护理人员会有更多的精力、时间用在提高服务质量上，老年人多样化的饮食需要也会得到更好满足，也便于院方对护理人员的监管。社区小型老年养护机构的上述优势是远在郊区的大型养老机构不能比拟的。因此，社区小型老年养护机构应当作为我国机构养老服务发展的重点，给予优先发展。

（四）积极发展医院提供的医养结合养老服务

国务院办公厅于2015年11月18日转发了卫计委、民政部等九部委制定的《关于推进医疗卫生与养老服务相结合的指导意见》，十八届五中全会通过的《中共中央关于制定国民经济和社会发展第十三个五年规划的建议》和《中华人民共和国国民经济和社会发展第十三个五年规划纲要》均提出，要推动医疗卫生和养老服务相结合。习近平在2016年5月27日中共中央政治局第三十二次集体学习时进一步强调，要落实支持养老服务业发展、促进医疗卫生和养老服务融合发展的政策措施。中共十九大报告又一次强调，要推进医养结合，加快老龄事业和产业发展。由此可见，推动医疗卫生与养老服务相结合，已成为党中央、国务院高度重视的重大民生问题。

对于失能半失能老人而言，除了基本生活照料需求外，医疗卫生和康复保健方面的需求也比较强烈。对于许多家庭而言，照顾者要么不具备医疗卫生方面的专业知识和技术，要么没有精力、时间陪护在老人身边；对于许多养老机构而言，要么没有卫生室，要么有卫生室也十分简陋、形同虚设，专业化的医疗卫生服务比较欠缺；对于许多三甲医院而言，提供的主要是医疗卫生方面的服务，不提供基本生活照料等养老服务。在此情况下，在具备治疗老年病条件的原本效益不好的医院里开设医养病房科室，提供医养结合的养老服务，便成了满足失能半失能老年人医疗卫生和养老服务需求的一个理想场所。

以新乡市第四人民医院医养病房科室为例。新乡市第四人民医院是一所集医疗、教学、科研、康复、预防、保健于一体的国家“二级甲等”综合性医院，原本是隶属于郑州铁路局的职工医院，后来划归新乡市，成为市直属医院。改制以后，由于市场竞争激烈，医院的效益较差，医生和护士的工资发不下来，已经成为政府的一个包袱。正如六楼医养病房科室孔艳莉护士长所言：“现在二甲医院也是在夹缝中生存，县级医院有国家的补助，三甲医院人多的不得了，就是咱这二甲医院难生存。为什么要搞这个医养结合，原因就在这。咱只能干大医院不干的活，收治大医院不愿收的病人俺们才能生存。”2014年7月，新乡市第四人民医院与新乡市居家养老管理服务中心联合筹建“医养病房”并正式投入使用，首批建设的医养病房科室设在六楼，共有医养病房11

间，34 张床。配备医生、护士、护工 25 人，高级职称 4 人，中级职称 11 人，初级职称 10 人。孔护士长告诉我们："这个医养病房科室医生配备还比较强，有最高级别的主任医师，到底下的主治医师，老年常见病都能治，他们基本上都是住办公室，医院比较重视。"医养病房科室推行"医养一体"的服务模式，即在为老年患者进行常规的医疗护理服务的同时，提供 24 小时全程生活照料服务。当老人病情稳定不需要住院时，可转入普通病房接受单纯的养老服务。如果老人家属具备照顾老人的条件，就由其家属照顾；如果条件不具备，就可以由医院提供护理服务。此时，老人不需要住院，他（她）仅需支付院方提供的养老服务费用。即便如此，单纯养老的老人同样可以享受跟住院老人一样的医疗卫生服务。"医"与"养"结合，共同发展，不仅提升了医院"医""养"的整体水平，也为新乡市社区居家养老服务事业的发展探索了一条新路。新乡医养结合养老服务模式值得河南其他地市推广和借鉴。

除此之外，河南省在社区养老服务发展中，不仅应加大社区居家养老服务中心（机构）、社区日间照料中心和"喘息服务"机构、社区小型老年养护机构、医养结合等基础性养老服务设施与机构的建设力度，还应该"加强社区老年人活动中心以及社区生活、文化、体育、医疗卫生、老年教育等方面的为老服务设施建设，为老年人提供就近、便利的多种养老服务。"身体能自理老年人可以在自己熟悉的社区为老服务设施中就能接受服务和参加各种有益活动，身体不能自理老人"也可以依托社区为老服务平台和为老服务热线、紧急救援系统、数字网络系统等多种求助和服务方式，获得上门服务以及生活照料、医疗护理、文化娱乐、心理慰藉等方面服务。"

四、责任共担：多层次社区养老模式的发展路径

上述社区养老服务设施与机构的建立健全，不仅能够较好满足社区中身体能自理老人的养老服务需要，而且还能够满足社区中失能半失能老年人对基本生活照料以及更加专业化的医疗卫生和康复护理等服务的需求，还可以为居家老人提供日间照料，以及为居家老人的照顾者提供"喘息服务"，全面满足社区老年人及其家庭多样化、个性化的养老服务需求。

在前面的论述中，本项研究重点解答了河南应当建立什么样的社区养老服务设施与机构这一问题。接下来需要探讨的是，如何建立、管理和运行社区养老服务设施与机构，并使其具有可持续性。福利多元主义理论和多中心治理理论均主张，政府不应该也很难成为社会福利的唯一提供者，政府应与社会力量

合作，共同提供社会福利的各项服务，社会福利的责任应当由政府、市场、社会组织、家庭、个人等主体共同负担，走多元共治的道路。福利多元主义理论和多中心治理理论告诉我们，社区养老服务实际上并非政府单方面的责任和义务，社区养老服务的发展需要国家、市场、社会、家庭、个人多元主体共同努力，新乡社区养老服务发展实践正是上述理论的现实映照。新乡社区养老服务之所以能够运转起来并走上可持续发展轨道，也正是政府、市场、社会等主体责任共担、多元共治的结果，新乡经验值得河南其他地市借鉴和推广。

（一）政府发挥主导作用

第一，政府要高度重视发展社区养老服务。社区养老服务发展的好坏直接关系到社区老年人能否在自己家中或者熟悉的社区环境中较好满足生活照料、医疗保健、康复护理、精神慰藉等多层次养老服务需求。居家养老服务发展的成败，取决于社区养老服务发展的好坏，离开了社区养老服务，居家养老服务就失去了重要依托，这样的居家养老服务就与传统的家庭养老没有本质区别，所谓的社会养老服务也就无从谈起。

第二，主管领导高度负责、敢于担当、勇于创新。新乡市老龄办胡主任对老龄事业具有高度责任感，心甘情愿投入老龄事业，是个“拼命三郎”，敢于担当，勇于创新，大力支持积分养老制，开创社区居家养老服务发展新模式。新乡市积分养老模式的成功实施与新乡市老龄办胡主任的努力密不可分。胡主任也因此荣获市五一劳动奖章、“河南省十大敬老楷模”“河南省人民满意的公务员”、全国和省老龄工作先进个人等荣誉称号。

第三，准确定位养老服务格局。当前许多地方政府在推进社会养老服务体系建设过程中普遍存在重机构养老轻居家养老的问题，河南省也不例外。一是片面强调完成千名老人达到的床位数，正如新乡市老龄办胡主任所言：“省里让我们每隔半个月报告一下养老床位增加的数量，为了完成‘十二五’的任务，没有也得报。”二是建大型养老院不切实际、劳民伤财。新乡市老龄办胡主任告诉我们：“今年XX（副）省长说抓大老龄产业，要重点搞两个产业园区，搞养老产业，时髦得很啊，我觉得非常不中用。像我们新乡投资1个亿建大型养老院（新乡市颐和源老年公寓），只能容纳600张床位，政府还觉得亏死了，建那么大的养老院，花了那么多钱，到现在才住了126个人。不是，这浪费啊，整个国家就这样，没必要建那么大的产业园区，现在还在搞形式主义。政府搞政绩，太气派了，高大上，谁去住！”胡主任通过委托第三方开展问卷调查和自己的社区走访，最终做出决定，坚持以居家养老服务为基础和核心，通过大力发展社区养老服务以为居家养老服务提供重要支撑。这种实事求是、不唯上是从的精神，实属难能可贵。

第四，建立老龄工作联席会议制度。新乡市老龄办在全省率先创新老龄工作组织建设，聘请10位离退休市级老领导，担当市老龄委常务副主任、顾问。两次调整和补充了新乡市老龄工作委员会领导成员，制定了市老龄委成员单位主体责任制度、明确分工职责，加强老龄工作组织建设，建立老龄工作联席会议制度，积极协调发改、住建、规划、财政、国土、司法、旅游、文化、宣传等成员单位，充分发挥成员单位通力协作的联动作用，整体推进养老服务事业发展。

第五，建立健全各种宏观和微观政策文件。自2011年起，新乡市委、市政府、市老龄委先后下发了约60个涉老文件，包括《新乡市"十二五"老龄事业发展规划》《新乡市人民政府关于加快推进社会养老服务体系建设意见》（新政〔2012〕25号）《新乡市人民政府关于加快发展养老服务业的若干意见》（新政〔2014〕8号）等宏观方面的政策文件，也包括《新乡市居家养老服务管理办法（暂行）》（新政办〔2012〕62号）《新乡市敬老安康幸福工程实施方案》（新老〔2014〕6号）《新乡市"志愿助老服务公益积分制"实施方案》（新市民〔2014〕147号）《新乡市老年人意外伤害保险实施方案》（新老〔2014〕4号）《关于实施敬老通信补贴方案的通知》（新老办〔2014〕5号）《关于全面推进医养融合发展的意见》（新市民〔2015〕262号）等微观方面的政策文件，为新乡市包括社区养老服务在内的整个社会养老服务事业与产业的发展营造了良好的政策氛围。

第六，政府给予场地、资金、人力方面的支持。一是免费提供社区居家养老服务用房。明确规定了新建居住（小）区要将居家和社区养老服务设施与住宅同步规划、同步建设、同步验收、同步交付使用，明确规定了关于社区养老设施建设0.1平方米的落地政策，强化了城镇养老服务设施建设用地保障。二是财政补贴方面。根据《新乡市居家养老服务管理办法（暂行）》（新政办〔2012〕62号），"中心和站建成经验收合格后，县（市、区）财政按照每建成一个中心补助5万元，建成一个站补贴3万元的标准给予建设补助，补助所需资金由县（市）、区政府负担，市政府给予适当补助。享受建设补贴的居家养老服务机构5年内改变用途的，收回一次性建设补贴。"此外，新乡市老龄办每年还会评选出一些示范性养老服务机构给予2万～3万元的奖励。三是人力支持方面。新乡市政府分两批为新乡市居家养老管理服务中心设置了45个公益岗位，从事公益岗位工作的均是"4050"就业困难人员。第一批10个公益岗位人员工资全部由政府承担，第二批35个公益岗位人员工资由新乡市政府和新乡市居家养老管理服务中心各承担 50%。

第七，政府利用公信力积极发挥沟通协调作用。在积分养老制实施之初，当卢总找中国邮政、中国联通、中国移动、中国银行等国有大型企业商谈合作时，到处碰壁，主要原因是双方的身份地位差异悬殊，一方为知名的国有大型企业，一方为非营利的养老服务组织，强弱分明。在此情况下，新乡市老龄办并非袖手旁观，而是利用政府公信力，以老年人是否受益以及受益大小为出发点，发挥积极的沟通协调作用，促成双方合作。可以讲，如果没有新乡市老龄办的大力支持，新乡市积分养老制就难以顺利实施。

（二）非营利组织发挥主力军作用

新乡市政府采取“公办民营”方式，委托新乡市小保姆床业有限公司的卢世欣总经理发展社区居家养老服务，卢世欣先后建立了新乡市 12349 居家养老网络服务中心，新乡市居家养老管理服务中心及其下属的 30 多个服务于居家养老的社区养老服务设施与机构，这些“中心”、“设施”或者“机构”均在民政局注册，是名副其实的民办非企业单位，法人代表均为卢世欣。以卢世欣为法人代表的非营利组织在新乡社区居家养老服务发展中发挥着主力军作用。具体表现在两个大的方面：

一是建立健全各种服务于居家养老的社区养老服务设施和机构。包括 12349 居家养老网络服务中心、新乡市居家养老管理服务中心、社区居家养老服务中心、社区日间照料中心、社区老年生活服务中心、社区老年大学、社区居家养老护理服务中心、社区居家养老服务体检中心、社区康复服务中心、医养联盟中心、生态养老服务中心、洗衣服务中心、配餐服务中心、家政服务中心、影像服务中心等。所有的社区居家养老服务网点都要为社区老年人提供入网（12349 居家养老管理系统）、刷卡积分、代缴水电费、燃气费、数字电视费、居家养老服务预订以及老年人旅游等方面的服务，以全面满足老年人的多样化、个性化居家养老服务需求。由此，新乡市多层次居家社区养老服务的框架基本搭建起来，为老年人提供生活照料、康复护理、医疗卫生、家政服务和精神慰藉等多项服务，为社区老人打造“10 分钟生活圈”，受到了普遍赞誉。政府主要为上述设施与机构的建立提供社区养老服务用房，设置了少量的公益岗位，采取以奖代补的方式发放了少量的财政补贴，享受国家在水电气等方面给予的民用价格以及税费减免的实惠，其余建设费用、设施设备购置费用、人员工资发放、12349 居家养老管理系统软件的开发费用及其他各种运行费用均由新乡市居家养老管理服务中心主任卢世欣承担。卢世欣非常看好社区居家养老服务事业，舍得投入，愿意付出，诚心诚意做养老服务。不仅如此，还到全国各地参观考察，勤于学习、积极主动、爱岗敬业、吃苦耐劳、勤俭节约。此外，对老年人的同情心和爱心，使卢世欣在与各类企事业单位合作过程中始终坚守自己的底线和原则。只要对老人有利，对社会有利，卢世欣就会和这些企业合作。对老人有利对社会没利不合作，对社会有利对老人没利不合作。这是卢世欣从事养老服务业的一项基本原则。他强调，做养老服务逐利心不能太重，光考虑赚钱不行，应该更多考虑的是能不能为社会做点事，先让利再发展。与各类企事业单位的合作，卢世欣均采取了先为老年人让利再取利、互利共赢的发展思路。卢世欣的言行得到了新乡市老龄办胡解冰主任的充分肯定，事实上，这种从业态度对养老服务业的发展是不可或缺的。

二是大胆探索，勇于创新，开创积分养老新模式，开辟社区居家养老服务发展新模式。通过对哈尔滨、沈阳、内蒙古、兰州、新疆、太原、西安、南京、烟台等典型地区的考察学习，卢世欣发现，目前中国开展社区居家养老服务较好的地区，主要是通过政府购买服务，注入大量的行政资源和财政资源发展起来的，而这种发展模式对于经济不发达、财力较为薄弱的三四线城市如新乡并不适用。不仅如此，卢世欣还发现，凡是居家养老服务平台做得较好的地区，都形成了自己鲜明的特色，那么新乡的特色又在哪里呢？这些现实的困境和疑问倒逼卢世欣必须另辟蹊径，探索一条不过度依赖政府“输血”而主要靠自我“造血”发展社区居家养老服务的新路子。新乡的积分养老制正是在此背景下诞生的。从 2014 年 5 月开始实施积分养老制至今的三年多时间，已经有中国银行新乡分行、中信银行新乡分行、中国移动新乡分公司、中国联通新乡分公司、中国人寿新乡分公司、中国人财新乡分公司、新乡电视台、新乡市第一、第二、第四人民医院、河南省荣军医院、新乡市万德隆超市、新乡市百货大楼等诸多企事业单位参与积分养老，整合和盘活了各种社会资源，大大丰富了社区居家养老服务业态，实现了专业的人和机构做专业的事的目标，使新乡的社区居家养老服务不仅运转了起来，而且走上了可持续发展的轨道。

（三）企事业单位发挥重要推动作用

各类企事业单位的积极参与是新乡社区居家养老服务发展的一个特色，也是新乡社区居家养老服务能够运转起来并实现可持续发展的一个关键。如前所述，新乡没有实施政府购买养老服务的制度，财政补贴力度也较小，以卢世欣为法人代表的非营利组织主要依靠政府补贴发展社区居家养老服务的做法在新乡行不通。在此情况下，非营利组织转向市场，希望通过市场化运作，调动各类企事业单位参与社区居家养老服务的积极性，实现互利共赢，进而增强自我“造血”功能，化解社区居家养老服务建设资金和运行资金匮乏难题。2014年以后，卢世欣正是以新乡市居家养老管理服务中心法人代表的身份与各类企事业单位合作推行积分养老制。三年多来，参与积分养老的企事业单位已经覆盖到通信、金融、保险、医疗、超市、媒体、旅游、百货等各个行业领域，实现了社会资源的有效整合。

各类企事业单位的积极参与，一方面，极大地丰富了社区居家养老服务业态，较好满足了老年人多样化、个性化的养老服务需求。老年人的养老服务需求几乎涵盖社会生活的方方面面，诸多行业与此息息相关，但都不具备独立支撑养老服务业的条件。通过积分养老制将各类资源整合到社区居家养老服务中来，让专业的人做专业的事，老年人在获得货真价实、物美价廉的产品与服务的同时，还可以享受由积分带来的增值服务，即老年人可以用“积分＋现金”的方式，在12349居家养老服务网点和参与积分养老的各类企事业单位兑换需要的产品与服务。另一方面，以卢世欣为法人代表的非营利组织也从与各类企事业单位的合作中开辟了新的资金筹措渠道，维持了新乡市社区居家养老服务的正常运行和可持续发展。

（四）志愿者发挥了重要补充作用

为了满足特殊困难老年人的社区居家养老服务需求，新乡市民政局于2014年5月出台了《新乡市“志愿助老服务公益积分制”实施方案》（新市民〔2014〕147号），在全市积极营造尊老、敬老、爱老、助老的社会氛围，创新和实施了志愿助老服务的公益积分制，即“对受聘于社区居家养老服务工作站的志愿助老服务者，每月参加公益活动或志愿服务在20天以上者，给予300分储备公益养老积分；对每周不少于2次开展上门为空巢、孤寡、失能、高龄、特困老人对口帮扶服务的志愿服务者，每月每人给予150分储备公益养老积分。”年轻人通过志愿助老服务获取的养老积分可以转给自己的父母。志愿助老服务公益积分制的实施，有助于吸引和调动更多的人加入志愿助老服务的行列，实现志愿助老服务的常态化，为社区居家养老服务发展注入新的内容与活力，有效弥补政府服务和市场服务的不足。

五、创新责任共担社区养老模式的资源动员机制

社区养老服务的可持续发展需要国家、市场、社会等主体共同努力，实现

责任共担。但问题的关键是，目前社区养老服务资源动员的能力不足，因此，当务之急是积极探索，创新责任共担社区养老模式的资源动员机制，调动多元主体参与社区养老服务的积极性，实现多元治理。

（一）实施积分养老制

新乡的社区养老服务是与居家养老服务紧密相连的，新乡市服务于居家养老的社区养老服务设施与机构之所以能够得以建立健全并实现可持续发展，关键在于新乡市政府、非营利组织、各类企事业单位、志愿者和老年人的积极参与、共同努力、多元共治。然而，新乡市多元主体责任共担的城市社区养老模式之所以能够形成，关键在于运行机制的创新，即实施了积分养老制，这一机制的成功实施，充分调动了各类社会资源参与社区居家养老服务的积极性，实现了多元主体的责任共担。当前，家庭养老服务功能日益弱化，老年照护服务需求持续增长，“但这种服务的提供，主要是政府投入，民间资源没有充分调动，市场机制还没有充分发挥作用。尽管政府投入连年增长，但供求矛盾依然很突出……这里的关键是，目前缺乏一套有效的动员机制，让更多的资源进入老年照护服务领域，特别是能够让民间资源进入这一领域的机制。”新乡积分养老制的成功实施，有效破解了当前养老服务领域普遍存在的资源动员能力不足问题，这一点实属难能可贵。

1. 新乡实施积分养老制的背景

新乡市政府采取公办民营方式发展社区居家养老服务，即新乡市政府委托新乡市小保姆床业有限公司的卢世欣总经理建设、管理和运营社区居家养老服务。卢世欣在参与新乡的社区居家养老服务之前，曾经考察过西安等城市，发现许多地方实施了政府购买养老服务制度，主要靠财政补贴发展社区居家养老服务。正如钱宁指出，中国“目前开展的社区居家养老服务计划，主要是以项目制方式，通过政府购买服务，注入一定的财政资源与行政资源来支持和推动的。”卢世欣认为新乡也会实施这样的运作模式，但事与愿违，新乡的经济不发达、财力较薄弱、领导不重视，这决定新乡不可能像发达地区一样，走靠政府大量财政补贴支撑社区居家养老服务发展的道路。在此情况下，卢世欣唯有将经营小保姆床业有限公司赚到的钱源源不断地投注各个网点，这种投入加剧了卢世欣的资金压力，社区居家养老服务运行资金和建设资金困难问题日益凸显。残酷的现实倒逼卢世欣必需另辟蹊径，走一条不过度依赖政府“输血”、增强自我“造血”功能的新发展道路，积分养老制正是在这样的背景下产生的。新乡的积分养老制由卢世欣提出后，得到了新乡市老龄办的大力支持，已成为新乡市社区居家养老服务发展的一张名片。目前河南许多地市发展社区居家养老服务的背景与新乡较为相似，这是新乡积分养老制可以向其他地市推广的一个重要原因。

2. 获取积分和消费积分

概括来讲，新乡的积分养老制主要包括获取积分和消费积分两个方面。

(1) 获取积分

入网积分。对在12349居家养老网络服务系统任一网点首次入网登记的老人，免费办理新乡市敬老积分卡，并送20积分。与新乡市居家养老管理服务中心合作的各类企事业单位共用一个软件系统——12349会员卡信息管理系统，老人入网时在该系统需要登记个人的相关信息，包括姓名、性别、身份证号、出生日期、年龄、联系方式、住宅电话、民族、会员卡号、家庭住址、听力情况、居住情况、自理能力、现病史、常服药物、老人类别、经济来源、月收入、特长爱好、积分数量等。详细的信息登记，便于当老人寻求服务时，为其提供就近、便捷、富有针对性的服务。

银行存款积分。新乡12349居家养老管理服务中心联合中国银行、中信银行出台存款送积分享养老服务政策，这样不仅可以引导老年人远离非法集资，到国家正规金融机构存款，确保一生血汗钱能安全养老，而且可以获取养老积分。在中国银行、中信银行的各网点定期存款一年者，存款满1 000元，银行送30积分，存的钱越多获得的积分越多。

通信积分。老年人在中国移动、中国联通缴费每充值10元话费赠送1个积分，每个月为老年人赠送200分钟话费和200M流量，200分钟话费消耗30积分，200M流量消耗10积分。

保险积分。新乡市老龄办在全省率先开启“敬老意外伤害保险”，每位老年人每年在中国人寿保险公司新乡分公司买1份老年意外伤害保险仅需缴费10元，保险金额为6 000元，送20积分。

志愿助老服务积分。2014年5月，新乡市民政局实施了“志愿助老服务公益积分制”，对受聘于社区居家养老服务工作站的志愿助老服务者，每月参加公益活动或志愿服务在20天以上者，给予300分储备公益养老积分。对每周不少于2次开展上门为空巢、孤寡、失能、高龄、特困老人对口帮扶服务的志愿服务者，每月每人给予150分公益养老积分。

学习、订报、看电视积分。老年人在新乡市居家养老管理服务中心下属的老年大学上课（如唱歌、跳舞之类），不收学费，可得5个积分，义务讲课的老师可以得50个积分。看新乡电视台《咱爸咱妈》节目，拨打12349参加互动答题一次，送 10 个积分。微信参与《咱爸咱妈》节目互动可以为父母赢得 30 个积分。在 12349 居家养老社区服务网点订阅《平原晚报》，送 156 个积分。

志愿助老服务积分。2014 年 5 月，新乡市民政局与新乡市老龄办联合下发的《新乡市“志愿助老服务公益积分制”实施方案》（新市民〔2014〕147 号）规定，对受聘于社区居家养老服务工作站的志愿助老服务者，每月参加公益活动或志愿服务在 20 天以上者，给予 300 分储备公益养老积分。对每周不少于 2 次开展上门为空巢、孤寡、失能、高龄、特困老人对口帮扶服务的志愿服务者，每月每人给予 150 分公益养老积分。

缴费积分。新乡市居家养老管理服务中心下辖的 30 多个社区居家养老服务网点可以帮助老年人代缴水费、电费、煤气费、电话费等，社区居民（包括老年人）到社区居家养老服务网点缴纳水费、电费、煤气费、电话费，可获送积分，缴费 10 元送 1 个积分，既便利居民缴费又可以送积分，进而享受由积分兑换的增值服务。

（2）消费积分

理发服务。理发师是由新乡市 12349 家政服务中心从附近理发店聘请过来的，其报酬由新乡市 12349 家政服务中心按月给付。每位老人理一次发需要 5 元费用，可以用 3 元现金＋2 个积分，1 个积分＝1 元钱。

洗衣服务。老年人可以到新乡市 12349 洗衣服务中心清洗衣物，清洗衣物有固定的价格，如衬衣、短裤、T 恤、牛仔裤、长裤，每件单价 3 元，使用 2.2 个积分，付 0.8 元现金，即 20％现金＋80％积分。

家政服务。诸如维修电视电脑、打扫卫生、擦玻璃等家政服务的付费方式也是以“现金＋积分”的方式支付，现金占付费总额的 80％，积分占 20％。

超市购物。老年人到万德隆超市购物可按比例使用积分，花费 100 元，只需付现金 98.5 元加 1.5 个积分，另送 1 元九币。老人可以到 12349 的居家养老服务网点使用九币缴纳水电费、电话费、煤气费、数字电视费、物业费等。

医院缴费。新乡市 12349 居家养老管理服务中心与新乡市第四人民医院合作设立医养病房科室，提供医养结合服务。双方就老年人消费积分达成一致意见：一是住院患者消费积分。住院患者在出院结账时，除去医保报销部分，个人支付金额部分可按 10％使用积分。二是门诊患者消费积分。在门诊进行辅助检查、体检等诊疗项目时，个人支付金额可使用 12349 敬老积分卡，优惠 10％（药品除外）。

康复保健。起初，老人到 12349 绿地康复服务中心接受康复理疗服务同样以“现金＋积分”的方式支付。后来，为了减少老年人的经济成本，扩大积分消费，老人在12349绿地康复服务中心接受生物磁波治疗、DDS生物电理疗、前列腺治疗、骨质疏松治疗等康复理疗服务可以全部使用积分，不用支付现金。

健康检查。老人到新乡市12349居家养老体检中心接受红外乳腺、心梗心衰检查、中医四诊、微量元素分析、动脉硬化、人体成分分析等健康检查也可使用“现金＋积分”的方式支付费用。

12349积分商城。2016年，卢总在天鹅城又得到一处社区养老服务用房，并将其建设成为新乡市居家养老管理服务中心下辖的老年人超市——12349积分商城。超市里所有产品均用积分兑换。有的产品可以“爱心传递积分＋共享积分”的方式兑换，如购买一个带轮助行器需要花费“27个爱心传递积分＋15个共享积分”；有的产品可以“公益积分＋共享积分”的方式兑换，如购买一个运动耳机需要花费“324个公益积分＋36个共享积分”。

休闲旅游。老年人还可以使用积分兑换旅游服务，付费方式为“70％现金＋30％积分”。

3. 积分养老制的实质

对积分养老制实质的认识需要通过案例来分析。最早与新乡市居家养老管理服务中心合作的金融机构是中国银行新乡分行，正是与中国银行新乡分行的合作对积分养老制的实施产生了实质性的推动作用。

（1）中国银行实现了获利目标

对中国银行新乡分行而言，之所以参与积分养老，主要缘由有两个：一是参与积分养老被视为一个很好的发展契机。近几年来，新乡的非法集资案件频繁发生，受害人群中有相当一部分是老年人，如何严厉打击非法集资，吸引老年人到正规国家银行存钱，是摆在政府面前迫在眉睫的一道难题。在此背景下，中国银行新乡分行参与积分养老以后，通过存款送积分享增值服务活动的实施，可以吸引更多的老年人到中国银行这样的正规金融机构存款，提高中国银行新乡分行的揽储量。事实证明，参与积分养老也达到了中国银行新乡分行追求利润的目标。正如中国银行新乡支行副行长韩啸所言：“近3年来，我们通过积分养老新增客户3.5万人，新增存款额14.5亿。自引入12349平台以来，老年人群体约占新增储户的十分之一，该行个人存款增幅连续两年位居新乡银行业第一名。”二是参与积分养老还被视为履行社会责任的一种体现。2014年4月，新乡市政府出台了《新乡市敬老安康幸福工程实施方案》，所有参与积分养老的企事业单位均被政府授予“敬老安康幸福工程协作服务单位”

的称号。由此可见，实施积分养老制也是新乡市政府主推的一项民生工程，与新乡市居家养老管理服务中心这一非营利组织合作推行积分养老制，也是企业积极履行社会责任的一种体现。

(2) **老年人切实享受到了实惠**

对老年人而言，在中国银行这样的正规国家金融机构存款，不仅可以确保资金安全，而且可以获得相应的利息，同时存款一年期者，存1万元人民币可以获赠300养老积分，1积分＝1元钱。老年人使用由中国银行出资制作的“12349敬老积分卡”，无论是在其他银行取款还是异地取款均免收手续费，还免收一个月3块钱的短信提醒费。最重要的是，老年人可以用积累的积分在新乡市居家养老管理服务中心下辖的几十个社区养老服务设施和机构，以及与其合作的企事业单位兑换需要的产品与服务，切实享受到参加积分养老制带来的实惠。

(3) **新乡市居家养老管理服务中心也从中获利**

作为对合作伙伴的回馈，中国银行新乡分行将其自动存取款机网点的保洁服务全部交由新乡市居家养老管理服务中心下辖的12349家政服务中心提供，每个网点的保洁费是300元。中国银行新乡分行承担了“12349敬老积分卡”的制作成本和12349积分商城许多产品的供货责任。老年人到中国银行新乡分行各个网点办理业务时，网点工作人员要负责将老年人个人及其家庭相关信息输入到“12349居家养老管理系统”中，帮助新乡市居家养老管理服务中心完成老年人电子信息入库管理与建档工作。中国银行新乡分行每年还拿出3.5万元无偿交给新乡市居家养老管理服务中心作为运行资金。此外，新乡市居家养老管理服务中心有关积分养老制的多半广告宣传费用也由中国银行新乡分行承担。由此可见，积分养老制的实施，一方面大大降低了新乡市居家养老管理服务中心的运行成本，另一方面又帮助新乡市居家养老管理服务中心开辟了新的筹资渠道。

(4) **积分养老制的成效远远超出了政府的预期**

和许多发达地区不同，新乡市社区居家养老服务没有实施政府购买养老服务的制度，财政补贴力度较小，如何在政府财政补贴不足情况下最大限度地调动社会资源，全面提升养老服务的质量，是摆在政府面前迫切需要解答的一道难题。新乡市积分养老制实施的短短三年多时间，取得了一系列丰硕的成果，这些成果远远超出了政府的预期。

首先，多层次社区居家养老服务网点逐渐完善。截至目前，卢总以自己为法人代表在新乡市建立了30多个社区居家养老服务网点，基本形成“10分钟社区养老覆盖服务圈”，涵盖老年人生活照料、家政服务、康复护理、医疗保健、精神慰藉等各个领域，尽可能为老年人提供丰富的销分渠道，让老年人切实享受到用积分兑换产品与服务的实惠。

其次，整合的社会资源规模日益壮大。卢总将参与积分养老制的各类企事业单位视为“异业联盟”的成员单位，“异业联盟”的规模越大，意味着参与积分养老制的企事业单位越多，整合进社区居家养老服务的社会资源就越丰富，老年人多样化、个性化的社区居家养老服务需求就越容易得到满足。到目前为止，新乡市积分养老制“异业联盟”的成员单位已经扩展到通讯、金融、保险、媒体、医疗、超市、百货、旅游等诸多领域，大大丰富了养老服务业态，让专业的人或机构做专业的事，更好满足老年人的养老服务需求。

第三，积分和销分的规模日益庞大。积分养老制主要包括积分和销分两大部分，积分和销分的规模是衡量积分养老制实施效果的一个重要指标，积分和销分的规模越大，反映老年人得到的实惠越多，积分养老制取得的成效越大。“截至目前，新乡 76 万名老年人中，已有 42 万人参与到积分养老中，产生积分 1.4 亿分，消费积分 9 400 万分。市区各养老服务网点累计服务老人 240 万人次，带动消费 4.13 亿元，小积分激活了大产业。”

第四，在政界、业界和权威媒体的影响力越来越大。近几年来，前来新乡调研考察的市级、省级领导和国家发改委、民政部领导络绎不绝。2017 年 5 月 16 日，中共河南省委全面深化改革领导小组办公室印发文件（豫改办发〔2017〕10 号）通报 4 月份河南省改革亮点情况，新乡市创新探索的“积分养老”被列为省改革亮点创新内容，也是该市唯一被省改革办入选为本月亮点改革创新项目。不仅如此，新乡创新的积分养老机制还成功入选中央改革办《改革案例选编》。截至目前，已有北京、上海、杭州、青岛等多个城市的业界同行赴新乡调研学习其创新的积分养老模式。此外，《中国社会报》、《河南日报》、《光明日报》、《人民日报》、新华社、河南电视台、中央电视台等多家权威媒体对新乡探索的积分养老制也给予了专题报道。无论是政界、业界还是权威媒体，他们最为关注的是，新乡市以积分制撬动社会力量参与社区居家养老服务事业，整合社会资源，将政府主导的养老服务事业与市场化运营的老年服务产业有机融合，探索出了一条老年人、非营利组织、企事业单位、政府等主体多元参与、共同治理、互利共赢的社区居家养老服务发展之路，达到了社会效益和经济效益的双丰收。

从上面的案例分析中，我们可知，所谓的积分养老制就是指，在新乡市政府支持下，新乡市居家养老管理服务中心将老年人视为服务对象和谈判筹码，与相关企事业单位合作，以整合、盘活社会资源，加快养老服务业的发展，共同为老年人让利和提供用积分兑换的服务和产品，使新乡的社区居家养老服务运转起来并实现可持续发展，同时又共同取利的一种风险和责任共担、互利共赢的市场化运作机制。

首先，积分养老制是一种整合和盘活社会资源的机制。自 2014 年 5 月实施积分养老制至今，参与积分养老的合作单位已经扩展到银行、通信、保险、医院、超市、家政、媒体、旅游、百货等各类企事业单位，丰富了居家养老服务业态，加快养老服务业的发展，实现了让专业的人和机构做专业的事的目标，使老年人在相关业务中获取“物美价廉”的产品和服务，更好地满足老年人多样化的养老服务需求。

其次，积分养老制是一种市场化运作机制。积分养老制对社会资源的整合是通过市场化运作来完成的。市场化运作是积分养老制的本质特征，参与新乡积分养老制的各方主体，无论社区居家养老服务的供方——政府、新乡市居家养老管理服务中心、各类企事业单位、志愿者，还是社区居家养老服务的需方——老年人，均在积分养老制实施中实现了互利共赢。新乡积分养老制之所以能够成功实施，关键在于通过市场化运作，全面提升了养老服务资源的动员能力，吸引各类资源进入社区养老服务和居家养老服务领域。

（二）创新社会互助机制

在中国历史上，民间的社会互助传统一直源远流长，时至今日，仍然是一种重要的社会保障机制。新乡市社区养老服务和居家养老服务的发展除了得益于积分养老制外，还受惠于社会互助机制的创新。当前，弘扬中华民族尊老敬老的传统美德，营造尊老敬老爱老助老的社会氛围，依然是发展社区养老服务和居家养老服务的客观需要。为此，新乡市老龄委、新乡市民政局先后制定了《新乡市敬老安康幸福工程实施方案》（新老〔2014〕6 号）、《新乡市“志愿助老服务公益积分制”实施方案》（新市民〔2014〕147 号）等政策文件。

1. 实施敬老安康幸福工程

《新乡市敬老安康幸福工程实施方案》提出，要提高敬老意识，开展志愿活动。一是开展“爱心助老 1＋1”活动。由各级老龄委组织、市老龄委成员单位、爱心企业等与 1 名贫困老年人、1 个为老年人服务的机构结对子，开展帮扶活动，将生活最困难、需求最迫切的老年人和为老服务机构纳入帮扶范围，突出机关公务人员、社会爱心人士、企业家的引导示范作用，为老年人办好事、做实事，解难事，添乐事。二是开展“职工孝亲敬老”活动。强化职工的敬老意识、社会责任意识，积极组织企业职工加入到帮扶特困、高龄、鳏寡、失能老人队伍中来。三是开展“爱心扶老、真情奉献”青少年志愿服务活动。

号召并组织广大青少年志愿者积极参与“爱心扶老、真情奉献”志愿活动，在青少年中开展以“读敬老书、写敬老文、做敬老事”为主要内容的教育活动。四是开展“五好家庭”、“孝亲敬老模范”创建活动。通过创建活动，树立一批敬老好儿女、好家庭、好单位、好员工典型，努力营造温馨的家庭关系、友善的邻里关系、和谐的社会关系。五是开展“敬老文明号”创建评选活动。在全市范围内的窗口单位、窗口行业基层养老组织开展评选“敬老文明号”活动，通过示范单位引领作用，把尊老敬老落实到实际行动中，同时在公众中树立窗口单位的良好社会形象。六是构筑“敬老安康幸福工程协作服务单位”网络。凡是参与新乡积分养老制的企事业单位均被新乡市老龄委授予“敬老安康幸福工程协作服务单位”荣誉称号，以此调动社会力量参与社会养老服务的积极性。

2. 实施“志愿助老服务公益积分制”

为了弘扬“奉献、友爱、互助、进步”的志愿者精神，积极营造尊老、敬老、爱老、助老的社会氛围，创新志愿助老服务新思路，打造志愿服务互助互利互帮新模式，新乡市民政局、市老龄办颁布了《新乡市“志愿助老服务公益积分制”实施方案》，决定开展志愿助老服务公益积分活动。具体内容有两个：①对受聘于社区居家养老服务工作站的志愿助老服务者，每月参加公益活动或志愿服务在20天以上者，给予300分储备公益养老积分。②对每周不少于2次开展上门为空巢、孤寡、失能、高龄、特困老人对口帮扶服务的志愿服务者，每月每人给予150分储备公益养老积分。志愿者凭自己通过参加义务助老服务活动所储备的公益养老积分，可到市居家养老管理服务中心所属的各区居家养老服务中心（站），享受理发、洗衣、送餐、家政服务、日间照料、老年远程教育等优惠服务。对于表现突出、积分高、受到广泛赞誉的助老服务志愿者，市老龄委将给予荣誉表彰或授予“星级助老志愿者”荣誉称号。“志愿助老服务公益积分制”的实施，使志愿助老服务活动有了一定的回报，有助于吸引更多的人加入志愿助老服务的行列，为更多的居家老人提供上门服务，使志愿助老服务这样一种社会互助机制实现了常态化。

第六节　研究结论、创新点及不足之处

一、研究结论

河南社会养老服务体系建设应以居家为基础、社区为依托、机构为补充，居家养老服务是社会养老服务体系建设的核心和基础，大力发展居家养老服

务，符合河南的现实省情、历史传统和文化习俗。但是，居家养老服务的发展需要以社区养老服务为依托和以机构养老服务为补充。建立健全社区养老服务设施和社区养老服务机构，不仅符合老年人在家中或者熟悉的社区环境中养老的愿望，深受老年人的喜爱，而且投入成本低，因此，应当成为河南社区养老服务体系建设的重点。

以适度普惠型福利理论、基本公共服务均等化理论、福利多元主义理论和多中心治理理论为指导，借鉴 OECD 国家老年人社区照顾的经验，结合新乡的实地调查，我们认为，河南应当构建多层次城市社区养老服务模式，即将社区居家养老服务中心（机构）、社区日间照料中心和“喘息服务”机构、社区养老服务机构尤其是社区小型老年养护机构、医养结合养老服务作为社区养老服务体系建设的重点给予大力发展。此外，还应该加强社区老年人活动中心、社区老年大学、社区卫生服务中心等为老服务设施建设，以全面满足不同类型老年人多样化、个性化养老服务需求。

河南多层次城市社区养老服务设施与机构的建设、管理与运行，需要走政府、市场、社会等主体责任共担、多元共治的发展道路，这样才能实现河南社区养老服务的社会化和可持续发展。新乡积分养老模式所开辟的正是福利多元主义和多中心治理的发展道路。新乡的经验显示，政府要高度重视社区养老服务的发展，营造养老、孝老、敬老的社会氛围；制定和完善相关政策支持体系，营造良好的政策环境；给予社会组织必要的场地、资金和人力支持；对社会组织在社区养老服务运作模式方面的创新给予引导、支持与帮助。社会组织要建立健全多层次社区养老服务设施与机构，满足老年人多样化、个性化社区养老服务需求；创新社区养老服务运作模式，整合和盘活各类社会资源，加快养老服务业的发展，使社区养老服务不仅能够运转起来，还要实现其可持续发展。各类企事业单位要与社会组织合作推行积分养老制，丰富社区养老服务业态，依靠自身资源优势，发挥对社区养老服务的重要推动作用。新乡社区养老服务发展的经验告诉我们，责任共担、多元共治，是河南多层次社区养老模式得以发展的必由之路。

回答了多层次社区养老模式如何构建问题之后，紧接着需要解答的是，如何实现责任共担、多元共治。本项研究指出，市场化运作是实现多层次社区养老模式责任共担、多元共治的动力机制。新乡探索的积分养老制就是一种在政府支持下，由社会组织具体操作，把老年人当作服务对象和潜在消费群体，吸引和调动各类企事业单位积极参与，整合、盘活社会资源，加快养老服务业发展，共同为老年人让利，使老年人享受到用积分兑换服务和产品的实惠，又共同取利，责任和风险共担、利益共赢的市场化运作机制。它使政府、企事业单位、社会组织、志愿者、老年人等主体的参与积极性充分调动起来，有效破解了社区养老服务普遍存在的资源动员能力不足的难题，使社区养老服务不仅运转起来，而且走上了可持续发展轨道。除此之外，在推行积分养老制过程中，新乡又实施了“志愿助老服务公益积分制”，使参与志愿助老服务可以获得相应的公益养老积分，这种社会互助机制的创新，有利于调动社区中年龄不大、身体较好的老年人及其他社区居民为空巢、失能、高龄、鳏寡、特困老人提供志愿服务的积极性，实现志愿助老服务的常态化，成为责任共担、多元共治社区养老服务的重要动力机制。

二、创新点

首先，本研究提出大力发展居家养老服务符合河南的省情、历史传统和文化习俗，河南社会养老服务体系建设应以居家养老服务为主，但居家养老服务既需要完备的社区养老服务设施作为依托，也需要专业化、规范化的社区养老服务机构作为补充，因此，河南社区养老服务的发展应把加强社区养老服务设施和机构建设作为各项工作的重中之重，这为河南社区养老服务发展明确了方向。

其次，本研究提出构建多层次河南社区养老模式的重点是，加快社区居家养老服务中心（机构）、社区日间照料中心和“喘息服务”机构、社区小型老年养护机构、医院提供的医养结合养老服务等多层次社区养老服务设施和机构的建设，因为这些设施和机构迎合了老年人在家中和熟悉的社区环境中养老的愿望，较好满足老年人多样化、个性化的社区养老服务需求，且投入成本低。

第三，本研究提出实现政府、市场、社会等主体责任共担、多元共治，是确保多层次城市社区养老模式能够运转起来并实现可持续发展的有效路径。

第四，本研究提出创新积分养老制这一市场化运作机制和创新志愿助老服务公益积分制这一社会互助机制，是充分调动政府、市场、社会等主体参与社区养老服务积极性，整合和盘活社会资源，破解当前普遍存在的社区养老服务资源动员能力不足难题的一个关键。

三、不足之处

首先，在调查点的选取方面，囿于研究经费的限制和研究价值的考量，本项研究最终选取河南新乡进行了为期两年的跟踪调查，重点对新乡积分养老制和志愿助老服务公益积分制的实施状况进行深入考察，基本实现预期研究目的。但是，一个调查点仍显单薄，今后，本课题组将在新乡研究的基础上，继续扩大调查范围，以期实现更为全面深入的研究。

其次，本项研究重在分析适合河南的社区养老模式是什么，政府、市场和社会在此种模式中应该扮演什么角色，以及怎样调动各方主体参与积极性以破解社区养老服务资源动员能力不足等问题，关于社区养老服务的其他议题（如资源的优化配置等）较少涉猎，这是我们下一步研究的重要领域。

参考文献

[1] 北京市将重点发展社区养老机构 [J]. 城市问题，2013（12）：103.

[2] 北京市两年内将重点发展社区养老机构 [N]. 中国新闻网，http：//www. chinanews. com/sh/2013/12-16/5621438. shtml. 2013-12-16.

[3] 曹艳春，王建云，汪婷 . 老年福利国际比较及经验借鉴 [J]. 长沙民政职业技术学院学报，2013，20（2）：6-10.

[4] 曹艳春 . 我国适度普惠型社会福利制度发展研究 [M]. 上海：上海人民出版社，2013：99.

[5] 长城物业集团股份有限公司 . 美国老年人"社区照顾"调研和启示 [J]. 城市开发，2012（11）：36-39.

[6] 陈成文，孙秀兰 . 社区老年服务：英、美、日三国的实践模式及其启示 [J]. 社会主义研究，2010（1）：116-120.

[7] 陈辉，丁艳秋 . 城市社区养老模式探析 [J]. 江苏大学学报（社会科学版），2014（2）：14.

[8] 陈伟 . 英国社区照顾之于我国"居家养老服务"本土化进程及服务模式的构建 [J]. 南京工业大学学报（社会科学版），2012（1）：93-99.

[9] 陈友华 . 人口老龄化与城市社区老年服务网络建设 [J]. 南京大学学报（哲学·人文科学·社会科学），2002（5）：28.

[10] 代娟 . 新乡积极探索积分养老 [EB/OL]. 大河网—河南日报，http：//news. dahe. cn/2017/06-08/108436393. html. 2017-06-08.

[11] 邓智平 . 社会建设十讲 [M]. 武汉：华中科技大学出版社，2014：49.

[12] 丁建定 . 居家养老服务：认识误区、理性原则及完善对策 [J]. 中国人民大学学报，2013（2）：21-24.

[13] 窦玉沛 . 社会福利由补缺型向适度普惠型转变 [EB/OL]. http：//news. sina. com. cn/c/2007-10-23/100914146154. shtml.

[14] 樊霞 . 社会老龄化程度日渐加深未来我们该在哪儿养老 [N]. 河南日报，2016-08-11.

[15] 桂世勋．上海城市社区为老服务资源整合研究［J］．华东师范大学学报（哲学社会科学版），2004（1）：71.

[16] 郭志刚．国家应对人口老龄化战略研究子课题：人口老龄化态势与发展战略研究［M］．华龄出版社，2014：9－10.

[17] 韩燕琴，韩阳．国外社区养老是如何开展的［N］．中国社会报，2013－09－23.

[18] 韩阳．人口老龄化背景下中国城市社区养老服务模式研究［D］．武汉：华中师范大学，2012.

[19] 何文炯．老年照护服务：扩大资源并优化配置［J］．学海，2015（1）：89.

[20] 何雨，王振卯．社区照顾：城市养老模式的第三条道路［J］．南京社会科学，2009（1）：96－100.

[21] 河南的人口秘密：1.07 亿仍排第一 老龄化趋势加重［EB/OL］．人民网—河南分网，http：//henan. people. com. cn/n2/2016/0616/c356896－28519884. html. 2016－06－16.

[22] 河南省人民政府办公厅．河南省人口发展规划（2016—2030 年）［EB/OL］．河南省人民政府网，http：//www. henan. gov. cn/zwgk/system/2017/05/25/010721328. shtml. 2017－05－05.

[23] 河南省人民政府．关于加快推进社会养老服务体系建设的意见［EB/OL］．河南省人民政府官网，http：//www. henan. gov. cn/zwgk/system/2011/11/11/010276044. shtml. 2011－11－17.

[24] 河南统计年鉴 2016［EB/OL］．http：//www. ha. stats. gov. cn/hntj/lib/tjnj/2016/indexch. htm.

[25] 横山寿一．社会保障の市场化、营利化［M］．新日本出版社，2003.

[26] 黄楠森．论“以人为本”的思想渊源和科学内涵［J］．伦理学研究，2011（3）：12.

[27] 景天魁．创建和发展社区综合养老服务体系［J］．苏州大学学报（哲学社会科学版），2015（1）：29.

[28] 莱昂・狄骥．公法的变迁——法律与国家［M］．沈阳：辽海出版社，1999：446.

[29] 李珺，李艳忠．以养老机构为依托发展社区照顾养老模式的可行性分析［J］．云南社会科学，2013（3）：142.

[30] 李卫华．“官办民助”抑或“官助民办”——政府在老年人社区照顾中的责任定位［J］．浙江学刊，2012（5）：13.

[31] 李伟峰，梁丽霞．社区照顾理论及其在中国的实践问题［J］．济南大学学报（社会科学版），2008（1）：84－89.

[32] 李伟．关于机构养老的认识误区、理性原则及完善对策［J］．城市问题，2015（1）：71.

[33] 李伟．国外社会福利服务去机构化及其启示［J］．云南社会科学，2014（4）：157.

[34] 李伟．社区小型老年养护机构发展的现状与困境研究——基于新乡市 M 老年护理院的实地调查［J］．中国农业大学学报（社会科学版），2017（2）：120.

[35] 李学斌．我国社区养老服务研究综述［J］．宁夏社会科学，2008（1）：42－46.
[36] 李学斌．西方社区养老服务及其对我国的启示［J］．城市观察，2013，26（4）：62－71.
[37] 李志建．日本老年人社区照顾调研报告［J］．中国物业管理，2010（10）.
[38] 林闽钢．现代社会服务［M］．济南：山东人民出版社，2014：37－38.
[39] 刘超．多元治理的社区公共事业管理［M］．湘潭：湘潭大学出版社，2014：46.
[40] 刘龙，李岚．河南省人口老龄化问题研究//欠发达地区经济发展研究（五）［M］．北京：中国经济出版社，2015：400.
[41] 刘晴暄．日本社区照顾社会化利弊分析［J］．福建论坛（人文社会科学版），2012（5）.
[42] 刘艳艳．社区照顾视阈下城市居家养老服务模式构建：英国的经验与启示［J］．洛阳理工学院学报（社会科学版），2015（5）：66－70.
[43] 迈克尔·博兰尼．自由的逻辑［M］．长春：吉林人民出版社，2002：78.
[44] 穆光宗．美国社区养老模式借鉴［J］．人民论坛，2012（22）：52－53.
[45] 彭华民，黄叶青．福利多元主义：福利提供从国家到多元部门的转型［J］．南开学报（哲学社会科学版），2006（6）：40－49.
[46] 彭华民．西方社会福利理论前沿——论国家、社会、体制与政策［M］．北京：中国社会出版社，2009：28.
[47] 彭希哲，胡湛．公共政策视角下的中国人口老龄化［J］．中国社会科学，2011（3）：124.
[48] 祁峰．英国的社区照顾及启示［J］．西北人口，2010，31（6）：20－24.
[49] 钱宁．“社区照顾”的社会福利政策导向及其“以人为本”的价值取向［J］．思想战线，2004（6）：70－74.
[50] 钱宁．社区照顾与中国社会福利制度的改革［J］．中国青年政治学院学报，2002（4）：7－12.
[51] 钱宁．以社区照顾为基础的中国老年人福利发展路径［J］．探索，2013（2）：46.
[52] 钱宁．中国社区居家养老的政策分析［J］．学海，2015（1）：98.
[53] 青连斌．社区养老服务的独特价值、主要方式及发展对策［J］．中州学刊，2016（5）：79.
[54] 沈洁．日本社会保障制度的发展［M］．北京：中国劳动社会保障出版社，2004：183.
[55] 孙越．小积分撬动大经济——新乡积分养老模式调研及借鉴建议［R］．新华社智库（特供分析报告），2016－10－31.
[56] 唐钧．社区养老究竟是怎么一回事［J］．就业与保障，2016（9）：41－42.
[57] 特斯特．老年人社区照顾的跨国比较［M］．周向红，张小明，译．北京：中国社会出版社，2002：26－27.

[58] 仝利民．社区照顾：西方国家老年福利服务的选择 [J]．华东理工大学学报（社会科学版），2004，19（4）：20－24.

[59] 童媛媛．河南省人口老龄化对经济发展的影响分析 [D]．郑州：郑州大学，2013.

[60] 王丁．英国社区照顾发展历程回顾及其启示 [J]．经营管理者，2016（27）：76－77.

[61] 王辅贤．社区养老助老服务的取向、问题与对策研究 [J]．社会科学研究，2004（6）：110.

[62] 王利军，史新建．河南省人口红利问题分析 [J]．人才资源开发，2014（21）：23－24.

[63] 王上，李珊．国外喘息服务的发展及对我国居家养老的启示 [J]．东北师大学报（哲学社会科学版），2014（6）：285.

[64] 王志刚．多中心治理理论的起源、发展与演变 [J]．东南大学学报（哲社版），2009（11）：35－37.

[65] 魏浩．河南：选个养老院，为啥这样难？[N]．大河报，http://newpaper.dahe.cn/dhb/html/2016－09/07/content_74164.htm. 2016－09－07（B16）.

[66] 新乡市人民政府办公室．新乡市居家养老服务管理办法（暂行）[Z]．新乡市养老惠老政策文件汇编（由新乡市老龄工作委员会办公室编纂），2014：22－29.

[67] 新乡市人民政府办公室．新乡市社会养老服务体系建设规划（2011—2015 年）[EB/OL]．新乡市人民政府网，2012－12－27.

[68] 新乡市统计局，国家统计局新乡调查队．2016 年新乡市国民经济和社会发展统计公报 [EB/OL]．新乡市人民政府网站，http：//www.xinxiang.gov.cn/sitegroup/root/html/4028815814acaf060114acbbdf71005a/20170321152227078.html. 2017－03－21.

[69] 徐祖荣．城市社区照顾模式研究 [J]．人口学刊，2008（1）：51－52.

[70] 杨杰．浅谈英国社区照顾模式的发展背景 [J]．才智，2011（3）：277－277.

[71] 杨团．公办民营与民办公助——加速老年人服务机构建设的政策分析．人文杂志，2011（6）：124.

[72] 杨文杰．适应中国人口流动的财政政策优化研究 [D]．保定：河北大学，2011.

[73] 叶响裙．公共服务多元主体供给理论与实践 [M]．北京：社会科学文献出版社，2014：30.

[74] 易开钢．现代化养老服务业的发展战略、模式与对策研究 [M]．杭州：浙江工商大学出版社，2014.

[75] 尹银．无围墙敬老院：优势、问题及建议——基于北京市汽南社区试点的观察和思考 [J]．人口与发展，2009（2）：93－97.

[76] 张剑．社会福利思想 [M]．济南：山东人民出版社，2014：142－143.

[77] 张莉清，潘锁生．日本的社区老年服务 [J]．当代世界，2007（10）：60－62.

[78] 张琳．社区养老保障服务资金的筹集模式研究 [D]．大连：大连理工大学，2006.

[79] 张赞梅，代玉芬．当代中国公共图书馆服务体系构建中的社会参与研究 [J]．图书馆论坛，2013（2）：171－175.

[80] 赵小妹．应在何处养老——社区照顾的理论、政策与实践评介 [J]. 江西社会科学，2001 (9)：220 - 221.

[81] 郑功成．中国社会保障改革与发展战略（总论卷） [M]. 北京：人民出版社，2011：17.

[82] 郑功成．中国社会福利的现状与发展取向 [J]. 中国人民大学学报，2013 (2)：4 - 5.

[83] 郑杭生．社会学概论新修 [M]. 北京：中国人民大学出版社，2002：59.

[84] 中华人民共和国住房和城乡建设部，中华人民共和国国家发展和改革委员会．社区老年人日间照料中心建设标准 [M]. 北京：中国计划出版社，2011：3.

[85] 庄绪荣，张丽萍．失能老人养老状况分析 [J]. 人口学刊，2016 (3)：47 - 48.

[86] 2016—2022 年中国养老机构市场发展现状及战略咨询报告 [R]. http://www.cntrades.com/b2b/zhiyanabaogao/sell/itemid - 93020090.html. 2016.

[87] Hughes. Older People And Community Care [M]. Open University Press，1995：9.

专题四　河南省社会养老保障制度体系完善研究

作为社会保障体系的最重要组成部分，社会养老保障制度体系的完善，近些年来一直是政府和学界关注的焦点。2009 年，河南实施了新型农村社会养老保险制度，2011 年，又实施了城镇居民社会养老保险制度，加之城镇职工基本养老保险制度、机关事业单位养老保险制度，共同构成河南社会养老保障制度体系，标志着河南社会养老保障进入“制度全覆盖”时代。2014 年，河南省人民政府发布了《关于加快发展养老服务业的若干意见》，2017 年，河南省民政厅、河南省发改委又印发了《河南省“十三五”养老服务体系建设规划》，上述政策文件的颁布为社会养老保障制度体系的完善营造了良好的政策氛围。然而，现行的社会养老保障制度体系仍很不完善，学界对此问题也展开过广泛深入的讨论，但往往因分析框架不够全面，而使其提出的对策建议缺乏系统性和说服力。因为没有科学的理论作指导，政府的社会养老保障政策实践也呈现“头痛医头，脚痛医脚”局面，缺乏合理全面的规划。

本专题依据社会保障制度体系的“四维体系”理论框架，提出完善的社会养老保障制度体系应该是一个由内容体系、结构体系、层次体系和服务体系构成的“四维体系”。当下，河南社会养老保障制度的这个“四维体系”仍存在一些比较突出的问题亟须完善。河南社会养老保障制度内容体系主要存在老年人福利制度整体发展滞后、全省统一的老年津贴制度尚未建立、老年长期护理服务制度缺失等问题，需要通过加快老年人福利制度的发展、建立全省统一的城乡居民老年津贴制度、加快建立老年长期护理服务保障制度等措施得以解决；河南社会养老保障制度结构体系主要存在社会养老保障制度覆盖尚存在盲点、碎片化严重、发展不平衡等问题，需要通过扩大社会养老保障制度对不同人群的覆盖面、推进社会养老保障制度整合、完善农村社会养老保障结构体系等措施得以解决；河南社会养老保障制度层次体系主要存在国家层面基本养老保障制度仍不完善、企业层面补充性养老保障尚未充分建立、个人层面储蓄性养老保障发展迟滞等问题，需要通过正确处理基本养老保障与补充养老保障之间的关系、大力发展企业补充养老保障、积极发展个人储蓄性养老保险等措施得以解决；河南社会养老保障制度服务体系主要存在社会养老保障制度与社会养老保障服务没有实现无缝衔接、社会养老服务体系发展滞后、社会养老保障经办服务机构能力不足等问题，需要通过强化政府在养老服务体系建设中的主导作用、加大投入保障力度、鼓励社会力量参与养老服务体系建设、完善相关法律法规、加快社会养老保障经办服务体制的改革与发展等措施加以解决。

总之，社会养老保障制度内容体系的完善要以健全项目、提高风险预防和保障能力为重点，社会养老保障制度结构体系的完善应把实现人群全覆盖和增强公平性作为目标，社会养老保障制度层次体系完善的关键是明确政府、企业和个人之间合理的权责关系，社会养老保障制度服务体系关系着社会养老保障制度的实践效果，要将其纳入到社会养老保障制度体系中，并与社会养老保障制度协调发展。

第一节　导　　论

一、研究背景

《“十三五”国家老龄事业发展和养老体系建设规划》提出要使“多支柱、全覆盖、更加公平、更可持续的社会保障体系更加完善”，中共十九大报告进一步明确要“按照兜底线、织密网、建机制的要求，全面建成覆盖全民、城乡统筹、权责清晰、保障适度、可持续的多层次社会保障体系。”作为社会保障体系的最重要组成部分，社会养老保障制度体系的完善，近些年来一直是政府和学界关注的焦点。2009 年，根据《国务院关于开展新型农村社会养老保险试点的指导意见》（国发〔2009〕32 号），河南省颁布了《河南省人民政府关于开展新型农村社会养老保险试点的实施意见》（豫政〔2009〕〔94〕号），新型农村社会养老保险制度在河南省如火如荼地开展起来。2011 年，根据《国务院关于开展城镇居民社会养老保险试点的指导意见》（国发〔2011〕18 号）和《国务院关于开展新型农村社会养老保险试点的指导意见》（国发〔2009〕32 号），河南省将新型农村社会养老保险和城镇居民社会养老保险制度合并实施，颁布了《河南省人民政府关于开展城乡居民社会养老保险试点工作的实施意见》，河南城乡居民老有所养的愿望在制度上最终完成。由此，无论是机关事业单位工作人员、城镇企业职工，还是城乡居民，各类人群均被社会养老保障制度所覆盖，这标志着河南省社会养老保障制度进入了“制度全覆盖”的历史时期。然而，在肯定成绩的同时，不难发现，河南省社会养老保障制度离市场经济与社会发展要求还有很大的距离。具体来讲，河南省社会养老保障制度体系仍存在着制度体系残缺、权责模糊、核心制度不健全、待遇差距过大等一系列问题，这些内在缺陷及不足，正在限制着这一制度正常功能的全面发挥。在此背景下，开展河南省社会养老保障制度体系完善研究，对河南省社会养老保障制度体系存在的问题进行全面诊断，并提出完善河南省社会养老保障制度体系的基本思路，不仅意义重大而且十分紧迫。

二、研究目的与研究意义

（一）研究目的

本专题以社会养老保障制度“四维体系”为视角，分析河南省社会养老保障制度在内容体系、结构体系、层次体系和服务体系方面存在的突出问题，在此基础上，结合实地调查和理论分析，提出完善河南省社会养老保障制度体系的政策建议。

（二）研究意义

河南省现行的社会养老保障制度体系仍存在一定缺陷，学界对此问题也展开过广泛深入的讨论，但往往因缺乏比较全面的理论框架，导致提出的对策建议缺乏系统性和说服力。由于没有科学的理论作指导，政府的社会养老保障政策实践也呈现出“头痛医头，脚痛医脚”局面，缺乏合理的规划。本专题拟以社会养老保障制度“四维体系”为分析框架，对河南省社会养老保障制度体系进行全面诊断，找准问题，系统提出完善该制度体系的政策建议，以期为河南省人力资源和社会保障、民政、财政、发改委等政府职能部门献言献策。

三、研究思路与研究内容

（一）研究思路

首先，对社会养老保障制度“四维体系”理论框架进行阐述；其次，以“四维体系”理论框架为指导，通过深入的实地调查全面了解河南省社会养老保障制度在内容体系、结构体系、层次体系和服务体系方面存在的突出问题；最后针对问题，结合实地调查和理论分析，提出完善河南省社会养老保障制度体系的基本思路。

（二）研究内容

第一部分：河南省社会养老保障制度“四维体系”理论框架分析。重点阐述“四维体系”的内涵、实质、相互关系及各自在社会养老保障制度体系中的角色与功能。

第二部分：河南省社会养老保障制度内容体系存在的问题及完善的基本思路。该部分拟对河南省老年人福利制度发展滞后、全省统一的老年津贴制度尚未建立、老年护理服务保障制度缺失等问题进行客观描述，并提出加快发展老年人福利制度、推行城乡居民老年津贴制度、建立老年护理服务保障制度的基本思路。

第三部分：河南省社会养老保障制度结构体系存在的问题及完善的基本思路。该部分拟对河南省社会养老保障制度覆盖尚存盲点、养老保障制度存在地域间、群体间发展不平衡等问题给予揭示，提出扩大社会养老保障制度覆盖面、促进养老保障制度整合的基本思路。

第四部分：河南省社会养老保障制度层次体系存在的问题及其完善的基本思路。该部分拟对河南省基本养老保障制度不完善、企业补充性养老保障制度尚未充分建立、个人储蓄性养老保障制度发展迟滞等问题给予分析，提出正确处理基本养老保障与补充养老保障之间的关系、大力发展企业补充养老保障、积极发展个人储蓄性养老保险的基本思路。

第五部分：河南省社会养老保障制度服务体系存在的问题及其完善的基本思路。该部分拟对河南省社会养老保障制度与社会养老保障服务尚未实现无缝衔接、社会养老服务体系发展滞后、社会养老保障经办服务机构能力不足等问题给予揭示，提出将社会养老保障服务体系纳入整个社会养老保障制度体系、大力发展老年服务体系、加快社会养老保障经办服务体制的改革与发展的基本思路。

四、分析框架

从西方发达国家的实践经验看，“西方国家社会保障制度的发展历程从制度体系上来说，可以概括为从社会保障制度的内容体系发展到社会保障制度的结构体系，进而发展到社会保障制度的层次体系的历史过程。”各国首先建立养老保险、医疗保险、社会救助、社会福利等基本社会保障制度项目，然后将社会保障制度体系延伸至基本社会保障服务。由此可见，“合理的社会保障制度体系应是一个包括内容体系、结构体系、层次体系和服务体系在内的完善的‘四维体系’”。

依此类推，完善的社会养老保障制度体系也应该是一个由内容体系、结构体系、层次体系和服务体系构成的“四维体系”。社会养老保障制度内容体系关注的是社会养老保障制度的基本项目构成，它表明社会养老保障制度对社会问题的覆盖面，反映社会养老保障制度对社会风险的预防和保障能力；社会养老保障制度的结构体系关注的是社会养老保障制度的对象构成，它表明社会养老保障制度对社会成员的覆盖面，反映社会成员享受社会养老保障权益的普遍程度，因此也就反映出社会成员享受社会养老保障制度的公平程度；社会养老保障制度的层次体系关注的是社会养老保障制度主体之间的相互关系，它表明社会养老保障制度各种主体参与社会养老保障制度的程度，反映政府、企业、个人等主体在社会养老保障制度中的责权关系；社会养老保障制度的服务体系关系着社会养老保障制度的实践效果，进而影响社会养老保障制度目标的实现，社会养老保障制度服务体系的着力点为各类社会保障权益的可及性。合理的社会养老保障制度体系要求有完善的内容体系、结构体系、层次体系和服务体系。

内容体系是河南省社会养老保障制度体系的基础，社会养老保障制度首要的功能应该是全面覆盖社会问题，预防和减轻社会问题对民众生活的影响，这就要求我们首先要正视其社会问题，并认真考察这些问题的成因及对哪些群体造成了损害，进而采取一定的措施尝试解决这些社会问题。全面覆盖相关社会问题，要求首先关注社会养老保障制度内容体系的优化。结构体系是河南省社会养老保障制度体系的核心，合理整合结构是完善河南省社会养老保障制度体系的当务之急，所谓的整合结构，一方面是指针对各类群体所建立的各种社会养老保障制度要能够健康运行，而且制度覆盖没有漏洞；另一方面是指各类社会养老保障制度关系协调，即各类制度的发展和作用发挥是相互促进而非冲突的，且能够保证不同群体所享受到的社会保障权益具有公平性。层次体系是社会养老保障制度体系的关键，社会养老保障制度应该是政府、企业与个人之间的共同责任，三者之间应该相互协调，缺一不可。均衡责任结构是当前河南省社会养老保障制度体系完善的关键，合理的社会保障机制要求均衡的责任结构。服务体系是河南省社会养老保障制度体系不可或缺的组成部分，河南省社会养老保障制度体系完善应重视加强社会养老保障服务体系的建设，服务供给的可及性是社会养老保障目标实现的基本途径，也是保证社会养老保障制度实现正反馈的重要条件。

综上所述，当前河南省社会养老保障制度体系的完善应当是一个包括内容体系、结构体系、层次体系和服务体系在内的综合体系的完善。只有“四维体系”均健全的社会养老保障制度，才能有效保障民众的社会养老保障权益。本课题拟以社会养老保障制度“四维体系”为分析框架，对河南省社会养老保障制度体系进行全面诊断，找准问题，系统提出完善该制度体系的政策建议，以期为河南省人力资源和社会保障、民政、财政、发改委等政府职能部门献言献策。

第二节　河南省社会养老保障制度内容体系存在的问题及完善的基本思路

社会保障制度的内容体系主要是指社会保障制度的基本项目构成，它表明了社会保障制度对社会问题的覆盖面，反映社会保障制度对社会风险的预防和保障能力，是社会保障制度的基础。河南省作为全国人口大省、农业大省，庞大的老年人口基数、相对落后的人均经济、城乡二元结构的深远影响，都成为加剧人口老龄化问题，阻碍河南省城乡社会养老保障制度统筹发展的重要阻力。为有效应对人口老龄化问题，河南省逐步建立起应对老年人收入风险的养老保险制度，同时不断探索包括高龄津贴在内的老年福利制度体系建设，以及适应不断增长、日益多元的老年人养老服务需求的养老服务体系。但相比国内其他发达省市社会养老保障制度建设及施行状况，河南省在社会养老保障制度内容体系设计方面仍存在较大差距，导致社会养老保障制度对老年人问题的覆盖面不足，在有效预防和保障老年人口面对的社会风险，提高老年人实际生活质量方面尚未发挥充分作用。

一、河南省社会养老保障制度内容体系存在的问题

建立完善的社会养老保障制度体系是应对老龄化问题与风险的重要战略决策。经过几十年的研究、摸索，通过由点及面的渐进式发展，我国逐步建立起包括养老保险制度、社会养老服务体系、高龄津贴制度和老年长期护理保险在内的养老保障制度内容体系。但由于各地区经济、社会、文化发展的不平衡性，社会养老保障制度发展呈现出明显的区域差异。截至 2017 年，河南全省有 1 500 万 60 岁以上老年人口，970 万 65 岁老年人口，160 万的 80 岁以上高龄老年人口，一连串数字凸显出河南省日益严峻的人口老龄化以及老年人口内

部高龄化趋势，同时250万失能、半失能老人的存在也亟待老年长期护理服务制度的建立与落实。尽管河南省社会养老保障制度在几十年的摸索中不断完善，但无论在制度内容体系、结构体系还是层次体系、服务体系方面仍有待借鉴国内外先进经验、做法，其在社会养老保障制度内容体系方面存在的突出问题主要表现在养老保障制度内容体系不完整，老年人福利制度整体发展落后，全省统一的老年津贴制度尚未建立，老年长期护理服务制度缺失等几个方面。

（一）老年人福利制度整体发展滞后

2010年第六次全国人口普查数据显示，河南省65岁以上老年人口786万，是同期河南省总人口增长速度的13.75倍。从2016年到2030年，65岁以上老年人口比重将从10.25％上升到16.12％，0～14岁少儿人口占比将从20.04％下降到16.89％，总抚养比从45％提高到49.27％，接近一人养一人的水平。尤其是大量高龄老人、（半）失能（半）失智及空巢老龄人口将面临突出的护理照料问题。然而，与老年人日益高涨的社会福利保障服务需求不相适应的是，河南社会养老保障制度内容体系还不完善，突出体现在尚未建立全省统一的老年福利津贴制度，以及针对特殊老年群体的老年长期护理保障制度的缺失。有关老年人的福利项目种类较少，且存在老年福利项目设置需求导向性不足带来福利项目效用未实现预期最大化，例如，多地市实行的老年公交卡优惠制度，对于失能、半失能及年龄较大等出行不便且不喜欢公交出行的老年人而言，该政策设计的初衷及预期福利效果便难以实现。老年随迁人口的流动性也导致部分老年人既因地域流动无法享受户籍所在地福利项目，也因迁入地福利享受认定资格限制无法享受居住地相关老年福利项目。老年福利项目认定资格、福利水平差异化导致老年群体心理上的相对剥夺感。关于老年福利项目种类、认定资格、福利水平，普遍由各地市自行确定，导致城乡及不同地市、不同老年群体在老年福利项目种类及福利水平等方面存在较大差异，进而易引起心理上的相对剥夺感。

（二）全省统一的老年津贴制度尚未建立

高龄津贴是针对高龄老人实行的一种兼有社会救助和社会福利性质的社会保障制度，目的在于保障高龄老人基本生活，推进老年福利由补缺型向适度普惠型发展。2010年之前全国仅有6省份建立高龄津贴制度，在民政部大力推动下，截至2011年全国建立高龄津（补）贴制度的省份扩展至14个省份，惠及800万高龄老人，但2011年之前省级层面高龄津贴制度发放对象认定资格普遍针对年满百周岁老人。2011 年之后民政部继续推动，鼓励各地区逐步将本地区 80 周岁以上老年人纳入高龄补贴保障范围。截至 2016 年，全国 26 个省（区、市）出台高龄津贴政策，但关于高龄津贴的发放对象的年龄界定及发放标准各省份不一，除少数省份（天津、宁夏规定 90 周岁以上每人每月 450 元，青海、陕西两地规定 70 岁以上均可领取，但 80 岁以下发放金额标准较低；河北、山西、内蒙古、吉林、上海、山东、海南、陕西规定给予年满 100 周岁老人每月 300 元津贴或营养费）外，多数省份对 100 周岁以上的老人给予每人每月不低于 100 元的高龄津贴。截至目前，从省级层面建立的将 80 周岁以上老年人纳入发放对象范围的高龄津贴制度尚属稀少，但许多省份从市级层面将 80 周岁以上老人纳入发放范围的高龄津贴制度陆续增加。

河南省最早于 2001 年开始对省内百岁以上的高龄老人，每人每月发放不低于 100 元的敬老补助费，并鼓励各地逐步将本地 80 周岁以上老年人纳入高龄补贴保障范围。在民政部和河南省政府、民政厅的鼓励和推动下，2010 年之后河南省一些地市在省级相关政策标准基础上，根据各自经济、社会发展实情相继出台市级层面的高龄津贴制度。

洛阳市 2012 年开始为全市百岁以上老人每月发放 200 元的敬老补贴，2017 年 8 月份开始将 80 岁以上老人纳入洛阳市高龄老人补贴发放范围，规定凡属洛阳市户籍、依据本人申请的老人均可享受高龄补贴，其中年满 80～89 岁每人每月不低于 50 元，年满 90～99 岁每人每月不低于 100 元，年满 100 周岁以上每人每月 300 元。焦作市自 2012 年始对户籍在焦作市辖区内的所有 80 岁以上老年人发放高龄老人敬老补贴，对 80～89 周、90～99 周岁、100 周岁及以上老人每人每月分别给予 50 元、200 元、500 元的敬老补贴。开封市规定自 2013 年 1 月 1 日起，对拥有开封市户籍，年满 90 周岁且不满 100 周岁、年满 100 周岁的老年人，分别给予每人每月 100 元、200 元的高龄津贴。郑州市计划从 2015 年 1 月 1 日起提出实施 80 岁以上老人高龄津贴制度，将参加城乡居民基本养老保险的 80 周岁及以上老龄老人生活补助、100 周岁及以上老年人敬老补助费等统一为高龄津贴，但直至 2016 年 5 月才真正落实，将郑州市户籍，年龄 80 岁以上老年人均纳入高龄津贴发放对象，其中年满 80～89 周岁每人每月 100 元，90～99 周岁每人每月 200 元，年满 100 周岁以上每人每月 300 元。鹤壁市 2015 年开始对具有鹤壁市市区户籍、且在辖区内实际居住 2 年以上、年满 80 周岁的高龄老人给予分档补贴，其中 80～89 岁每人每月 100 元，90～99 岁每人每月 200 元，100 周岁以上每人每月 500 元，高龄津贴资金由市、区两级财政按 3∶7 比例分担。新乡市 2014 年开始发放高龄补贴，对具有新乡市户籍，年满80～89周岁的特困老年人按照每人每月90元标准、年满90周岁及以上的老年人每人每月90元、100周岁及以上每人每月300元的标准分别发放高龄补贴，将普惠型高龄津贴发放年龄标准限定在90岁以上。2018年新乡市对高龄津贴制度进行调整，凡具有新乡市市籍，年满80周岁的老年人均可申领高龄补贴，但对80～89周岁年龄段老人实行差别化标准（非特困老人每人每月50元，特困老人每人每月90元），90～99周岁老人每人每月90元，100周岁及以上每人每月300元。

目前河南省老年津贴制度尚处于地方探索、分散实施阶段，其他如许昌市、安阳市、漯河市等地2010年之后也相继出台有关老年人高龄津贴的相关制度文件，但各地市老年津贴发放随意性较大，关于高龄津贴发放对象资格条件认定、津贴发放标准存在较大差异，津贴发放办法等均依各地市规定而行，尚无统一规范。直至2018年7月27日，河南省第十三届人民代表大会常务委员会表决通过《河南省老年人权益保障条例》，提出在全省实施80周岁以上老年人高龄津贴制度，才首次从省级层面将高龄津贴发放年龄标准统一至80周岁，但对于高龄津贴的发放标准、发放办法由省辖市人民政府制定，科学的老年津贴调整机制尚未建立，对于各地市老年津贴的财政分担比例亦未作统一指导性意见，老年津贴的财政保障机制缺失。此外，对于老龄人口的补贴各地市存在不同叫法，如高龄津贴、高龄补贴、敬老补助费、营养费补贴等，尚无统一名目称谓。以上种种问题的存在，不利于全省统一老年津贴制度的建立。

（三）老年长期护理服务制度缺失

随着人口老龄化趋势发展，现代家庭规模小型化、结构核心化、养老功能弱化，以及慢性病、失能、半失能老人比例的不断增加，越来越多的家庭将会面临失能失智老人护理、照护服务的困境。但长期以来，受重经济保障轻服务保障观念的影响，我国社会养老保险制度的发展速度要远远快于老年服务保障的发展。目前我国从上至下对老年长期护理保险、长期护理服务保障制度进行的探索尚局限于个别省份、地区试点范围，尚未形成具有普遍推广性的制度经验。

2014年《河南省人民政府关于加快发展养老服务业的意见》中提到：“各地公办养老服务机构要充分发挥托底作用，重点为三无老人、低收入老人以及计划生育特殊困难家庭老人、失能半失能老人提供无偿或低收费的供养、护理服务”，但截至目前，河南省尚无关于老年人长期护理服务制度的专项政策文件，也尚无地方经验积累。

老年长期护理服务保障制度所应对的是老年人长期护理风险，是一种有别于养老、医疗保障制度的具有独立性的风险保障制度，老年长期护理保障制度的缺失是我国社会养老保障制度内容体系缺失的显著表现。2018 年出台的《河南省老年人权益保障条例》规定，各级人民政府应当逐步开展长期护理保障工作，有条件的地方建立长期护理保险制度，根据失能老人失能程度给予护理补贴，同时鼓励商业保险机构开发老年人长期护理保险，推动市场化力量参与，保障老年人的护理需求。该条例关注的重点也在于长期护理保险制度的建立，对于老年长期护理服务的关注尚未引起政策制定者的重视，而老年人所面对的长期护理风险既包括应对收入风险和健康风险的物质保障，也包括对长期护理服务的需求。

二、完善河南省社会养老保障制度内容体系的基本思路

与发达省份相比，河南省面临的人口老龄化更加特殊、伴生性问题更加复杂，而社会养老保障制度体系整体建设稍显落后。面对持续高涨的养老保障需求与严重不足的社会供给之间的尖锐矛盾，既要尊重社会养老保障制度发展的客观规律，也要尊重河南省的省情。当务之急是，加快河南省社会养老保障制度内容体系的完善，提高社会养老保障制度体系对社会成员面临各类养老问题的覆盖程度。

（一）加快发展老年人福利制度

首先，要树立老年福利增长与国民经济发展同步的现代福利发展理念，将老年人视为具有社会价值的存在而非社会负担。其次，在养老保障需求调研及现行养老服务保障供给效果评估基础之上，从宏观制度层面对河南省社会养老保障制度内容体系进行设计、完善，建立全省统一的老年津贴制度，填补为（半）失能（半）失智老人提供的老年人长期护理服务制度的空白，为各地市提供政策引领及宏观把控，鼓励各地市积极探索、总结经验。第三，推动河南省老年福利保障由补缺型向适度普惠型发展，以老年人的服务保障需求为导向设置基础老年福利项目，并区分基本生活需求、基于老年价值实现的发展需求，为老年人提供免费网络、电子产品使用培训课程，避免老年人产生电子疏离，推动“智慧养老”、智能养老，最大化消除养老供给与养老需求之间的不对称；第四，针对特殊群体老年人的特殊需求，设置富有针对性的老年福利项目，并从社会养老保障财政资金分担、支出办法着手，逐渐缩小城乡、不同地

市在老年福利项目设计、福利水平供给之间差异。

（二）建立全省统一的城乡居民老年津贴制度

老年津贴制度是现代社会养老保障制度体系的重要组成部分，对于部分低收入和没有参加城乡居民社会养老保险的老年人生活质量保障作用很大。考虑到普惠型老年津贴制度的建立，以及未来对于老年津贴发放年龄的调整，建议政府尽快在全省推行统一的专项老年津贴制度，对各地市进行指导和约束。一是在全省范围内统一关于老年人高龄津贴的名目称谓，改各地市高龄津贴、高龄补贴、敬老补助费、营养费补贴等统一为高龄津贴；二是依据 2018 年《河南省老年人权益保障条例》，在河南各地市强制推行 80 岁高龄津贴制度，并统一高龄津贴各年龄档最低发放标准，以切实增强老年津贴制度预防和保障老年群体预防、应对社会风险的能力；三是建议根据不同老年群体需求，实行弹性老年津贴制度，将诸如免费老年公交卡之类的福利项目折换成老年现金津贴，由老人自由支配津贴使用途径，以体现老年津贴内在公平性，同时考虑到各级财政可承受能力，建议对老年津贴制度采取多级财政分担的方式，由省、市、县（区）三级财政按比例分担；四是鼓励有条件的地市逐步将 75 岁、70 岁以上高龄老人纳入老年津贴制度，推动普惠型老年津贴制度的建立。

（三）加快建立老年长期护理服务保障制度

一是尽快建立老年长期护理保险制度和完善的老年长期护理服务体系，坚持老年长期护理保险制度筹资渠道多元化，老年护理需求程度划分科学化，将老年护理费用发放与护理程度挂钩，并将老年人的经济保障、物质保障与服务保障相结合，做好老年津贴制度与长期护理保险的衔接，建立老年长期护理保险制度与长期护理服务体系的有效衔接机制。二是政府要为社会力量的参与搭建好平台，推动老年护理服务场所多样化，老年护理服务多主体参与，形成“政府购买＋项目化运作＋专业化服务＋社会化参与”格局。三是加强老年护理服务人才队伍建设，实行老年护理服务从业资格认定制，并给予适度从业补贴，推动老年长期护理服务行业人才专业化、职业化，切实保障高龄、失能失智老年人的基本生活权益和质量。四是鼓励相关职业院校和培训机构每年向老年人及其亲属开设一定学时的老年人护理、保健课程或开展专项技能培训，或者在老年人集中的医院开设老年护理知识培训，提高老年人自我健康管理能力和家庭在老年人护理方面的应对能力。

综上所述，河南省社会养老保障制度内容体系仍残缺不全，突出表现为老年福利制度整体发展滞后，全省统一的老年津贴制度尚未建立，养老保障制度的碎片化。解决上述问题的关键在于，以需求为导向，坚持全省城乡统筹发展战略思想，建立健全适应河南省情的老年福利制度、全省统一的城乡居民老年津贴制度、兼顾护理保险和护理服务的老年长期护理保障制度，以提高制度对老年人所面临社会风险的预防与保障能力。

第三节　河南省社会养老保障制度结构体系存在的问题及完善的基本思路

社会养老保障制度的结构体系主要是指社会养老保障制度的对象构成，它表明社会养老保障制度对社会成员的覆盖面，反映社会成员享受社会养老保障权益的普遍程度，因而也就反映出社会成员享受社会养老保障的公平程度。基于这一界定，本章对河南省社会养老保障制度结构体系存在的问题及完善的基本思路进行了分析。

一、河南省社会养老保障制度结构体系存在的问题

（一）社会养老保障制度覆盖尚存在盲点

虽然当前河南省建立的社会养老保障制度已经在制度上实现了全覆盖，但是受到主客观等多方面因素的影响，实践中这一制度的覆盖面仍旧存在盲点。根据河南省社会保障局公布的《2017 年度河南省社会保障工作情况》，截止到 2017 年底，河南省仍旧有 733.67 万名未参加社会保障的人员，社会保障在河南省的全覆盖还没有实现。河南省社会养老保障制度覆盖存在的盲点突出表现在以下几个方面：

第一，由于城乡居民基本养老保险制度遵循自愿参加的原则，中青年参保积极性不高。由于中青年暂时对养老保险没有需求，部分城乡居民文化水平相对较低，政府宣传力度不够，以及宣传过于书面化等情况，部分中青年对推行城乡居民基本养老保险制度的作用理解不足或理解存在片面化，从而导致参保积极性不高，甚至出现抵触情绪。

第二，处于困难群体临界点附近的低收入群体无力参保问题突出。河南省针对困难群体出台了资助代缴社保费等各项补助政策，将困难群众全部纳入了城乡居民基本养老保险的覆盖范围，但是处于困难群体临界点附近的低收入群体却不在政府的补助政策范围内。由于这一群体收入较低且政府也没有进行缴

费资助，现实中他们没有持续缴纳基本养老保险费用的能力，因此存在着可能有很强的参保意愿而实际中却无力参保的现象。这一群体对于河南省社会养老保险制度全覆盖的实现既是一个盲点又是一个难点。

第三，农民工和被征地农民的社会养老保障制度尚未真正确立。农民工和被征地农民都是由于社会转型和经济发展而衍生的特殊群体。这两个特殊群体在参加养老保险过程中都存在着各式各样的问题。农民工和被征地农民原来的农民身份使他们最初参加的是“老农保”或者城乡居民基本养老保险制度，身份的转变使他们不得不面临着养老保障制度的变化。由于长期以来政府对农民工和被征地农民的养老保险制度并没有真正确立，存在着各项制度之间的衔接和转移不顺畅、“老农保”尚有不少遗留问题等等，导致在农民工和被征地农民在身份转变过程中，部分人没有了养老保险。

第四，城镇职工基本养老保险向非公有制企业、灵活就业人员、城镇个体工商户的扩大覆盖面工作比较困难。河南省人民政府 2006 年就在《关于河南省完善企业职工基本养老保险制度实施意见的通知》中规定，城镇各类企业职工、个体工商户和灵活就业人员都要参加企业职工基本养老保险。实际中，由于存在着企业主故意逃避为职工参保的行为、个体工商户和灵活就业人员对养老保险不信任和参保意识欠缺、政府部门执行和监督力度不足等问题，近年来河南省城镇职工基本养老保险的扩面工作一直比较困难。

第五，机关事业单位养老金制度改革进展缓慢。一直以来机关事业单位的养老金制度都是独立运行的。由于可能存在的养老金缴费和待遇公平性问题，机关事业单位的养老金制度一直受到社会各界的诟病。近年来河南省着手改革机关事业单位的养老金制度。但是由于利益群体的反对、改革配套政策不完善、政策框架体系没能搭建好，河南省机关事业单位的养老金制度改革进展缓慢，养老金制度仍旧是双轨运行。

（二）社会养老保障制度碎片化严重

河南省社会养老保障存在着制度碎片化、管理碎片化等突出问题。首先，不同的养老保障项目长期在同时运行。河南省现行的社会养老保障制度跟全国的情况一样，是基于户籍和身份建立起来的，针对不同群体建立不同的养老保障制度。因此，养老保障制度自从开始建立就存在着制度碎片化的问题。虽然近年来河南省在国家政策的指导下积极进行各项养老保障制度整合，比如把农村新型社会养老保险制度与城镇居民社会养老保险制度整合为城乡居民社会养老保险制度，但是制度的碎片化依旧比较严重，比如城镇职工基本养老保险制度和机关事业单位的养老金制度依旧是独立运行的。制度的碎片化不仅给养老保障的管理带来困难，还造成了制度间的不公平现象长期存在。其次，养老保障制度缺乏统一的管理。养老保障管理主体包括了人力资源和社会保障部门、民政部门、组织部门等机构。管理机构的碎片化使得养老保障管理部门职能交叉，资金管理分散，甚至会发生挤占挪用养老金的现象。此外，不同的养老保障项目存在保障人群重叠化、保障标准不统一等问题，从而导致居民的养老保障权益受损和不公平现象的出现，而且不利于协调养老保障资源。

（三）社会养老保障制度发展不平衡问题突出

由于河南省各地经济发展不均衡、企业内部规定和相关政策等因素的影响，社会养老金的支付标准有所不同，阻碍了劳动力的流动和人力资源的优化配置，不利于社会养老保险制度的推广发展，不利于实现让全体人民都能公平地享受基本养老保险的目标。

社会养老保障制度运行中的不公平现象十分突出。在城市，由于企业退休人员与机关事业单位退休人员的养老金计发基数及增长机制的不同，致使两类人群之间的养老金差距日益加大，成为社会矛盾的重要来源之一。在农村，由于政府责任的缺位，集体补助又形同虚设，养老金水平之低几乎只有象征意义。比如，2017 年河南省符合领取条件的农村老年人月领取基础养老金标准也只有 80 元。由此可见，养老保障制度多元分割，在实践中的确带来了养老金水平的巨大差异，如果任其发展，引发严重的社会危机的几率将大大提升。

二、完善河南省社会养老保障制度结构体系的基本思路

（一）继续扩大社会养老保障制度对不同人群的覆盖面

需要从不同角度入手扩大社会养老保障制度对不同人群的覆盖面，做到在制度上和实际中都实现养老保障制度的全覆盖。首先，鉴于城乡居民社会养老保险制度的自愿性，政府需要通过合理手段引导农村居民积极参保，比如，针对部分居民对养老保险认识不足和理解的片面化问题，需要创新形式多样的宣传方式，通过更加通俗易懂的宣传方式让每一位城乡居民都能了解到社会养老保障制度的内容，以提高城乡居民的社会保障意识。其次，政府通过各种方式支持低收入群体参保，如直接补贴参保费用。再次，抓紧制定农民工、失地农民、被征地农民的社会养老保险制度模式。这些特殊人群是河南省社会养老保障制度一直没有实现全覆盖的重要原因，因此也是扩大制度覆盖面的重点人

员。通过制定科学合理的社会养老保险制度模式，解决这三类特殊人群中部分人没有养老保险的现实问题。

（二）进一步推进社会养老保障制度整合

《中共中央关于全面深化改革若干重大问题的决定》明确提出，要建立更加公平、更可持续的社会保障制度。这为河南省社会养老保障制度改革与发展指明了方向。制度整合是实现更加公平、更可持续的社会养老保障制度目标的关键手段，通过社会养老保障制度整合可以逐渐缩小城乡之间、不同群体之间养老保障制度的差距。河南省社会养老保障制度整合主要包括以下几层含义：

第一，要加快推进机关事业单位养老保险制度改革，尽快实现机关事业单位养老保险与城镇职工基本养老保险的并轨整合，消除二者养老待遇差距过大的问题。如何推进机关事业单位的公职人员养老保险制度的改革，已经成为河南省社会保障制度整合与体系完善过程中必须进行综合设计的紧迫问题。城镇地区养老金的双轨制备受社会诟病。在双轨制框架下，政府机关和事业单位工作人员享受以公共财政支出为财力支持的退休金，企业职工参加由企业和参保者个人共同缴费的企业职工基本养老保险制度。因此，需要首先在城镇地区实现机关事业单位养老保险与城镇职工基本养老保险的整合，尽量消除城镇地区内部养老保险制度的差距。

第二，在当前已经建立城乡居民基本养老保险制度，实现城乡居民养老保险制度整合的基础上，要进一步完善这一制度的财务机制、监督管理机制和待遇调整机制，使得该制度的运行更为持续和顺畅。

第三，要推进城乡居民基本养老保险制度与城镇企业职工基本养老保险制度的整合，最终建立起城乡统一的、多档次的基本养老保险制度。城镇职工、机关事业单位工作人员、农村居民、城镇居民、失地农民等都参加统一的基本养老保险制度，不同人群可能存在的区别只是因为选择的缴费档次不同而导致的缴费和待遇的差异。需要指出的是，统一的养老保险制度结构体系的完善需要进一步优化基本养老保险制度信息系统，加强信息审核力度，防止同一参保者重复领取基础养老金状况的出现。

第四，要推进城镇基本养老保障服务的整合与农村基本养老保障服务的整合，进而实现城乡基本养老保障服务的整合。当前城乡基本养老保障服务也是割裂的，且有严重差别，因此在实现制度整合的同时也应实现城镇基本养老保障服务的整合，以及农村基本养老保障服务的整合，进而实现城乡居民基本养老保障服务与城镇职工基本养老保障服务的整合。

此外，还应该整合当前碎片化的管理主体，使各个项目实现政策的衔接与协调，确保养老保险、社会救助、社会福利、优抚安置、养老服务等相互衔接，从而形成功能互补、结构合理的社会养老保障体系。尤其是要重视新农保与农村社会救助制度尤其是最低生活保障制度、新农保与农村计划生育家庭奖励扶助制度等的整合。

（三）努力完善农村社会养老保障结构体系

一直以来，农村社会养老保障结构体系存在巨大的缺陷。为了解决农村社会经济发展过程中出现的不同群体的养老问题，按照“分类施保”的指导思想，农村建立了覆盖不同人群的养老保障制度。但是，由于各类制度在历史背景、模式变迁、覆盖对象、制度设计等方面存在巨大差异，因而农村社会养老保障制度体系存在边界模糊、体系残缺、权责模糊、难以对接的天生缺陷。比如，计划生育奖励扶助制度是为奖励计划生育户而出台的具有福利性质养老保障制度，因此，计划生育户无需履行缴费的义务，即可拿到由国家全额供款的养老金；而城乡居民基本养老保险制度是典型的权利和义务相统一的社会保险制度，按照三方供款的定额责任机制和“社会统筹＋个人账户”的模式建立，因此，参保人只有履行完缴费的义务后，才可以领取养老金，但是，从待遇水平和替代率两项指标来看，两种制度差别不大。

此外，从农村现存各项养老保障制度之间的关系来看，各个制度处于相互分割、独立运行的状态，还没有建立有效的转移接续和衔接机制，从长期来看，这不利于各项制度的长期可持续发展。尽管差别化的、割裂的养老保障制度结构满足了不同人群的养老保障需求，但间接的损害了养老保障制度的公平性，不利于养老保障制度的发展和完善。因此针对农村地区养老保障制度的这一缺陷，需要进一步完善农村社会养老保障制度，实现管理机构、缴费年限、待遇水平等制度方面的整合，为建立全省城乡统筹的养老保障制度打下坚实的基础。

第四节　河南省社会养老保障制度层次体系存在的问题及完善的基本思路

“四维体系”视角下的我国社会养老保障制度体系建设和完善过程中，尤其以“层次体系”建设和完善为关键，“层次体系”完善的关键在于要“明确政府、企业和个人之间合理的权责关系”。这一制度体系涉及的是社会养老保障制度不同主体间的关系，而相应的这些重要主体显然主要有政府、企业与参保人个体之间的关系，而这一关系建立应是互动的、合理的，且有制度性保障的。目前河南省社会养老保障制度层次体系存在的主要问题有：河南省基本养老保障制度不完善、企业补充性养老保障制度尚未充分建立、个人储蓄性养老保障制度发展迟滞等，针对上述问题需要进行成因分析，提出正确处理基本养老保障与补充养老保障之间的关系、大力发展企业补充养老保障、积极发展个人储蓄性养老保险的基本思路。

一、河南省社会养老保障制度层次体系存在的主要问题

河南省社会养老保障制度层次体系存在的主要问题有：基本养老保障制度自身尚不够完善、企业补充性养老保障制度建立尚不充分、个人储蓄性养老保障制度发展迟滞等问题。

（一）政府层面：基本养老保障制度仍不够完善

2011 年河南省利用国家推行城居保契机，将新农保和城居保合并实施，在省内推行城乡居民社会养老保险制度，直到 2012 年，河南省城乡居民社会养老保险已经实现制度全覆盖。2014 年，参保率达到 97.5%。当前河南省社会养老保障基本制度仍处于发展和转型阶段，尚未全面定型，尤其是全省整体层面的制度亟待完善和定型。长期以来实施了“地方统筹，地方管理”的养老保障制度，在这一“地方分割”的制度背景下，基本养老金在各个地区之间的调配使用难以实现，限制了这一基金“互助共济”功能的发挥。这种低效度的基本养老保障统筹现状，进一步限制了劳动力自由流动和统一的劳动力市场形成，致使养老保险基金利用效率低下，增加了国家在养老保障方面额外的财政负担，例如，河南省城镇职工基本养老保险基金收入和支出情况不容乐观，虽然以往存在基金结余，但是能够出现结余的主要依靠政府的财政补贴，单纯依靠制度的征缴收入及收益能力，不足以支付当年的基金支出数额。在收益率为 3%的时候，预测到 2020 年年末，养老基金积累仅有 578.52 亿元，与 2015 年相比，结余数额降低了 400 多亿元，可见没有政府补贴，在低收益率下基金的可持续运行受到很大挑战。

（二）企业层面：补充性养老保障制度建立尚不充分

世界银行报告——《老年保障：中国的养老金体制改革》曾提出，为应对

人口老龄化和国有企业养老金危机，中国最好的解决办法是建立三支柱养老保险制度，第一支柱即为“以工资总额的缴费为资金来源，支付社会统一的养老金，覆盖范围包括城市地区所有正规部分的职工和大型乡镇企业职工”，可以说，在市场经济体制建立和发展宏观背景下，养老保险制度将市场因素引入，而企业年金作为三大支柱的内容之一，成为养老保障制度体系中不可或缺的一个层次。

我国企业补充养老保障制度实施后，参与企业和基金存量逐年提高。“截至 2011 年底，企业年金基金累计结存 3 570 亿元，相对于 2010 年的 2 809 亿元增长了 27.09%，远远高于 2010 年 10.90%的增长率，四年来仅低于 2009 年 32.55%的增长率。”但是，到目前为止，企业补充养老保障制度覆盖面仍然十分狭窄，其对国家基本养老保障制度的补充功能十分有限。从企业参保率看，2011 年的企业参保率仅为 0.36%，这意味着绝大多数企业尚未建立企业年金计划：从城镇就业人口参保率看，虽然近年来参保率有所上升，但目前也只有不到 5%的城镇就业人口参加了企业年金计划；从基本养老保险职工参保率看，2011 年的职工参保率达到近几年的最高值，也仅为 7.31%。这表明，大多数人退休后仍然只能依靠政府提供的基本养老保险来保障晚年生活。

市场内生条件与发达国家存在较大差异，企业年金涉及薪酬制度改革、税收等国民收入分配改革等，加之企业年金制度实施时间较短，现实中问题不少。主要体现为：国企、外企和民企加入的差异性较大，国有企业在实施企业年金的企业中占比最高，外资企业和民营企业参加企业年金意愿并不强烈。外资企业，如富士康，及诸多民营企业近年来在河南省境内迅速引入和发展，尤其诸多互联网企业在河南省内迅速出现，对经济发展和经济活力提升贡献较大。然而，当前整体外资企业和民营企业建立企业年金的仍较少，更多的是将其作为一项激励措施，以吸引和留住人才，意味着大多数此类企业员工无法享受此类保障。同时，民营类企业员工整体年龄偏低，即时消费支出大，对企业年金需求和其长远性效益缺乏关注。另外，在制度层面，许多微型民营企业面临备案制度的限制，受社保缴费备案影响，许多没有缴纳基本养老保险费用和缴费记录不良的微小型企业及中小型企业，无法加入企业年金计划。并且，目前企业年金对于企业员工激励功能发挥有限，企业往往采取如商业保险、带薪休假和奖金等方式对员工采取激励。

更为关键的是，税收优惠政策仍然不到位。河南省当前企业年金和职业年金实行递延纳税政策，即在年金缴费环节和年金基金投资收益环节暂不征收个人所得税，将纳税义务递延到个人实际领取年金的环节。因此，对于职工而言，个人所得税交得太多，资本所得税过低，且长期积累都要纳税，投资收益周期越长，被纳税额越高，对于年轻从业人员而言，显然是“不划算”。另外，企业年金的投资运营完全按照市场化模式运行，企业年金基金的投资收益对于市场依赖程度极高，需要健康的资本市场环境和投资运营环境，显然在此层面，国内和省内市场环境和投资运营环境显然仍不够健全。在现实中，许多投资失误并非是市场波动造成，更多是与投资管理人的投资和操作有关。再加上，运作主体和流程复杂繁琐，诸多综合性复杂因素使得河南省企业补充性养老保险相应制度建立不够完善。

（三）个人层面：储蓄性养老保障发展迟滞

推行储蓄性养老保障计划的优势是能够增强民众的自我保障意识，根据个人经济能力有选择性地提高老年人的晚年生活水平；同时也能拓宽养老保险基金筹集渠道，减轻国家和企业财政负担。但政府对该计划一直未给予足够重视，“各级政府一直没有指定专门的金融政策引导传统个人储蓄行为转变为个人养老储蓄计划，使得养老保障体系失去非常重要的辅助性资金来源支柱。”

河南省城乡居民社会养老保险在“保基本”方针的指导下，待遇水平较低、激励机制尚不健全，宣传和引导机制发挥有限，当前参保个体缴费档次选择较低，个人储蓄性参保行为消极和滞后，这一问题的存在不仅不利于城乡居民社会养老保险制度的可持续运行，也不利于参保主体老年生活保障。

由于当前社会养老保险基本金制度遵循参保人自愿性参保原则，即参保人可以根据自己实际情况自由和自愿选择是否参保，并能够自由选择所参保的缴费档次，显然这属于个人选择，政府不能强制规定其参保意愿和参保行为。这在现实中造成了这样一种现象：河南省社会养老保险自愿参保意识不高，且参保缴费档次较低，以 100 元个人缴费档次为主，缴费水平过低。没有参加城乡居民社会养老保险者对其未参保的自我归因为“经济条件不允许”，而更多人认为“不了解政策”。显然，经济水平和能力，以及对政策了解和接收程度，是影响当前个体储蓄性养老，个体参保意愿和行为的主要影响因素。基于对河南省商丘市 548 名 16～59 岁城乡居民进行问卷调查基础上，发现河南省城乡居民社会养老保险存在参保率和缴费率普遍偏低问题，即城乡居民参保行为趋向消极。个体由于对养老保险基本金制度和个体储蓄性增值养老保险方式缺乏足够信息获取和解读，加之，国家层面对个人储蓄性养老保障没有给予充分重视，导致该层次制度体系发展滞后。

二、完善河南省社会养老保障制度层次体系的基本思路

合理确定政府、企业与个人之间的权责关系是完善我国社会养老保障制度层次体系的关键。为此，需要正确处理基本养老保障与补充养老保障之间的关系，使二者有机结合，同时大力发展企业补充养老保障，积极发展个人储蓄性养老保险。

（一）正确处理基本养老保障与补充养老保障之间的关系

河南省现有社会养老保险制度自2013年来在制度建设上变化较大，以突显政府主导角色，鼓励个体参保积极性。具体制度变化体现在关于企业退休人员基本养老金的调整方面。根据国家人社部的政策，河南省人力资源与社会保障厅联合河南省财政厅发布了《关于2014年调整企业退休人员基本养老金的通知》，调整范围从2013年12月31日前按政策规定办理退休手续的企业退休人员增加基本养老金，每人每月增加115元，在普遍调整基础上，适当对高龄退休人员倾斜标准将其月养老金未达到1 000元的退休人员养老金追加35元，而此次调整所需资金来源为，参加企业职工基本养老保险的，由基本养老保险基金支付，并实行社会化发放，未参加人员，由原渠道解决。随后尽管2015年在国家政策指导下，河南省针对企业退休人员基本养老金再次进行“定额调整”和“挂钩调整”。然而，相对于现有的经济形势，尤其是物价上涨，医疗成本相对较高的生活现状下，显然，2014年和2015年针对基本养老金的“微调”显然是难以满足个体的现实养老需求的，尤其对于高龄老人，其养老、医疗和保健需求更大、成本更高、难度更大，在高额的养老成本和巨大的现实需求缺口面前，基本养老金的“微调”仍然是“杯水车薪”。

为了提高城乡居民基本养老保险基础养老金最低标准，2015年3月，河南省人力资源和社会保障厅、河南省财政厅联合发布了《关于提高城乡居民基本养老保险基础养老金最低标准的通知》，该《通知》明确规定：“河南省城乡居民基本养老保险基础养老金最低标准提高至每人每月78元。即在原每人每月不低于60元（含各县、市、区补助不低于5元）的基础上，中央财政新增加每人每月15元，提高标准所需资金由中央财政全额补助。省、省辖市财政新增加每人每月3元，提高标准所需资金由省、省辖市财政（按6∶4比例分摊）补助，省直管县及省财政直管县提高标准所需资金由省财政全额补助。”此外，强调“此次增加的基础养老金，不得冲抵或替代各地自行提高的基础养老金”。显然，此次省政府层面增加城乡居民基本养老保险金最低标准的决策，

是贯彻中央政府层面对全国范围内养老保险基本金增加的政策，体现了政府针对当前基本养老保障制度尚不完善的现状进行改善的决心和实际行动，然而，改善力度和政策实际践行效果仍不足以满足现实需求。

2014 年 11 月，河南省人民政府颁发了《关于建立城乡居民基本养老保险制度的实施意见》，提出在全省范围内建立统一的城乡居民养老保险，“坚持和完善社会统筹与个人账户相结合的制度模式”，“巩固和拓宽个人缴费、集体补助、政府补贴相结合的资金筹集渠道”，“强化长缴多得、多缴多得等激励机制”，“2020 年前全面建成公平、统一、规范的城乡居民养老保险制度”。随后，2017 年，河南省决定提高城乡居民基本养老保险基础养老金最低标准，标准从此前的每月 78 元调整至每人每月 80 元。随后，2018 年，为贯彻落实党的十九大报告提出的“兜底线、织密网、建机制，全面建成覆盖全民、城乡统筹、权责清晰、保障适度、可持续多层次社会保障体系”，河南省进一步鼓励引导广大城乡居民早参保、多缴费、长缴费，河南省建立“多缴多得、长缴多得”激励机制，将全省城乡居民基本养老保险最低缴费档次调整为每人每年 200 元，取消 2014 年提出的“每人每年 100 元的最低缴费档次”，缴费档次实行个人自行选择，鼓励选择较高档次缴费。同时，完善缴费补贴机制，加大政府缴费补贴力度，调高政府补贴额度。

然而，一系列制度建设和具体政策实施在巨大人口基数和财政压力以及企业和个体参保积极性始终难以被积极调动背景下，社会养老保障层次体系存在的问题仍难以得到实质性解决。为此，首先需要正确处理基本养老保障与补充养老保障之前的关系。基本养老保障是一种正式制度安排，由政府负责，目的是满足老年人最基本的生活需求。其劣势在于无法保障老年人过上较高质量的生活。企业补充养老保障和个人储蓄性养老保障发挥的是补充和优化作用。由市场、社会供给，目的是满足国民的特殊需求或更高水平保障需求，前者必须通过法律制度强制规范并加以实施，后者则需要运用市场机制与社会机制来组织实施。在处理基本养老保障与补充养老保障的关系时，要主次有序、层次分明，不能顾此失彼，更不能本末倒置。

（二）要大力发展企业补充养老保障

目前河南省企业年金发展亟待有明确的目标和定位，即通过市场化方式应对养老风险，成为构建“四维一体”社会养老保障制度企业和市场层面的核心。因此，企业发展和人才激励是其两个核心驱动，同时，处理好企业年金和基本养老保险的关系，厘清国家、市场、社会、个体之间的边界，尤其是国家

（政府）和市场（企业）的边界，“统一的基本养老保险＋差异化的企业年金（职业年金）”制度模式应是建设和发展方向，因此，这需要在定型基本养老保险制度前提下，着力引导、规范、扶持和发展企业年金的养老保障功能。这意味着，做实基本养老保险个人账户，简化企业年金的运作主体和操作流程，降低企业年金准入门槛。市场化是其基本运作方式，政府在监管时应尽可能放宽企业年金政策限制，给予企业更多选择余地，同时更加注重企业发展目标，给企业减负，在财政税收和政策扶持上灵活地给予支持。

为此，需要着力做好以下工作：一是要尽快实现制度顶层设计，早日实现基本养老保险制度的定型、稳定，这决定了企业年金的发展空间，在国家层面，需要做实个人账户，简化运作流程，降低准入门槛；二是要减轻企业对社会保险的缴费负担，因为企业承担社会保险缴费比例过高会导致其无力和无心发展企业年金计划；三是要采取有效措施使政府鼓励企业年金发展的各种税收优惠政策真正落到实处，而政府不应当限制企业及其他单位建立补充养老保险的自主权；四是要培育资本市场，实现企业年金的保值增值；五是要完善与企业年金相关的法律法规和配套措施。

（三）要积极发展个人储蓄性养老保险

个人储蓄性养老保险有助于增强职工的自我保障意识和参与社会保险的主动性。许多国家都已经制定相关政策，鼓励个人储蓄性养老保险的发展。我国到目前为止尚未出台实际的支持政策，个人养老性储蓄激励不足。因此，适当的政策扶持成为第三支柱在河南省得到长足发展的关键，具体可以从两个方面入手。一是对进入个人养老储蓄的工资收入减免税收，二是对个人养老储蓄账户资金给予利率优惠。

具体而言，国家层面政策引导十分关键，针对不同群体和区域人群受教育程度、职业、家庭文化和养老传统进行制度上的设计，并结合当前的税收政策和银行储蓄利息，对个人储蓄性养老的资金存入实行保值增值，并根据个人收入来源和收入水平减税，鼓励和引导城乡居民在社会养老保险参保时提高缴费档次，政府和企事业相应提升不同档次对应性补贴，发挥城乡居民社会养老保险制度的“多缴多得，长缴长得”的实效性和优越性。

一方面，提高城乡居民参保积极性。首先，提高制度制定和实施的灵活性。充分考虑不同参保群体的差异化和多样化需求；其次，健全养老金调整机制，主要调整应集中在待遇设计上，建立待遇动态增长机制，缴费年限和金额应与养老金基本金调整相结合，鼓励居民及早、长期缴费。再次，构建多层次养老保障体系，在个体参保者层面，应积极动员、引导和保障个体储蓄性养老机制，在“保基本”前提下，针对不同群体经济水平和养老需求，设立不同类型补充性养老保险项目，引导居民量力而行参加其他补充性养老保险。继而，加大政策宣传力度，这就需要基层政策宣传人员和执行人员耐心且详细地对居民加以政策上的解读和引导，并针对不同群体进行针对性宣传和引导，提高居民对基本养老保险制度和补充性养老保险如个人储蓄养老保险的理解和接纳。最后，提升经办机构服务能力，这就需要在政府层面对社会保险管理部门进行体制上衔接和整合，配置必要硬件设施，并提高从业和服务人员的待遇水平，加大对其培训的力度，提升从业人员和机构的工作素养和工作效率。同时，积极尝试引入专业机构如社会工作机构的介入和参与，提升专业化水平。

另一方面，提升城乡居民缴费水平和个人储蓄性养老保险资金投入。首先，增强制度激励性，提升基本金的缴费档次，提升制度筹资能力，提升基本养老保险的共济性和可持续性，及时建立合理缴费激励制度。如前所述，河南省在2018年的政策调整中足以显示政府作为，然而，亟待继续强化差异补贴，引导居民选择更高缴费档次，适当提高集体补助占比，加大政府财政扶持力度。其次，引导居民转变传统养老观念，提升风险认知意识，早投保，多储蓄，多缴费；再次，提高居民经济收入能力仍是根本，增进个人人均收入，提升其经济能力和可持续性生计保障和必要职业培训十分关键。

更为关键的是，在更为宏观层面，通过各种税收和财政手段，激励个体养老储蓄意识，在储蓄额度和时间上同步提升。这就需要政府建立长效且稳定的激励制度，在政策宣传和多样化财政税收方式上加大力度。同时，这更需要全社会不同主体积极参与，在该层次上积极健全成熟且完善的制度，这离不开政府作为核心的引导作用，更离不开企业和个体所在组织机构的积极动员，更离不开个体对于当前社会在快速转型期面临老龄化现象和趋势，以及整个社会传统养老观念和模式、人口流动快速等现状的改变，与时俱进地对“养老观念”和“储蓄行为”和习惯进行引导和改变，提高城乡居民对养老风险的认知能力和观念改变，形成个体在国家制度保护和政策支持背景下，积极、有效地参与社会养老保险资金投入，减轻企业支出和政府养老财政负担。

第五节　河南省社会养老保障制度服务体系存在的问题及完善的基本思路

社会养老保障制度的服务体系关系着社会养老保障制度的实践效果，进而影响社会养老保障制度目标的实现。当前我国社会养老服务体系的建设已成为我国社会建设的迫切内容之一。2011 年，民政部制定并发布的《社会养老服务体系建设规划（2011—2015）》指出："社会养老服务体系建设应以居家为基础、社区为依托、机构为支撑，着眼于老年人的实际需求，优先保障孤老优抚对象及低收入的高龄、独居、失能等困难老年人的服务需求，兼顾全体老年人改善和提高养老服务条件的要求"。2013 年，国务院发布的《关于加快发展养老服务业的若干意见》提出："2020 年，全面建成以居家为基础、社区为依托、机构为支撑的，功能完善、规模适度、覆盖城乡的养老服务体系。养老服务产品更加丰富，市场机制不断完善，养老服务业持续健康发展"。2017 年，《"十三五"国家老龄事业发展和养老体系建设规划》明确提出要"健全养老服务体系"，使"居家为基础、社区为依托、机构为补充、医养相结合的养老服务体系更加健全。"河南省作为我国人口大省，老龄化具有规模大、速度快、高龄化等特点，但目前河南省社会养老服务体系以及养老服务业的发展在全国仍处于较低水平，进一步完善河南省社会养老保障制度服务体系迫在眉睫。

一、河南省社会养老保障制度服务体系存在的问题

作为全国人口大省，河南省人口基数大，老年人口绝对数量也相对较多，实现"老有所养"的目标任务更重。从发展现状看，河南在养老服务机构建设、社区和居家养老服务发展，以及养老服务发展政策支撑等方面取得了不少成绩，取得了民政部的充分肯定。2018 年 1 月 15 日，民政部向河南省人民政府发函，对河南省 2017 年民政工作综合评估为优秀单位提出表扬，特别是在减灾救灾、养老服务体系建设等方面成绩突出，对全国民政工作起到了示范引领作用①。但是，由于河南经济社会发展水平相对较低，社会保障体系不够健全，还不能够有效应对来势凶猛的人口老龄化所带来的各种问题与挑战。

（一）社会养老保障制度与社会养老保障服务没有实现无缝衔接

老年人的养老主要包括经济保障和服务满足。经济保障是老年人养老的基础，但是服务需求的满足也是非常重要，对养老而言，服务保障和经济保障都是不可或缺的。由于年老体衰，老年人存在生活照顾服务、医疗护理服务、精

---

① 河南省民政厅．河南省民政工作综合评估获全国优秀 民政部发函表扬［EB/OL］．河南省人民政府网，2018-01-17，https：//www.henan.gov.cn/2018/01-16/385388.html.

神慰藉服务等诸多方面的服务需求，尤其是随着人口老龄化趋势日益加剧和家庭结构日趋小型化，老年服务保障的重要性会更加凸显。目前，河南省的社会养老保障事业取得了显著成绩，基本养老保险覆盖面进一步扩大，企业补充养老保险获得长足发展，相关的商业性养老保险也有较大发展。但是，关于建立健全社会养老保障制度服务体系以及如何实现社会养老保障制度与社会养老保障服务的有效衔接等问题，还没有引起各界的高度重视，政府也没有有力的政策措施出台。

（二）河南省社会养老服务体系发展滞后

首先，社会养老服务机构的发展现状不能满足河南人口老龄化的需要。目前来看，虽然政府给予了大量的政策支持和用地倾斜，但是养老机构的增长数量仍然有限，提供的床位远不能满足老年人的需要。全省目前每千名老人拥有的养老床位数约为 18.6 张，远远低于发达国家 50～70 张的水平，也低于发展中国家 20～30 张的水平。其中农村敬老院床位比重较大，但其只针对农村特殊老年群体，床位闲置多，护理水平不高，亟待改革管理方式和体制，扩大服务职能。城镇养老床位占总床位数比重较小，仅占 16%，造成城镇入住机构养老院一床难求的现象。其中根本原因在于，在国家倡导建立“以居家为基础、社区为依托、机构为补充、医养结合的多层次养老服务体系”的大背景下，机构养老仅处于“补充”的地位。在河南省，甚至已经将未来的养老格局定性为“9073”，即 90%的老年人以居家养老为主，7%的老年人通过社区照料养老，3%的老年人入住养老机构实现集中养老。在这样的背景下，养老机构尤其是民办养老机构的建设进程不可能快速起来①。此外，养老机构的非营利属性更加固化了它投资回报周期长、风险性大的特点，这也成为其发展缓慢的一大诱因。截至 2015 年 8 月底，全省 4 139 个各类养老服务机构所提供的 38.8 万张养老床位与同期 1 000 多万老年人的数量之间的缺口非常之大②。更为遗憾的是，在这 1 400 余万 60 岁以上老年人中，究竟有多少人愿意住进养老院养老尚未可知，供需信息难以有效对接，也阻碍了养老服务机构的发展进程。

其次，政府重视程度不够，扶持政策不到位，相关监管制度不完善、依据不足。在养老院和社区居家养老服务中心建设、公办机构运行经费保障、重点

① 李占乐．河南省社会养老服务快速健康发展的路径选择［J］．四川劳动保障，2017（5）．

② 冯芸．河南省养老保障水平不断提高［N］．河南日报，2015－11－02．

人群养老服务政府买单、高龄老人补贴、养老护理培训等方面，政府各级财政投入普遍不足，只有依靠加速发展民办养老院来弥补。政府出台的养老服务相关政策含金量小，相关优惠政策落实不到位。省政府文件规定的针对养老机构的用水、用电、用气、取暖、有线电视等减免政策，在部分市县得不到落实[①]。土地问题成为制约社会资本进入养老服务领域的瓶颈，社会资本的积极性没有真正调动起来。按照现行政策，养老院按营利性和非营利性划分，分别在工商和民政部门进行审批。依据是民政部《社会福利机构管理办法》，其中对申办养老机构的资金、设置标准、管理服务人员自治等只做了原则规定，没有具体条件[②]。对养老院的监管实际上陷入了没有法律依据的尴尬局面。

再次，养老机构设施简陋、服务水平低，养老服务专业人才十分匮乏。绝大部分养老服务机构和社区养老服务设施规模小、档次低、功能少，只能提供简单生活服务，护理、康复、精神慰藉、文化娱乐等服务功能亟待加强。专业人才匮乏，全省现有约1.7万养护人员，其中90%以上没有执业证书[③]。缺乏专业护理知识，养护人员工资和福利待遇偏低，服务收费制度不健全，服务标准欠缺，因老人意外伤害带来的风险大，整体缺乏活力和发展后劲。目前全国虽然已有30多所高校开设了老年服务与管理专业，但是在招生、实践教学、毕业生就业等各方面存在诸多困难，养老服务人才的培养进展非常缓慢。据了解，截至目前河南省的高校还没有设立专门的养老服务与管理专业。同时，由于养老服务护理员的业务繁杂、待遇普遍偏低等，导致养老服务机构工作人员的整体受教育程度并不高，难以吸引和留住年轻化且具有老年护理职业资格的专业护理人员，也难以为入住养老机构的老年人提供专业的心理咨询服务等。除了专业的养老服务队伍尚未建立之外，该领域内养老服务志愿者队伍管理和服务机制也不完善，严重欠缺对于志愿服务的激励措施，以至于不能有效保证养老志愿者服务的可持续性。

（三）社会养老保障经办服务机构能力不足问题十分突出

伴随着近年来养老保险参保扩面的持续不断增大，尤其是伴随着国家对城乡户籍制度的放开，城镇居民社会养老保险与新农保合并为城乡居民社会养老

① 米潇．河南省养老服务体系建设的现状与对策研究［J］．学理论，2013（10）．

② 付春雨．河南省养老服务体系的建设对策［J］．魅力中国，2016（39）．

③ 宗雷．河南省养老机构设立将“有法可依”［EB/OL］．网易新闻，2013－10－14，http：//news.163.com/13/1014/03/9B48I6D500014Q4P.html．

保险后，参保人员的规模进一步扩大，养老保险的经办服务面临着巨大的挑战。参保人员对经办机构的服务质量要求也越来越高，各地经办机构面临的任务也更加繁重，河南省作为人口大省，社会养老保障经办服务机构能力不足问题也日益凸显。

首先，基层经办机构设置混乱，影响工作效率。河南省基层经办机构设置分散，上下工作不对应，给经办机构的业务指导和监督带来了很大难题。全省养老保险经办机构省、市、县三级有的上合下分，有的上分下合。养老保险经办机构中，有的垂直管理，有的属地管理。同一经办机构可能对下管理几个不同的机构，对上又有几个不同的业务主管部门，机构的上下不对应造成沟通协调不畅，影响工作效率。全省养老保险经办机构名称多达 10 余个，经办机构作为政府部门的窗口单位，直接服务于广大人民群众。同样一个养老保险经办机构，名目繁多，不利于广大人民群众对经办机构的了解和认知，影响了经办机构的形象，进而影响了政府部门的社会公信力。

其次，经办机构人才队伍的培训与开发有待提高。近年来，全省各级养老保险经办机构在干部学习培训工作方面做了大量工作，干部队伍素质有了很大提高，为河南省养老保险事业的健康发展提供了有力的组织保证。但随着社会保障体系的完善和养老保险制度改革的深入发展，养老保险经办机构队伍不断扩大，人员不断增加，经办机构工作人员的理论素质、专业技能和业务能力还不能完全适应新形势、新任务的要求，培训和开发机制尚不完善，其水平有待提高。

最后，政府财政投入不足，限制基层经办机构的发展。经费是社会保险经办服务机构得以运行与发展的基本保障，是社保机构提升人力资源，改进管理体制，推进信息化建设，提供优质服务的源泉。河南省社会保险经办机构的工作经费来源是由该级财政进行的事业预算来拨付的。而办公设施例如计算机、复印打印设备、电视显示屏的维修和护理费用、社会保险新惠民政策和新规定的宣传经费、参保人员在社保大厅休息、接待等服务区的服务费用等都未被列入财政预算，这就使得基层社会保障经办机构工作经费十分紧张，严重影响和制约基层经办机构能力的提高。同时，社会保险经办机构工作人员的工资福利及待遇水平也是政府财政投入不足导致经费紧张的一个表现。河南省基层社会保障所还有部分协管员，并没有编制，也不是合同制用工，其工资的发放也没有财政的支持，他们的工资是部门自己按照收支情况进行发放的，这就使得经办机构的财政压力更大，经费问题更加紧张。没有必要的经费支持，基层社会保险经办机构能力提升也就无从谈起。

二、完善河南省社会养老保障制度服务体系的基本思路

社会养老保障制度体系不仅包括完善的社会养老保障制度，还应该包括完备的社会养老保障服务体系，二者要协调发展。社会养老保障制度的服务体系关系着社会养老保障制度目标的实现，要将社会养老保障服务体系纳入到整个社会养老保障制度体系中，不断提升养老保障制度的效能，应对老龄化带来的各种挑战。进一步完善河南省社会养老保障制度服务体系应从以下方面着手：

（一）强化政府在养老服务体系建设中的主导作用

在河南经济社会发展水平还相对较低的情况下，政府主导是推进养老服务体系建设的前提和保证。为此，政府必须在政策制定、统筹布局、资金投入、监督管理等方面充分发挥其主导作用。一是要完善对养老服务业发展的优惠政策。尽快出台针对养老服务业的各种规章制度和优惠政策，保证养老服务业可持续发展。二是要制定养老服务体系建设的中长期发展规划。从宏观上把握养老服务产业的格局，分类逐步推进，从而提高体系建设的科学性和发展的连续性。三是加大养老服务体系的公共财政投入。利用政策优势和建设中原经济区的契机，争取中央和地方财政的专项资金和政策，加大对城乡社区居家养老的扶持力度，努力打造普惠型的养老服务新格局。四是要进一步规范养老服务体系的监督管理机制，保证养老服务产业健康运行。

（二）加大投入保障力度

第一，资金问题。据河南省民政厅相关调查数据显示，河南省千位老人对应的床位是 25 张，这远远低于经济较为发达的地区。而要解决这一问题，关键在于解决资金问题。依据发达国家的经验，英国、美国、日本等国家老年服务机构资金的来源主要是国库或者财政支出，而我国主要是民办公助的形式。政府只提供部分的资助资金，没有纳入到常规的预算，养老机构的资金主要来源于内部资金。这样就造成了很多机构注重营利而非服务的市场化运营模式。为了保证养老机构的服务质量，政府应调整对于养老机构的资金投入，同时在所得税、硬件设施等方面全方位给予支持，推动养老机构健康、良好的运营和发展。

第二，人才问题。德国、日本等国家对于进入到养老服务行业的人员都进行了严格的考察和培训，并需要这些人员持有相应的证书。但是，河南省老年

服务起步较晚，基础设施薄弱，缺乏专业的人才和相应的技能。为尽快建立专业的服务人员，一方面应加大对于专业人才的培养力度，从基本技能、医疗知识、个人素质等多方面进行培训；另一方面对于已经在岗的工作人员，增强其工作责任感，提高其专业化技能，定期对其进行考核和培训。此外，河南省应加大宣传力度，增加社会化的养老服务志愿者，对于表现突出的志愿者给予相应的奖励。例如，可以提倡大学校园或者用人单位把志愿服务作为考核的内容之一，鼓励人们特别是年轻人加入到志愿者的服务行列中。

（三）鼓励社会力量参与养老服务体系建设

推动养老服务体系建设，离不开社会力量的广泛参与。各级政府要通过制定各种扶持政策和激励措施，引导和鼓励社会资本、人力和物力等资源有序参与养老服务事业。要充分鼓励企事业单位、集体组织、民间组织以及个人等社会力量，以独资、合资、参股等方式兴办各种性质的养老机构，吸纳社会资本。此外，要通过弘扬中华民族传统的敬老美德，充分调动全社会的慈善意识，创新捐赠方式，拓展慈善捐赠渠道，募集更多的资金扩大养老基金，调动更多的社会志愿力量参与为老服务。

（四）进一步完善相关法律法规

依据美国、英国等发达国家社会养老服务体系的先进经验，法律法规占了首要的地位，也为社会养老服务提供了可靠的后盾保障。然而，对于我国而言，虽然也出台了一些与老年人相关的法律法规，但是关于机构养老服务方面的法规条例依然较少，十分不健全。即使已经出台的这些政策法规，也没有具体的实施方案和实际可操作性。所以，河南省要根据自身的经济、社会、文化状况，制定出符合河南省机构养老服务未来发展的政策法规，从法律层面规定服务的对象、标准、内容以及监督部门、鼓励措施等等，使河南省的社会养老服务切实做到有法可依。

（五）加快社会养老保障经办服务体制的改革与发展

随着社会养老保障制度全覆盖目标的实现，参保人员剧增，社会养老保障经办服务需求会日益高涨，要加快社会养老保障经办服务体制的改革步伐。第一，要统一经办机构名称，明确规格，实现参公管理。增加城乡居民社会养老保险编制，提高规格，以稳定队伍，提高经办机构公信力。经办机构名称统一为“XX县（市、区）城乡居民养老保险管理中心”，并参照公务员法进行管理。第二，加大对基层经办机构的财政支持力度。①建议协调省财政厅明确县、乡、村的经办经费保障问题，确定基层（村级）劳动服务平台工作人员的经费、形式、来源及标准。②借鉴企业养老保险做法，协调省财政厅建立省级奖励机制，每年由省财政拿出一定资金对县（市、区）进行奖励，用于弥补经费不足，从而调动基层经办机构工作积极性。第三，加强村级信息系统建设。利用党员远程教育网络平台或其他网络线路，把城乡居保经办网络延伸到村级，实现省、市、县、乡、村五级网络管理。加强对乡（镇）、村级经办人员的技术培训，使其熟练掌握计算机基本操作技术，熟悉城乡居保信息化管理软件的使用。第四，加强培训，提升基层经办能力。①由省里编写教材，统一安排培训，由省辖市具体实施组织培训、考试，考试合格持证上岗。②与有关高校合作，用两年时间对市、县经办人员进行轮训。通过培训，努力打造一支能够适应新形势，解决新问题，出色完成任务，提供优质、高效服务的工作队伍。

参考文献

[1] 曹永红，丁建定．改革开放以来中国农村养老保障制度体系的变迁与评估——以“社会保障制度三体系”为分析框架［J］．理论月刊，2016（7）.

[2] 丁建定，郭林．论中国养老保险制度结构体系整合［J］．武汉大学学报（哲学社会科学版），2013（6）.

[3] 丁建定．略论中国社会保障制度体系的完善［J］．黑龙江社会科学，2011（5）.

[4] 丁建定．社会保障概论［M］．上海：华东师范大学出版社，2006.

[5] 丁建定．西方国家社会保障制度史［M］．北京：高等教育出版社，2010.

[6] 丁建定，张尧．养老保险城乡统筹：有利条件、理性原则与完善对策［J］．苏州大学学报（哲学社会科学版），2014（5）.

[7] 丁建定．中国社会保障制度体系完善研究［M］．北京：人民出版社，2013.

[8] 丁建定．中国养老保障制度整合与体系完善［J］．中国行政管理，2014（7）.

[9] 董克用，孙博．从多层次到多支柱：养老保障体系改革再思考［J］．公共管理学报，2011.

[10] 冯芸．河南省养老保障水平不断提高［N］．河南日报，2015-11-02.

[11] 付春雨．河南省养老服务体系的建设对策［J］．魅力中国，2016（39）.

[12] 郭林，丁建定．试论完善中国社会保障制度体系的基本原则——以“四维体系”为视角［J］．华中师范大学学报（人文社会科学版），2013（1）.

[13] 韩克庆．养老保险中的市场力量：中国企业年金的发展［J］．中国人民大学学报，2016（1）.

[14] 河南省民政厅．河南省人大常委会审议通过河南省老年人权益保障条例［EB/OL］.

民政部网站，http：//www.mca.gov.cn/article/xw/dfdt/201808/20180800010478.shtml. 2018-08-06.

［15］河南省人力资源和社会保障厅，河南省财政厅．关于提高城乡居民基本养老保险基础养老金最低标准的通知［EB/OL］. http：//www.pkulaw.cn/fulltext_form.aspx?Gid=17891743&Search_Mode&keyword. 2015-03-19.

［16］河南省人民政府办公厅．河南省人口发展规划（2016—2030年）［EB/OL］. 河南省人民政府网，https：//www.henan.gov.cn/2017/0525/248952.html. 2017-05-05.

［17］河南省人民政府．河南省老龄事业发展“十五”计划纲要（2001—2005年）［EB/OL］. 法律法规网，http：//www.110.com/fagui/law_37911.html. 2001-11-15.

［18］河南省社会保障局．2017年度河南省社会保障工作情况［EB/OL］. 河南省社会保障局网站，http：//www.hnylbx.com/hnsi/xinxigongkai/zongjiegongbao/webinfo/1520419592400614.htm. 2018-04-18.

［19］鹤壁市民政局．鹤壁市市区高龄津贴发放管理暂行办法［EB/OL］. 鹤壁市民政局网，http：//www.hebimz.gov.cn/minzhengfuwu/laolinggongzuo/2016-05-27/1088.html. 2016-05-27.

［20］胡绍雨．应对人口老龄化的我国养老保障制度研究［J］. 新疆财经大学学报，2016（4）.

［21］焦作市民政局．焦作市80岁以上高龄老年人敬老补贴发放管理办法［EB/OL］. 河南省民政厅网，http：//www.henanmz.gov.cn/system/2013/02/18/010366582.shtml. 2018-09-08.

［22］开封市人民政府．关于加快推进社会养老服务体系建设的意见［EB/OL］. 河南省民政厅网，http：//www.henanmz.gov.cn/system/2013/03/15/010375624.shtml. 2013-03-18.

［23］李伟．“四维体系”视角下的社会养老保障制度体系完善研究［J］. 社会科学辑刊，2014（1）.

［24］李占乐．河南省社会养老服务快速健康发展的路径选择［J］. 四川劳动保障，2017（5）.

［25］洛阳市人民政府办公室．洛阳市高龄老人补贴发放管理暂行办法［EB/OL］. 搜狐网，http：//www.sohu.com/a/192627724_734393. 2017-09-17.

［26］米潇．河南省养老服务体系建设的现状与对策研究［J］. 学理论，2013（10）.

［27］缪艳娟．我国三支柱养老保险体系的重构［J］. 扬州大学学报，2012（1）.

［28］史柏年．养老保险制度中经济支持与服务保障的一体化构建——日本“介护保险”制度及其启示［J］. 中国青年政治学院学报，2008.

［29］王冉．河南省人口老龄化现状及特征分析［J］. 经验交流，2015（33）.

［30］吴湘玲．我国基本养老保险政策的缺失与选择［J］. 华中师范大学学报，2010（3）.

［31］新乡市人民政府办公室．新乡市高龄特困老人补贴发放管理暂行办法［EB/OL］. 新

乡市人民政府政务公开网，http：//www. xinxiang. gov. cn/sitegroup/root/html/ff80808122c050240122c5d7f2a5000c/20140626162007879. html. 2014－06－26.
［32］张娜．城乡居民社会养老保险参保行为影响因素研究——基于对河南省商丘市的调查［D］．开封：河南大学，2016.
［33］张淑真．河南省城镇职工基本养老保险基金收支平衡问题研究［D］．开封：河南大学，2017.
［34］郑秉文．中国养老金发展报告（2012）［M］．北京：经济管理出版社，2012.
［35］郑功成．中国社会保障改革与发展战略（养老保险卷）［M］．北京：人民出版社，2011.
［36］郑功成．中国社会保障改革与发展战略（总论卷）［M］．北京：人民出版社，2011.
［37］郑功成．中国社会福利的现状与发展取向［J］．中国人民大学学报，2013（2）.
［38］郑州市民政局．郑州市高龄津贴发放管理暂行办法［EB/OL］．郑州市政务服务网，http：//zdxq. public. zhengzhou. gov. cn/02Q/193657. html. 2016－03－09.
［39］宗雷．河南省养老机构设立将"有法可依"［EB/OL］．网易新闻．http：//news. 163. com/13/1014/03/9B48I6D500014Q4P. html. 2013－10－30.

专题负责人：李伟
专题组成员：郑子健、张明、张丽、冯晓娟、赵路淋、刘真真、陈俊宏
专题负责人单位：河南农业大学

图书在版编目（CIP）数据

河南省社会养老保障制度研究 / 李伟著 . —北京：中国农业出版社，2019. 8
ISBN 978-7-109-25717-7

Ⅰ. ①河… Ⅱ. ①李… Ⅲ. ①社会养老保险—养老保险制度—研究—河南 Ⅳ. ①F842. 761

中国版本图书馆 CIP 数据核字（2019）第 151285 号

中国农业出版社
地址：北京市朝阳区麦子店街 18 号楼
邮编：100125
责任编辑：赵 刚
版式设计：韩小丽　　责任校对：周丽芳
印刷：北京印刷一厂
版次：2019 年 8 月第 1 版
印次：2019 年 8 月北京第 1 次印刷
发行：新华书店北京发行所
开本：720mm×960mm　1/16
印张：15
字数：260 千字
定价：48. 00 元
